Klaus Pander

Zentralasien

Usbekistan, Kirgistan, Tadschikistan, Turkmenistan, Kasachstan

DUMONT KUNST REISEFÜHRER

In der vorderen Umschlagklappe: Übersichtskarte Zentralasien

In der hinteren Umschlagklappe: Entfernungen in km

Wichtige Orte und Stätten auf einen Blick

☆☆ **keinesfalls versäumen**

☆ **Umweg lohnt**

kursiv: Landeshauptstadt

Inhalt

Reiseziele an der Großen Seidenstraße

Tipps und Adressen

Verzeichnis der Karten und Pläne

Vorwort

Es dauert keine sechs Stunden, und Sie sind an der Großen Seidenstraße! Trotzdem ist diese Region zwischen Europa und Asien für viele immer noch ein weißer Fleck auf der Landkarte, ein unbekannter Nachbar, obwohl auch und gerade die zentralasiatischen Republiken – spätestens seit dem 11. September 2001 – politisch in den Focus der Weltpolitik geraten sind.

50 Jahre im Einflussbereich der russischen Zaren und 70 Jahre unter sowjetischer Herrschaft haben diese – weitgehend vom Islam – geprägten Länder von Grund auf und nachhaltig verändert. Und seit wenigen Jahren ist zu beobachten, dass die nach Erlangung ihrer Unabhängigkeit im Jahr 1991 durch feste Grenzen voneinander getrennten Staaten immer stärker auseinanderdriften. Sie haben nicht nur ihre eigene Verfassung und Währung, sondern auch ihre eigene Sprache und unterschiedliche Schriften und Alphabete.

Die uns heute zur Verfügung stehenden Zeugen einer sich über viele Jahrhunderte erstreckende Entwicklung bestätigen, dass Zentralasien schon immer – sowohl politisch als auch kulturell – ein Schmelztiegel gewesen ist, der von Sesshaften und Nomaden, von großen Kulturvölkern, aber auch von längst vergessenen ethnischen Randgruppen beschickt wurde. Beweise finden wir in den zahlreichen Baudenkmälern aus den verschiedensten Epochen ebenso wie im Bereich der Geistes- und Naturwissenschaften. Hier lebten und wirkten Persönlichkeiten – beispielsweise Al Choresmi, Ibn Sina (Avicenna), Al Biruni –, die über viele Jahrhunderte die geistige Entwicklung des Abendlandes beeinflussen sollten. Es war eine Zeit, in der Europa von Asien lernen konnte.

Diese Länder in ihrer Vielfalt zu erfahren, ist ein einzigartiges Erlebnis. Einerseits sind es die sagenumwobenen Städte aus ›1001 Nacht‹ – Samarkand, Buchara, Merw, Chiwa – mit ihren imponierenden Kunst- und Baudenkmälern, andererseits die vielfach noch unverfälscht erhaltenen Naturräume: Gebirge, Wüsten, Oasen, Flüsse und Seen sowie eine nur in Zentralasien anzutreffende Flora und Fauna. Aber auch eine Begegnung mit den hier lebenden Menschen – in ihrer eigenen Umwelt oder auf dem Basar oder in einer Teestube – könnte ebenfalls ein guter Grund sein, nach Zentralasien zu reisen.

Der Kunst-Reiseführer Zentralasien möchte dabei helfen, Brücken zu bauen, diese ›neue‹ Welt in ihrer realen faszinierenden Verschiedenartigkeit zu erleben, und dabei Menschen zu begegnen, die bereit sind, ihre Zukunft selbst zu gestalten. Ein solches Unterfangen ist wirklich eine – und nicht nur eine – Reise wert.

Klaus Pander

Die Region und ihre Bewohner

Zentralasien – der Naturraum

Gerade fünfeinhalb Flugstunden von Frankfurt/Main in Richtung Ost-Südost liegt im Grenzbereich zwischen Europa und Asien eine Region, die geographisch mit dem Begriff Zentralasien beschrieben wird, über viele Jahre auch als Turkestan bekannt. Es ist jener Teil des Kontinents, der in seiner langen Geschichte wiederholt Sammelbecken oder auch nur Durchgangsstation für die verschiedensten Völker, Stämme und Nationen war, die entlang der alten Karawanenstraße – der Großen Seidenstraße – von Osten nach Westen oder vom Mittelmeer in das Land der Mitte zogen. Heute, nach dem Zerfall der Sowjetunion im Jahr 1991, sind es fünf souveräne Republiken, die in der Nachfolge der ehemaligen sozialistischen Sowjetrepubliken stehen: Usbekistan, Kirgistan, Tadschikistan, Turkmenistan und Kasachstan.

Geographisch wird Zentralasien, das eine Ausdehnung von nahezu 4 Mio. km^2 hat (etwa so groß wie Westeuropa), im Osten von den steil aufragenden Bergen des Pamir und seinen Ausläufern begrenzt, im Westen von den salzverkrusteten Ufern des Kaspischen Meeres und im Norden von den endlosen Steppen Südsibiriens. Alle möglichen Landschaftsformen sind hier in Zentralasien anzutreffen, und sie reichen von vegetationslosen Zonen über fruchtbare, dicht besiedelte Oasen bis hin zu den schneebedeckten Gipfeln des Hochgebirges. Politisch grenzt Zentralasien im Osten an China, im Süden an Afghanistan und den Iran und im Norden an Russland. Die Nordgrenze verläuft von der Wolga-Mündung am Kaspischen Meer über den Ural-Fluss und den Irtysch bis zum Dreiländerpunkt Mongolei-China-Russland und misst etwa 3000 km.

Gebirge

Der **Pamir** im Südosten Tadschikistans ist das höchste Gebirgsmassiv von Zentralasien. Dort, auf dem Dach der Welt, wo sich noch vor 50 Mio. Jahren ein riesiger See befand, erheben sich heute gewaltige, mit ewigem Eis bedeckte Gipfel (Spitze der Samaniden 7495 m; Lenin-Spitze 7134 m), zwischen denen sich breite Gletscherfelder ausdehnen, z. B. der etwa 1000 km^2 große Fedschenko-Gletscher, dessen Eis stellenweise bis zu 1000 m dick ist. Während in den 4000 m hoch gelegenen Tälern des östlichen Pamir Kirgisen leben, deren Vieh auch in den Wintermonaten auf den Berghängen ausreichend Futter findet, siedeln in den Bergen des westlichen Pamir vorwiegend Tadschiken.

Nördlich des Pamir erheben sich die gewaltigen Bergketten des **Tienschan** (›Gottes Gebirge‹) und des **Altai** (›Goldberg‹), die sich von Osten nach Süden und Westen weit in das Landesinnere verzweigen: zu ihnen gehören das Karatau-Gebirge und Kirgis-Alatau

Landschaft im Kirgis-Alatobsu, bei Taras

westlich des Issyk-Kul-Sees; das Turkestan-, Sarafschan- und Hissargebirge zwischen Taschkent und Duschanbe sowie das Kopet-Dagh-Gebirge, das im Südwesten Zentralasiens eine natürliche Grenze zum Iran bildet.

Zwischen der Wüste im Westen und den ausgewaschenen, verwitterten Felsen, den Schneegipfeln des Tienschan (Spitze des Sieges 7349 m) breitet sich das eigentliche Steppengebiet, eine mit Gras und Halbsträuchern bewachsene Region, dem sich ein dichtes Gehölz von Fichten anschließt, die wegen ihres hohen und schlanken Wuchses wie Zypressen aussehen. Mehr als 2000 m hoch liegen die Syrten, die unbewohnten Hochgebirgsweiden des Tienschan. Jenseits des Waldgürtels aber breiten sich Almwiesen aus, die mit ansteigender Höhe (zwischen 3500 und 4000 m) mehr und mehr abnehmen, um den verharschten Geröllhalden Platz zu machen. Hier auf den steilen Berghängen suchen noch Gemsen und Gazellen ihr Futter, und Pamir-Schafe weiden in fast 5000 m hohen, weiten Tälern. Und während sich im Tienschan Schneeleoparden den extrem harten Lebensbedingungen des Hochgebirges angepasst haben, ist im Pamir das Jak, teils wild, teils gezähmt, zu Hause, das den Berg-Tadschiken nicht nur als nützliches Transportmittel dient, sondern auch als wichtiger Lieferant von Milch, Wolle, Fleisch und Leder.

Gewässer

Seit 1960 schrumpfte der Aralsee jährlich um etwa 1000 km². Wasseroberfläche: 1960: ca. 70 000 km², 2000: ca. 25 000 km². Jährlicher Zufluss: 1960 etwa 60 km³, 2005: nahezu 0 km³.

Die größten Seen Zentralasiens sind im Westen das **Kaspische Meer** (394 300 km²) und der **Aralsee**, Reste eines gewaltigen Binnenseebeckens (heute nur noch etwa 18 000 km², s. S. 133), das sich vor einigen hundert Millionen Jahren gebildet hatte; im Nordosten der **Balchasch-See** (17 300 km²) und zwischen den Ausläufern des Tienschan der **Issyk-Kul** (›Warmer See‹, 6200 km²), dessen 80 Zuflüsse alle im Tienschan entspringen. Von den größeren Gebirgsseen sind der **Sor-Kul** und der **Kara-Kul** nicht nur wegen ihrer natürlichen Schönheit erwähnenswert, sondern vielmehr wegen ihrer Bedeutung als Fischlieferanten und Binnenwasserstraßen in einer Höhe von mehr als 3000 m. Insgesamt gibt es in Zentralasien mehr als 25 000 Seen, und nicht selten entstehen auch heute noch Binnengewässer – natürliche (z. B. aufgrund von Erdbeben) oder auch künstlich aufgestaute (z. B. bei Nurek in Tadschikistan).

Wider Erwarten groß ist auch die Zahl der Flüsse in Zentralasien (mehr als 45 000), von denen im Süden die einst in den Aralsee mündenden Amu Darja (Oxus – 2540 km) und Syr Darja (Jaxertes – 2212 km) für das Wirtschaftsleben seit Jahrhunderten von besonderer Bedeutung sind. Gerade bei den verhältnismäßig geringen Niederschlagsmengen (in den meisten Gebieten fällt in den warmen Sommermonaten weniger als 100 mm Regen) ist nämlich die gesamte landwirtschaftliche Produktion von den Schneeschmelz- und Gletscherwassern des Tienschan und des Pamir abhängig. Der **Amu Darja** hat seine Quellen im westlichen Pamir, wo er als Pjandsch durch die Schluchten des Hindukusch fließt, sich mit dem Wachsch vereint und dann als Amu Darja, bald eingezwängt in ein enges Flussbett, bald weit verzweigt und schiffbar, seinen Weg zum Aralsee sucht. Immer wieder reißt der schnellfließende, von mitgeführten

Unweit des Nuratau-Gebirges – östlich der Wüste Kisilkum – erstreckt sich über eine Länge von 200 km der künstlich aufgestaute Aidarkul-See – ein Paradies für Zugvögel, wo im Frühling auf unzähligen Inseln Möwen und Reiher, aber auch Kormorane und Pelikane nisten

Sedimenten hellbraun gefärbte Strom die Ufer auf und bindet zusätzlich große Mengen des lockeren Lößbodens. Er verlässt aber auch sein Flussbett, und wo gestern noch eine ausreichende Schifffahrtsrinne war, liegt morgen eine gefährliche Sandbank. Der **Wachsch** (der ›Wilde‹), der sich zwischen den steil aufragenden Bergketten des westlichen Pamir hindurchzwängt, ist heute, nachdem sein stellenweise nur 8 m breites Flussbett abgeriegelt und sein Wasser durch einen 300 m hohen Damm in der Pullis-sangin-Schlucht aufgestaut wurde, nicht nur eine wichtige Energiequelle (Nurek-Kraftwerk u. a.), sondern vor allem auch die Basis für ein weitverzweigtes Bewässerungssystem und als (regulierbarer) Wasserspender der wichtigste Zufluss des Amu Darja.

Wie die meisten Flüsse Zentralasiens führt auch der **Syr Darja** fremdes Wasser, das ihm über zahlreiche Nebenflüsse (z. B. Naryn, Tschirtschik) zugeführt wird. Zu beiden Seiten des Stromes aber werden auch heute noch, wie schon im Mittelalter, als die gesamte bewässerte Fläche eine Ausdehnung von 8–10 Mio. Hektar hatte, Kanäle angelegt und Staudämme errichtet, um das Neuland ausreichend zu bewässern. Der zwischen Amu Darja und Syr Darja fließende **Sarafschan** (›GoldFluss‹), früher ein Nebenfluss des Amu Darja, umschließt als Kara- und Ak Darja eine große blühende Oase, um dann – ohne seine frühere Mündung zu erreichen – im Sumpfland von Buchara zu versickern.

Die künstliche Bewässerung des Bodens, eine für die Bevölkerung Zentralasiens schon vor Jahrtausenden lebensnotwendige, meist sehr aufwendige Aufgabe, stellt heute noch einen Schwerpunkt in der Entwicklung des Landes dar, obwohl immer deutlicher wird, dass die über viele Jahrhunderte ausreichenden Wasservorräte den Forderungen einer aufstrebenden Industrienation nicht mehr genügen. Darüber hinaus erweisen sich viele Kanäle als ›Sickergruben‹, da der größere Teil des Wassers, das für die Bewässerung vorgesehen ist, durch die nicht abgedichteten Kanalwände und -böden im Sand versickert oder verdunstet.

Wüsten

Die größten Wüstengebiete Zentralasiens sind die **Karakum** (›Schwarzer Sand‹) südlich des Aralsees und westlich des Amu Darja mit einer Ausdehnung von etwa 350 000 km^2 und die **Kisilkum** (›Roter Sand‹) zwischen Amu Darja und Syr Darja mit einer Fläche von 300 000 km^2. Unweit des Balchasch-Sees erstrecken sich aber ebenfalls einige Wüstenzonen: im Süden die **Betpak-Dala-Wüste** (180 000 km^2), südöstlich bis zum Tschu-Fluss die Sandmasse **Mujunkum** und schließlich östlich des Balchasch-Sees die **Sari-Ischik-Otrau**, ein 250 km langer und 180 km breiter Wüstenstreifen. Diese Wüstenregionen entstanden in prähistorischer Zeit vermutlich durch Aufspülung ehemaliger Flüsse und durch das Anwehen wahrer Geröllhalden und sind heute keineswegs mehr als völlig leblos

Saryarka, ein um die Hauptstadt Astana sich erstreckendes und bis nach Sibirien reichendes Gebiet von mehreren Tausend Quadratkilometern kann mit seinen scheinbar unendlich weiten Steppen und Seen als typisch kasachisch angesehen werden. Seit 2008 gehört diese Region mit ihren Naturschutzgebieten Naursum und Korgalschyn zum Weltnaturerbe.

oder gar unbrauchbar anzusehen. Wertvolle Bodenschätze wie Erdöl, Erdgas, Mangan, Chrom, Vanadium, Silber (praktisch das ganze Periodische System der Elemente scheint hier ausgeschüttet worden zu sein), die unter der scheinbar toten Oberfläche lagern, werden heute abgebaut und gefördert und führen zur Gründung von rein industriellen Siedlungen. Vor wenigen Jahren zum Beispiel wurde festgestellt, dass gerade die Kisilkum eine wahre Goldgrube ist, wo das wertvolle Erz schon im Tagebauverfahren aus einer Tiefe von nur 2–3 m gewonnen werden kann.

Zwischen Kaspischem Meer und Aralsee dehnt sich die etwa 200 000 km² große **Ust-Urt-Ebene** (zwischen 50 und 300 m ü. d. M.) aus, die unwirtlichste Region Zentralasiens, wo es nur trockene Lehmflächen gibt und ausgedörrte, mit Salz gefüllte Senken. Hier, auf der Halbinsel Mangistau, befindet sich auch die Senke Karagija, die 132 m unter dem Meeresspiegel liegt.

Weit bis nach Kasachstan erstreckt sich zu beiden Seiten des Syr Darja eine etwa 10 000 km² große, graue, von der Sonne ausgetrocknete Ebene – die **Hungersteppe.** Immer wieder wurde und wird auch heute noch versucht, das weite Areal der Steppe, in dem es keine natürlichen Wasservorkommen gibt, künstlich zu bewässern, um neue landwirtschaftlich nutzbare Gebiete zu gewinnen. Nicht selten erscheint der Kampf des Menschen gegen die Wüste aussichtslos. Während es auf der einen Seite gelingt, durch eine intensive Bodenbehandlung – z. B. auch durch das Aussäen von Saxaulsamen (Salzsteppenstrauch) – den lockeren Sandboden zu festigen und am Wandern zu hindern, gehen andererseits wertvolle Nutzflächen infolge einer starken, durch Wind, Trockenheit und Salz begünstigten Erosion wieder verloren.

Oasen

Die wichtigsten Siedlungsräume Zentralasiens, die größten Städte und Anbaugebiete befinden sich in den fruchtbaren Flusstälern und in den feuchten, schattigen Oasen. In den von den Nordwinden geschützten Tälern des Kopet-Dagh z. B. wachsen bei fast subtropischem Klima Granatäpfel, Mirabell- und Mandelbäume, und sogar Dattelpalmen konnten in dem milden Klima akklimatisiert werden. Aber auch im Tal des Surchan Darja, im südlichsten Usbekistan, gibt es subtropische Kulturen, wo – wenn auch unter großen Schwierigkeiten – Zuckerrohr angebaut wird.

Am Unterlauf des Amu Darja liegt – zu beiden Seiten des bräunlich trüben Flusses – **Choresm,** das, wie Ausgrabungen vermuten lassen, zu den ältesten bewirtschafteten Oasen in Zentralasien gehört. Seine Anfänge liegen wohl in der Bronzezeit. Auch wenn in den weiten Oasen Usbekistans die Baumwolle noch den größten Raum einnimmt, so werden in verschiedenen Obst- und Gemüseplantagen vermehrt Aprikosen, Feigen, Melonen, Äpfel und Tomaten, aber auch Wein angebaut, und an einigen Stellen findet man auch Reis-

Steppenlandschaft im Gebiet des Surchan Darja

und Luzernefelder. Nicht zu übersehen sind die vielen Pappeln und Tamarisken sowie unzählige Maulbeerbäume, die für die berühmte Seidenraupenzucht unverzichtbar sind.

Als die größte und reichste Oase Zentralasiens gilt das **Ferghana-Tal** südöstlich von Taschkent, das abgesehen von einer Öffnung nach Westen völlig von Bergen eingeschlossen ist. Baumwollfelder, Obst- und Gemüsegärten und dazwischen immer wieder landwirtschaftliche Siedlungen stoßen hier so eng aneinander, dass die optimale Ausnutzung dieser für Zentralasien wohl einmaligen Kulturlandschaft zu einer extrem hohen Bevölkerungsdichte führt (im Gebiet von Andischan z. B. etwa 400 Ew./km^2).

Das **Tschu-Tal** schließlich, unweit von Bischkek in Kirgistan, entwickelte sich gerade im Lauf der letzten Jahrzehnte zu einer üppigen Oase und wurde zum Siedlungsraum für zahlreiche Dörfer kirgisischer – und aufgrund der früheren politischen Situation – auch russischer und ukrainischer Bauart. Hier werden mit großem Erfolg Zuckerrüben und Tabak angebaut.

Wenn es gelingt, den gegebenen Boden ausreichend zu bewässern, dann kann auch in einem Gebiet wie Tadschikistan, das zu neun Zehnteln aus Gebirge besteht, oder Kasachstan, das lange Zeit landwirtschaftlich brachlag, Neuland kultiviert und als Siedlungsraum erschlossen werden. Während früher für diese Aufgabe eine ungeheure Anzahl von Menschen erforderlich war und, wie die Geschichte zeigt, auch zur Verfügung stand, unterstützt heute die Technik den Menschen in seinem Bestreben, seinen ihm eigenen Kulturraum zu erhalten und zu verbessern.

Flora und Fauna

Eine Reise durch Zentralasien zeigt, dass nicht nur die bekannten Oasenstädte oder die großartigen Stätten des Islam Beachtung verdienen, sondern auch die faszinierend schönen Landschaftsräume. Neben den ausgedehnten Anbaugebieten – beispielsweise den großen Oasen mit ihren reichen Obst- und Gemüseplantagen und endlosen, smaragdgrünen Baumwollfeldern oder dem Süden Turkmenistans mit seinen tiefrot blühenden Mohnfeldern – gibt es noch genügend Naturräume, die den Reisenden mit ihren vielfältigen Landschaftsbildern und der jeweils charakteristischen Flora und Fauna beeindrucken.

Im Süden Turkmenistans findet man die wildwachsenden heimischen Tulpen, Hyazinthen und Schwertlilien, aber auch die aus Schilf, Sträuchern und Bäumen bestehenden *tugai,* die nahezu undurchdringlichen und bis zu 3 km breiten Uferwälder des Amu Darja. Erwähnenswert sind auch die ›Wüstenwälder‹ der Karakum mit ihren scheinbar abgestorbenen, strauchähnlichen Bäumen: dem weißen Saxaul mit seinen winzig kleinen, die Wasserverdunstung minimierenden Blättern, sowie der schwarzen Art, die sich selbst auf salzhaltigen Böden zu halten vermag. Eine besondere Überlebensstrategie entwickeln die Sandakazien, die ihr Wurzelwerk in horizontaler Richtung bis zu 30 m ausbreiten: überzeugende Beispiele einer optimalen Anpassung an Umweltbedingungen.

So erfährt der Reisende, dass die Wüste nicht wüst und leer und die Hungersteppe keine Steppe ist und dass es Tiere gibt, die aus energetischen Gründen nicht nur den Winter, sondern auch den Sommer verschlafen und nur im Frühjahr aktiv sind – die Wüstenschildkröten. Extrem hohe Sommertemperaturen, eine alles auszehrende Dürre und der ständig dahinfegende, erodierende Wüstenwind

Baumwollernte im Gebiet von Schahr-e Sabs

lassen die weiten Sandflächen tatsächlich leblos erscheinen. Sobald aber die Hitze nachlässt, beginnt die Wüste sich zu regen. Neben mehr als tausend verschiedenen Insektenarten gibt es Nagetiere, vor allem die Sand- und die Wüstenspringmaus, außerdem Eidechsen und Schlangen, darunter die Sandrasselotter und die Sandviper, die giftig sind, sowie die ungiftige kleine Sandboa; darüber hinaus leben in der Wüste unzählige Schildkröten, Füchse, Wölfe und Wüstenwarane – einer des anderen Feind. Und über diesem Meer von Sand kreisen hier und da Vögel und suchen ebenfalls Beute zu machen. Zu ihnen gehören, um nur zwei interessante Arten hervorzuheben, die raffinierten Wüstenhäher, die ihre erbeutete Nahrung (Insekten und Samenkörner) verstecken, um sie bei Bedarf wieder auszugraben, sowie die Kalanderlerchen, die weniger als gute Sänger, sondern vor allem als Stimmimitatoren bekannt sind.

Einen optischen Kontrapunkt im Grau der scheinbar endlosen Wüstenregionen bilden die tief wurzelnden Tamarisken mit ihren unzähligen kleinen rosafarbenen Blüten.

Im Verhältnis zur bescheidenen Wüstenflora und -fauna könnte die Vegetation und Tierwelt der vom Klima begünstigten Bergregion fast paradiesisch genannt werden. Hier sind sowohl die mitteleuropäischen Tierarten anzutreffen als auch die typisch zentralasiatischen oder indotibetischen, etwa Braunbär, Schneeleopard, Kropfgazelle *(dscheiran)*, Wildesel *(kulan)*, Hermelin und Nutria, Pamir-Schaf und Jak sowie, neben Fasan, Schwalbe und Goldamsel, auch Kondor und Aasgeier.

Jeder Besucher Zentralasiens wird die Vielfalt der Landschaftsräume auf seine Art wahrnehmen – bald als eine gottverlassene Region, bald als einen riesigen botanischen oder zoologischen Garten, und sich von den Gegensätzen, die hier wie sonst nirgendwo aufeinandertreffen, gefangen nehmen lassen.

Geschichte

Zentralasien in Zeugnissen und historischen Reiseberichten

Um Zentralasien, wie es sich heute darstellt, in seiner Vielfalt verstehen zu können, ist ein – wenn auch nur skizzenhaft durchgeführter – historischer Rückblick eine notwendige Voraussetzung. Wer beispielsweise heute nach Pendschikent oder auch nach Merw reist, um alten Kulturen nachzuspüren, wird ohne entsprechende Hintergrundinformationen und ohne Wissen um den Kanon der Geschichte Zentralasiens Mühe haben, einen graubraunen Sandhügel als den Palast eines sogdischen Herrschers oder einige Mauerreste – älter als 1001 Nacht – als die unter den Seldschuken errichtete ›Relaisstation für Brieftauben‹ zu erkennen.

Obwohl Spuren menschlicher Siedlungen bis weit in die Steinzeit zurückreichen, gehört die alte, die vorislamische Geschichte Zentralasiens bis heute noch zu den am wenigsten erforschten Gebieten der altorientalischen Völker. Gerade hier im Zentrum von Eurasien entstand aber schon vor Jahrtausenden eine herausragende Kultur, die wegen fehlender Beweise und Zeugnisse vielfach nur als Randkultur abgetan wurde. Eine Ursache für diese Wissenslücken ist sicher auch darin zu suchen, dass gerade dieses Gebiet zwischen Kaspischem Meer und Pamirgebirge wiederholt von Verwüstungen großen Ausmaßes heimgesucht worden ist, bei denen oft ganze Völker und mit ihnen ihr Bestand an Kunst- und Kulturgütern untergegangen sind. Dank neuer wissenschaftlicher Methoden und Erkenntnisse, deren sich Historiker und Archäologen heute bedienen, ist es gleichwohl möglich geworden, auch jahrtausendealte Anlagen und Gegebenheiten zu rekonstruieren, um ein recht zuverlässiges, transparentes Bild von der Vergangenheit Zentralasiens zu zeichnen. Nicht selten gleicht aber ihre Arbeit einem überdimensionalen Puzzle-Spiel, bei dem wichtige Verbindungselemente irgendwann verlorengegangen oder auch durch unpassende ersetzt worden sind. Sehr erleichtert hingegen wird die Arbeit der Archäologen durch die Verwendung von Luftaufnahmen, die nicht selten völlig unbekannte, unter dem Sand der Wüste begrabene Siedlungen oder auch Flussläufe und Kanalnetze erkennen lassen und alte Geschichte wieder erfahrbar machen.

»Samarkand ist eine der größten und schönsten Städte. An den Ufern des Flusses gebaut, ist ihre Pracht geradezu unübertroffen.«
Ibn Battuta (1304–1377) Reisen ans Ende der Welt

Ein Abriss dieser Geschichte zeigt, dass die politische Lage damals und in der Folgezeit oft über Jahrhunderte hinweg verworren und in vieler Hinsicht undurchschaubar war, weshalb die historischen Berichte gerade über dieses Land jenseits des Oxus (Transoxanien) nicht selten unglaubwürdig und voller Widersprüche sind.

Bei den griechischen und römischen Geschichtsschreibern gibt es nur wenige Hinweise über die Bewohner Zentralasiens in der Antike. **Herodot** (gestorben um 425 v. Chr.) darf mit Sicherheit zu den frühesten Reisenden gezählt werden, die aufgrund persönlich gesammelter Erfahrungen sowie eines intensiven Quellenstudiums zuverlässige Informationen über Zentralasien, seine Bevölkerung und ihre Lebensbedingungen überliefert haben. So findet man z. B. in seinen Büchern interessante Berichte über Bewässerungsprobleme und -verfahren, über die harten Tributleistungen der besetzten Gebiete an die Perser sowie über das Leben der Nomadenstämme. Über religiöse Kulthandlungen, wie sie in der Zeit vor Zarathustra auch in Zentralasien üblich waren, schreibt Herodot: »Bildsäulen, Tempel und Altäre sind unter den Persern nicht gebräuchlich. Ja sie strafen sogar diejenigen, die solche errichten, und zwar, wie ich glaube, weil sie sich die Götter nicht, wie die Hellenen, unter menschlichen Gestalten vorstellen. Sie bringen ihre Opfer der Sonne, dem Monde, dem Feuer, dem Wasser und den Winden.«

Als unter den Arabern wieder eine gezielte Geschichtsschreibung einsetzte, wurde viel wertvolles Material durch wiederholtes Ab- und Umschreiben im Laufe der Jahre stark verfälscht. Daher erhalten gerade die zeitgenössischen Berichte, die sich auf eigene Beobachtungen und Erfahrungen stützen, eine besondere Bedeutung. Einerseits können sie einen wichtigen Beitrag zur Klärung von Fragen und Widersprüchen leisten, andererseits liefern sie nützliche Randinformationen im Rahmen einer gezielten Forschungsarbeit.

Al Biruni (973–1048), ein choresmischer Gelehrter und einer der bedeutendsten islamischen Schriftsteller, berichtet in seinem Buch ›Chronologie Orientalischer Völker‹ eingehend, wie Kutaiba im Jahre 712 die wissenschaftliche Literatur der Choresmier auf barbarische Weise vernichten und ihre Gelehrten ausrotten oder vertreiben ließ. **Makdisi** (10. Jh.), der wohl größte Geograph aller Zeiten, hat das Land und das Leben in Zentralasien so exakt beschrieben, dass seine Auskünfte zu den wichtigsten Unterlagen der Kulturgeschichte des Ostens gehören. **Johann de Piano Carpini** (um 1245) besuchte als päpstlicher Gesandter Zentralasien und verfasste die ›Historia Mongolarum‹, eine kritische Auseinandersetzung mit dem Reich der Mongolen.

Marco Polo (1254–1324) berichtet von seinen Reisen nach China über die Stadt Samarkand: »Samarkand ist eine vornehme Stadt, geschmückt mit schönen Gärten und umgeben von einer Ebene, in der alle Früchte wachsen, die man sich nur wünschen kann. Die Einwohner, teils Christen, teils Mohammedaner, sind dem Neffen des Großkhans untertan; doch sind die Beziehungen zwischen beiden Parteien nicht freundschaftlich, sondern es herrscht ständiger Kampf und Krieg.«

Hermann Vámbéry, ein ungarischer Gelehrter, wanderte 1863, wenige Jahre vor der Besetzung Zentralasiens durch die Russen, als Derwisch verkleidet durch die turkmenische Wüste nach Chiwa, Buchara und Samarkand. In seinem Buch ›Reise in Mittelasien‹ berichtet er ausführlich über die dort lebenden Völkerschaften. Über

»...und als wenn Erdäpfel ausgeschüttet werden, so rollten die bärtigen und bartlosen Köpfe vor den Protokollführer hin ...« Hermann Vámbéry in seinem Reisebericht über Chiwa

Nicht, wer viel gelebt auf Erden, weiß viel. Wer viel gewandert hat auf Erden, weiß viel.

Kirgisische Spruchweisheit

Chiwa und das Leben unter einem Emir, »dessen Grausamkeit selbst die Tataren missbilligten«, schreibt Vámbéry: »Wie mir am 3. Juni vor den Thoren Chiwas zu Muthe war, wird der Leser sich vorstellen können. ... Ich hörte, dass der Chan alle verdächtigen Fremden zu Sklaven machte, dass er dies erst unlängst mit einem Hindustaner von angeblich fürstlicher Abkunft that, der jetzt wie die übrigen Sklaven zum Schleppen der Kanonenwagen bestimmt war. ... Am nächsten Tag sah ich wirklich gegen 100 Reiter mit Staub bedeckt aus dem Lager ankommen. Jeder führte einige Gefangene, darunter auch Kinder und Weiber, entweder an den Schweif des Pferdes oder an dessen Sattelknopf gebunden mit sich, außerdem hatte er einen großen Sack hinter sich aufgeschnallt, der die abgehauenen Feindesköpfe, Zeugen seiner Heldentaten, enthielt. Auf dem Platze angekommen gab er die Gefangenen, die er dem Chan oder einem Großen zum Geschenk brachte, ab, band den Sack los, fasste ihn an zwei Enden, und als wenn Erdäpfel ausgeschüttet werden, so rollten die bärtigen und bartlosen Köpfe vor den Protokollführer hin, dessen Diener sie mit den Füßen zusammenstieß, bis ein Haufe von einigen Hundert aufgehäuft war. Jeder Held bekam eine Quittung über abgelieferte Köpfe, und einige Tage später erfolgte die Auszahlung. Trotz aller Rauheit der Sitten, trotz all dieser Szenen habe ich in Chiwa und seinen Provinzen in meinem Derwischincognito die schönsten Tage meiner Reise verlebt.«

Egon Erwin Kisch, der ›rasende Reporter‹, durcheilte 1930 mehrere Sowjetrepubliken. Über seine Eindrücke in Buchara, zehn Jahre nach der Flucht von Alim Khan, dem letzten Emir von Buchara, schreibt er: »Die Knute auf dem Tor der Burg, die Kerkerzellen an ihrer Rampe und die Verließe des Sindan sind Museumsobjekte geworden. Die Christen brauchen nicht in Kagan, die Juden nicht in Machallah zu wohnen, blanke Knaben nicht die Gunst des Emirs und der Beys zu fürchten. In den Schulen sitzen die Kinder auf Bänken und lernen Naturwissenschaft, was dem Koran widerspricht. Ein Park schmückt die Fläche, auf der vor 60 Jahren Europäer als Sklaven feilgeboten wurden, und dort, wo noch vor zehn Jahren Revolutionäre geköpft wurden, streckt sich ein Wasserturm in die Höhe, das ›Sowjet-Minarett‹.«

Hans Werner Richter, Initiator der Gruppe 47, reiste 1965 durch Zentralasien und folgte auf seiner Reise den Spuren von Kisch. Er beschreibt in seinem Buch ›Karl Marx in Samarkand‹, wie sich dieses Land seit 1930 abermals verändert hat: »Der Sprung nach vorn ist erstaunlich. Ein Jahrhundert, das 19. Jahrhundert, wurde übersprungen, und wie immer bei einer solchen gewaltsamen Entwicklung, sind Fehlleistungen unvermeidlich. Was ist seit Kisch erreicht worden? Der Analphabetismus wurde beseitigt, das Land für den Verkehr erschlossen, die Basis zu einer Industrialisierung gelegt, die sich schnell und in großem Umfang entwickelt, weite Steppengebiete wurden kultiviert.«

Die vorislamische Zeit

Das Werden einer Zivilisation (Altsteinzeit/Eisenzeit)

Dass Zentralasien bereits in der **Altsteinzeit** besiedelt war, belegen beispielsweise die Funde von Teschik Tasch (1) im Tal des Surchan Darja, wo im Jahr 1938 außer Steinwerkzeug und Tierknochen auch das Skelett eines 8 oder 9 Jahre alten Knaben – eines Neandertalers – gefunden wurde. 12 000 Jahre alte Siedlungsräume wurden im Karatau-Gebirge (2) entdeckt und über 200 Felszeichnungen in Ocker aus derselben Zeitperiode im Süden Tadschikistans (3).

Der eigentliche Beginn von Ackerbau und Viehzucht fällt in Zentralasien augenscheinlich in die **mittlere Steinzeit** (6. Jt. v. Chr.). Dieser Schritt vom Sammler und Jäger zum Bauern, der Getreide anpflanzt und Tiere zähmt, stellte auch in der Entwicklung Zentralasiens einen Wendepunkt dar. In Dscheitun (4) bei Aschgabat konnte z. B. ein ganzes Dorf ausgegraben und der Anbau einer wenn auch primitiven Weizensorte nachgewiesen werden. Die an mehreren Stellen der Siedlung besonders zahlreich vorgefundenen Gegenstände wie Werkzeuge oder Töpferwaren lassen vermuten, dass deren Herstellung – gleichsam im Zuge einer Arbeitsteilung – von besonders befähigten Handwerkern übernommen wurde.

Die in Südturkmenistan (Altin Tepe (5), Kara Tepe (6)) gefundenen Gefäße – eine helle, mit geometrischen Mustern, nicht selten aber auch mit Darstellungen von wilden Tieren und Vögeln bemalte monochrome Keramik – lassen vermuten, dass die Menschen der Jungsteinzeit bei einer geplanten Arbeitsteilung auch schon ›in Serie‹ zu produzieren verstanden. Diese fortschrittliche Wirtschaftsorganisation muss für die Gesellschaft weitreichende Folgen gehabt haben: Tauschhandel, ungleiche Verteilung der Güter, Entwicklung von Pri-

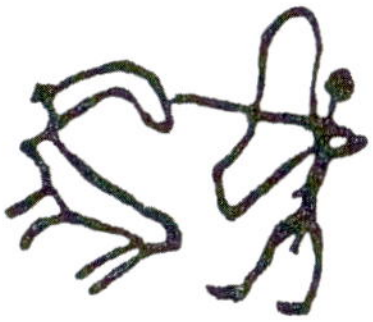

Teschik-Tasch: Prähistorische Felszeichnungen; oben eine Frau, unten ein Mann bei der Jagd

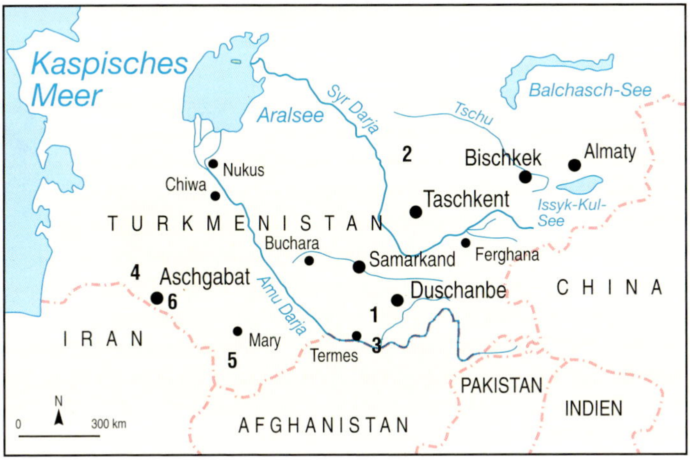

Fundorte steinzeitlicher Kulturen in Zentralasien
1 Teschik Tasch
Dalversin Tepe
Dscharkurgan
2 Karatau-Funde
3 Saraut-Sai
4 Dscheitun
5 Altin Tepe
6 Kara Tepe

Neben Gefäßen aus Keramik, Marmor und Bronze wurden in Dschar Kurgan auch Haarspangen, Armreifen und Spiegel aus Bronze sowie Halsketten aus Halbedelsteinen gefunden. Die in Dschar Kurgan verwendeten Schmelzöfen erlaubten, Metalle wie Bronze oder auch reines Kupfer und Zinn – gleichzeitig bis zu 30 kg und unter Verwendung von Holzkohle – bei Temperaturen von über 1000 °C zu gewinnen.

vateigentum, soziale Differenzierungen, Entstehung einer städtischen Zivilisation, wachsende kulturelle Beziehungen zu Nachbargebieten, Anstieg der Bevölkerungszahl, Wanderungsbewegungen.

Für die auch unter dem Namen Andronowo bekannte Kultur der **Bronzezeit** bildet **Dschar Kurgan** (knapp 40 km nördlich von Termes) – im Gebiet des Surchan Darja-Tals – ein herausragendes Beispiel. Die vor mehr als 3500 Jahren gegründete, etwa 100 ha große Siedlung (1), bestand aus einer Zitadelle und der eigentlichen Wohnstadt (Scharestan) mit ›Mehrfamilienwohnhäusern‹ und Gärten. Ausgegraben wurden hier aber auch ein Tempel mit einem Feuer-›Altar‹ sowie Räume für Opfergaben, für das ›heilige‹ Wasser und für ›Devotionalien‹ (Kultgegenstände). Warum diese hochstehende Kultur jenseits des Oxus noch im ersten vorchristlichen Jahrtausend untergegangen ist, konnte bislang nicht geklärt werden.

Die archäologischen Arbeiten, auf denen der heutige Kenntnisstand beruht, können selbstverständlich nicht als abgeschlossen angesehen werden, im Gegenteil: Ständig neue Funde ergänzen das vorhandene Material und Wissen und ermöglichen es, Annahmen zu untermauern oder zu korrigieren, vielleicht aber auch Lücken zu erfassen und auszufüllen.

Nomaden und Sesshafte

Mitte des 1. Jahrtausends v. Chr. wurde Zentralasien einerseits von sesshaften, Ackerbau betreibenden Stämmen bewohnt, andererseits aber auch von Steppennomaden, die als Jäger und Viehzüchter ein verhältnismäßig primitives Leben führten. Die an den Flussmündungen und in den Oasen siedelnden Stämme betrieben unter Ausnutzung der natürlichen, aber auch schon der künstlichen Bewässerung eine intensive Landwirtschaft, gründeten Städte, bauten Festungen

Seit Jahrtausenden ist die Jurte die traditionelle Behausung der Nomaden Zentralasiens; hier eine Familie im Tschimgan

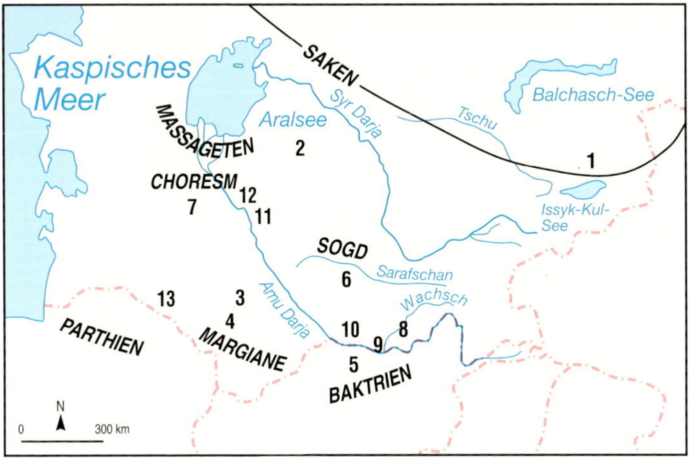

Nomaden und Sesshafte: Ihre Siedlungsräume in Zentralasien vor der Zeitenwende
1 Issyk- Kurgan
2 Balandy
3 Jas Tepe
4 Giaur Kale und Merw
5 Baktra (Balch)
6 Afrasiab
7 Kalaly-Gir
8 Kohne Kale
9 Kaikobad Schah
10 Termes Airtam Chaltschajan
11 Dschambas Kale
12 Koi-Krylgan Kale
13 Nisa

und entwickelten eine Kultur, die über Jahrhunderte hinweg ihre Eigenständigkeit bewahren konnte. Ihre wichtigsten Siedlungsräume waren: Choresm am unteren Amu Darja, Sogd im Sarafschan-Tal und Baktrien am oberen Amu Darja.

Nicht selten gaben aber auch sesshafte Bauern den Ackerbau auf und widmeten sich nur noch der Viehzucht, um sich so den naturbedingten Gegebenheiten der Steppe besser anpassen zu können – sie wurden Nomaden. Ihre Herden, Schafe, Pferde, Ziegen und Trampeltiere, die die ökonomische Grundlage ihres Lebens bildeten, führten sie mit Beginn des Frühjahrs durch die Steppen, während des Winters aber in die Berge des Altai, wo die über die Schneedecke herausragenden Doldengewächse immer noch ausreichend Nahrung boten – ein Grund, dass gerade die Gebirge im Norden Zentralasiens zu Brennpunkten der Nomadenreiche wurden. Ihre Lebensformen unterschieden sich von Gebiet zu Gebiet und änderten sich auch immer wieder im Laufe der Jahrhunderte. In völliger Abhängigkeit vom Klima, den gegebenen Weideplätzen und von ihren Tieren lebten die Nomaden meist unter extrem harten Bedingungen und befanden sich in einem ständigen Kampf mit ihrer Umwelt.

Wenn auch das Verhältnis der Nomaden zu persönlichem Besitz von ganz anderer Art war als das der sesshaften Bevölkerung in den blühenden Oasen, so fielen sie doch nicht selten über die reichen Städte und Siedlungen her, um von ihrem Luxus und Überfluss an Lebensmitteln zu profitieren. Überfälle dieser Art gehörten daher genauso zum Alltag der Nomaden wie das Handeln und Feilschen auf den Basaren, von dem beide Seiten ihren Gewinn hatten: Tiere und Tierprodukte wie Wolle, Felle und Filz wurden gegen Getreide und Metallwaren, Pferdegeschirre und sonstige Gebrauchsgegenstände eingetauscht. Dadurch aber, dass sie ständig unterwegs waren, entwickelten die Nomaden auch eine eigene Kultur. Nicht in der

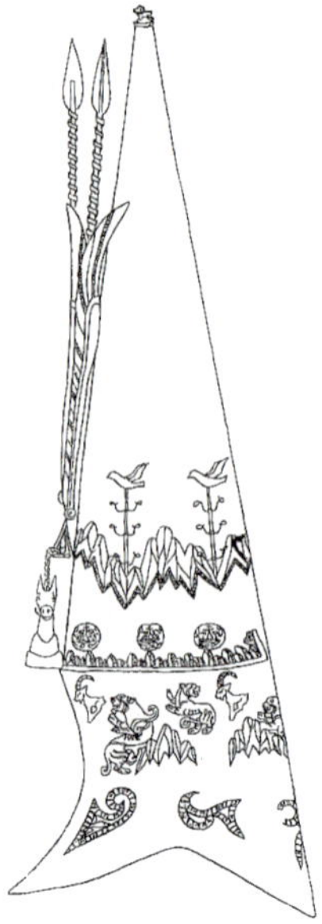

Mit Goldbesatz verzierte Mütze aus dem Issyk-Kurgan (5.–4. Jh. v. Chr.)

Baukunst oder Malerei – wie bei den Sesshaften –, sondern in der Herstellung, Ausschmückung und Verzierung ihrer Gebrauchsgegenstände zeigte sich ihre handwerkliche und künstlerische Gestaltungskraft. Ihre Religion fanden sie im Glauben an eine von Geistern beherrschte Welt, in ständiger Angst lebend vor den unerklärbaren übernatürlichen Kräften der Schamanen, den Mittlern zwischen ihren Toten und der Welt der Geister.

Wiederholt haben diese Nomadenstämme, die sich besonders durch kriegerisches Können, aber auch durch Taktik und Mut auszeichneten, den zentralasiatischen Raum durchzogen. In besonderer Weise fühlten sie sich dem Schutz der Karawanen verpflichtet, die ihre Waren über die Große Seidenstraße durch die Steppen und Wüsten von Oase zu Oase brachten. Indem sie den Karawanen ihren Schutz anboten, erhielten sie hinreichend Mittel, um Waffen und wichtige Güter kaufen zu können. Bis in das späte Mittelalter kämpften sie mit Bogen und Lanze und erwiesen sich fast immer als die Stärkeren, da sie sich, wenn die Gefahr es erforderte, praktisch in den leeren Raum zurückziehen konnten. Trotzdem war es nicht selten, dass Nomaden ihre unstete Lebensform aufgaben, sesshaft wurden und sich in die gegebene Zivilisation integrieren ließen.

Von den in Zentralasien lebenden Nomadenstämmen indogermanischer Herkunft erlangten zwei skythische Stämme eine besondere Bedeutung – die **Massageten,** die das Gebiet um den Aralsee besiedelten, und die **Saken,** deren Territorium im Osten des Aralsees lag und sich bis in die Steppe Kasachstans erstreckte. Im Norden, von Ostturkestan über den Aralsee und das Kaspische Meer bis weit nach Europa, war im Laufe des 8. und 7. Jh. v. Chr. ein Reich entstanden, das hinsichtlich seiner Ausdehnung im euroasiatischen Raum einmalig war: das Sakenreich.

Sein Zentrum befand sich (etwa 50 km östlich von Almaty) bei **Issyk-Kurgan** (1). Hier wurde im Jahr 1961 ein Grabhügel *(kurgan)* von 6 m Höhe und 60 m Durchmesser entdeckt und ergraben. Neben 31 Tongefäßen und 4000 bearbeiteten Goldplatten und -plättchen – Funde aus der ersten Hälfte des 4. Jh. v. Chr. – waren eine Art Krone, eine spitz zulaufende, mit Goldbesatz verzierte Mütze, sowie eine kleine Silberschale von besonderem Interesse. Die Schale enthielt eine Inschrift von 26 Schriftzeichen, die der alttürkischen, aber tausend Jahre jüngeren, Runenschrift sehr ähnlich sind. Bis heute gilt diese Inschrift, das älteste schriftlich fixierte Dokument in Zentralasien, als unübersetzbar. Aufgrund der Funde von Issyk-Kurgan vermutet Hayit, dass der Herrscher der Saken ein Türke gewesen sein muss, verwendete doch keine andere Völkergruppe in Turkestan türkische Schriftzeichen. Die Saken, die die Choresmier und Sogder als ihre Nachbarn akzeptierten, waren es schließlich auch, die mit den Massageten den Angriffen der Achämeniden und Griechen erbitterten Widerstand leisten sollten.

Obwohl die im Norden Zentralasiens siedelnden Saken als Nomaden bekannt geworden sind, lassen die im Gebiet zwischen

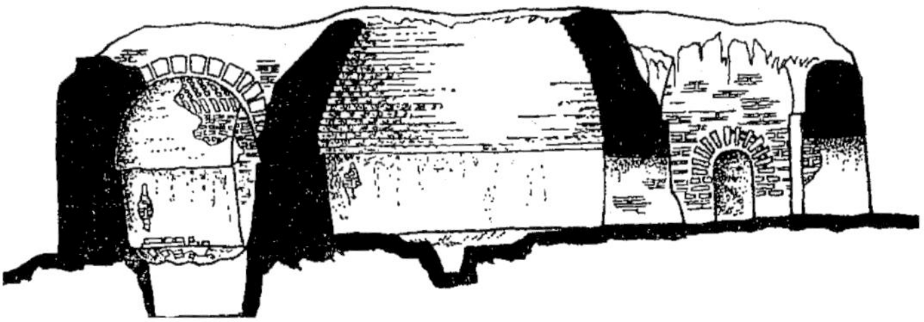

Das Kuppelgrab von Balandy. Die Gewölbeform der Jurte bestimmte das Aussehen der in den vorchristlichen Jahrhunderten gebauten Kurgane und Mausoleen und wurde später auch zum Vorbild der Kuppelgräber islamischer Fürsten (z. B. Gur-e Amir in Samarkand)

Aralsee und Syr Darja erfolgten Ausgrabungen vermuten, dass hier, wo ausreichend Ackerland zur Verfügung stand, Dörfer und später sogar Städte angelegt wurden, in denen im 4.–2. Jh. Paläste und Grabmäler von ungewöhnlichen Abmessungen entstanden – Vorbilder, auf die nicht nur die zentralasiatische Architektur immer wieder zurückgegriffen hat. Während die ersten Gräber der Saken offensichtlich eine zu Stein gewordenene Nachbildung ihrer Jurten (der leicht zu transportierenden Wohnzelte nomadisierender Steppenbewohner) waren, zeigen sowohl die Kurgane aus dem 10.–8. Jh. v. Chr. als auch die Mausoleen aus dem 4.–3. Jh. v. Chr. – zum Beispiel in **Balandy** (2) – recht deutlich die Entwicklung vom einfachen Kuppelgrab über die Kuppelhalle bis zum Turmmausoleum und Kreuzkuppelpalast.

Für die kulturelle Entwicklung Zentralasiens waren die Saken und ihr besonders ausgeprägtes Kunstverständnis nicht nur im Bereich der Architektur, sondern auch auf dem Gebiet des Kunstgewerbes zweifelsohne von großer Bedeutung. Andererseits waren es aber auch Saken, die auf ihren nicht immer friedlich verlaufenden Wanderungen die Lebensgewohnheiten und das Kunstschaffen anderer Völker und Stämme schicksalhaft beeinflusst haben.

Mitte des 1. Jahrtausends v. Chr. gab es in den Oasen zwischen den Bergketten des Tienschan und den Ufern des Kaspischen Meeres mehrere Siedlungsräume, die sich wie eine Kette durch die Wüsten und Steppen beiderseits des Amu Darja hinzogen. Zu den Ansiedlungen, für deren kulturelle Entwicklung sich aufgrund des gefundenen Materials zeitlich eng umrissene Perioden festlegen lassen, zählen insbesondere die im Bereich des Murgab-Deltas in Turkmenistan (Margiane), des Karfirnigan in Südtadschikistan (Baktrien), des Sarafschan in Usbekistan (Sogd) sowie am Unterlauf des Amu Darja (Choresm).

Zu den bedeutendsten Denkmälern der archaischen **Margiane** ist **Jas Tepe** (3) zu rechnen, eine 16 ha große, mit einer mächtigen Zitadelle gekrönte Stadt, die einmal (9.–7. Jh. v. Chr.) Hauptstadt der ganzen Margiane war. Im 6.–4. Jh. v. Chr. bildeten in der Flussoase des Murgab Erk Kale, Giaur Kale und **Merw** (4) – drei ineinander geschachtelte städtische Siedlungen mit sehr ausgedehnten Vororten – das Zentrum dieser Region. Achämeniden und Griechen haben sich dieses Landes bemächtigt, die Stadt weiter ausgebaut und mit Mauern umgeben, um sie vor den berüchtigten Nomaden zu schützen, aber auch vor dem alles zudeckenden Sand der Karakum.

Nach den Griechen herrschten die Parther über die Margiane, und es war Sanabaras, der letzte parthische König, der sich für den Ausbau und die Sicherheit dieser dichtbesiedelten Metropole einsetzte. Durch Merw, *das* Handels- und Handwerkerzentrum seiner Zeit schlechthin, führte die Große Seidenstraße, auf der auch die für Rom so wertvolle Seide transportiert wurde, für die die Parther ein Handelsmonopol hatten. In Erinnerung geblieben ist Sanabaras vor allem dadurch, dass er Unmengen Silber- und Bronzemünzen mit seinem Porträt in Umlauf bringen ließ. Irgendwann verwischen sich jedoch die Spuren der alten Margiane, weil andere Völker über sie hinweggegangen sind. Was blieb, sind Ruinen gewaltigen Ausmaßes, z. B. in Merw (s. S. 304ff.), ausgegraben, gesichert, teilweise sogar rekonstruiert und der Öffentlichkeit zugänglich gemacht – auch, um alte Geschichte nachempfinden zu können.

Am Oberlauf des Oxus, im Nordosten des alten Persien – heute Afghanistan – lag die historische Landschaft **Baktrien** mit ihrer Hauptstadt **Baktra** oder Balch (5), die wie ihre Schwesterstadt Merw von einer langen Mauer umschlossen war. Trotz seiner Randlage im Süden spielte Baktrien, das, wie alte Quellen berichten, eng mit der Margiane verbunden war, in der Geschichte der zentralasiatischen Völker keine unwesentliche Rolle. Besiedelt wurde Baktrien nachweislich schon in der Altsteinzeit (Teschik Tasch), und Funde sowohl aus der Eisenzeit als auch der Bronzezeit bestätigen, dass baktrische Kunst und Kultur nicht erst mit der Eroberung durch die Achämeniden begonnen hat. Im 3. Jh. wurde Baktrien von den Griechen annektiert und so stark in die neue Welt integriert, dass die Geschichte seit 230 v. Chr. von einer gräko-baktrischen Zeit sprechen konnte. Hier in Baktrien, wo sich auch eine der Hochburgen des Zoroastrismus befand, konnte sich unter dem Einfluss des Buddhismus eine Kunstrichtung entfalten, die, in Gandhara entstanden, unter den Kuschan zur höchsten Blüte geführt werden sollte (s. S. 34). Wichtig für das Werden und Wachsen einer gräko-baktrischen Kultur waren natürlich auch die Handelsbeziehungen über die Große Seidenstraße, die die Region mit der gesamten bekannten Welt verbanden und hohe Gewinne einbrachten. Im Lauf des 2. Jh. v. Chr. endet mit dem Einfall mehrerer Nomadenstämme – u. a. der Saken – die gräko-baktrische Periode. Die Kuschan waren es, die ›Herrschaft der sieben Könige‹, die zu Erben dieser Region ›diesseits des Oxus‹ avancieren sollten.

Eine ganze Petroglyphengalerie von prähistorischen Bildern (40. Jtd. v. Chr.), die Menschen, Tiere und mystische Zeichen zeigen, wurde Ende 2008 im Walddorf Karkija bei Samarkand entdeckt.

Das Kernland Zentralasiens, das ›zweitbeste aller Länder‹, wie es in dem mehr als zweitausend Jahre alten Awesta heißt, ist **Sogd,** die Landschaft zwischen Amu Darja (Oxus) und Syr Darja (Jaxartes), in etwa das heutige Usbekistan. Besiedelt wurden die beiden Oasenlandschaften sowie die Täler des Sarafschan und des Kaschka Darja bereits im 9. Jh. v. Chr. von einer indogermanischen Völkergruppe, den Sogden. Hauptstadt des antiken Sogd war Marakanda – das

Wandmalerei in Afrasiab, der legendären Hauptstadt des antiken Sogd

legendäre **Afrasiab** (6), eine Stadt am Sarafschan (heute Samarkand). In den mit Mauern geschützten städtischen Siedlungen entwickelte sich eine Kultur, die für die Folgezeit nicht nur für Sogd richtungweisend wurde, was unzählige Grabungen und Funde bestätigen.

»Alles, was ich über die Schönheit Samarkands gehört habe, ist wirklich wahr, nur mit einer einzigen Ausnahme: Es ist viel schöner, als ich es mir vorstellen konnte.«
Alexander der Große

Im Gegensatz zu den Dynastien der Achämeniden oder Griechen hat Sogd nie einen großen Staat gebildet, sondern eine Vielzahl kleiner Stadtstaaten, die wiederholt zum Ziel von Invasoren wurden. 329 v. Chr. zog Alexander der Große gegen Marakanda und brachte Sogd in seine Gewalt, ein Prozess, der sich über drei Jahre hinziehen sollte. Damit hatte Sogd seine Selbständigkeit zwar für immer verloren, konnte aber trotzdem auch unter den neuen Imperatoren, die sich das Land zwischen Pamir und Aralsee streitig machten, seine lokalen Traditionen ausbauen und festigen.

Immer wieder war es aber die über weite Strecken durch Sogd führende Große Seidenstraße, die das Zentrum der damals bekannten Welt mit seiner Peripherie verband. Einen Eindruck von der einstigen Bedeutung und vom Reichtum des über Jahrhunderte währenden Ost-West-Handels können heute noch die Karawansereien – oftmals eine Ruine, nicht selten aber auch ein hervorragend restauriertes Baudenkmal – am Rande der vielfach asphaltierten Karawanenstraßen vermitteln, oder vielleicht auch die zahlreichen Basare – Mittelpunkt orientalischen Lebens, wo wie eh und je gehandelt und gefeilscht wird.

Die Geschichte Sogds ist augenscheinlich eine unendliche Geschichte: Der Reisende kann gleichsam wie in einem großen Geschichtsbuch blättern, wenn er nicht nur die Städte aus 1001 Nacht – Samarkand und Buchara – besucht, sondern auch längst vergessene Kulturen, wie z. B. in Afrasiab, Termes oder Warachscha.

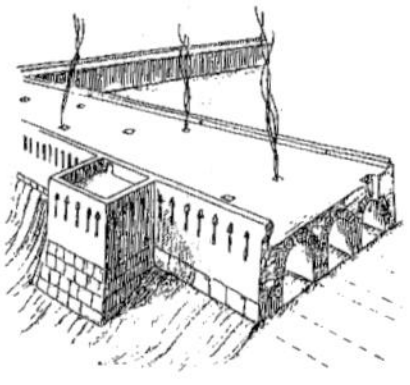

Zeichnerische Rekonstruktion einer Wohnmauer-Siedlung in Choresm

Für **Choresm** (altpers. ›gute Erde‹), das Land zwischen den Wüsten Karakum und Kisilkum, hat Anfang des 8. oder 7. Jh. v. Chr. augenscheinlich eine neue Ära begonnen: der Aufstieg des choresmischen Reiches. Wo die Ursache und der Anlass zu suchen sind, die zur Bildung dieses Reiches geführt haben, und wer als sein Stammvater angesehen werden kann, erzählen nur die überlieferten Mythen und der Sagenkreis des Awesta. Eine schriftliche Bestätigung der Zeitdokumente des Awesta findet man in den Berichten Herodots (um 450 v. Chr.) und Strabos (63 v. Chr. – 20 n. Chr.) – Informationen über das antike Zentralasien, die aufgrund der in den letzten Jahrzehnten durchgeführten Grabungen z. T. belegt werden konnten.

Das wohl beste Bild über Choresm im 7.–4. Jh. v. Chr. vermitteln die Ausgrabungen am Unterlauf des Amu Darja. Am weitesten verbreitet waren hier die Ursiedlungen mit bewohnten Schutzmauern oder auch Wohnmauer-Siedlungen, z. B. **Kalaly-Gir** (7) – Orte, die vermutlich von einem ganzen Stamm, d. h. von mehreren tausend Menschen, bewohnt wurden und nicht selten eine Ausdehnung von 20 ha aufwiesen. Sie waren von einer hohen, aus großen quadratischen Lehmziegeln bestehenden Schutzmauer umgeben, in der sich Türme und Tore befanden. Unmittelbar an den Schutzwall waren Tonnengewölbe als eigentliche Wohnungen angebaut: drei parallel verlaufende, insgesamt 6–7 km lange Galerien, die einen großen Innenhof bildeten. Als Baumaterial verwandte man luftgetrocknete Ziegel, die bereits Standardabmessungen hatten: 40 × 40 × 10 cm. Die Bevölkerung gliederte sich in drei streng voneinander zu unterscheidende Kasten: die Feuerpriester, Krieger und Bauern, und später noch – als eine eigene Kaste – die Handwerker. Den größten Reichtum einer Sippe bildete das Vieh (Rinder, Pferde, Kamele), das nicht nur in Krisenzeiten seinen Platz im Innenhof hatte, zumal Viehraub sehr verbreitet war. Die in Kalaly-Gir im Haus der Toten gefundenen Ossuarien (Behälter für Knochen von Verstorbenen) lassen erkennen, dass die Menschen, die hier gelebt hatten, Angehörige einer in Zentralasien weit verbreiteten Religion waren. Ihr Schöpfergott war der allgütige Mazda, ihre Religion der Mazdaismus.

Ebenso wie Baktrien geriet auch Choresm um die Zeitenwende unter den Einfluss der Kuschan und sollte in den folgenden Jahrhunderten nur eine Randerscheinung in der Geschichte Zentralasiens bleiben.

Das Achämenidenreich (685–330 v. Chr.)

Das klassische Achämenidenreich erstreckte sich in der Antike vom Mittelmeer im Westen bis zum Indus und vom Persichen Golf im Süden bis zum Aralsee. In die von Nomaden und Sesshaften besiedelten Gebiete Zentralasiens fiel Mitte des 6. Jh. v. Chr. Kyros II (559–30 v. Chr.), der 6. König der Achämeniden, ein. Im Kampf gegen die Massageten fand der Großkönig jedoch den Tod, und erst Darius I. (550–486 v. Chr.), der 9. König, konnte ganz Zentralasien in seine Gewalt bekommen und in das persische Großreich eingliedern. Die historischen Landschaften Margiane, Baktrien, Sogd und Choresm sowie Parthien gehörten fortan als Satrapien zum »Land der aufgehenden Sonne« – zu Chorasan. Heute liegen diese Regionen im Gebiet der Staaten Iran, Afghanistan, Turkmenistan, Usbekistan und Tadschikistan. Der Einfluss, den die neuen Herrscher auf die unterworfenen Stämme ausübten, war für die Entwicklung Zentralasiens in vieler Hinsicht von einschneidender Bedeutung. So wurde z.B. die persische Verwaltungsorganisation auf sämtliche eroberte Gebiete übertragen, wobei man die Regionen in Satrapien aufteilte und die starken Großgrundbesitzer – augenscheinlich die Aristokratie des Landes – mit Verwaltungsaufgaben betraute. Nicht unerheblich jedoch war der Tribut, den sie alljährlich an die Achämenidenherrscher abführen mussten.

Ein Tribut besonderer Art, den die besetzten Gebiete zusätzlich zu leisten hatten, bestand in der Abkommandierung von wehrtüchtigen Männern für die Heerestruppen, die in den Feldzügen gegen Ägypten und Griechenland eingesetzt wurden. Diese Maßnahme führte notwendigerweise auch zu einem lebhaften Kulturaustausch zwischen den in sich geschlossenen, oftmals sterilen Oasen Zentralasiens und den übrigen Teilen des ausgedehnten Reiches, wobei sich die Kulturen untereinander anglichen, aber auch voneinander profitierten – eine Tatsache, die durch zahlreiche Funde nachgewiesen werden konnte.

Aus dem 6.–5. Jh. v. Chr. – zum Teil auch aus späterer Zeit – stammt der berühmte Oxus-Schatz, der 1877 im sandigen Flussbett des Oxus im Süden Usbekistans entdeckt wurde (heute im Britischen Museum in London). Er enthält zahlreiche ausgezeichnete Plastiken von Menschen und Tieren aus Gold und Silber, aber auch hervorragend stilisierte, im Schrägschnitt ausgeführte Tierfiguren. Diese Art der abstrakten Darstellung wurde im sogenannten Tierstil – besonders in der Kunst des Islam – zu einem bevorzugten Vorbild bei der Ausführung der verschiedensten Ornamente und Dekorationen. Die Schmuckstücke und Figuren vereinen baktrische, medische, parthische und nomadische Stilelemente. Sie stellen vermutlich Weihe- oder auch Opfergaben von Pilgern dar, Angehörigen altiranischer Stammesreligionen, z. B. der Lehre Zarathustras.

Der Stadtentwicklung gab der Einfluss der Perser große, sehr positive Impulse. So erreichte Baktra eine Ausdehnung von 120 ha, Giaur Kale (das heutige Mary) 400 ha und Marakanda (Samarkand) 800 ha. Aber auch die künstliche Bewässerung – in Steppenregionen eine wichtige Voraussetzung für die Sesshaftigkeit der Bevölkerung – wurde unter den Achämeniden durch den Bau von Kanälen, Dämmen und Stauanlagen wesentlich verbessert. Auf diese Weise kam es zu einem Aufblühen der Landwirtschaft: Die Bodenerträge wurden gesteigert, und Nahrungspflanzen, wie Aprikosen, Pfirsiche, Orangen oder Rohrzucker, die den Bewohnern bislang nur über den Transithandel bekannt waren, konnten jetzt auch in den Oasen der persischen Satrapien angebaut werden. Dass es aber auch Handelsbeziehungen – über Zentralasien? – zu China gegeben haben muss, beweist die Tatsache, dass bereits die Achämeniden ein Wort für Seide hatten.

200 Jahre währte die Achämenidenherrschaft, bis durch das Auftreten Alexanders des Großen der Untergang der einstigen Weltmacht besiegelt wurde.

Das gräko-baktrische Reich (250–130 v. Chr.)

Alexanders Siegeszug von Griechenland über Persien und Indien machte auch vor den nördlichen Satrapien des persischen Reiches nicht halt. Die besetzten Gebiete sahen jedoch in der Zerstörung des Achämenidenreichs eine günstige Gelegenheit, ihre alte Unabhängigkeit zurückzugewinnen, und leisteten den griechischen Truppen erbitterten Widerstand. Alexander griff Zentralasien von Südosten her an, überschritt Oxus und Jaxartes, besiegte die Sogder unter ihrem Führer Spitamenes und zog 329 in ihre Hauptstadt Marakanda ein. Ständige Unruhen und starke Verluste in den eigenen Reihen zwangen die makedonischen Eroberer wieder zum Rückzug, und erst drei Jahre später war Alexanders Macht soweit gefestigt, dass Baktrien und Transoxanien endgültig dem griechischen Machtbereich zugeordnet werden konnten. Zur Stärkung seines Reiches ließ Alexander für seine Garnisonen Städte, befestigte Siedlungen und eine große Zahl von Bollwerken errichten und bemühte sich um ein gutes Verhältnis zur einheimischen Bevölkerung, besonders aber zu ihren aristokratischen Kreisen. Auch die Heirat Alexanders mit Roxane, der Tochter des gefangen genommenen Baktriers Oxyartes, mag als ein Zeichen der Versöhnung zwischen den unterworfenen Völkern Zentralasiens und der hellenistischen Besatzungsmacht verstanden werden.

Alexanders Bestrebungen, alle Stämme und Völkerschaften in den eroberten Gebieten zu einer sich gegenseitig befruchtenden Völkerfamilie zu vereinen, wurden durch seinen frühen Tod im Jahr 323 zunichte gemacht, und im Kampf um Alexanders Nachfolgeschaft zerbrach das hellenische Weltreich. Seleukos, einer von Alexanders Generälen und Schwiegersohn von Spitamenes, versuchte als Erster, die Ostprovinzen dem Reich zurückzugewinnen und eine Basis für eine neue Großmacht – das Reich der Seleukiden – zu schaffen. Doch bereits 70 Jahre später, etwa um 250 v. Chr., eroberten die Parther Transoxanien und vernichteten in ihrem Expansionsdrang sukzessive die griechischen Satrapien des Seleukidenreichs. Allein Baktrien gelang es für die Dauer von über hundert Jahren unabhängig zu bleiben, sein Gebiet vom heutigen nördlichen Afghanistan über das südliche Usbekistan und Tadschikistan bis nach Taschkent auszudehnen und im gräko-baktrischen Reich – dem ›Land der tausend Städte‹ – zu vereinen.

Zahlreiche Funde geben Zeugnis von den Fertigkeiten seiner Bevölkerung im Städtebau, in der Landwirtschaft und der Entwicklung künstlicher Bewässerungsanlagen, besonders aber auch in der Herstellung von handwerklichen Erzeugnissen. Ausgrabungen, die einen Einblick in den Siedlungsbau während der griechisch-baktrischen Periode (3.–1. Jh. v. Chr.) vermitteln, befinden sich in **Kohne Kale** (8), einer Siedlung von etwa 250 × 125 m auf dem linken Ufer des Wachsch, sowie in **Kaikobad Schah** (9), einer Kleinstadt (385 × 285 m) am rechten Ufer des Kafirnigan, die von einer Wallmauer aus rechteckigen Ziegeln umgeben war. Sowohl die auf Ziegeln eingeritzten Schriftzeichen – darunter viele griechische Buchstaben – als auch ausgegrabene Säulensockel und korinthische Kapitelle bestätigen einen starken hellenistischen Einfluss.

Umfangreiches Material an Keramik und Terrakotten in Menschen- und Tiergestalt, das ein hohes Niveau im handwerklichen Schaffen seiner Bewohner erkennen lässt, sowie zahlreiche Münzen – oft die wichtigsten Indizien für eine zeitliche Zuordnung von bestimmten Personen und Ereignissen – wurden im Gebiet des oberen Amu Darja bei **Termes** (10) im Süden Usbekistans gefunden, eine Stadt typisch gräko-baktrischer Prägung und eines der Zentren Baktriens. Denn während im Norden, in den Gebieten von Taschkent und Ferghana, die Kunst der Steppe ihren Einfluss geltend machte, konnten hier im Süden heimische und griechische Stilelemente – z. B. in der Ornamentik – eng miteinander verschmelzen, ein Vorgang, der über Jahrhunderte Bestand hatte und erst allmählich durch die aufstrebende Kuschankunst beeinflusst und geprägt wurde.

In Choresm gelten Dschambas Kale, eine rechteckig angelegte Stadt, und Koi-Krylgan Kale, eine Rundstadt, als die wichtigsten und die am besten erhaltenen Stationen aus gräko-baktrischer Zeit. – **Dschambas Kale** (11) enthielt zwei durch eine breite Straße getrennte Wohnblöcke, die sich in einzelne Quartiere untergliederten, welche wiederum bis zu 200 Räume umfassten. Umgeben war die Stadt, deren wichtigstes Gebäude augenscheinlich das Haus des Feuers als geistiger Mittelpunkt des kultischen Lebens gewesen ist, von zwei mächtigen, aus Luftziegeln errichteten Mauern, die auf einen Sockel aus gestampftem Lehm aufgesetzt waren. Auf der Innenseite des äußeren Walls befanden sich so viele Schießscharten, dass offensichtlich die gesamte wehrtüchtige Einwohnerschaft in der Lage war, die Stadt zu verteidigen.

Koi-Krylgan Kale (12) entstand im 4. Jh. v. Chr. als Tempelmausoleum der choresmischen Dynastie und ist heute eine der wenigen Stätten in Zentralasien, die nahezu vollständig ausgegraben werden konnten. Im Mittelpunkt der Anlage, die während ihrer Besiedlung bis in das 1. Jh. n. Chr. wiederholt umgebaut worden war, befand sich

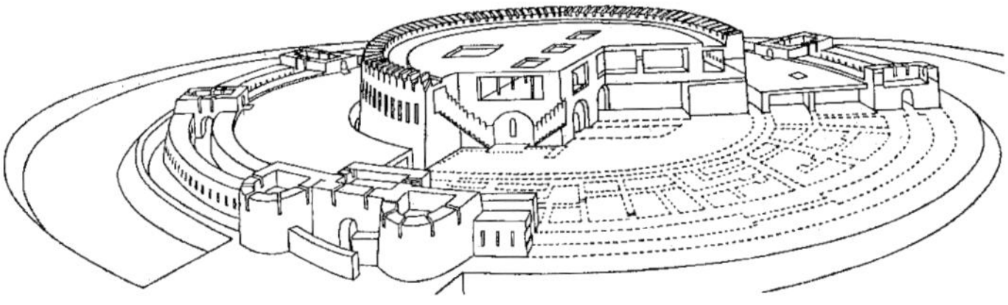

Fast vollständig ausgegraben ist die choresmische Siedlung Koi-Krylgan Kale aus dem 4.–1. Jh. v. Chr.

ein Ort für kultische Handlungen. Gerade die Rundstadt Koi-Krylgan Kale sollte den Parthern und Sassaniden, aber auch den Abbasiden und Seldschuken bei der Errichtung ihrer Mausoleen und Städte (Balandy, Ktesiphon, Bagdad u. a.) zum Vorbild werden.

Wie sehr die Formensprache in der bildenden Kunst durch die Griechen verändert wurde, wird beispielsweise in dem Bemühen deutlich, den menschlichen Körper naturgetreu (Faltenwurf, Haare, Muskeln) abzubilden, ebenso im Bestreben, räumliche Tiefe zu vermitteln. Aber auch in der Baukunst setzten die Griechen neue Maßstäbe, indem sie den neuen Werkstoff Gips – oder besser Stuck – als Dekorationselement einführten, aus dem sich in der Folgezeit das gerade für den Orient so typische Verfahren der Fassadenverkleidung entwickelte. Denn wie zuvor schon in anderen Ländern (z. B. des Mittelmeerraumes), gab es auch in Zentralasien breite Kreise, die sich von den übernommenen Formen und Techniken freimachten, sich der neuen Denkweise und Kultur öffneten und sie sich zu eigen machten; eine Entwicklung, die dazu führte, dass die hellenisierte Kunst Zentralasiens bis heute nichts von ihrer Ausstrahlungskraft verloren hat.

Historisch gesehen war der Einbruch der Griechen in Zentralasien ein Ereignis, das für beide Kulturkreise entscheidende Veränderungen zur Folge hatte, die in der Politik, besonders aber in der Kultur über Jahrhunderte ihre Nachwirkungen zeigte. Aber nicht nur die iranische Kunst sollte ihren Ursprung im Hellenismus finden, sondern auch die der Kuschankönige, aus der sich später die sogenannte Gandharakunst entwickelte, eine dem Buddhismus angepasste Stilrichtung, die ihren Einfluss über Zentralasien hinaus bis nach China geltend machen konnte.

Das Reich der Parther (3. Jh. v. Chr. – 3. Jh. n. Chr.)

Das Kernland des später so mächtigen Partherreichs war Parthien, das sich über die Gebiete des heutigen südlichen Turkmenistan und des Nordostiran erstreckte. Im frühen 3. Jh. v. Chr. drangen die Parner – ein den Skythen verwandter indogermanischer Nomadenstamm aus Südrussland – unter ihrem Anführer Arsakes in Parthien ein und begründeten die Dynastie der Arsakiden, die sich in der Folgezeit Parther nannten. Bald begann der neue Staat sich auszudehnen und die Provinzen des auseinanderbrechenden Seleukidenreichs zu erobern. Im Lauf weniger Jahrzehnte war es den Parthern gelungen, ein Weltreich aufzubauen, das im Osten bis zum Indus, im Westen bis nach Mesopotamien und im Norden bis nach Merw und an den Oxus reichte. Die erste Hauptstadt im Partherreich war **Nisa** (13) mit Mithridatkert, der ›Festung des Mithridates‹; Alt-Nisa, die Königsburg.

Zeugnisse der parthischen Kultur in Alt-Nisa

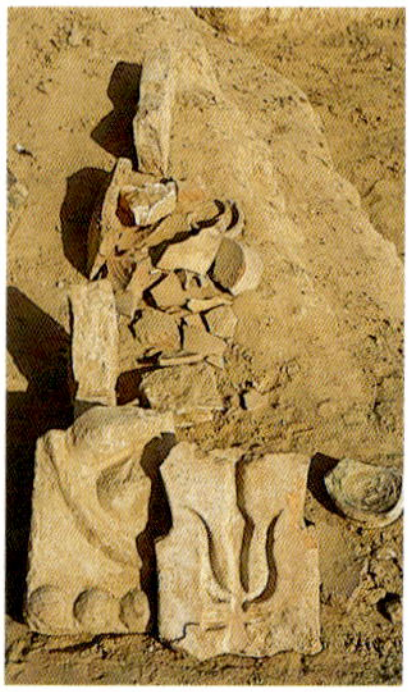

Unter Mithridates II. (124–87 v. Chr.), dem Großen, erreichten parthische Truppen den Euphrat, wo es zur ersten Konfrontation mit den Römern kam (92 v. Chr.). Großen Ruhm in der antiken Welt errangen die Parther durch die Schlacht von Karrhae (53 v. Chr.), in der es ihnen gelang, die Legionen des Crassus vernichtend zu schlagen. 10 000 römische Gefangene wurden in die ferne Margiane deportiert, um sie – wie Plinius berichtet – für die Bewachung der Ostgrenzen des Partherreichs einzusetzen. Erst 20 v. Chr. konnten die Gefangenen in ihre Heimat zurückkehren. In der Folgezeit rangen die beiden Weltmächte Römer und Parther immer wieder um die Vorherrschaft in den eroberten Gebieten an Euphrat und Tigris, in Syrien und Armenien, bis schließlich die Sassaniden als neue Machthaber im zentralasiatischen Raum die Parther auch in ihrem Kampf um Rom ablösten.

Zeugnisse ihrer Kunst haben die Parther auf dem heute zu Turkmenistan gehörenden Gebiet im Bezirk von Aschgabat (nach V. M. Masson mehr als 40 Ruinen, Überreste von Siedlungen, Festungen und Höfen), vornehmlich aber in den Städten Nisa und Merw hinterlassen, wo dank intensiver Grabungen 2000 Jahre alte Paläste, Kultstätten, Schatzkammern, Wirtschaftsgebäude und sogar Weinlager unter den mittelalterlichen Ablagerungen freigelegt werden konnten.

Die zahlreichen Grabungen und Funde belegen, dass im Lauf ihrer 500-jährigen Geschichte die Parther eine eigene Kunst und Kultur entwickelt und gepflegt haben, die sich eindeutig an hellenistischen und iranischen Vorbildern orientierte, aber auch gegenüber Impulsen aus Pergamon und Alexandria aufgeschlossen war. In der Architektur setzte sich die Ziegelbauweise mehr und mehr durch, und bei der Errichtung von Kultbauten waren die Trompenkuppel auf quadratischem Sockel sowie der Iwan vorherrschende Elemente. Auch und gerade unter den Parthern hat Zentralasien bedeutende Leistungen der Kunst und Kultur nicht nur aus Ost und West aufgenommen, sondern auch über die Große Seidenstraße bis nach Rom und an den Indus vermitteln können.

Das Kuschanreich (1. Jh. v. Chr. – 3. Jh. n. Chr.)

Nachdem Mao-tun (206–165 v. Chr.) das Reich der Hunnen an der mongolisch-chinesischen Grenze gegründet, die Nachbarstämme (Kitan, Tungusen, Sien-pi) unterworfen und sich zum Kaiser der Steppenvölker gemacht hatte, zog er gegen die in der Provinz Kansu siedelnden Tocharer, einen nordiranischen Nomadenstamm (chin.: Yüe-tschi), und trieb sie gen Westen. Auf ihrem Weg vorbei am Issyk-Kul stießen die Yüe-tschi auf die Saken und drängten diese nach Süden ab. Unter dem Druck der Hunnen eroberten die Yüe-tschi das Gebiet von Ferghana, wo es ihnen unter Mithilfe der einheimischen Bevölkerung gelang, Zentralasien von der griechischen Herrschaft zu befreien. Am Amu Darja hatten sie eine neue Heimat gefunden und hielten auch Sogd und Baktrien besetzt. Fünf hier siedelnde Sippen der Yüe-tschi teilten schließlich Baktrien unter sich auf, und ihre Fürsten regierten eigenständig das von ihnen besetzte Land.

Nach etwa hundert Jahren, zu Beginn der christlichen Zeitrechnung, erhob sich jedoch die Sippe der Kuei-schuang über die anderen Fürstenhäuser und gründete in den Oasen des Sarafschan das Kuschanreich, das neben China, dem römischen Reich und dem Reich der Parther – vornehmlich unter seinem legendären Herrscher Kanischka – zu den größten der damaligen Welt aufrücken sollte.

Durch missionarischen Eifer angetrieben, konnte sich gerade unter der Kuschan-Dynastie der Buddhismus als Staatsreligion von Nordindien aus in Zentralasien ausbreiten, wovon nicht wenige Ruinen von Klöstern und Tempeln sowie Funde von buddhistischen Texten – u. a. auf sakisch, sogdisch, tocharisch – Kunde geben. Unverfälscht, aber auch in zum Teil recht unterschiedlichen Mischformen – als polytheistische Religion z. B. – sollte der Buddhismus über Jahrhunderte eine religiöse Kraft Zentralasiens werden, ohne jedoch die alten Volksreligionen oder den Zoroastrismus und später auch den Manichäismus und Nestorianismus vollständig ausschalten zu können.

Besondere Verdienste haben sich die Kuschan durch die Herstellung von bedeutenden Handelsverbindungen zwischen dem Fernen Osten und dem Westen sowie zwischen den eurasischen Steppen und Indien erworben, die im Wesentlichen über die Große Seidenstraße abgewickelt wurden. In ihrer kulturellen Entfaltung stützten sich die Kuschan einerseits auf die örtlichen Kulturen, die zuvor weitgehend dem hellenistischen Einfluss unterworfen waren, andererseits übernahmen und verwendeten sie aber auch neue, fremde Elemente aus ihrem indischen Erbe. Somit stellt sich gerade die Kuschankunst als das Ergebnis einer Entwicklung dar, die ihre Impulse verschiedenen – ideologischen, politischen und/oder wirtschaftlichen – Faktoren zu verdanken hatte.

Die Kuschan wiederum haben ihrerseits einen ganz entscheidenden Beitrag zur Kunstentwicklung in Zentralasien geleistet. Zu den bedeutendsten Denkmälern ihrer Kunst gehört der im Jahr 1932 am Amu Darja oberhalb von Termes entdeckte Airtam-Fries, der berühmte Musikantenfries. Auf dem etwa 0,5 m breiten und 7 m langen Fries, einer Mergelkalkstein-Platte, sind Büsten von männlichen und weiblichen Musikanten und Gabenbringern dargestellt, die aus einem Rand von Akanthusblättern herausragen – ein in der Gandharakunst oft zu beobachtendes Motiv. Welche Funktion der vermutlich in einer baktrischen Bildhauerstadt hergestellte Fries einmal gehabt hat – Teil eines buddhistischen Tempels? – ist nicht bekannt.

Grundriss des palastähnlichen Gebäudes (?) von Chaltschajan, dem bedeutendsten Ort der Kuschanzeit

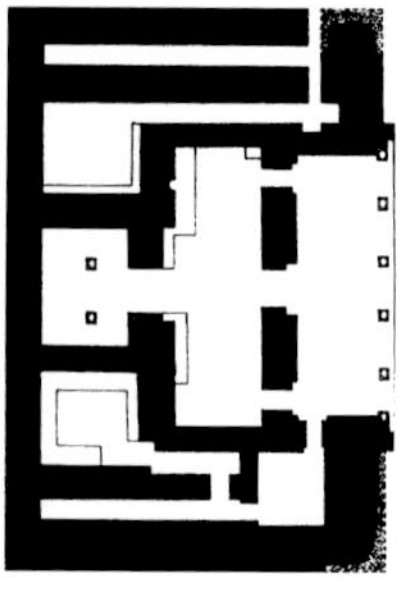

Die wohl wichtigste Station der Kuschanzeit befindet sich bei **Chaltschajan** (10) am Surchan Darja im Süden Usbekistans, wo ein verhältnismäßig kleines, aber doch gut erhaltenes Gebäude im Stil eines Palastes freigelegt werden konnte, das von seiner rechteckigen Anlage her der achämenidischen Bauweise entspricht. Es bestand aus einem sechssäuligen Iwan mit fünf Nischen, an den sich eine längliche Halle und Wohnräume (?) mit Verbindungstüren anschlossen. In einer Halle fand man Steinbasen für Holzsäulen, die die

Fassade des palastähnlichen Gebäudes von Chaltschajan

Dachkonstruktion – aus Balken und gebrannten Ziegeln – trugen. Die Wände des Iwan und der Halle waren mit Tonskulpturen geschmückt – Flach- und Hochreliefs, zum Teil aber auch Plastiken, die die verschiedensten Themen und Motive zum Inhalt hatten: Darstellungen der klassischen Götter (z. B. Apollon, Athene), aber auch von Personen, die offensichtlich der einheimischen Bevölkerung angehörten: Musiker, Mädchen, Tänzer u. a. Daneben gab es noch plastische Kompositionen, die – wie in einer Bildreportage – bestimmten Personengruppen oder Ereignissen gewidmet waren: die Königsfamilie mit ihren Schutzgöttern, eine kultische Handlung, eine Reiterszene, Krieger. Besonders auffallend sind hier die Parallelen zu den figürlichen Darstellungen von Toprak Kale, Nisa oder Dura-Europos und eine sicher nicht zufällige Übereinstimmung zwischen dem modellierten und dem von Plutarch beschriebenen Porträt eines Kriegers.

Das umfangreiche Material von Chaltschajan, zu dem auch Fragmente einer Wandmalerei (Kinderköpfe und verschiedene Ornamente), Tongeschirr, Werkzeuge und Münzen gehören, ist für die Geschichte der Kuschankunst vor allem deshalb von Bedeutung, weil gerade in der Monumentalskulptur eine ganz spezifische Stilrichtung ihren Ausdruck findet: die dynastische oder auch weltliche Kunst (im Gegensatz zur buddhistischen Tempelkunst), die sich dadurch auszeichnet, dass die dem Kult der Kuschanherrscher geweihten Skulpturen eine besonders feierliche Ausdrucksweise erkennen lassen, wobei den äußeren Zeichen königlicher Macht – Mantel, Schwert, Zepter – mehr Beachtung geschenkt wird als der eigentlichen Person.

Mehrere buddhistische Klöster und Denkmäler, die unweit von **Termes** (10) gefunden wurden, sind sicher ein Beweis für die Bedeutung und Ausbreitung des Buddhismus in Zentralasien während der Kuschanzeit. Besonders erwähnenswert sind hier das Höhlenkloster von Fajas Tepe und – bereits außerhalb der alten Stadtmauer auf einem Hügel – die Anlage von Kara Tepe (s. S. 252).

Da friedhofsähnliche Anlagen bei einer sesshaften Stadtbevölkerung bis jetzt nur selten nachgewiesen werden konnten, stellt die Nekropole von **Tup-chane** westlich von Duschanbe eine archäologische Besonderheit dar, ist sie doch der einzige bekannte Friedhof aus gräko-baktrischer Kuschanzeit. Die mit Luftziegeln überdachten Gräber, in denen die Toten auf dem Rücken liegend bestattet waren, enthielten verschiedene Grabbeigaben wie Schmuck, Spiegel, oftmals auch Münzen, die den Toten auf die Brust oder in den Mund gelegt wurden (ein bei den Griechen üblicher Brauch: der Obolus für den Fährmann Charon). Zu dieser Zeit war es aber auch noch Sitte, nur die von den Tieren übriggelassenen Knochen der Verstorbenen in Ossuarien zu bestatten; ein Fortschritt, wenn man an den Bericht des griechischen Schriftstellers Arianus (2. Jh. n. Chr.) denkt, demzufolge es nicht unüblich war, die Toten einfach der Natur zu überlassen.

Mit dem Angriff der Sassaniden und einem erneuten Eindringen von Nomadenstämmen turko-mongolischen Ursprungs – im Zusammenhang mit der ausgedehnten, bis nach Europa reichenden Völkerwanderung – begann Mitte des 3. Jh. der Untergang des Kuschanreichs. Zur gleichen Zeit steuerte aber auch das Reich der Parther seinem Untergang entgegen. Streitigkeiten innerhalb des Landes und Angriffe von außen machten es Ardaschir I. (224–41 n. Chr.) – einem Vasall des letzten Partherkönigs Artabanos IV – leicht, die Macht an sichzureißen. Als Herrscher über den Iran hatte er 224 n. Chr. das (nach seinem Großvater Sassan aus dem Stamme der Frataraka benannte) Reich der Sassaniden gegründet.

Das Sassanidenreich (224–641 n. Chr.)

Das von Ardaschir I. gegründete und von seinen Nachfolgern gefestigte Reich erlangte trotz ständiger kriegerischer Auseinandersetzungen eine Ausdehnung, die jene des Partherreichs weit übertraf. Bereits zu Beginn des 3. Jh. wurden Sogd und Baktrien – Choresm aber augenscheinlich nicht – wieder persische Provinzen. Obwohl sich im Westen das byzantinische Ostrom einer weiteren Expansion der Sassaniden erfolgreich widersetzte und die Hephthaliten (oder weißen Hunnen), ein Volk turko-mongolischen Ursprungs aus dem Altaigebirge, das Sassanidenreich von Nordosten bedrohten, gelang es den Sassaniden über einen Zeitraum von mehr als 400 Jahren, uneingeschränkte Herrscher über Persien, d. h. über ein Gebiet, das von Oxus, Indus, Euphrat und dem Indischen Ozean begrenzt wurde, zu bleiben.

Gestützt auf die Lehre Zarathustras, die zur Staatsreligion erhoben worden war, erreichte die aufstrebende Weltmacht unter Chosrau II. (590–628) seine bedeutendste Zeit, in der sich die Kasten der Priester, der Verwaltung, des Militärs und des aus Bauern und Handwerkern bestehenden Mittelstandes als die eigentlichen Träger der sassanidischen Gesellschaft erwiesen. Wie schon die Achämeniden verfügten auch die Sassaniden über hervorragende Baumeister und Künstler, die das persische Kunsthandwerk, die Architektur und den Städtebau wesentlich beeinflusst und der Nachwelt hervorragende Zeugnisse ihres Könnens hinterlassen haben. Besonders hervorzuheben sind ihre Städtegründungen mit rechtwinklig aufeinanderstoßenden Straßen sowie zahlreiche Palastbauten, u.a. bedeutende Feuertempel, die sich durch eindrucksvolle Kuppelkonstruktionen, eine Weiterentwicklung uralter orientalischer Bauformen, auszeichneten. Aber auch der Iwan, eine zum Hof hin geöffnete, überwölbte Halle, fand unter den Sassaniden als großzügig ausgeführtes Bauelement in Tempel- und Palastbauten Verbreitung.

Diese kulturelle Entwicklung blieb jedoch nicht auf das eigentliche Reich der Sassaniden beschränkt, sondern sie strahlte auch über seine Grenzen bis nach Byzanz, wo man sich bereitwillig ihre Kunst und Lebensweise zu eigen machte und sogar über die Zeit der Sassaniden hinaus bewahrte. Mit dem Ansturm der Araber jedoch fand das einst so mächtige Sassanidenreich ein jähes Ende.

Vogel im Medaillon, eine Perlenkette haltend; ein von den Sassaniden inspiriertes, häufig verwendetes Motiv in Wandmalerei und Textilmuster der Hephthaliten (Warachscha, Nachzeichnung)

Die Hephthaliten (5./6. Jh.)

Mitte des 5. Jh. besetzten die Hephthaliten – turkmongolische/indoeuropäische (?) Stämme aus dem nördlichen China – das Gebiet zwischen den Flüssen Ili und Talas im Osten und dem Aralsee im Westen, überquerten den Syr Darja und entrissen den Sassaniden ihr gesamtes östliches Reich einschließlich der Provinz Chorasan. Im ersten Ansturm plünderten sie die sesshafte Bevölkerung, bekämpften den Buddhismus und vernichteten die gräko-buddhistische Kultur. Ihre Hauptstadt Paikend (heute ein Ruinenfeld) lag südwestlich von Buchara und war als die Kupferstadt oder auch die Stadt der Kaufleute bekannt. Nur wenige Zeugnisse – z.B. Ruinen von Warachscha im Nordwesten von Buchara, der ehemaligen Residenz eines Hephthalitenkönigs im 5. oder 6. Jh. – geben Kunde ihres Schaffens, das einerseits ein Wiederaufleben der Tradition der Kuschankunst, andererseits aber auch einen starken Einfluss von Choresm erkennen lässt.

Zwar gelang es den Hephthaliten – sie sind auch als ›Weiße Hunnen‹ oder ›Iranische Hunnen‹ bekannt –, das Kuschanreich fast in seinem vollen Umfang wiederherzustellen, aber auch dieses Reich hatte keinen Bestand. Sowohl innere Kräfte – die sogdischen Grundbesitzer versuchten mit der Aristokratie der Kaufleute die Last der Hephthalitenherrschaft abzuschütteln – als auch die Bedrohung von außen – aus den nördlichen Steppen näherten sich die Türken – führten in den 60er-Jahren des 6. Jh. schließlich zum Zusammenbruch des Hephthalitenreichs.

Die Türken (6. Jh.)

Mitte des 6. Jh. siedelten im östlichen Sibirien und in der Mongolei Nomadenstämme, die in der Geschichte unter dem Namen Oghusen oder auch Türken bekannt geworden sind. Ebenfalls Turkvölker waren die Karluken, die Kirgisen und die Uiguren, die zusammen mit den Oghusen das Gebiet zwischen Oxus und Jaxartes, Ili, Tschu und Tarim allmählich zu einem ›Türkenland‹ (Turkestan) machten,

Häufiges Motiv in der sogdischen Kunst ist das geflügelte Kamel mit gefiedertem Schwanz; hier dargestellt auf einem Silberkrug

indem sie ihr Nomadenleben aufgaben und sesshaft wurden. Nur am Rande sei hier vermerkt, dass es augenscheinlich die muslimischen Eroberer nach der Araber-Invasion gewesen sind, die den Namen ›Türken‹ als Sammelnamen für sämtliche Turkvölker verwendet haben.

Nach ihrem Einbruch in den zentralasiatischen Raum zerschlugen die Türken mit den Sassaniden das Reich der Hephthaliten und teilten sich ihren Besitz. Die Türken erhielten Sogd; Schah Chosrau I. (530–70) bekam Baktrien, das er aber umgehend wieder an die Türken abtreten musste. Als unmittelbare Nachbarn Persiens versuchten die Türken in der Folgezeit den bislang von den Sassaniden kontrollierten Ost-West-Handel auf ihr Gebiet zu ziehen und verbündeten sich zu diesem Zweck sogar mit Byzanz. Dieses Bündnis war jedoch nicht von Bestand. In einem Zweifrontenkrieg fielen die Türken im Westen in byzantinisches Gebiet ein und entrissen im Osten den Sassaniden weite Teile Ost-Irans.

Die ersten Türken, die zur Sesshaftigkeit übergegangen waren, vermischten sich mit der ansässigen Bevölkerung, und es war nicht ungewöhnlich, dass schon damals einige Bereiche Zentralasiens zweisprachig wurden. Ebenso verschmolz sogdischer Zoroastrismus mit türkischem Schamanismus zu einer Mischreligion (Synkretismus). Eine besondere Rolle spielte in dieser Zeit der grundbesitzende Landadel, die *dechkane,* die in befestigten Burgen wohnten und über eine eigene Truppe von Gefolgsleuten verfügten, die aber nur in Krisenzeiten unter türkischem Oberbefehl standen. Nicht weniger Einfluss hatten die Kaufleute in den Städten, die durch den blühenden Krawanenhandel zu Reichtum und Macht gekommen waren. Bei der Suche nach neuen Absatzmärkten wollte der sogdische Adel nicht abseits stehen und unterstützte die Türken beim Ausbau ihrer ausgedehnten Handelsbeziehungen zwischen Westasien und China.

Der sich immer stärker ausweitende Ost-West-Handel führte entlang der Großen Seidenstraße zu einer Vielzahl von Städtegründungen, die in der kulturellen Entwicklung Zentralasiens eine führende Rolle übernehmen sollten. Das wachsende Unabhängigkeitsbewusstsein der zahlreichen Kleinstaaten führte die Städte jedoch immer stärker in die Isolation und machte sie unfähig, sich vor der drohenden Gefahr aus Südwesten zusammenzuschließen: Neue Eroberer waren auf den Plan getreten, die für die weitere Geschichte nicht nur Zentralasiens, sondern des gesamten Nahen und Mittleren Ostens von entscheidener Bedeutung werden sollten: die von ihrer Sendung überzeugten Araber, welche zum Heiligen Krieg gegen die Ungläubigen aufgebrochen waren.

Nachdem Jesdegerd III. (632–51), der letzte Herrscher des Sassanidenreichs, vergeblich seine ehemaligen Feinde, die Türken, gegen die einbrechenden Araber zu Hilfe gerufen hatte, blieb ihm als einziger Ausweg nur noch die Flucht. 651 jedoch wurde er in Merw von den Arabern ermordet, und mit seinem Tod hatte das einst so mächtige Reich der Sassaniden aufgehört zu bestehen. Aber auch die Türken waren nicht in der Lage, das Erbe der Sassaniden anzutreten, da sie selbst von den Chinesen angegriffen wurden und ihre politische Souveränität verloren hatten. Anfang der 80er-Jahre des 7. Jh. jedoch waren sie so weit erstarkt, dass sie über einen Zeitraum von mehr als 30 Jahren mit den Arabern um die Vorherrschaft in Zentralasien kämpfen und ein neues Türkenreich aufbauen konnten.

Das älteste und wichtigste Denkmal zur Geschichte der Türken sind die Orchon-Inschriften (benannt nach einem Fluss in Sibirien). Sie enthalten neben politischen Informationen Nachrichten über das religiöse (Totemismus) und kulturelle Leben sowie über die soziale Struktur und die (nomadische) Wirtschaft der im Türkenstaat vereinigten Völker. Diese Texte sind das erste Dokument, das von den Türken selbst in ihrer eigenen Sprache (einem türkischen Runen-Alphabet) verfasst wurde, und sie beziehen sich fast ausschließlich auf den Zeitraum zwischen 630 und 680.

Die Chinesen (650–752)

Der Zerfall des Türkenreichs in ein östliches und ein westliches Khanat sowie die durch Bürgerkrieg und Stammesfehden geschwächte Position ihrer Khane veranlassten die Chinesen, in den zentralasiatischen Raum vorzustoßen. Im Jahr 650 besetzten sie das Siebenstromland – den heutigen Grenzbereich zwischen Kirgistan und Kasachstan – und versuchten weite Gebiete Zentralasiens in das Verwaltungssystem ihres Reiches einzugliedern. Und so prallten auch chinesische und arabische Machtansprüche aufeinander, als die Araber in das von den Türken verlassene Turkestan eindrangen. Im Kampf um die Vorherrschaft gewannen die Chinesen die Oberhand, während die Araber aufgrund innerer Auseinandersetzungen um Mohammeds Nachfolge nur mühsam ihre eroberten Besitzungen verteidigen konnten.

Durch den Einbruch der Tibeter in Ostturkestan im Jahr 670 wurde Chinas Einfluss in Westturkestan gebrochen, und Zentralasien zerfiel in eine Vielzahl von Kleinstaaten, etwa die von Buchara und Samarkand, die schutzlos den neuen Invasoren – den Arabern – ausgeliefert waren. In der Folgezeit fielen die Chinesen wiederholt ein und versuchten ihre alte Position in Zentralasien wiederzugewinnen; 751 jedoch fiel in der Schlacht am Talas im Siebenstromland die Entscheidung zugunsten der Araber und damit endgültig auch zugunsten des Islam und seiner Kultur. Während der nächsten tausend Jahre wagte es China nicht mehr, in den Bereich von Westturkestan einzudringen, wo der Islam seine Vorherrschaft konsequent ausbauen konnte.

Die Herrschaft der Chinesen über die zwischen Oxus und Jaxartes siedelnden Völker war nur von relativ kurzer Dauer. Trotzdem gelang es ihnen, das Leben und die Kultur im zentralasiatischen Raum nachhaltig zu beeinflussen.

Zentralasien am Vorabend der Araberinvasion (3.–8. Jh.)

Im Gegensatz zu den schriftlichen Quellen über das vorislamische Zentralasien ist das aus den Jahrhunderten zwischen der Kuschanzeit und der Araber-Invasion stammende archäologische Material so umfangreich, dass im Folgenden nur einige wenige Fundstätten von besonderer Aussagekraft herausgestellt werden können, um verschiedene Stufen in der Entwicklung der Kultur Zentralasiens aufzuzeigen.

Achämeniden, Griechen, Parther, Kuschan, aber auch Völker der Steppen waren in den vorangegangenen Jahrhunderten in die weiten Gebiete südlich und nördlich des Amu Darja eingedrungen und hatten die wirtschaftliche, soziale und kulturelle Entwicklung des Landes und der Bevölkerung gemäß ihren eigenen Vorstellungen nachhaltig geprägt. Nach dem Untergang des Kuschanreichs jedoch kam in ganz Zentralasien ein sich über Jahrhunderte hinziehender Prozess in Gang, in dessen Verlauf bedeutende Herrschaftsgebiete und Siedlungsräume völlig auseinanderbrachen. Blühende Städte, wie z. B. Toprak Kale, gerieten mehr und mehr in Verfall, und die für eine funktionierende Wirtschaft unabdingbaren Bewässerungssysteme versandeten, da ihre Wärter abgewandert waren – ein *circulus vitiosus,* der zur Aufgabe selbst großer Siedlungsräume führte. Die Bevölkerung – einst im Verband einer ganzen Sippe auf engem Raum zusammenlebend (z. B. in den Wohnmauer-Siedlungen von Kalaly-Gir), dann in Großfamilien aufgeteilt, die einzelne Häuser bewohnten (z. B. Ajas Kale) – hatte sich jetzt in einzelne, mehrere hundert Meter voneinander entfernte, befestigte Gehöfte zurückgezogen, die entlang eines Kanals über ein Gebiet von vielen Quadratkilometern verstreut waren. Dieser Zerfallsprozess der Nachkuschanzeit war aber nicht nur für Choresm symptomatisch, sondern auch für Sogd, das Sarafschan-Tal, das Gebiet am Wachsch und das Siebenstromland.

So entstanden im Lauf der Jahrhunderte in ganz Zentralasien unzählige festungsähnliche Anlagen: Adelsburgen und Kleinfürstentümer, die zwar selbständig, politisch aber gänzlich bedeutungslos waren und immer wieder zum Spielball fremder Mächte wurden. Wiederholt wurden ganze Generationen ausgelöscht oder in ihrer kulturellen Entwicklung gelähmt und bedeutende, in Jahrhunderten gewachsene Kulturzentren zerstört.

Der erwähnte Wandel im Leben der zentralasiatischen Völker, der u. a. die Entstehung neuer Siedlungsformen zur Folge hatte, kann aufgrund der erzielten Grabungen und Funde recht anschaulich nachvollzogen werden. Wie eine Kette zogen sich die isoliert angelegten Burgen durch ganz Zentralasien – Festungen, die sich über eine Fläche von 1 ha erstreckten, aber auch relativ kleine Bauwerke von nur einigen hundert Quadratmetern. In ihrem Aufbau waren diese Anlagen einander sehr ähnlich: Gehöfte und ein in der Regel

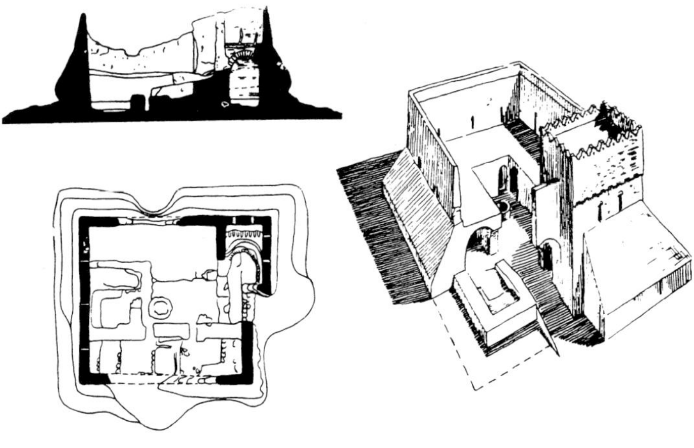

Nach dem Zusammenbruch des Kuschanreichs verödeten die Städte, und die Bevölkerung zog sich mehr und mehr in weit auseinanderliegende, befestigte Gehöfte zurück. Die Zeichnung zeigt einen choresmischen Donjon des 8. Jh.

auf hohem Sockel und künstlich aufgeschüttetem Hügel errichteter Wohnturm (Donjon) im Schutz einer hohen Pachsa-Mauer. **Teschik Kale** im Gebiet Choresm z. B. war im 6.–7. Jh. offensichtlich Wohnsitz eines Vertreters der choresmischen Aristokratie, eines *dechkan*, zeichnen sich doch Innen- und Außenwände durch einen besonders reichhaltigen Schmuck aus: Halbsäulen, Friese mit Ornamenten wie Palmetten und Sternrosetten (Motiven aus der Achämenidenzeit). Eine große Zahl von Münzen, Keramik und Siegelabdrücken – Muster der choresmischen Steinschneidetechnik – lassen deutlich den Einfluss der Kuschankunst erkennen, wobei die Abbildung einer vierarmigen weiblichen Gottheit (Anahita, die choremische Göttin der Fruchtbarkeit?) ein besonders gutes Beispiel für die Vermischung der Religionen, hier mit dem Buddhismus, in Zentralasien darstellt.

Weitere erwähnenswerte Burgen, die in diese Zeitperiode gehören, sind Ak Tepe, ein quadratisches Bauwerk ohne Fenster mit einem umlaufenden Korridor – ein *kuschk* – unweit von Taschkent, oder auch Kale-je Mug, eine Festung im Sarafschan-Tal, wo im Jahr 1933 ein Archiv mit wertvollen Handschriften in sogdischer Sprache entdeckt wurde – Dokumente des Diwastitsch († 722), des letzten Herrschers von Pendschikent.

Auch nördlich von Termes konnten einige interessante sogdische Festungen freigelegt werden, von denen **Balalik Tepe,** eine relativ kleine Anlage (30 × 30 m) aus dem 5.–7. Jh., besonders interessant ist. Von den 15 Räumen, die sich in der Burg befanden, erwies sich ein kleines Zimmer (4,85 × 4,85 m) im Zentrum – offensichtlich der Empfangsraum – wegen seiner künstlerischen Ausstattung als eine archäologische Kostbarkeit: Hier fand man großangelegte Wandmalereien, auf denen eine festliche Tafelrunde dargestellt ist. Die prächtigen, bunten und reich verzierten Gewänder der 47 Gäste zeigen

Balalik Tepe, Festmahlszene, Wandmalerei des 5. Jh. (Nachzeichnung)

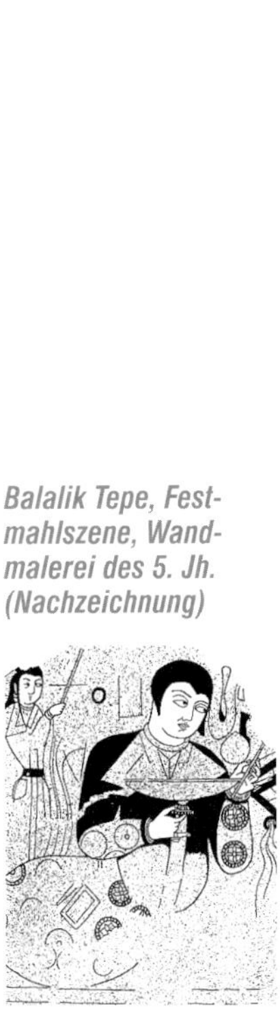

eine Vielzahl von Motiven, die einen starken sassanidischen Einfluss erkennen lassen. Besonders auffallend an der Kleidung, die in ihrer Form und ihrem Stil auf enge Beziehungen nach Bamijan, einem buddhistischen Kunstzentrum im nördlichen Afghanistan hinweist, ist der breite Rockaufschlag des Kaftans. Die Art, wie die einzelnen Figuren einander zugeordnet sind – übereinandergeschoben –, sowie die scharfe Linienführung sprechen aber für einen eigenständigen Stil von Balalik.

Wandmalereien aus vorislamischer Zeit (etwa 5. Jh.), die ebenfalls einen stark buddhistischen Einfluss erkennen lassen, konnten in **Kale-je Kachkachka**, im ehemaligen Palast von Schahristan (Bundshiket) – etwa 90 km südwestlich von Chodschand –, freigelegt werden. In ihrem Aufbau gliedern sich die mehrere hundert Quadratmeter großen Malereien in verschiedene Bereiche unterschiedlicher Größe. Die Bilder, die z. B. auf einem Korridor gefunden wurden, zeigen Szenen aus dem Leben der Steppenvölker (u. a. einen Tierarzt bei der Behandlung eines Pferdes) sowie aus dem Sagenkreis der westtürkischen Nomadenstämme: beispielsweise eine aus dem byzantinischen Raum bekannte und vielleicht kopierte Darstellung der römischen Wölfin mit den zwei Knaben – ein möglicher Hinweis, dass sich das religiöse Denken der Türken nach Verdrängung des Buddhismus wieder dem Totemismus zuwandte, in dem gerade dem Wolf – ihrem Totemtier – höchste Verehrung zuteil wurde. Eine andere Gruppe der Wandbilder, die als rein sogdisch angesehen werden können, enthält Motive aus Heldensagen: Darstellungen von gepanzerten Kriegern und Streitwagenlenkern – Parallelen zu den Malereien in Warachscha und Pendschikent. Die in einem als Kapelle zu bezeichnenden Raum gefundenen Malereien, vielfarbige Bilder auf ultramarinblauem Grund, vergegenwärtigen einen eigenartigen, aber doch zoroastrisch geprägten Kult. Sie scheinen das Ergebnis einer über einen längeren Zeitraum andauernden Entwicklung zu sein.

Adschina Tepe im Wachsch-Tal, 17 km östlich von Kurgan-Tjube (Tadschikistan), ist bis heute eines der wichtigsten Denkmäler des Buddhismus in Zentralasien. Die im Jahr 1960 begonnenen Ausgrabungen legten in einem Bereich von 100 × 50 m Reste eines buddhis-

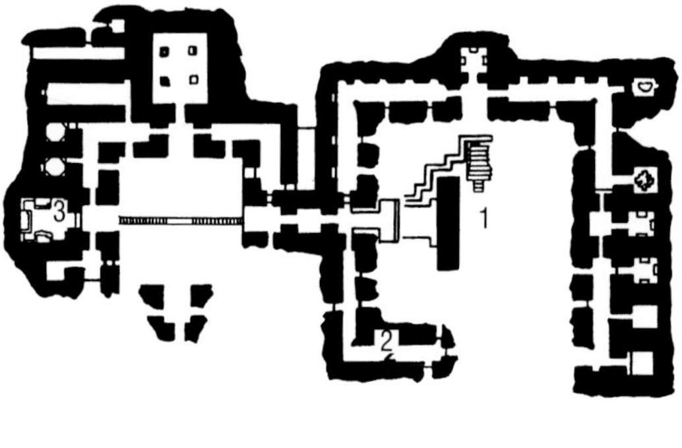

Grundriss von Adschina-Tepe (7./8 Jh.)
1 Stupa
2 Liegender Buddha
3 Tempelraum

tischen Klosters und Tempels frei, Gebäude aus großen ungebrannten Lehmblöcken (*pachsa* und *adoben*). Charakteristisch für die Architektur von Adschina Tepe sind die vier Iwane, die sich auf den zentralen Innenhof öffnen – eine Anlage, die die Medrese in der islamischen Zeit wieder aufgreifen wird (vgl. B. A. Litvinskij). In der Mitte eines Innenhofes, der aus rechtwinklig aufeinanderstoßenden Korridoren gebildet wurde, erhob sich ein in Stufen angelegter und von Statuen umgebener Stupa.

Zu den bedeutendsten Funden von Adschina Tepe gehören neben Wandmalereien, von denen jedoch nur geringe Überreste erhalten sind, die Tonskulpturen: Buddhaköpfe, Bodhisattvas-Torsi, dämonische Wesen; Figuren von unterschiedlichen Abmessungen, die größte eine 13 m lange Kolossalstatue des Buddha im Nirwana. Auch die aus Ton geformten Skulpturen, auf denen noch Reste einer Bemalung zu erkennen sind, bestätigen, dass es zwischen den verschiedenen lokalen Kunstzentren wie Adschina Tepe, Balalik Tepe, Kara Tepe und Gandhara sowie Afghanistan (Bamijan, Fondukistan) enge Kontakte gegeben haben muss.

Die vergoldete Bronzeplatte aus Ak Beschim mit dem Bild des Buddha verweist auf eine eigenartige Synthese des dortigen Kults mit dem Buddhismus

In **Ak Beschim,** einer etwa 35 ha großen Stadt 80 km östlich von Bischkek in Kirgistan, wurden Ruinen buddhistischer Gotteshäuser und einer christlichen Kirche gefunden, Bauwerke, die alle aus dem 7. und 8. Jh. stammen. Zu den wichtigsten gehört ein außerhalb der Stadt liegender buddhistischer Tempel auf einem 76 × 22 m großen Areal. An den Längsseiten des Innenhofes, der von einer massiven Mauer umgeben war, befanden sich Säulengänge mit Überdachungen in Iwan-Form, die augenscheinlich von Holzpfeilern getragen wurden. Das Zentrum des Tempels bestand aus einer rechteckig angelegten, auf einem Stylobat ruhenden Säulenhalle (18 × 10 m), in deren Mitte sich das Allerheiligste befand. Alle Räume waren mit Wandmalereien und Stuckreliefs ausgeschmückt, und auf Säulen standen metallene Statuen. Ein zweiter, kleinerer Tempel von quadratischem Grundriss (38 × 38 m) mit einem in Kreuzform angelegten Heiligtum war Fundort zahlreicher z. T. gut erhaltener Tonskulpturen, einschließlich eines besonders großen Buddhakopfes. Ebenfalls kreuzförmig und beispielhaft für die frühsyrische Architektur war der Grundriss einer kleinen, nur 25 m² großen christlichen Kapelle innerhalb der Stadt, die offensichtlich Eigentum einer nestorianischen Gemeinde war. Anfang des 11. Jh. jedoch wurde sie von dem Samaniden Ismail in eine Moschee umgewandelt.

Buddhistische Klöster und Tempel, die heute unter der Stadt begraben sind, hat es wahrscheinlich auch in Buchara gegeben, der Stadt, die sich nach der Eroberung durch die Araber zu einem herausragenden Zentrum des Islam entwickeln sollte. Schließlich ist im Zusammenhang mit dem Buddhismus in Zentralasien auch noch **Merw** bzw. Giaur Kale zu erwähnen, wo es bereits zur Zeit der Parther ein buddhistisches Heiligtum gegeben hat: Nördlich eines im Zentrum stehenden Stupas befand sich eine große Buddhaskulptur aus Ton, deren Kopf eine Höhe von 75 cm hatte.

Aber auch Bauten anderer Religionsgemeinschaften konnten in Merw nachgewiesen werden: so eine nestorianische Kirche, die bereits im 4. Jh. Bischofssitz war, und ein zoroastrischer Grabbau, der im Bereich der alten Stadt entdeckt wurde. Gerade die im Lauf der letzten Jahrzehnte freigelegten Ruinen lassen immer wieder erkennen, dass es in Zentralasien in der vorislamischen Epoche keine einheitliche offizielle, von einem Herrscher geschützte Religion gegeben hat – im Gegensatz zum Iran (Zoroastrismus) und zu Byzanz (Christentum) - und dass sich neben der weit verbreiteten Lehre Zarathustras bereits sehr früh auch andere Religionen behaupten konnten.

Die zahlreichen Ausgrabungen (s. Reisewege), oftmals nur Ruinen, die überwiegend erst nach 1945 entdeckt und teilweise sorgfältig rekonstruiert und konserviert wurden, vermitteln heute einen hervorragenden Einblick in das Leben der Völker Zentralasiens in vorislamischer Zeit. Sie belegen, dass sich hier selbst in Zeiten der Unterdrückung und Zersplitterung eine hochstehende Kunst und Kultur entwickeln konnte, in der neben eigenständigen örtlichen Stilformen auch neue Komponenten ihren Niederschlag gefunden haben. Sie bestätigen aber auch, dass sich neben dem überlieferten Feuerkult und den miteinander wetteifernden Weltreligionen, wie dem Christentum und Manichäismus, der Buddhismus bis in das frühe Mittelalter behaupten konnte. Denn solange der Islam noch nicht die Anziehungskraft entwickelt hatte, die ihn später sogar zu einer der fünf großen Weltreligionen erheben sollte, wurden alle diese Religionen offensichtlich noch weitestgehend toleriert. Am Ende des 7. Jh., als die Araber den Oxus überschritten, war Zentralasien kein leerer Raum, sondern ein Land, dessen Völker in der Lage waren, eigene künstlerische Traditionen zu entwickeln und Kunstwerke zu schaffen, die weder mit denen des Iran noch mit denen Indiens oder Chinas identisch waren – eine Kultur, die auch unter dem Einfluss des Islam zu höchsten Leistungen fähig sein sollte.

Die islamische Zeit

Die Araber (651–874)

Als die Araber im Jahr 651 ihre Expansionen auch auf Zentralasien auszudehnen begannen, hatte der islamische Staat die politische Weltbühne bereits gründlich verändert: In Persien war die Macht der Sassaniden endgültig gebrochen, und Byzanz hatte zwei seiner bedeutendsten Provinzen verloren – Gebiete, in denen einst das Christentum entstanden und gewachsen war. In Medina aber, der Hauptstadt des neuen Reichs, verwaltete Uthman als 3. (gewählter) Kalif (644–56) Mohammeds Erbe, den Islam.

Es waren nicht allein wirtschaftliche Gründe, die die Araber zum Verlassen ihrer Halbinsel und zum Einbruch in klimatisch günstigere

Der Prophet Mohammed beobachtet die Schlacht am Berg Uhud. Türkische Miniaturmalerei, um 1590 ▷

گرفتند و درین حال لشکر اسلام بسه قسم شدند قسمی بهزیمت رفتند بحوالی مدینه تا بشهر در آمدند
و قسمی از ملازمت آنحضرت مفارقت نمودند چون مرتضی علی و سعد وقاص و طلحه و قسمی
سراسیمه و حیران درمیان میگشتند و برخی ازیشان بسعادت شهادت فایز شدند و برخی

Länder bewogen, wo sie innerhalb weniger Jahre (632–51) zu Herrschern eines Weltreichs aufsteigen sollten. Es war vielmehr ihr Einstehen für einen Glauben, den Allah ihnen – einem in der Geschichte bislang unbedeutenden und verachteten Nomadenvolk – offenbart hatte. Der Glaube an diese Idee, als Verbreiter ihrer Religion zu kämpfen, setzte bei den Arabern Kräfte frei, denen augenscheinlich kein Widerstand gewachsen war. Mohammed und seine Nachfolger hielten sich berufen, einen Heiligen Krieg zu führen, um in völliger Selbsthingabe die Araber als Muslime zu Herren aller alten andersgläubigen Kulturländer zu machen.

Sehr bald mussten die Araber jedoch erfahren, dass ein Machtgebilde von der Größe ihres aufstrebenden islamischen Reiches nicht nur unter Berufung auf den Koran regiert werden konnte, sondern auch von einer in Städten unweit der großen Handelsstraßen residierenden, politisch starken Führung gesteuert werden musste. In Damaskus, das sich 635 den Arabern ergeben hatte, entstand ein neues Regierungszentrum, von wo aus die Omaijaden-Kalifen (661–750) die islamische Welt beherrschten. Aber schon Mitte des 8. Jh. entbrannte ein heißer Kampf um die wahre Nachfolge des Propheten Mohammed, aus dem die Abbasiden, die mit den Schiiten des Iran sympathisiert hatten, als Sieger hervorgingen und Mohammeds Nachfolge als Abbasiden-Kalifen (750–842) antreten konnten. Zur neuen Hauptstadt des islamischen Reichs, dessen Ausdehnung seit dieser Zeit vom Atlantik bis zum Indus reichte, wurde 762 Bagdad erwählt.

Während es unter den Omaijaden erstmals zur Entwicklung einer Kunst gekommen war, die wirklich islamisch genannt werden konnte, strebte unter den Abbasiden das Reich einem kulturellen Höhepunkt entgegen. Direkte Zeugnisse ihres Schaffens sind in Turkestan nicht nachzuweisen, doch sollte die frühislamische Architektur der Omaijaden und Abbasiden auch für die Entwicklung der islamischen Kunst in Zentralasien richtungsweisend werden.

Nachdem die Araber auch das persische Chorasan in ihre Gewalt bekommen hatten, begannen sie in den 70er-Jahren des 7. Jh. die Gebiete jenseits des Oxus, Transoxanien – oder Mawarannahr, wie es die Araber nannten – sowie Choresm anzugreifen. 672 wurde Buchara überfallen, wo eine türkische Dynastie über die türkisch-iranische Mischbevölkerung herrschte, und wenige Jahre später Samarkand. Aber erst nach mehreren Feldzügen, bei denen die Araber mehrfach Gebiete, die sie bereits erobert hatten, wieder preisgeben mussten, war die Macht des Islam soweit gefestigt, dass ganz Turkestan Bestandteil des Kalifenreichs werden konnte. Innerhalb dieser etwa 150 Jahre dauernden Periode arabischer Verwaltung kam es jedoch ständig zu Auseinandersetzungen zwischen dem Statthalter in Chorasan und den sich zur Wehr setzenden Völkern Zentralasiens, die ihre Unabhängigkeit wiedererlangen wollten. In diesen Kämpfen zwischen der kalifenfeindlichen Bevölkerung und ihren arabischen Statthaltern griffen wiederholt auch die andersgläubigen

Türken ein, die die Araber durch lange Mauern und Gräben, die sie um die eroberte Provinz Sogd sowie um die Gebiete von Buchara und Taschkent errichtet hatten, abzuwehren suchten.

Die größten Erfolge erzielten die Araber unter ihrem Heerführer Kutaiba ben Muslim, dem Statthalter von Chorasan. Seine Kriegsziele waren nicht nur Beutezüge und Plünderungen, sondern die Eroberung Zentralasiens und die Bekehrung seiner Bevölkerung zum Islam. Rücksichtslos kämpfte er gegen die Anhänger des Buddhismus und der zoroastrischen Lehre und ließ nicht nur zahllose andersgläubige Gefangene niedermetzeln, sondern vor allem auch die Träger der alten choresmischen Kultur umbringen oder vertreiben und jede wissenschaftliche Literatur vernichten. 709 war Buchara gefallen, 712 Samarkand, 713 das Ferghana-Tal und 714 Taschkent.

715 jedoch wurde Kutaiba, ein Todfeind des neuen Kalifen Sulaiman (715–17), in Damaskus von meuternden Soldaten umgebracht. Die Ermordung von Kutaiba, der überhaupt erst die Basis für den Aufbau eines islamischen Reiches in Zentralasien geschaffen hatte, führte in den besetzten arabischen Provinzen zu zahlreichen Aufständen, und die Araber flüchteten in die Gebiete südlich des Oxus. Angesichts einer erneuten Bedrohung aus dem Osten, den Chinesen, entschied sich die einheimische Bevölkerung jedoch für die Araber und den Islam, und 751, nach der Schlacht am Talas, war die chinesische Gefahr endgültig gebannt.

Ganz allmählich entstanden in Zentralasien wieder staatliche Gebilde, die zwar dem Statthalter in Chorasan unterstellt waren, im Lauf der Jahre jedoch mehr und mehr ihre Selbstständigkeit wiedererlangten. Zu den wichtigsten Dynastien, denen es gelungen war, sich gegen die Fremdherrschaft durchzusetzen, gehörten u. a. die Tahiriden (820–73) in Chorasan sowie die Samaniden (874–999) in Turkestan, die die Städte Buchara und Samarkand in den Rang bedeutender islamischer Metropolen hoben.

Die Samaniden (874–999)

Während die Tahiriden die Islamisierung ganz Turkestans mit Waffengewalt zu erreichen suchten, bemühten sich die Samaniden um einen Ausgleich zwischen den Völkern – zwischen der überlieferten, einheimischen iranischen Kultur und dem Islam. Dieser Weg, der auch von den Nachfahren des zum Islam bekehrten Zoroastriers Saman aus Balch beschritten wurde, sollte sich als der bessere erweisen, gelang es ihm doch, das erste ostiranische Reich des Mittelalters zu errichten, das von Ferghana und Taschkent bis Herat reichte und in dem Buchara zum Zentrum der islamischen Welt wurde. Während der Samanidenherrschaft blieb Transoxanien von Eroberungszügen weitgehend verschont und erlebte sowohl auf wirtschaftlicher als auch auf kultureller Ebene eine glanzvolle Zeit, insbesondere unter Ismail ibn Ahmad (849–907).

Die Macht des Islam in seiner stark orthodoxen Form war im 10. Jh. in Zentralasien so weit gefestigt, dass die Schutzwälle und Grenzbefestigungen, die von den Türken gegen die Araber errichtet worden waren, aufgegeben werden konnten. Damit waren die Voraussetzungen geschaffen, dass sich in dem befriedeten Raum eine Kultur entwickeln konnte, die für die Zukunft nicht nur des zentralasiatischen Raumes von großer Bedeutung werden sollte.

Während von den großen Bauwerken dieser Epoche – als Zeugnis für den Beginn einer neuen, der islamischen Kunst, in der die transoxanisch-sogdische Tradition nicht einfach übergangen, sondern im Geist des Islam kunstvoll zur Entfaltung gebracht wurde – nur wenige erhalten geblieben sind, haben die Leistungen der Dichter, Schriftsteller und Wissenschaftler, darunter Persönlichkeiten wie Rudaki († 941), Ferdausi aus Tus (932–1020), Ibn Sina (980–1037) oder auch Al Biruni (973–1048), auch die Kultur des Abendlandes beeinflusst und geprägt.

Und wie weit die Handelsbeziehungen der auch auf wirtschaftlichem Gebiet erfolgreichen Samaniden reichten, zeigen Silbermünzen, die sogar in verschiedenen Teilen Russlands und an der Nordsee gefunden wurden. Begehrte Handelsobjekte waren Stoffe, Pelze und Waffen, besonders aber Sklaven. Gerade unter den Samaniden erreichte der Sklavenhandel einen einmaligen Höhepunkt. Nicht selten jedoch gelang es den in die Armee integrierten Sklaven-Soldaten, in höchste Heeresstellungen und in das Sultanat aufzusteigen, so z. B. auch Sebüktegin, dem späteren Begründer der Ghasnawiden-Dynastie (999–1183), der als heidnischer Türke an die Samaniden verkauft worden war.

Wieder waren es Auseinandersetzungen im eigenen Land, die zum Untergang auch der Samaniden-Dynastie führten. Und nachdem es den islamisierten, türkischen Sklaven gelungen war, immer mehr

Kostbares Zeugnis der samanidischen Handwerkskunst: irdene Schalen des 10. Jh. – sogenannte Samanidenware – aus Afrasiab oder Nischa-pur (Iran). Die Bemalung besteht aus einem langgezogenen Zierkufi

Macht an sich zu reißen, übernahmen sie als (türkische) Ghasnawiden-Dynastie die Gebiete südlich des Oxus und in Chorasan. Die dadurch instabil gewordene Lage im Reich der Samaniden wussten auch die turkstämmigen Karakhaniden, seit 955 islamische Glaubensbrüder, auszunutzen. Sie drangen von Nordosten in Zentralasien ein, besetzten das ganze Syr Darja-Becken, und 999 zog Ilak Nasr, der Karakhaniden-Statthalter von Samarkand, in Buchara ein.

Damit aber war das Schicksal des Samanidenreichs endgültig besiegelt. Indem die nunmehr sesshaft gewordenen Nomaden sich mit der einheimischen Bevölkerung von Sogd und Choresm mischten, verlor das persische Element immer mehr an Einfluss: der Prozess der Entiranisierung und damit der Turkisierung von Transoxanien wurde endgültig eingeleitet.

Die Tadschiken im Spannungsfeld türkischer Staaten (Karakhaniden – Ghasnawiden – Seldschuken; 999–1212)

Im 11. Jh. machte auf der politischen Bühne Zentralasiens ein neues Volk auf sich aufmerksam, das bis in die heutige Zeit die Geschichte Transoxaniens wesentlich beeinflusst hat: die **Tadschiken,** Nachfahren der in Baktrien und Sogd siedelnden Völkerstämme. Anfangs wurden nur jene, die zum Islam konvertiert waren, als Tadschiken, das heißt ›den Arabern ähnlich‹ bezeichnet. Später – etwa ab dem 11. Jh. – nannte man alle Einwohner von Mawarannahr, die iranischer Abstammung waren, Tadschiken. Sie waren es, die neben den Türken die Mehrheit der in Zentralasien ansässigen Bevölkerung bildete. Ihre Sprache war das Tadschikische, das sich aber nur wenig vom Persischen unterschied.

Nach der Einnahme von Buchara durch die **Karakhaniden** begannen sich die Verhältnisse zunächst zu stabilisieren, zumal der Amu Darja sowohl von den Karakhaniden als auch von den **Ghasnawiden** als gemeinsame Grenze anerkannt wurde. Während unter Mahmud von Ghasna (969–1030), einem Sohn von Sebüktegin, dem Begründer des Ghasnawidenreichs, dieses sich bis nach Iran und Indien ausdehnen konnte und eine Kultur ganz im islamischen Geiste entwickelte, unterteilten die Karakhaniden – ebenfalls muslimische Herrscher – ihr neu erworbenes Land nach türkischem Vorbild in Gebiete, in denen Adlige und Minister mit hierarchisch genau abgestuften Titeln ihre Macht ausübten. Dieses Regierungssystem sollte sich jedoch bald als unbrauchbar erweisen, da die ständigen schweren Auseinandersetzungen unter den Fürsten unweigerlich zum Zerfall des Reiches führen mussten, das einen zusätzlichen Angriff von außen abzuwehren nicht mehr in der Lage war.

Mahmud von Ghasna war der erste muslimische Herrscher dem der Titel ›Sultan‹ (arab. ›Stärke›) zuerkannt wurde.

Nur wenige Baudenkmäler, die heute zum Teil Ruinen sind und abseits der großen Touristenroute liegen, künden in Zentralasien vom einstigen Glanz der Karakhaniden und Ghasnawiden. Lediglich in Buchara, das unter den Karakhaniden seine politische Vormachtsstellung aufgeben musste, sind augenscheinlich noch unter dem

Statthalter Arslan Khan (1087–1130), einem Nachfolger des Karakhaniden Ilak Nasr (um 999), größere, zu einer geschlossenen Stilgruppe gehörende Ziegelbauten errichtet worden, die die Bedeutung Bucharas als Kulturzentrem in Zentralasien unterstreichen.

Bereits im Jahr 1034 drangen vom Aralsee her die **Seldschuken** – vom Türkenstamm der Oghusen – unter ihrem Heerführer Seldschuk in Transoxanien ein. Sie nahmen den muslimischen Glauben an, machten die Karakhaniden zu ihren Vasallen und besetzten nach Überquerung des Amu Darja 1040 auch Chorasan. Nach der Eroberung von Bagdad schließlich lag die ganze Macht des Kalifats in Händen der Seldschuken. In der Folgezeit verdrängte das Türkische das Persische als Umgangssprache, und sogar die streng islamisch ausgerichtete Literatur wurde in türkischer Sprache abgefasst. Als Sultane des Islam kämpften die Seldschuken aber auch gegen das christliche Byzanz, drangen bis nach Kleinasien vor und gründeten 1071 das islamisch-türkische Sultanat Rum, das über 200 Jahre später im osmanischen Reich aufging.

Unter Seldschuks Nachfolgern gab es nur drei Fürsten, die in der Lage waren, das große Reich zusammenzuhalten: Tughril Beg, Alp Arslan und Malik Schah, in deren Diensten sich Abu Ali al-Hasan (1018–92), bekannt als Nisam al Mulk, ›der Ordner des Staates‹, als Wesir höchste Verdienste erworben hat. Er war nicht nur ein bedeutender Staatsmann, sondern unterstützte auch die Wissenschaften und gründete Hochschulen. Malik Schah und Nisam al Mulk wurden 1092 von den Assasinen, schiitischen Eiferern, ermordet.

In Zeiten der Anarchie war es Sultan Sandschar (1117–57), dem großen Seldschukenführer, noch einmal gelungen, das ganze Reich im zentralasiatischen Raum unter Kontrolle zu halten. Städte und Handel blühten auf, und Merw, neben Bagdad die größte Stadt der islamischen Welt, bekannt als die Perle des Ostens, wurde ein Zentrum der Wissenschaft und Kultur. In der zweiten Hälfte des 12. Jh. jedoch brach der Staat zusammen, und aufständische turkmenische Oghusen-Stämme nahmen Sultan Sandschar gefangen. Als Vasall der Seldschuken errang Choresm nach Sandschars Tod wieder seine Unabhängigkeit. Nun aber waren es die **Kara Kitai,** ein heidnischer Mongolenstamm, die ganz Transoxanien besetzten und nach chinesischem Muster verwalteten, bis im Jahr 1212 der Choresm-Schah Alaeddin Muhammad II. (1200–20) nach langen Kämpfen um die Vorherrschaft in Zentralasien Samarkand eroberte und zur Hauptstadt eines Reichs machen konnte, das vom Pamir im Osten bis zum West-Irak reichte. 1220 jedoch stand Dschingis Khan, ›die Strafe Gottes‹, vor den Toren Samarkands.

Beispiele für die großartigen architektonischen Leistungen der Seldschuken – Moscheen und Mausoleen, Medresen und Zitadellen – sind nicht ›jenseits des Oxus‹ zu finden, sondern vielmehr in den Ländern, die die Seldschuken nach ihrer Eroberung von Transoxanien unterworfen und in ihrem nunmehr islamischen Geist zu einer legendären Blüte geführt haben, z. B. in Merw, Bagdad, Isfahan,

Aleppo oder Kleinasien. Durch eigene Stilmittel und Formen – z. B. das Runddach, eine Nachbildung ihres Nomadenzeltes, sowie durch eine an sassanidischen Vorbildern orientierte Bau-Ornamentik – war es den Seldschuken in besonderer Weise gelungen, die islamische Baukunst wesentlich zu bereichern.

Dschingis Khan und die Tschagataiden (1218–1365)

Von den Mongolen ist bekannt, dass sie mit anderen Nomadenstämmen, den Türken und Tungusen, das weite Gebiet zwischen den Steppen Sibiriens im Norden, der Mandschurei im Osten, der Großen chinesischen Mauer im Süden und dem Altai-Gebirge im Westen bewohnten. Im Lauf des 12. Jh. setzte sich Temudschin (1155–1227) nach zahlreichen Stammeskämpfen an die Spitze eines der größten Erobervölker der Welt und ließ sich in der Versammlung aller Turk-Mongolen, dem *kuriltai*, im Jahr 1206 als **Dschingis Khan** zum Khan aller Khane wählen.

Nachdem Dschingis Khan auf mehreren Feldzügen das westliche China verwüstet hatte, begann er, ein politisch klug agierender, aber grausamer Feldherr, 1218 mit der Eroberung des Choresm-Reiches. 1220 fielen Buchara und Samarkand, 1221 Gurgandsch (Kohne Urgentsch), und bereits 1223 war in Transoxanien jeder Widerstand gegen die Mongolen zusammengebrochen. Ihre großen Erfolge im Kampf gegen die unterschiedlichsten Völker und Reiche verdankten die Mongolen ihrer berühmt-berüchtigten Mobilität, aber auch ihrem disziplinierten Auftreten in Massen vor dem überraschten oder eingeschüchterten Gegner. Als besonders vorteilhaft, aber auch notwendig, hat sich dabei die für die damaligen Verhältnisse unvorstellbar schnelle Nachrichtenübermittlung (bis zu 500 km legten ihre

Dschingis Khan und die Tschagataiden 1218–1365

»Dschingis Khan spricht in der Moschee von Buchara«. Miniatur aus dem zweiten Band des Schah-name des Ahmad Tabrisi (heute im Besitz der British Library, London)

Sendboten an einem Tag zurück) und ein gut funktionierendes Spionagenetz erwiesen.

Die Taktik, die die Mongolen bei ihren Angriffen immer wieder erfolgreich anwendeten, war praktisch stets die gleiche. Unabhängig davon, ob sich eine Stadt kampflos den Mongolen unterworfen (z. B. Nurata nordöstlich von Buchara) oder sich bis zum letzten Mann zur Wehr gesetzt hatte (z. B. Gurgandsch), wurden ihre Zitadellen und Häuser geplündert und die Einwohner niedergemetzelt. Nur die kampffähigen Einwohner wurden verschont, um schon beim nächsten Feldzug in vorderster Linie geopfert zu werden (z. B. Männer von Buchara gegen Samarkand, dessen Einwohner wiederum gegen Gurgandsch). Um ihre eigenen Truppen zu schonen, belagerten die Mongolen aber auch nicht selten eine Stadt so lange, bis sich ihre Einwohner freiwillig ergaben, nachdem man ihnen zuvor buchstäblich das Wasser abgegraben (Samarkand) oder ihre Stadt (Gurgandsch) überflutet hatte. Den Mongolen war aber auch das Leiturgie-System nicht unbekannt, wonach Einwohner einer Stadt (etwa Buchara und Gurgandsch), die irgendwie von Nutzen waren, z. B. Handwerker, Wissenschaftler oder Knaben und Mädchen, für den Sklavenmarkt in die Mongolei deportiert wurden.

Immer waren es Ruinen und Totenfelder, die die Mongolen zurückließen, wenn sie zu neuen Eroberungen aufbrachen. 1221 zog Dschingis Khan gegen Süden, überquerte den Amu Darja, vernichtete Chorasan und Afghanistan, kehrte 1222 wieder nach Transoxanien zurück, um von hier aus den letzten Feldzug – gegen die Tanguten, einen hochzivilisierten Staat am Gelben Fluss – anzutreten. Im Alter von 72 Jahren starb Dschingis Khan am 18. August 1227.

Als Erbschaft hinterließ »die sengende Sonne Satans« und die »Geißel Gottes«, wie sich Dschingis Khan in Buchara selbst bezeichnet haben soll, ein Reich, das sich zwar von den Küsten Chinas bis zum Kaspischen Meer erstreckte, in dem aber jede Kultur und nahezu jedes Leben vernichtet war. Auch die für ihre Fruchtbarkeit berühmten Oasenländer Transoxaniens in den Ufergegenden des Amu- und Syr Darja waren restlos verwüstet, Buchara, Samarkand, Taschkent, Städte, die durch ihren ertragreichen Handel, insbesondere aber auch durch ihre Kultur weit über die Grenzen Zentralasiens bekannt waren, lagen in Schutt und Asche, und die berühmteste aller Karawanenstraßen, die Große Seidenstraße, war nur noch eine Nachschubbasis für die gen Westen stürmenden Mongolen. Dschingis Khans Söhne und Enkel setzten sein Werk fort, eroberten Russland und Ungarn, standen 1241 in Schlesien und versuchten nicht nur den Nahen Osten, sondern auch Europa in den asiatischen Machtbereich zu integrieren.

»Ich bin die sengende Sonne Satans, die Geißel Gottes«. Überlieferte Worte des Dschingis Khan gegenüber den Bürgern von Buchara

Nach Dschingis Khans Tod war das Reich unter seinen Söhnen aufgeteilt worden. Da Dschotschi, der älteste Sohn und Eroberer von Choresm schon verstorben war, wurde sein Sohn Batu Khan der Goldenen Horde, und dessen Bruder Orda Khan der Weißen Horde. Ogodai erhielt als Erbe Südsibirien und das Gebiet östlich des Balchasch-Sees und wurde 1229 als unmittelbarer Nachfolger von Dschingis Khan Großkhan. Toloi erhielt das alte Zentrum des Mongolenreichs mit der Hauptstadt Karakorum in der Mongolei.

Tschagatais Erbteil war das Tarim-Becken und Transoxanien bis zum Amu Darja, ein Reich von der Größe des einstigen Türkenreichs im 6. Jh., wo sich seine Nachkommen als die sogenannten **Tschagataiden-Khane** über einen längeren Zeitraum behaupten konnten. Es war eine Zeit des Friedens, in der sich auch wieder ein gewisser

Wohlstand entwickeln konnte. Städte und Dörfer wurden besiedelt, über die alten Handelsstraßen zogen wieder Karawanen, und sukzessive wurden die vormongolischen lokalen Machthaber von den allmählich turkisierten Mongolenherrschern abgelöst. Umgangssprache der Mongolen, die sich jetzt Tataren nannten und zum Islam bekannten, war Türkisch.

Unter Khan Tamaschirin (1326–34) wurde 1333 der Islam zur Staatsreligion erhoben, was die Spaltung des Tschagataidenreichs zur Folge hatte. Das islamische Transoxanien trennte sich von den mongolischen Nomadengebieten im Osten, dem sogenannten Mogulistan, wo die Tschagataiden noch bis in das 17. Jh. regieren konnten. 1360 wurde Transoxanien von Tughluk Timur (1347–63), einem Tschagataiden-Khan aus Mogulistan, erobert, aber schon 1365 konnte Timur-Leng Transoxanien von den Mogulen befreien.

Trotz aller Verwüstungen und Massaker, die Zentralasien im Mongolensturm über sich ergehen lassen musste, erholte sich das Land wieder und wurde erneut zum Eckpfeiler einer Kultur, die weit über seine Grenzen ausstrahlen sollte.

Timur und die Timuriden (1365-1505)

»Wenn du etwas über uns erfahren willst, dann schau auf unsere Bauwerke«.
Amir Timur

Während **Amir Timur** im Europa nach wie vor weitgehend unbekannt ist, genießt er in der Republik Usbekistan hohes Ansehen. Timur Lenk (›Timur der Hinkende‹) oder auch Tamerlan war ein geistiger Nachkomme Dschingis-Khans, was seine kriegerischen Leistungen und sein Machtstreben betrifft. Er wurde 1336 in Kesch (Schahr-e Sabs), südlich von Samarkand, geboren, sein Vater war ein Kleinfürst vom Stamm der Barlas, einer turkisierten Mongolensippe, die zu den Tschagataiden-Stämmen in Turkestan gehörten. Mit ihrer Unterstützung beherrschte er nach seinem Sieg über Mogulistan (1365) ganz Transoxanien, und auf dem *Kuriltai* in Balch wurde er am 10. Ramazan des Jahres 771 (8. April 1369) zum Emir Transoxaniens ausgerufen.

In mehreren Feldzügen durch Asien und Europa gelang es Timur, ein Reich aufzubauen, das vom Ganges bis zum Mittelmeer reichte. 1387 unterwarf er Armenien und Georgien, besiegte 1395 den letzten Khan der Goldenen Horde, Toktamisch, und zerstörte Serai. Anfang des 15. Jh. hatte er Persien unterworfen, Delhi verwüstet, Bagdad und Damaskus erobert. Die Historiker des 20. Jh. sehen in Timur aber nicht nur den »Schrecken der Welt« sondern gleichzeitig auch einen Glücksfall für Europa, da er zur richtigen Zeit (20. Juli 1402) am richtigen Ort (unweit von Ankara) aufmarschierte und durch seinen Sieg über die osmanischen Türken den Untergang von Byzanz wenn schon nicht verhindern, so doch zumindest um einige Jahre hinausschieben konnte. Darüber hinaus hatte die Gefangennahme von Sultan Bayezit (†1403), der sich nach der Schlacht auf dem Amselfeld schon als Nachfolger Ostroms sah, zur Folge, dass die Türken nicht mehr weiter nach Europa vorstießen.

Amir Timur (links) – Gründer des Timuriden-Reiches. Detail (Goldstickerei) eines Wandteppichs, der 2003 in Buchara in der privaten Werkstatt ›Sadbarg‹ (Ltg. Salimowa Mahfuza) hergestellt wurde.

Zu seiner Hauptstadt aber hatte Timur nicht Schahr-e Sabs erwählt, die Stadt in der er seine Kindheit verlebt hatte, sondern Samarkand, wo er binnen weniger Jahre die größten und prächtigsten Gebäude errichten ließ: Moscheen, Mausoleen, Medresen, Karawansereien und Paläste. Und hier in der fruchtbaren Flussoase des Serafschan versammelte er Künstler, überwiegend persischer Herkunft: Maler, Kalligraphen, Architekten, Handwerker, aber auch Philosophen, Geschichtsschreiber und Wissenschaftler – die Elite eines Volkes, die er während seiner zahlreichen Feldzüge stets verschont hatte. Unter Timur kam es in Zentralasien zu einem Aufblühen islamischer Wissenschaft und Kunst.

Obwohl die bei seinen Eroberungszügen geübte Kriegstaktik der eines Dschingis-Khan nicht unähnlich war, gelang es Timur trotzdem nicht die eroberten Städte und Gebiete für immer auszulöschen. Für die Eroberung Chinas konnte Timur nur noch die Vorbereitungen treffen, da er 1405 im Feldlager in Otrar starb. Begraben wurde er in seiner Hauptstadt Samarkand an der Seite seines Freundes und Lehrers Said Berke im Mausoleum Gur-Emir – einem der bedeutendsten Bauwerke islamischer Architektur.

In vielfacher Weise hat Timur Weltgeschichte geschrieben, wenn auch das Reich der Timuriden nach seinem Tod sehr bald zerfiel. Im Gegensatz zu Dschingis-Khan fehlten Timur fähige Erben, die das Reich hätten festigen und zusammenhalten können. Im Gegenteil, Timur sah sich gezwungen, sogar gegen seinen eigenen Sohn **Miranschah,** Herrscher über ganz Aserbaidschan, Krieg zu führen. Und **Mohammed Sultan,** ein Sohn von Miranschah, den Timur zu seinem Nachfolger auserwählt hatte, kam bereits 1404 im Alter von 29 Jahren bei einem Feldzug gegen die Perser ums Leben.

In den heftigen Kämpfen um Timurs Nachfolge konnte sich schließlich sein Sohn **Schahruch** (1407–1447), ein politisch erfolgreicher Herrscher, behaupten. Von Herat aus regierte er über die

Besondere Charakteristika timuridischer Baukunst:
– Imponierende Sakral- und Profanbauten von ungewöhnlich großen aber trotzdem ausgewogenen Abmessungen (steil aufragende Kuppeln auf hohen Tambouren, mächtige Portale).
– Die Installation von Doppelschalenkuppeln bei besonders herausragenden Bauwerken entsprechend Vorbildern aus dem 11. Jh.
– Die konsequente, vielfarbig emaillierte Verkleidung eines ganzen Baukörpers mit Fayencemosaiken.
– Den seismischen Gegebenheiten angepasste Baukonstruktionen.

Timurs Feldzüge von 1372–1405

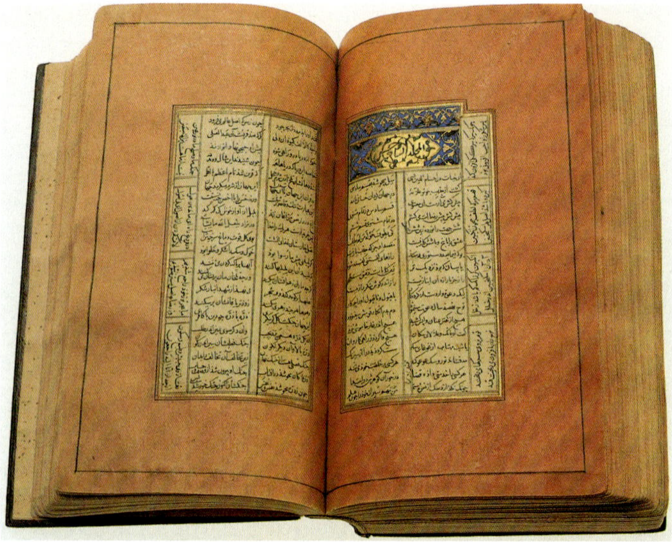

Kapitelanfang eines poetisch-didaktischen Werkes von Dscheladeddin Rumi mit goldgeprägtem Einband; iranische Ausgabe aus dem Jahr 1461

Gebiete von Chorasan und Afghanistan, indes sein Sohn **Ulughbek** (geb. 1394, 1409–1449) als Gouverneur von Transoxanien in Samarkand residierte. Während ihrer Regierungszeit blieb Zentralasien von kriegerischen Auseinandersetzungen weitgehend verschont. Das Land erreichte wieder einen gewissen Wohlstand, und Städte wie Herat und Samarkand entwickelten sich zu bedeutenden Stätten der islamischen Kultur. Schahruch pflegte und förderte die Dichtkunst, während sich Uleghbek, ein Wissenschaftler von hohem Rang, als Historiker, Mathematiker und Astronom betätigte.

In Samarkand ließ er 1428 ein Observatorium errichten und führte in Zusammenarbeit mit dem persischen Astronom Kasysade Rumi exakte astronomische Berechnungen durch, die weltweite Anerkennung fanden. Er gründete aber auch Medresen in Buchara und Samarkand und machte, dem Beispiel seines Großvaters folgend, seine Hauptstadt zu einem wahren Zentrum von Kunst und Wissenschaft. Es war ein für Zentralasien fruchtbares Zeitalter, das vielleicht noch mit dem der Samaniden verglichen werden könnte.

Mit dem Tode Schahruchs jedoch fand diese Entwicklung ein jähes Ende, und wieder wurden in blutigen Bürgerkriegen die Früchte jahrzehntelanger Aufbauarbeit vernichtet. Ulughbek, der sich noch um einen Ausgleich zwischen den Parteien bemüht hatte, wurde von seinem Sohn **Abdullatif** gefangen genommen und hingerichtet. Nach Ulughbeks Tod zerfiel das Reich in mehrere Lehen, und nachdem **Abu Said** (1451–1469), der als letzter Timuride das Reich von Mogulistan bis Transkaukasien zusammengehalten hatte, in Aserbaidschan umgebracht worden war, konnte

Husain Baikara (1469–1506), der in Herat residierende Sultan von Chorasan, das kulturelle Erbe Timurs zwar noch über einige Jahre bewahren, aber den Zerfall des Timuridenreichs nicht mehr aufhalten.

Endgültig besiegelt wurde das Schicksal der Timuriden, als Mitte des 15. Jh. von Norden eindringende nomadisierende Turkstämme das Land zwischen Oxus (Amu Darja) und Jaxertes (Syr Darja) in Besitz nahmen. Damit fand die persische Kultur-Renaissance ihr Ende, und die Tadschiken, die sesshafte Bevölkerung iranischer Abstammung in Zentralasien, wurden von den Usbeken aus ihren fruchtbaren Oasen in die Berge vertrieben.

Sahir ad-Din Muhammad Babur (1483–1530) – geboren in Andischan – sollte als der letzte Timuride und gleichzeitig als Begründer des Mogul-Reiches in Indien in die Geschichte eingehen. Aber auch als Autor seiner Autobiographie »Baburname« ist er kein Unbekannter: »Damals dachte ich: Wie lange noch muss ich so gequält von Verzweiflung in diesem Land Farghana umherirren? Es wird Zeit, dass ich mich auf die Suche nach einem Königreich mache. So bestieg ich mein Pferd und verließ Farghana.«

Die Turkvölker Zentralasiens im späten Mittelalter: Kasachen – Usbeken – Kirgisen – Turkmenen

Ende des 14. Jh. zog die Weiße Horde unter Toktamisch († 1406) aus Westsibirien an die Wolga und vereinte sich mit der Goldenen Horde. In ihre Gebiete nördlich des Syr Darja – heute die ostkasachische Steppe – zogen Anfang des 15. Jh. turkmongolische Nomadenstämme aus dem Altai.

Kasachen Eine besonders große Gruppe (Kleine-, Mittlere- und Große Horde) unter den turkmongolischen ›Migranten‹ bildeten die Kasachen (wörtlich: die ›Unabhängigen‹), die in der Folgezeit jedoch stark von mongolischen Völkern durchsetzt wurden und schließlich ein eigenes Khanat gründeten. Mitte des 16. Jh. zerbrach das mächtige Reich der Kasachen. Kriegerische Konflikte mit auf Expansion bedachten mongolischen Stämmen (Oiraten und Dsungaren) veranlassten die Kasachen, sich 1731 Russland anzuschließen – eine Entscheidung, die die Kasachen über Jahrhunderte eng an die spätere Kolonialmacht Russland und schließlich an die Sowjetunion binden sollte.

Usbeken Eine Gruppe der turkmongolischen Nomaden jedoch – sie nannten sich Usbeken, verließen unter ihrem Khan Abul-Chair († 1462), einem Nachkommen Schaibans, wieder die ›Hungersteppe‹ und drangen weiter nach Süden vor (in das heutige Usbekistan), wo sie sich im Laufe von Generationen sowohl mit den bereits im 6. Jh. eingewanderten Turkstämmen als auch den ansässigen iranischen Volksgruppen vermischten. Bereits im Jahre 1430 hatten die Usbeken Choresm und das ganze Gebiet nördlich des Syr Darja bis nach Ferghana endgültig in ihrer Hand. Die westmongolischen Oiraten jedoch hinderten Abu l-Chair, auch noch Transoxanien zu erobern. Erst 70 Jahre später, nach der Besetzung von Buchara und Samarkand, sollte es seinem Enkel **Muhammad Schaibani** († 1510), dem Begründer der Schaibaniden-Dynastie, gelingen, seine Macht auch über Transoxanien auszuweiten. Und während Muhammad Schaibani im Norden von den Kasachen zurückgedrängt wurde,

Die Bezeichnung Usbeken (›Wächter der Wahrheit‹ des Islam) soll auf Usbek Khan (1281–1341) zurückgehen, einem Herrscher der Goldenen Horde, der den Islam in seinem Reich durchgesetzt hatte.

konnte er im Süden noch Chorasan erobern. In der Absicht, die legendären Feldzüge Timurs zu wiederholen, griff Schaibani schließlich auch Persien an. Ismail Safawi (1487–1524), ein fanatischer Schiit und Begründer des neupersischen Reichs, hielt jedoch dem Ansturm der Usbeken stand, und Muhammad Schaibani fiel 1510 in der Schlacht von Merw. Es war für die Usbeken die letzte reale Chance, ein zentralasiatisches Reich aufzubauen.

Durch die Übergriffe der Usbeken wurden die alten Traditionen der sesshaften iranischen Kulturen in Transoxanien weitgehend zerstört. Andererseits aber waren es die herrschenden Usbeken, die sich tadschikisches Volkstum zu eigen machten und auch das Persische als Literatursprache beibehielten. Nach Schaibanis Tod entbrannten unter seinen Nachfolgern zahlreiche Bürgerkriege, und erst unter ihrem **Khan Abdullah** († 1598), dem bedeutendsten Herrscher der Schaibaniden-Dynastie, konnten mehrere Siedlungsräume zu einer Einheit zusammengefasst werden. Bezahlt wurden seine Eroberungen und Siege durch das schon bekannte Verfahren der Verwüstung von Siedlungen und der Ausrottung feindlicher Herrschergeschlechter. Trotzdem sollte sich – gerade nach den Jahren der Anarchie – Abdullahs Herrschaft, die sich über ganz Transoxanien, aber auch über Choresm und Chorasan erstreckte, für das Land und seine Bewohner in vieler Hinsicht als segensreich erweisen. Nach der Eroberung von Buchara machte Abdullah die Stadt zu seiner Residenz (1557), und 1583 gehörten auch Balch, Ferghana, Samarkand und Taschkent zu seinem Herrschaftsbereich. Chiwa aber, Meschhed und das Tarim-Becken konnte er zwar verwüsten, jedoch nicht beherrschen.

Als erstes versuchte Abdullah, die Ordnung in seinem Land wieder herzustellen. Er baute zahlreiche öffentliche Gebäude, wie Medresen und Karawansereien, legte neue Kanäle und Brücken an und bemühte sich um eine Förderung des Handels und der Landwirtschaft. Auf diese Weise legte er das Fundament für ein erneutes Aufblühen islamischer Kultur. Im Vergleich zur Baukunst der Timuriden war die der Schaibaniden eher bescheiden, aber sie setzten doch die Tradition timuridischer Architektur fort und errichteten besonders in Buchara mehrere Baudenkmäler, die heute als besonders typisch für die Khan Abdullah-Periode angesehen werden können. 1590 jedoch überwarf sich Khan Abdullah mit seinem Sohn, der schon vor des Vaters Tod die alleinige Nachfolge antreten wollte. Dieser Zwist schwächte die Dynastie, und der unter großen Opfern aufgebaute Staat zerbrach. Die daraufhin ausbrechenden Kämpfe zwischen den Teilstaaten, aber auch zwischen den verschiedenen Gruppen innerhalb eines Staates sollten noch bis zum Ende des 19. Jh. andauern, als die Russen ihre Ansprüche auf Zentralasien geltend machten und Transoxanien eroberten.

Wie die Geschichte gezeigt hat, war die Invasion der Usbeken, die ursprünglich als viehzüchtende Nomanden nach Transoxanien eingedrungen und kulturell der sesshaften Bevölkerung weit unterlegen waren, mit einem Niedergang der Kultur verbunden, auch wenn sich die Usbeken im Laufe der Generationen mehr und mehr an die Lebensformen der tadschikischen und türkischen Bevölkerung in diesen Oasengebieten angepasst hatten. Darüber hinaus erlitt der einst so bedeutende Karawanenhandel in Ermangelung einer einheitlichen politischen Führung in den einzelnen Staaten schwere Einbußen. Verstärkt wurde diese negativ verlaufende Entwicklung durch ein äußeres Ereignis: **Vasco da Gama** hatte 1498 den Seeweg nach Ostindien und Südafrika entdeckt und so dem Ost-West-Handel eine neue, sichere Handelsstraße eröffnet. Damit aber verlor Zentralasien allmählich seine Schlüsselstellung als Drehscheibe für den Handel zwischen China, Indien und Europa. Der Rückgang des Handels hatte auch den Verlust an zusätzlichen Einnahmen, etwa der nicht unerheblichen Zollgebühren, zur Folge. Ohne den notwendigen finanziellen Rückhalt jedoch war auch in Transoxanien keine Macht in der Lage, den politischen, wirtschaftlichen und auch kulturellen Niedergang auf Dauer zu verhindern.

Was die Religion der Usbeken betrifft, so waren sie stark von den Traditionen des berühmten türkischen Sufi **Ahmad Jassawi** († 1166) geprägt, über dessen Grab in Turkestan schon Timur eine gewaltige Grabmoschee hatte erbauen lassen (1389–99). Die sunnitische Orthodoxie sollte sich gerade in Zentralasien als die Religion erweisen, die alle Bewohner ohne Rücksicht auf Stammesunterschiede im Geist des Koran einte. In der Religion des Islam hatte die Bevölkerung einen ruhenden Pol gefunden, und in der Sorge um die Armen und Bedürftigen erwarben sich die Theologen und insbesondere die Derwisch-Orden Ansehen und Macht. Für keinen weltlichen Herrscher wäre es ungefährlich gewesen, ihren Einfluss und ihre Stellung in irgendeiner Weise zu missachten, hatten doch gerade die Theologen in der Rechtsprechung und in der Verwaltung einen unmittelba-

Die wichtigsten Siedlungsräume der Turkvölker Zentralasiens im späten Mittelalter

Grabmal eines Kirgisenfürsten

ren Kontakt zu allen Bevölkerungsgruppen. In diesem streng religiösen Raum sunnitischer Prägung, der sich in immer stärkerem Maße – insbesondere in seiner kulturellen Entwicklung – von dem schiitischen Persien abgrenzte, kamen nicht wenige sunnitische Gelehrte und Dichter, gleichsam als Flüchtlinge, um unter den Usbeken die iranisch-sunnitische Tradition fortzuführen.

Mit Beginn des 16. Jh. war das Schicksal Zentralasiens nicht mehr von den Fähigkeiten eines einzigen Herrschers abhängig, sondern die von den Usbeken gegründeten Khanate Buchara, Chiwa und Kokand kämpften bald vereint, bald gegeneinander um die Vorherrschaft in Turkestan, bis die Russen durch ihr Eingreifen Mitte des 19. Jh. allen Expansionsbestrebungen ein Ende setzten.

Kirgisen Wann und woher die Kirgisen tatsächlich in den zentralasiatischen Raum eingewandert waren, ist bis heute nicht eindeutig geklärt. Vermutlich erschienen sie im Tienschan-Gebiet erstmals Ende des 8. Jh. als Verbündete der Karluken im Kampf gegen die Uiguren, einen turkmongolischen Volksstamm östlich des Tienschan-Gebirges. Politisch interessant wurden die Kirgisen jedoch erst im 15. Jh., als sie von den Tschagataiden besiegt wurden. Im Kampf um ihre Freiheit schlossen sie sich den Kasachen an (1524) und entrissen den Tschagataiden das Siebenstromland. Vom Tienschan aus, ihrer Wahlheimat, griffen die Kirgisen Khan Abdullah von Buchara an, besetzten Ferghana und vorübergehend auch Gebiete in Ostturkestan. Die aufstrebenden Dsungaren jedoch – ein östlich des Siebenstromlandes siedelnder mongolischer Nomadenstamm – unterwarfen die Kirgisen und verdrängten sie aus ihrem Siedlungsgebiet nach Ferghana und Kokand. Erst 1757 konnten die Kirgisen in ihren Siedlungsraum im Tienschan zurückkehren, wo sie in den Konflikten mit den Chinesen wie ein Puffer zwischen China und Kokand standen. Schließlich gerieten sie unter die Herrschaft von Kokand und wurden von einem Gouverneur kontrolliert, der in der 1825 gegründeten Festung Pischpek residierte.

Das Interesse, das die Kirgisen dem Islam entgegenbrachten, war sehr unterschiedlich und regional bedingt. Eigentlich hatten nur die Stämme einen stärkeren Kontakt zum Islam gefunden, die über Ferghana und Kaschgar mit der Religion konfrontiert worden waren. Im Allgemeinen hielten sie aber an ihren eigenen Riten fest, die sie erst allmählich mit islamischem Geist erfüllten – jedoch nie fanatisch oder gar kämpferisch.

Der Schwerpunkt ihrer kulturellen Leistungen ist in der Literatur zu suchen, in ihren Sagen, Liedern und Legenden. Besondere Bedeutung sollte ihr Heldenepos ›Manas‹ erreichen, das mit einigen Hunderttausend Versen das längste Heldengedicht der Weltliteratur sein dürfte. Es entstand im Lauf von Jahrhunderten und erzählt die wechselvolle Geschichte des kirgisischen Volkes: eine Enzyklopädie der Kultur und der Sitten der Kirgisen, aber auch ein Denkmal ihrer Volksideale, ihrer großen Kämpfer für Freiheit und Unabhängigkeit.

Ein turkmenisches Lager wird errichtet

Turkmenen Der Anfang der Geschichte der Turkmenen ist in der Geschichte der Oghusen zu suchen, die im westlichen Siebenstromland, im Südosten der heutigen Republik Kasachstan, siedelten und im 8. Jh. zum Unterlauf des Syr Darja vorrückten. Im 11. Jh. fielen die Kiptschaken, ein ebenfalls turksprachiger Nomadenstamm, in Zentralasien ein, unter deren Druck die Oghusen einmal in Richtung Kiewer Rus und Byzanz und zum anderen in die südlichen Regionen auswichen. Für die auf dem Territorium der heutigen Republik Turkmenistan siedelnden Oghusen setzte sich sehr bald der Name Turkomanen bzw. Turkmenen durch.

Obwohl sich unter ihrem Anführer Seldschuk das große Reich der Seldschuken aus turkmenischen Nomadenstämmen entwickelt hatte, war es auch im Lauf von Jahrhunderten den zwischen Kaspischem Meer und Aralsee siedelnden Turkmenen, die ständig in innere Streitigkeiten und Kämpfe verwickelt waren, nicht gelungen, sich zu einer politischen Einheit zusammenzuschließen, um als richtungsweisende Kraft für den zentralasiatischen Raum wirken zu können. Immer wieder wurden sie auch in Kämpfe mit ihren Nachbarreichen verwickelt, von diesen angegriffen, überrannt und vertrieben, oder sie kämpften bald miteinander und bald gegeneinander: Im 12. Jh. etwa überfielen die Choresm-Schahs die Turkmenen und machten sie zu einer unentbehrlichen Streitmacht ihres Reichs. Im 13. Jh. wurde ihr Siedlungsraum (Turkmenistan) unter die Erben Dschingis Khans aufgeteilt, im 14. Jh. kämpften turkmenische Reitertruppen unter Timur, und seit dem 16. Jh. waren die Turkmenen in ständige Konflikte mit Choresm, Buchara oder Persien verstrickt und ihrer Oberhoheit unterworfen.

Tatsächlich behielten aber die Turkmenen, die bis in das späte 19. Jh. Nomaden oder Halbnomaden blieben, ihre Unabhängigkeit und stellten für die sesshafte Bevölkerung eine ständige Gefahr dar. Häufig haben turkmenische Stämme versucht, aus ihrem Siedlungsraum östlich des Kaspischen Meeres auszubrechen und in fruchtbare

Oasen einzudringen, wo es den Usbeken gelungen war, sich als Bauern oder auch als Handel treibende Stadtbewohner anzusiedeln und dem sesshaften Leben anzupassen.

Obwohl sich die Turkmenen seit dem 10. Jh. zum Islam bekannten, huldigten sie doch lange einem überlieferten vorislamischen Totemkult. Je nach ihrer Bindung an die alten vom Islam stark geprägten Oasenbewohner wurden aber auch sie bekehrt und brachten sogar Theologen hervor, die den Islam unter ihren Stämmen verbreiteten. Bedeutende Bauwerke haben die turkmenischen Nomaden – im Gegensatz zu den Seldschuken – der Nachwelt nicht hinterlassen können, aber in ihrer Literatur, der sich alle Stämme in gleicher Weise verbunden fühlten, entwickelten sie die ihnen eigene Kultur, die weit über die Grenzen Turkmenistans bekannt wurde.

Weltberühmt wurden die Turkmenen nicht durch große kriegerische Leistungen oder Eroberungen, sondern durch ihr handwerkliches Können. Es darf nämlich heute als sicher angenommen werden, dass die handgeknüpften Teppiche, die kleine geometrische, von Pflanzen- und Tierformen abgeleitete Ornamente enthalten, ursprünglich das Werk der nomadisierenden Turkmenen waren.

Die Khanate Zentralasiens: Buchara, Chiwa, Kokand (1599–1867)

Zu Beginn des 17. Jh. befand sich Zentralasien bereits in der Isolation und hatte seinen Einfluss auf die politische Weltbühne weitgehend verloren. Im Süden waren drei Großreiche entstanden, die sich mit Erfolg gegen alle Überfälle und Expansionsbestrebungen aus dem Norden zur Wehr setzen konnten: das Reich der Osmanen (die gleichfalls türkischer Abstammung waren), die Safawiden und die Mogul-Dynastie in Indien, die Babur († 1530), der letzte Timuride, nach seiner Vertreibung aus Transoxanien und Ferghana gegründet hatte. Damit war die Teilung des noch unter Timur geeinten iranisch-türkischen Reichs in drei feindliche Staaten vollzogen und endgültig.

Die zwischen Norden und Süden verlaufende Grenze, die sich nicht nur als Staatsgrenze, sondern verstärkt auch als eine Religionsgrenze zwischen Sunniten und Schiiten herausbildete, unterbrach die alten Beziehungen und verhinderte für die Zukunft eine gemeinsame Weiterentwicklung ihrer vom Islam geprägten Kultur. Besonders für Zentralasien bedeutete diese Abgrenzung einen Rückschritt und hatte ein Absinken ihrer für die islamische Kunst richtungsweisenden Leistungen, z. B. in der Architektur und Literatur, zur Folge.

Das Khanat Buchara. Nach Abdullahs Tod (1598) übernahm Baki Muhammad die Regierung in Buchara (1599–1605) und begründete die Dynastie der **Dschaniden** oder auch Astrachaniden (1599–1785), benannt nach seinem Vater Dschani aus der Dynastie des Khanats Astrachan. Während dem Khanat Buchara unter Imam-Kuli Khan (1608–40) eine verhältnismäßig ruhige Zeit beschieden war, begann unter Abdulasis Khan (1647–80) eine Periode schwerer innerer Auseinandersetzungen, während der das Reich in mehrere Fürstentümer zerfiel – eine günstige Gelegenheit für die Nachbarvölker, das geschwächte Land anzugreifen: 1681 verwüsteten die Kasachen das ganze Sarafschan-Tal, nachdem sie von den Dsungaren nach Süden getrieben worden waren; 1688 belagerten die Chiwaner Buchara; 1710 gründeten die im Ferghana-Tal siedelnden Usbeken ihr eigenes Khanat (Kokand), und 1740 griff Nadir Schah von Persien Buchara an, besetzte die Gebiete südlich des Amu Darja und unterwarf die miteinander verfeindeten usbekischen Stämme.

Die den Dschaniden folgenden **Mangiten** (1785–1868 bzw. 1920) waren ebenfalls nicht in der Lage, die ständigen Bruderkriege zu beenden. Und wo sich der erste Mangitenherrscher noch Khan nannte, führten seine Nachfolger den arabischen Titel Emir, um auf diese Weise ihre Zielvorstellung zu dokumentieren: Herrscher über ein vereinigtes islamisches Reich im Sinne des ersten orthodoxen Kalifen zu sein.

Die Aufsplitterung des Landes in rivalisierende Fürstentümer – eine politische Gliederung, die es schon in vorislamischer Zeit gegeben hatte, bevor eine starke, monarchische Gewalt das Land beherrschte – hatte gerade auf wirtschaftlichem Sektor für das Khanat verheerende Auswirkungen. Obwohl Buchara der größte Umschlagplatz Zentralasiens für Lebensmittel war und mehrere indische Handelsniederlassungen für einen regen Warenaustausch sorgten und obwohl mehrere der nomadisierenden Usbekenstämme sesshaft geworden waren und auf diese Weise zu einer gewissen Konsolidierung des Staates beitrugen, ging es mit der Wirtschaft des Landes bergab. Die Stadtbevölkerung wanderte aus (1740 lebten in Samarkand nur noch tausend Familien), die Medresen standen leer, und die Architektur erschöpfte sich in der Wiederholung.

Eine glücklose usbekische Invasion in Persien, chinesische Angriffe gegen Buchara, Aufstände verschiedener Usbekenstämme aufgrund der Wiedereinführung zusätzlicher Steuern (d. h. mehr als den Zehnten und die Armensteuer), die von Schah Murad, dem ersten offiziellen Monarchen der Mangiten (1789–90), abgeschafft worden waren, sowie die von Nasrullah (1826–60) erstrebte Alleinherrschaft signalisierten das Ende der Mangiten-Dynastie.

Eine vom Volk unterstützte Revolte zwang schließlich den Emir Musaffareddin (1860–85) zum Krieg, einem Glaubenskrieg gegen Russland. Den gegen Buchara marschierenden Russen hatten sich aber inzwischen viele zentralasiatische Türken angeschlossen, in der Hoffnung, ihre von Buchara und Chiwa unterdrückten Stammesbrüder mit Hilfe der Russen befreien zu können. Bucharas Heere wurden geschlagen, das Emirat wurde 1868 Vasall des Zaren. Während die Verwaltung des Khanats und auch das religiöse Leben weiterhin in der Verantwortung des Emirs blieben, wurde die Außenpolitik für das Khanat nun in St. Petersburg gemacht. Die Alternative, sich der Königin von England zu unterwerfen, deren Truppen in Indien stationiert waren, stand für das Emirat nicht zur Diskussion.

»Asien ist Russlands Zukunft, und diese Zukunft muss erobert werden.«
Peter der Große

Berüchtigte Sklavenmärkte, von Unrat strotzende und überfüllte Kerker und ein als Richtstätte dienendes Minarett symbolisierten schließlich, dass Buchara und sein Emir nicht mehr in der Lage waren, einen Angriff von außen abzuwehren. Die Besetzung durch die Russen war daher eine zwangsläufige Folge, mit der für das Khanat eine neue Ära begann. Erst gegen Ende des 19. Jh. sollte Buchara wieder das wahre Zentrum des Khanats und ein Anziehungspunkt für Studenten aus vielen islamischen Ländern werden. In der Stadt waren es islamische Schriftgelehrte, die in die höchsten Verwaltungsämter aufgerückt waren, und in den 32 Zünften der Handwerker, die in ihrem Aufbau den Derwischorden sehr ähnlich waren, sorgten die Meister *(usta)* für einen geregelten Arbeitsablauf. Die Zahl der Einwohner im gesamten Emirat von Buchara betrug etwa 2,5 Millionen. Etwa die Hälfte waren Usbeken, ein Drittel Tadschiken und nur 5–10 % waren Turkmenen, die vornehmlich im Süden des Emirats siedelten.

Ethnische Minderheiten jedoch – egal ob Juden oder Hindus – waren der Grundbevölkerung nie gleichgestellt. Schon rein äußerlich mussten sie sich von der Mehrheit abheben und waren nirgendwo und nie vor Übergriffen sicher. Selbst reisende Diplomaten aus Europa – eine bemerkenswerte Seltenheit – mussten sich den örtlichen Bestimmungen der Unterscheidung fügen und durften, wenn überhaupt, nur zu Fuß durch die Straßen Bucharas ziehen.

Das Khanat Chiwa (Choresm). Nach dem Untergang der Kuschan im 4. Jh. herrschte über Choresm die Dynastie der **Afrigiden**, die ihre Unabhängigkeit über mehrere Generationen mit Erfolg verteidigen konnten. Die Bevölkerung lebte verstreut in befestigten Landhäusern und ihre Feudalherren in stattlichen Burgen unweit der Kanäle, die das Land zwischen dem Aralsee und der Karakum-Wüste durchzogen.

712 jedoch fiel Kutaiba auch in Choresm ein, vernichtete die gesamte choresmische Literatur, vertrieb die Intelligenz des Landes und machte seine Herrscher zu Vasallen des Kalifen. Auch nach der Araber-Invasion war es den letzten Choresm-Schahs der Afrigiden-Dynastie nicht gelungen, Choresm als geschlossenes Reich zu erhalten. Die Afrigiden regierten von Kath (heute Biruni) aus über den Osten, und in Gurgandsch (oder Kohne Urgentsch, wie es die Mongolen nannten – nicht zu verwechseln mit dem heutigen Urgentsch unweit von Chiwa!) herrschte ein Emir über den Norden des Landes. Nach der Ermordung von Abu Abdullah Muhammad (995) annektierte der in Gurgandsch residierende Emir Mahmum dessen Südstaat, machte sich zum Schah über ganz Choresm und führte Gurgandsch zu einer Blüte, die von keiner anderen Stadt in der islamischen Welt übertroffen wurde.

Über einen Zeitraum von 250 Jahren war Choresm ein Vasallenstaat der Karakhaniden, der Ghasnawiden, der Seldschuken und der Kara Kitai, bis es unter Atsis (1127–56) seine Unabhängigkeit wiedererlangte und unter dessen Enkel Tekesch (1172–1200) sogar zur

Chiwa, Palast Tasch-Hauli aus dem 19. Jh.

Großmacht aufstieg und ein Herrscherhaus begründete, das das mächtigste in der islamischen Welt werden sollte.

Die Choresm-Schahs, die ihren alten iranischen Titel auch nach der vollständigen Turkisierung des Landes beibehalten hatten, gewannen als Oberherren über den Osten der islamischen Welt immer mehr an Einfluss und Macht und forderten als Sultane des Islam bedingungslosen Gehorsam. Demzufolge mussten sie aber auch als Verteidiger des mohammedanischen Glaubens den Kampf gegen die Ungläubigen – gegen die Kara Kitai (1207) – aufnehmen. Trotz der ersten Erfolge, die Schah Alaeddin Muhammad II (1200–20) gegen die Kara Kitai erzielte, gelang es ihm jedoch nicht, die eigentliche Gefahr aus dem Osten, die Mongolen, aufzuhalten. Im Gegenteil: Es waren seine falschen Entscheidungen, die das Massaker von Otrar (1218) und die vollständige Vernichtung von Choresm erst ermöglichten. In jeder Beziehung – politisch, wirtschaftlich und kulturell – war das Land am Ende.

Unter Dschingis Khan und den Tschagataiden erlitt Choresm das gleiche Schicksal wie seine Nachbarn und wurde zum »Wohnort der Schakale und zum Versteck von Eulen und Falken«, wie Dschuwaini, ein persischer Geschichtsschreiber († 1283), berichtet. Auch in den folgenden Jahrhunderten waren alle Versuche, das Choresm-Reich wieder aufzubauen, vergeblich. Nur der Nordwesten kam durch Handel mit der Goldenen Horde und Transoxanien zu Wohlstand und Ansehen, und Gurgandsch wurde wieder eine bedeutende und »die schönste und mächtigste Stadt der Türken«. Aber die Sufi-Dynastie, die nach Dschingis Khan in Choresm regierte, konnte sich nur bis 1388 behaupten, bis Timur auch Gurgandsch belagerte, die gesamte Sufi-Familie hinrichten ließ und die Stadt dem Erdboden gleichmachte (s. S. 300).

Wie groß der Beitrag war, den das alte Choresm zur kulturellen Entwicklung des zentralasiatischen Raumes geleistet hat, kann heute anhand zahlreicher Funde und architektonisch interessanter Ruinen nachgewiesen werden. Nach seiner Eingliederung in den islamischen Lebensraum bildete neben dem Handwerk der mit einem höheren Gewinn verbundene Warenaustausch den Haupterwerb für die Bevölkerung. Die wichtigsten Ausfuhrprodukte waren Woll- und Baumwollerzeugnisse, während die Choresmier vornehmlich Pelze, Waffen und Holz importierten. Dass mit den Erzeugnissen Choresms auch der Islam als Religion in die Länder des Nordens gebracht wurde, ist ein Phänomen, das bei der Ausbreitung dieses Glaubens immer wieder beobachtet werden konnte.

Das Schicksal Choresms war stets eng mit dem Amu Darja verbunden, dessen Wasser das Land bald zu einer fruchtbaren Oase werden ließ, bald aber durch gewaltige Überschwemmungen völlig verwüstete. Eine Katastrophe besonderer Art bahnte sich an, als der Amu Darja sein altes Flussbett verließ und einen anderen Weg zum Aralsee nahm. Die Bevölkerung musste das ehemals fruchtbare Gebiet im Mündungsdelta verlassen und weiter südlich, flussaufwärts, nach neuen Siedlungsräumen suchen. Unter Ilbar († 1525), einem Spross der Schaibaniden, und dessen Nachkommen entwikkelte sich wieder ein selbständiger Staat, der sogar eine Bastion der Sunniten gegen die Schiiten wurde und trotz zahlreicher Unterwerfungsversuche durch seine Nachbarn, Kasachen und Türken, noch bis in das 20. Jh. Bestand haben sollte.

1592 schließlich löste **Chiwa** die Stadt Gurgandsch im Norden als Hauptstadt ab, und allmählich wurde das ehemals berühmte Choresm als Khanat von Chiwa bekannt. In den folgenden Jahren versuchten seine Khane immer wieder, ihre Landesgrenzen nach Norden und Süden auszudehnen. Wiederholt besetzten sie auch Buchara und Samarkand, und bald war Chiwa als Räuberstadt gefürchtet, zumal es auch über den bedeutendsten Sklavenmarkt ganz Zentralasiens verfügte. Die ständigen Angriffs- und Verteidigungskriege, bei denen turkmenische Reiter immer wieder die Elitetruppen bildeten, brachten dem Khanat jedoch nicht den erhofften Erfolg der Konsolidierung, im Gegenteil: Immer wieder wurden große Teile der Bevölkerung ausgebeutet und vernichtet. Die alles entscheidende Kraft im Khanat wurde das Militär, und für eine kulturelle Entwicklung schien jedes Interesse erstorben.

Zu Beginn des 19. Jh. kam es – insbesondere in den von Chiwa eroberten Gebieten – wiederholt zu Aufständen. Karakalpaken (turksprachige Nomaden, die erstmalig im 16. Jh. am unteren Syr Darja aufgetreten waren), Kasachen und Turkmenen sowie die Bevölkerung von Merw erhoben sich gegen Chiwa. Schließlich hatten die Streitigkeiten zwischen den Aufständischen als auch ein wiederholtes Eingreifen der Russen das Khanat so sehr geschwächt, dass es im Juni 1873 zu den gleichen Bedingungen wie Buchara vor dem Zaren kapitulieren musste.

In Zeiten relativer Ruhe aber entwickelte sich ein lebhafter Handel zwischen Chiwa und den benachbarten Kasachen sowie den turkmenischen Nomaden. Und durch die in Chiwa ausgebildeten turkmenischen Mullahs wurden die beiderseitigen Beziehungen zusätzlich verstärkt. Die Bevölkerung Chiwas bestand vornehmlich aus Usbeken, aber auch aus Türken und Sarten, den turkisierten Nachkommen der Sogder, die sich in den Städten Zentralasiens als Kaufleute einen Namen gemacht hatten. Umgangs- und Literatursprache war in Chiwa nicht das Persische, sondern Usbekisch.

Trotz der in Chiwa herrschenden Armut entwickelte sich im 19. Jh. besonders unter Muhammad Amin (1846–55) eine Architektur, die in vieler Hinsicht der von Buchara ebenbürtig war. Auch heute noch stellen die damals entstandenen Bauwerke, Moscheen, Mausoleen, Medresen und Paläste, eine Sehenswürdigkeit besonderer Art dar.

Das Khanat Kokand. Bereits unter Muhammad Schaibani hatten die Usbeken das Ferghana-Becken erobert und besiedelt (Anfang des 16. Jh.), aber etwa einhundert Jahre später trennten sich die Ferghana-Usbeken von den Buchara-Usbeken und damit vom eigentlichen Usbekenreich, und gründeten 1710 ihr eigenes Khanat, Kokand.

Die Zusammensetzung der Bevölkerung im Ferghana-Becken hatte sich aufgrund zahlreicher Zuwanderungen im Lauf der Jahrhunderte ständig verändert und bildete zu Beginn des 17. Jh. ein echtes Völkergemisch. Während es im 15. Jh. vornehmlich Türken und Sarten waren, die in Ferghana siedelten, drangen im 16. Jh. Usbeken und Kirgisen in das Land ein und im 18. Jh. Sarten aus Samarkand und Buchara sowie Karakalpaken. Erst im 19. Jh. kam es zu einer Annäherung der unterschiedlichen Völkerschaften, und unter Alim Khan (1800–09), einem fanatischen Sufi-Anhänger, entstand ein

Die Medresenmoschee im Palast von Kokand

neuer Staat, eine Monarchie mit absolutem Herrschaftsanspruch des Khans.

Alim Khan eroberte Taschkent und baute es zu einem bedeutenden Handelszentrum aus. Aber auch die Stadt Turkestan und Gebiete im Siebenstromland wurden in das Khanat Kokand einbezogen, das durch die Errichtung mehrerer Bastionen (z. B. an der Mündung des Syr Darja und in Pischpek) geschützt werden sollte. Vielfach waren sie Kristallisationspunkte für neue Siedlungen mit eigenen Moscheen und Medresen. Im Lauf seiner relativ kurzen Geschichte musste Kokand aber auch eine Macht wie China anerkennen (1758), die Bucharaer als Besatzung hinnehmen (1842) und erleben, wie die Kiptschaken ihre Medresen zerstörten und ihre Schriftgelehrten verhöhnten (1858). Während dieser Zeit rückten von Norden die Russen nach Kokand, und bereits im März 1876 wurde das Khanat unter seinem alten Namen Ferghana von Russland annektiert. Taschkent jedoch gehörte schon seit 1868 zum Generalgouvernement Turkestan, das der russische General Kaufmann im Namen des Zaren errichtet hatte.

Im 19. Jh. konnte durch umfangreiche Bewässerungsanlagen die landwirtschaftliche Nutzfläche des Khanats wesentlich vergrößert werden und auch die Stadtentwicklung erhielt beachtliche Impulse. So hatte Kokand neben seinem berühmten Palast zahlreiche (360?) Moscheen, mehrere Medresen sowie Karawansereien und Bäder. Kulturpolitisch gesehen erreichte Kokand niemals die gleiche Ausstrahlung wie z. B. Buchara oder Samarkand, wenn auch seine sogenannte Hoflyrik sogar jenseits seiner Grenzen beliebt war.

Mit der Besetzung der Oase Merw (1884) war die Eroberung des gesamten zentralasiatischen Raumes durch die Russen abgeschlossen. Anfang 1885 jedoch stießen die Russen in Richtung Herat vor, verwickelten die Afghanen in ein Gefecht und besetzten Kuschka. Indien, das sich durch diese Annexion bedroht fühlte, wandte sich an England und bat um militärische Hilfe. Im Rahmen von Verhandlungen zwischen britischen und russischen Diplomaten wurde eine Kommission zur Regelung der anstehenden Fragen gebildet. Als Ergebnis lag ein russisch-afghanisches Grenzabkommen auf dem Tisch, in dem die russischen Eroberungen sanktioniert wurden.

Damit fand auch das ›große Spiel‹ sein Ende, in dem Russen und Briten um Einfluss im zentralasiatisch-persischen Machtvakuum gestritten hatten. Der britische Oberst James Stoddart, der den Begriff vom großen Spiel *(great game)* geprägt hatte, wurde 1842 im Emirat Buchara wegen Infiltration exekutiert.

Vom Generalgouvernement (1867) bis zur Gegenwart

Mit der Eroberung Zentralasiens durch die Russen in den 70er-Jahren des 19. Jh. begann auch für diesen Raum eine neue Ära. Im Gegensatz zu früheren Eroberern waren die Russen den Bewohnern Zentralasiens sicher auf vielen Gebieten (etwa Technik, Verkehrswesen) überlegen, aber auch die hier im äußersten Süden ihres Herrschaftsgebietes siedelnden Völker und Nationen hatten hervorragende Leistungen aufzuweisen (z. B. in den Bereichen des Kunsthandwerks, der Wasserwirtschaft und Viehzucht). Die verkehrsmäßige und wirtschaftliche Anbindung an das europäische Russland (bereits 1899 konnte die Transkaspische Eisenbahnlinie Krasnowodsk, heute Turkmenbaschi – Taschkent eingeweiht werden) hatte für Zentralasien weitreichende Folgen: So wurde z. B. durch verstärkte Importe von Gebrauchsgütern das einheimische Handwerk mehr und mehr zurückgedrängt, und eine überproportionale Ausweitung des Baumwollanbaus machte das einst autarke Land von der Einfuhr landwirtschaftlicher Erzeugnisse abhängig.

Ein Blick auf Zentralasien im Jahr 1873: »Beide Großmächte [Engländer und Russen] herrschen über ein buntes Gewimmel von Völkerschaften, deren viele sich auf einer niedrigen Culturstufe befinden und manche als ›Wilde‹ bezeichnet werden können. Beide rühmen sich, dass sie die europäische Civilisation zu verbreiten bemüht seien.«
Illustrierte Zeitschrift für Länder- und Völkerkunde, Braunschweig 1873

Nach der Einbindung Zentralasiens in das russische Reich strömten im Lauf der Jahre immer mehr Russen als Beamte, aber auch als Arbeiter in das neue Land, und mit der Errichtung von besonderen russischen Stadtvierteln änderte sich auch das Aussehen der alten, orientalisch geprägten Städte wie Taschkent, Samarkand und Buchara beachtlich. Wenn auch die einheimische Bevölkerung – besonders die Stadtbewohner – mehr und mehr mit den Russen vertraut wurde, so war doch stets eine scharfe Trennung zwischen den europäischen und den asiatischen Volksgruppen vorhanden.

Die von den Russen übernommene bzw. durchgeführte Aufteilung Zentralasiens in Verwaltungseinheiten hatte etwa bis zum Ausbruch der Oktoberrevolution im Jahr 1917 Bestand: das Generalgouvernement Turkestan (1,7 Mio km^2, 3 Mio. Einwohner), mit seiner Hauptstadt Taschkent, das in die Gebiete Syr Darja, Siebenstromland, Samarkand, Ferghana und Transkaspien aufgegliedert war, das Khanat Buchara (179 500 km^2, 3 Mio. Einwohner) und das Khanat Chiwa (60 000 km^2, 0,5 Mio. Einwohner). Die im Norden Turkestans liegenden Gebiete (etwa das heutige Kasachstan und Kirgistan) gehörten zum Generalgouvernement der Steppe.

Mit der Gründung der Sowjetunion wurden Abdullah (1918–20), der letzte Khan von Chiwa, und Said Alim (1911–20), der letzte Emir von Buchara, abgesetzt und ihre Khanate zu Volksrepubliken (Choresm und Buchara) erklärt. In den 1920er-Jahren wurde ganz Zentralasien neu gegliedert und in fünf Republiken aufgeteilt, wobei diese Gebiete den Siedlungsräumen der wichtigsten Völkergruppen nur bedingt angepasst wurden: Usbekistan, Kirgistan, Tadschikistan, Turkmenistan, Kasachstan.

Unter Enver Pascha (dem ehemaligen Verteidigungsminister des osmanischen Reichs) als Befehlshaber aller gegen die Sowjetmacht kämpfenden nationalen Streitkräfte erhob sich Zentralasien in der Basmatschen-Bewegung gegen Moskau. Als wichtigste Träger in diesem Freiheitskampf erwiesen sich die Geistlichkeit, das Bürgertum und die reiche Oberschicht der ehemaligen Khanate. Ziel Enver Paschas war es, die türkischen und islamischen Volksstämme zu einer Einheitsbewegung zusammenzuschließen und ein islamisches Kalifat mit Sitz in Samarkand zu errichten. Doch am 5. 8. 1922 fiel

Geboren in der unabhängigen Republik Usbekistan

Enver Pascha und mit ihm die Basmatschen, die, wie Tichonow schreibt, weder sich selbst schonten, noch den Feind.

In den Jahren von 1925–37 wurde Zentralasien »gründlich verändert« (E. Kisch): Beginn des Klassenkampfes, Abschaffung des privaten Eigentums, Zwangskollektivierung der Bauern, Aufbau einer zentralisierten Planwirtschaft, Gleichstellung der Frauen gegenüber den Männern, Abschaffung des Analphabetentums und Einführung eines einheitlichen sowjetischen Schulsystems, Schließung nahezu aller Moscheen und Medresen und Intensivierung der Antireligions-Propaganda, Ausrichtung der traditionellen zentralasiatischen Kultur im Sinne des Kommunismus ... Verfahren und Wege, wie sie im Vielvölkerstaat Sowjetunion an der Tagesordnung waren.

Seit Auflösung der UdSSR werden die unabhängigen Republiken von eigenen Staatspräsidenten vertreten:
– Kasachstan: Nursultan A. Nazarbayev (seit 1991)
– Kirgistan: Kurmanbek Bakiyev (seit Juli 2005)
– Tadschikistan: Emomalii Rahmon (seit 1992)
– Turkmenistan: Gurbangulu Berdimuhammedov (seit Februar 2007)
– Usbekistan: Islom Karimov (seit 1991)

Nach Errichtung der Sowjetrepubliken wurden sowohl die Industrialisierung des Landes, die nicht selten mit der Gründung neuer Städte und Industriezentren verbunden war, als auch der Aufbau von Kolchosen und Sowchosen, die fast ausschließlich der Produktion von Baumwolle gewidmet waren, vehement vorangetrieben. Besonders aber nach dem Zweiten Weltkrieg erlebte Zentralasien einen gewaltigen wirtschaftlichen Aufschwung, sodass alle fünf Republiken – dank ihrer immensen Rohstoffvorräte wie Erdöl, Erdgas, verschiedene Metalle oder auch Kohle, sowie ihrer Leicht- und Schwerindustrie, aber auch aufgrund ihrer großen kulturellen und wissenschaftlichen Leistungen – in den Siebenjahresplanperioden einen relativ hohen Rang einnahmen.

Aufgrund der politischen Entwicklung in verschiedenen islamischen Staaten Ende der 1970er-Jahre geriet auch Sowjet-Zentralasien in den Sog ethnischer Konflikte. Trotz verschiedener Reformansätze im Zuge von Perestoika und Glasnost unter Gorbatschow zerfiel die UdSSR und wurde am 21. 12. 1991 in Almaty aufgelöst. Seit dieser Zeit sind die fünf augenscheinlich unabhängigen Republiken – Kasachstan, Kirgistan, Tadschikistan, Turkmenistan, Usbekistan – durch feste Grenzen voneinander getrennt. Alle haben nicht nur ihre eigene Verfassung und Währung, sondern auch ihre eigene Schrift und ihre eigene Sprache.

Zeittafel: Daten zur Kulturgeschichte

Synopse	Jahr	Zeitgeschehen	Architektur
	500		Architektonisch besonders interessante Städte und Stätten in Zentralasien am Vorabend der Araberinvasion (3.–8. Jh.):
	510		
	520	Zentralasien im Einflussbereich der Sassaniden (224–651)	
	530	Hephthaliten (5./6. Jh.)	Adschina Tepe (S. 42) Afrasiab (S. 139) Ak Beschim (S. 43) Ajas Kale (S. 256) Balalik Tepe (S. 41) Kale-je Kachkachka (S. 42) Merw (S. 304) Pendschikent (S. 282) Teschik Kale (S. 41) Toprak Kale (S. 253) Warachscha (S. 258)
	540		
›Goldenes‹ Justinianisches Zeitalter	550	Türken (6. Jh.)	
	560		
570 * Mohammed	570		
	580		
	590		
	600		
618 Tang Dynastie, China (bis 906)	610		
622 Hedschra (Beginn der islam. Zeitrechnung)	620		
632 † Mohammed 632–634 Abu Bakr	630		
634–644 Omar 644–656 Uthman	640		
656–661 Ali	650	651 Araber in Merw	
661–750 Omaijaden-Dynastie	660		
661 Spaltung in Schiiten und Sunniten	670	671 Araber überschreiten Oxus 674 Araber erobern Buchara	
	680		
687 Jerusalem: Felsendom	690	689 Araber erobern Termes	

Synopse	Jahr	Zeitgeschehen	Architektur
	700	705 Buchara u. Samarkand arab. Statthalterschaften	
711 Araber landen in Spanien	710	713 Buchara: Kutaiba errichtet erste Hauptmoschee	
	720	722 Untergang von Pendschikent	
732 Karl Martell, Schlacht von Tours u. Poitiers	730	730 Anschluss Sogds an das Kalifat	
	740		
750–1258 Abbasiden-Dynastie	750	751 Schlacht am Talas stoppt chinesisches Vordringen	
762 Gründung von Bagdad	760	769 Samarkand: Erste Papierfabrikation	
	770		
786 Harun ar Raschid Kalif	780	783 * Muhammad ibn Musa al Choresmi († 847)	
	790		
800 Karl der Große röm. Kaiser († 814)	800		
	810	813 Merw: Hauptstadt der Abbasiden	
	820		
	830		
	840	840–917 Karluken-Khanat	
	850		
	860		
	870		
	880		
	890		
	900	874–999 Samaniden	900 Buchara: Mausoleum der Samaniden
912 Otto der Große	910		
	920		

Synopse	Jahr	Zeitgeschehen	Architektur
	930	932 * Ferdausi († 1020)	
	940		
955 Schlacht auf dem Lechfeld	950	Mitte 10. Jh. Konversion der Karakhaniden vom Buddhismus zum Islam	
	960		
	970	973 * Al Biruni († 1048)	978 Tim: Mausoleum Arab Ata
980 Mainz: Baubeginn am Dom 988 Christianisierung der Kiewer Rus	980	980 * Avicenna († 1037) 986 Russen interessieren sich für den Islam als Staatsreligion	
	990	998–1122 Karakhaniden	
	1000	999–1186 Ghasnawiden	
	1010		
	1020		
1030 Speyer: Baubeginn am Dom (Romanik)	1030		
	1040	1040 Seldschuken schlagen Ghasnawiden 1043 * Omar Chaijam	
1054 Schisma	1050		
1066 Schlacht von Hastings	1060		
1076 Damaskus seldschukisch	1070		1077 Rabat-e Malek: Karawanserei
	1080		
1095–1291 Kreuzzüge	1090		
	1100		
	1110	1117 Sultan Sandschar († 1157)	1119 Buchara: Namasgah-Moschee
1122 Wormser Konkordat	1120		1127 Buchara: Minarett Kalan
	1130		
1147 Moskau gegr.	1140		

Synopse	Jahr	Zeitgeschehen	Architektur
1152 Friedrich I. Barbarossa 1155 * Dschingis Khan	**1150**	1156–1220 Choresm-Schahs	1151 Termes: Mausoleum Hakim at Tirmidhi
	1160	1166 † Ahmad Jassawi	
	1170		1178 Buchara: Moschee Maghak-e Attari
	1180		
1193 * Saladin	**1190**		1199 Wabkent: Minarett
	1200		
1215 Magna Charta	**1210**	1218 Schlacht bei Otrar 1219 Dschingis Khan erobert Zentralasien	1219 Zerstörung der Städte Zentralasiens
1227 † Dschingis Khan	**1220**		
	1230		
1241 Schlacht bei Liegnitz 1248 Baubeginn Kölner Dom (Gotik)	**1240**	1247 * Pahlawan Mahmud	
	1250		
	1260	1264–65 Nicolo und Maffio Polo in Buchara	
1273 Rudolf von Habsburg († 1291)	**1270**		
	1280	1282–1342 Khan Usbek – Konversion der Goldenen Horde zum Islam	
1295 Marco Polos Rückkehr nach Venedig	**1290**		
	1300		
	1310	1318 * Bahaeddin Nakschbandi	
1326 † Osman I.– Gründer des Osmanischen Reiches (Aufhebung des Kalifats 1924)	**1320**		1320 Kohne Urgentsch: Mausoleum Tubarek Hanim
	1330	1336 * Timur († 1405)	1335 Samarkand: Mausoleum Kusam ibn Abbas
	1340		

Synopse	Jahr	Zeitgeschehen	Architektur
	1350		
	1360		
	1370	1370–1507 Dynastie der Timuriden	
1389 Schlacht auf dem Amselfeld	**1380**		1380 Schahr-e Sabs: Baubeginn Ak Sarai
	1390		1397 Turkestan: Grabmoschee
1402 Schlacht bei Ankara	**1400**	1405–47 Schahruch 1409–49 Ulughbek	1404 Samarkand: Mausoleum Gur-e Amir Moschee Bibi Hanim Schah-e Sende
1414 Konzil von Konstanz	**1410**		
	1420		
	1430		
1445 Gutenberg-Buchdruck	**1440**	1441–1501 Ali Schir Nawai (Alisher Navoi)	1448 Samarkand: Observatorium
1452 * Leonardo da Vinci	**1450**	1451–69 Abu Said	1457 Anau: Moschee
1453 Fall von Konstantinopel	**1460**		1464 Samarkand: Mausoleum Eschrat-chane
1471 * Dürer 1473 * Kopernikus 1475 * Michelangelo	**1470**		
	1480	1483 * Babur († 1530), letzter Timuride, erster Mogul	
1498 Vasco da Gama entdeckt Seeweg nach Indien	**1490**		
	1500	1500–98 Schaibaniden-Dynastie	
	1510		1514 Buchara: Moschee Kalan
1529 Türken belagern Wien	**1520**	1526 Babur erobert Delhi und gründet Mogul-Dynastie in Indien	
	1530		1536 Buchara: Medrese Mir-e Arab
	1540		1545 Kagan: Chanaka Bahaeddin
1553 Bildersturm	**1550**	1558 erste russische Handelskontakte mit Transoxanien unter Jenkinson	

Synopse	Jahr	Zeitgeschehen	Architektur
	1560		1563 Tschar Bakr: Nekropole 1569 Buchara: Medrese Kukaldasch
	1570		
	1580	1583–98 Abdullah Khan II.	
	1590	1592 Chiwa Hauptstadt von Choresm	1590 Buchara: Medrese Abdullah Khan
	1600	1599–1785 Dschaniden-Dynastie	
1618–48 Dreißigjähriger Krieg	1610	1619 erste diplomatische Beziehungen zwischen Moskau und Buchara	
	1620		1623 Buchara: Medrese Nadir Diwan-Begi
1630 † Kepler	1630		1636 Samarkand: Medrese Schir-dar
1642 † Galilei	1640		
	1650		1652 Buchara: Medrese Abdulasis Khan
	1660		1660 Samarkand: Medrese Tella-kari
	1670		
1683 Türken vor Wien	1680		
1689–1725 Peter der Große	1690		
1703 Gründung von St. Petersburg	1700		
	1710	1717 erste russ. Militärexpedition gegen Chiwa 1718 Gründung der Stadt Semipalatinsk (Semej)	1712 Buchara: Moschee Bala Haus
1727 erster Buchdruck im ›Dar al Islam‹ (Istanbul)	1720		1725 Chiwa: Medrese Schir Ghasi Khan
	1730		
1742–49 Siebenjähriger Krieg	1740	1740 Nadir Schah in Buchara und Chiwa	
	1750		
	1760		
	1770		
1789 Französische Revolution	1780	1785–1920 Mangiten-Dynastie	1789 Chiwa: Dschuma-Moschee

Synopse	Jahr	Zeitgeschehen	Architektur
	1790		
	1800		1807 Buchara: Tschar Menar
	1810	1814 Taschkent unter Kokand	
1825–83 Karl Marx 1828 Erster Druck (Lithographie) des Korans (Teheran)	1820	1825–1895 ›Great Game‹ zwischen Russland und England	1825 Chiwa: Mausoleum Pahlawan Mahmud
	1830		1838 Chiwa: Palast Tasch Hauli
1848 Kommunistisches Manifest	1840	1842 Hinrichtung der Engländer Stoddart und Conolly in Buchara	
	1850		
1861 Aufhebung der Leibeigenschaft in Russland	1860	1860 Taschkent russisch 1867 Generalgouvernement Turkestan	
	1870	1873 Merw russisch	1871 Kokand: Palast
	1880	1887 Grenzfestlegung zw. Turkestan u. Afghanistan	Taschkent, Samarkand, Buchara: Architektur und Städtebau nach russischen Vorgaben
	1890	1890 Russen und Ukrainer immigrieren in die kasachische Steppe	
	1900	1906 Fertigstellung der Transkaspischen Eisenbahn	
1917 Oktoberrevolution	1910		1910 Chiwa: Islam-Hodscha Moschee u. Minarett 1914 Buchara: Setare-je Mah-e Chase
1922 Gründung der SU 1924 † Lenin	1920	1923 Volksrepublik Choresm zur SU 1924 Volksrepublik Buchara zur SU	1920–1991 Sozialistische Sowjetrepubliken Mittelasiens und Kasachstans: Architektur und Städtebau nach sowjetischen Vorgaben: Regierungs- u. Verwaltungsgebäude, Kulturpaläste, Theater, Museen, Universitäten, Wohnungsbau, Boulevards u. Plätze
	1930	1929 Neue Gebietseinteilung in Zentralasien	
1941–45 Großer Vaterländischer Krieg	1940	1948 Erdbeben zerstört Aschgabat	
	1950		
1961 Weltraumflug Gagarins	1960	1966 Erdbeben in Taschkent	
	1970		
1985–91 Gorbatschow sowjet. Staatspräsident	1980		

Synopse	Jahr	Zeitgeschehen	Architektur
1991 am 1. 12. in Almaty Auflösung der SU	1990	1991 Unabhängigkeit der Republiken Kasachstan, Kirgistan, Tadschikistan, Turkmenistan, Usbekistan	**Anerkennung als Welterbe:** 1990 Chiwa (Us) Itschan Kale (Altstadt) 1993 Buchara (Us) Historisches Zentrum 1999 Merw (Tu) »Perle des Ostens«
2000–08 W. Putin russ. Staatspräs. 2001 Terroranschläge in den USA 2002 Afghanistan: Entmachtung der Taliban 2008 Weltwirtschaftskrise	2000	2005 Tulpenrevolution in Kirgistan 2006 Turkmenistans diktatorisch regierender Präsident Saparmurat ›Turkmenbashi‹ Niyazov stirbt	2000 Schar-e Sabs (Us) Das alte Kesch 2001 Samarkand (Us) Schnittpunkt der Weltkulturen 2003 Turkestan (Ka) Grabmoschee 2003 Kohne Urgentsch (Tu) Das alte Gurgandsch 2007 Nisa (Tu) Königsstadt der Parther
	2010	2009 Neue Energiequellen und ›Nabucco‹ – eine Chance für Zentralasien?!	

Die Religionen Zentralasiens

Entsprechend ihrer Anschauung der ihnen bekannten Welt hatten die Urvölker Zentralasiens auch ihre eigene Lebensordnung sowie bestimmte Wert- und Zielvorstellungen, ihre Religion. Gemäß der Vielzahl der in ihrer Struktur und sozialen Ordnung unterschiedlichen Stämme und Verbände gab es natürlich auch immer wieder andere Religionsgemeinschaften, in denen sich der Mensch aufgehoben wusste. Seine Verehrung galt den unergründlichen Kräften der Natur oder den ›Leuchten‹ am Firmament, den Göttern jenseits des Horizonts, mit denen er durch Opfer- und Kulthandlungen in Verbindung zu treten suchte.

Es waren aber auch Weltreligionen – Zoroastrismus, Buddhismus, Christentum –, die in Zentralasien Fuß fassen konnten und die Kultur der dort lebenden Menschen in vielerlei Hinsicht immer wieder beeinflusst haben. Als Sieger im Kampf um die Alleinherrschaft sollte sich aber – bis in unsere Gegenwart – der Islam erweisen, auch wenn über Jahrzehnte hinweg versucht wurde, den gläubigen Muslimen diesseits und jenseits der Großen Seidenstraße ihre Religion – als ›Opium für das Volk‹ – streitig zu machen.

Die Seidenstraße – Quelle und Ziel neuer Religionen

Zoroastrismus

Der Zoroastrismus ist eine nach ihrem Stifter benannte altiranische Religion (auch Mazdaismus, nach dem Gott des Lichts, Mazda), die schon unter den Achämeniden als Staatsreligion anerkannt war. Der um 630 v. Chr. in Baktrien (?) geborene Zarathustra entwickelte aufgrund von Visionen seine Lehre, nach der nur dem Gerechten der Allwissende die Pforten des Himmels öffnen wird. Als heilige Offenbarung Gottes gilt das Awesta, ein bereits im 7. vorchristlichen Jahrhundert auf 12000 Blatt Pergament niedergeschriebener Kanon: Hinweise zu Ritualen, zur Liturgie sowie zur Ethik, aber auch Gebete und Loblieder auf Gottheiten.

Sowohl die turmartigen Feuertempel als auch die Vier-Iwan-Anlage, beides typisch zoroastrische Kultgebäude, bildeten schon in der Baukunst der Sassaniden ein besonderes Charakteristikum, das aber auch in einer islamisch geprägten Architektur Vorbildfunktion übernehmen sollte.

Sitzender Buddha, Skulptur aus den Buddha-Grotten von Yüngang (China) an der Großen Seidenstraße

Buddhismus

Der Buddhismus, der seinen Namen von seinem Begründer Siddharta Gautama Buddha (›der Erleuchtete‹, nach neueren Darstellungen bereits häufig zw. 450 und 370 v. Chr.) ableitet, gehört als Weltreligion zu den indischen Religionen. In seinen Visionen erkannte Buddha, dass die Menschen jeweils das Leben führen müssen, das – gemäß dem Gesetz der Vergeltung – ihrem Denken und Handeln im vorangegangenen Leben entspricht. Jeder aber habe die Freiheit, sich zwischen Gut und Böse zu entscheiden.

In Zentralasien setzte sich der Buddhismus erst unter den Kuschan durch. Zuerst waren es die Gebiete im Süden des heutigen Usbekistan – am Oberlauf des Amu Darja (Termes) – wo sich buddhistische Kunst und Kultur mit gewachsenen Traditionen vermischte, später die Oasen am Sarafschan sowie die Gebiete im Land der sieben Flüsse (Semiretschije, der Grenzbereich zwischen Kasachstan und Kirgistan).

Zu den wichtigsten, besonders charakteristischen Bauwerken des Buddhismus gehören neben den Tempeln und Klöstern die Stupas, Erinnerungsmale an Buddha, den Erleuchteten.

Christentum

Auch Christen sollten in der Geschichte Zentralasiens über einen Zeitraum von mehreren Jahrhunderten eine – wenn auch im Vergleich zu anderen Weltreligionen nur untergeordnete – Rolle spielen. Bereits im Jahr 431 hatte das dritte Konzil zu Ephesos entschieden, die der Lehre des Nestorius folgenden Christen aus der Kirche auszuschließen. Nestorius, seit 428 Patriarch von Konstantinopel, hatte seine Interpretation des Evangeliums (Zwei-Naturen-Lehre) als die einzig richtige postuliert und die Bezeichnung ›Gottesgebärerin‹ für die Mutter Jesu abgelehnt. Für diese ketzerischen Ansichten wurde Nestorius und mit ihm seine Anhänger verbannt. Als ›Abtrünnige‹ wanderten sie in Richtung Osten und erhielten im Sassanidenreich ihr erstes Asyl.

Al-Biruni (973–1048) berichtet, dass die choresmischen orthodoxen Christen, die keine Nestorianer waren, jeweils am 4. Mai ihr Rosenfest feiern und aus diesem Anlass frische Rosen in ihre Kirche bringen. Maria, die Mutter Jesu, soll der Legende nach an diesem Tag Elisabeth, der Mutter Johannes des Täufers, eine Rose geschenkt haben.

Dank einer umsichtigen Missionspolitik gelang es den Nestorianern, Kirchenprovinzen entlang der Großen Seidenstraße zu etablieren und in Städten wie Merw und Samarkand einen Metropoliten einzusetzen. Ihr Ende fand die Geschichte der Nestorianer in Zentralasien im 14. Jh., da unter den Timuriden nur noch die islamische Glaubenslehre als Religion geduldet wurde.

Die an verschiedenen Stellen durchgeführten Ausgrabungen bestätigen zwar eindeutig die Existenz einer christlichen Kultur in Zentralasien: Buchara, Otrar, Talas (eine Kathedrale, die unter den Samaniden in eine Moschee umgewandelt wurde), Ak Beschim (westlich von Bischkek – eine kleine kreuzförmig angelegte Kirche), aber tausend Jahre nestorianisches Christentum hätten – so möchte man erwarten – deutlichere und auffälligere Spuren hinterlassen müssen.

Manichäismus

Die von Mani im 3. Jh. gestiftete Religion ist eine typisch synkretistische Religion. Sie enthält wesentliche Glaubenswahrheiten und Aussagen aus dem Zoroastrismus, dem Buddhismus sowie dem Christentum und konnte sich über weite Gebiete Asiens, Nordafrikas, aber auch Europas (bis nach Spanien) ausbreiten. In Zentralasien waren es die Sogden, die sich dieser neuen Religion – neben den bereits bestehenden – zuwandten und sich von Samarkand aus für ihre Verbreitung entlang ihrer Handelsrouten einsetzten.

In seiner Lehre, die ihren Niederschlag in Büchern und Briefen gefunden hat, postulierte Mani, geboren in Babylonien am 14. April 216, der einzige Sinn alles Heilsgeschehens sei, die verlorene Seele des Menschen dem Reich der Finsternis zu entreißen, sie zu erlösen.

Die Manichäer, im Westen als Häretiker verdammt, im Osten als Verkünder der neuen ›Religion des Lichtes‹ akzeptiert, haben das Leben und die Kultur in den Anrainerstaaten der Großen Seidenstraße nicht nur durch ihren Glauben an ›das Gute‹ geprägt, sondern sie verfolgten auch eine kluge Handelspolitik, indem sie sich aktiv am Ost-West-Handel beteiligten – ideell und materiell.

»Die Manichäer waren Kaufleute im weitesten Sinne. Das ging so weit, dass der Khan in Kan-Chou mit Repressalien auf dem Sektor des Handels drohte, als die islamischen Fürsten in Zentralasien gegen die manichäische Gemeinde in Merw Verfolgungen einleiteten.«
H. W. Haussig

Der Islam – Einbruch oder Aufbruch in eine neue Welt

Mohammed, der Prophet – sein Land und seine Lehre

Wenn es darum geht, festzustellen, ob der gewaltsame Einbruch des Islam in Zentralasien Ende des 7. Jh. auch einen Aufbruch in eine neue, bessere Welt zur Folge hatte, müssen einige Tatsachen herausgestellt werden, die besonders deutlich Ursache und Wirkung dieses historischen Ereignisses aufzeigen.

So wie Zentralasien war auch Arabien, die Wiege des Islam, ein Land, das über viele Jahrhunderte in der europäischen Geschichtsschreibung als nicht erwähnenswert galt. Vergleichbar sind auch Klima und Beschaffenheit des Landes: weite Wüstenebenen, hohe Bergketten, aber auch fruchtbare Täler, in denen schon lange vor Christi Geburt bedeutende Siedlungen und Kulturen entstanden und einem Einfluss der Achämeniden ebenso ausgesetzt waren wie dem der Griechen. Der Wohlstand der vornehmlich im Süden des Landes liegenden Oasen, in denen sich eine echte Zivilisation mit einer eigenen Architekturtradition entwickeln konnte, beruhte im Wesentlichen auf dem Karawanenhandel. Daher waren es auch immer die Karawanenstraßen – die Seidenstraße in Zentralasien und die Gewürzstraße in Arabien –, die zum Streitobjekt der sesshaften Bevölkerung, aber auch zwischen den Nomadenstämmen wurden, und nicht selten entstanden zwangsläufig neue Straßen, die dann einer anderen Region zu Wohlstand und Macht verhalfen. So wirkte

»Er ist's, der entsandt hat seinen Gesandten mit der Leitung und der Religion der Wahrheit, um sie sichtbar zu machen über jede andere Religion, auch wenn es den Ungläubigen zuwider ist.«
Sure 14.33

»Die Himmelfahrt des Propheten Mohammed«. Miniatur (von Sultan Muhammad?) zur Dichtung ›Khamsa‹ des Nisami (heute im British Museum, London)

sich auch im Kampf zwischen den Sassaniden und Ostrom die Verschiebung des alten Handelswegs für Mekka besonders günstig aus, wo zahlreiche arabische Stämme zusammenströmten, um die Kaabe, den Schwarzen Stein, zu verehren.

Es war Mohammed, der Prophet, geboren 570 in Mekka, der in Medina den Grundstein zum ersten islamischen Staat legte, in dem es keine Trennung zwischen staatlichen und religiösen Belangen geben sollte. Auch in Medina vernahm Mohammed den Ruf Gottes,

»Allahs unerschaffenes Wort«, und wurde schließlich als Begründer der neuen Religion, als Prophet, anerkannt. In seinem eigenen Wohnhaus errichtete er die erste Moschee, die in ihrer Anlage einer üblichen Tempelform entsprach, bestimmte den täglichen Gebetsritus und entschied, dass jeder Muslim sich beim Gebet nach der Kaabe in Mekka auszurichten habe.

632 starb der Prophet in Medina, ohne jedoch einen rechtmäßigen Nachfolger bestimmt zu haben, ein Versäumnis, das für die Entwicklung des Islam in der Welt weitreichende Folgen hatte und auch zur Spaltung der Gläubigen in zwei Lager führte: Die **Sunniten** (*sunna* = Gewohnheit), die als Kalifen (Nachfolger, Stellvertreter des Propheten) nur einen gewählten Mann sehen wollten, und die **Schiiten** (*schia* = Parteizugehörigkeit), die nur das Oberhaupt als rechtmäßig anerkannten, dem die Kalifenwürde vererbt worden war.

Es blieb römisch-antikem Staatsverständnis, vertreten im byzantinischen Kaisertum wie in der Papstkirche, vorbehalten, das religiöse Gesetz so weit zu relativieren und eigenen Ansprüchen zu unterwerfen, dass schließlich Staat und Gesetz zu einer Selbstbegründung auf der Basis universeller Menschenrechte in der Lage waren. Im islamischen Kulturkreis wurde eine entsprechende Relativierung des Koran blockiert durch den voluntaristischen Charakter jeglicher Machtausübung, die stets der Legitimierung durch göttliches Gesetz bedurfte.

Aufbauend auf vorhandenen Glaubensgrundlagen (jüdischen, christlichen, altägyptischen, iranischen u. a.) sowie auf altarabischen Vorbildern, hatte Mohammed seinem Volk mit dem Koran ein ›gottgegebenes‹ Gesetzeswerk hinterlassen, das zur Richtschnur für alle entscheidenden Fragen eines Muslims nicht nur im Bereich der Religion und ihres Ritus, sondern auch für den Alltag, das Leben im Staat und das in der Familie wurde. Im Koran, dem sich alle Muslime verpflichtet fühlten, fand aber der Gläubige nicht nur eine Antwort auf die Frage nach dem Sinn des Lebens, sondern auch die Aufforderung, die ganze Welt für Allah und sein Volk zu gewinnen (d. h. sie Gott zu unterwerfen). Somit war den Nachfolgern Mohammeds das Zeichen zum Aufbruch vorgegeben, zum ›Heiligen Krieg‹ gegen die Ungläubigen.

632 brach der Islam aus der Keimzelle Arabiens auf, und in einem frenetischen Sturm wurden in erstaunlich kurzer Zeit die größten Teile Asiens, ganz Nordafrika und weite Gebiete Europas überflutet: 635 wurde Damaskus erobert, 700 Algerien und Marokko und 705 Transoxanien. Obwohl die meisten der von den Arabern eroberten Städte und Länder – auch Zentralasien – den Invasoren kulturell überlegen waren, mussten sie doch vor der Übermacht der fanatischen Glaubenskrieger kapitulieren.

Die Integration Zentralasiens in den ›Dar al Islam‹

Sowohl die Zersplitterung Zentralasiens mit seinen zahlreichen Fürstentümern und die daraus resultierende mangelhafte militärische Kooperation als auch die Gleichgültigkeit breiter Bevölkerungsschichten, die wiederholt wechselnde Fremdherrschaften zu ertragen hatten, begünstigten die Bestrebungen der sendungsbewussten Araber, die alten, großen Kulturländer zu erobern und dem islamischen Herrschaftsbereich *(dar al Islam)* einzuverleiben.

Nunmehr waren es arabische Statthalter, die im Namen des Kalifen bald mit Gewalt, bald mit Diplomatie die neu erworbenen Provinzen im islamischen Geist regierten und nach islamischem Recht verwalteten. Wenn auch die eigentliche Bekehrung des Landes zum Islam nicht immer im Vordergrund gestanden haben muss, so ergab sie sich doch zwangsläufig durch den ständigen Kontakt der Muslime mit der Bevölkerung. Eine ganz entscheidende Einflussgröße für die Islamisierung Zentralasiens war der lebhafte Karawanenverkehr, sodass es zwangsläufig wieder die Kaufleute waren, die als Erste zu Verbreitern der islamischen Religion und Kultur wurden. Als besonders hilfreich erwies sich dabei die Tatsache, dass der Islam eine jedermann verständliche, weltumfassende und doch einfache Religion war, von der sich die Gläubigen die Glückseligkeit versprachen. Nicht gering waren auch die Missionsbestrebungen der Sufis und Derwische, die sich besonders in den Steppen um eine Verbreitung des Islam bemühten und viele Menschen bekehren konnten, indem sie als Prediger des Sufismus – einer islamisch-türkischen Mystik – nicht vom Heiligen Krieg und den himmlischen Freuden, sondern von der Sünde und den Höllenqualen sprachen.

Nicht selten griffen die Araber aber auch zu recht drastischen Mitteln, um Transoxanien in ihren Herrschaftsbereich zu integrieren. Das Land wurde zum Eigentum Gottes, d. h. seines Stellvertreters auf Erden, des Kalifen und in engerem Sinne des jeweiligen Emirs, erklärt, verpachtet und besteuert. In den wichtigsten Städten, z. B. in Buchara, wurde jeweils die Hälfte eines Hauses beschlagnahmt, wo gläubige (?) Araber einziehen mussten, angeblich, um die Neubekehrten bei der Ausübung ihrer islamischen Pflichten besser beaufsichtigen zu können. Andererseits wurden aber die Neubekehrten entgegen den Versprechungen nicht von der Kopfsteuer befreit, im Gegenteil: Sie mussten die Hälfte der Ernte als Steuern abführen – Praktiken, die zur Folge hatten, dass die Bekehrten sich wieder ihren alten Religionen – den Nestorianern oder Manichäern – zuwandten und gegen die im Namen Allahs herrschende Regierung revoltierten. Gegenbewegungen dieser Art, wann und wo auch immer sie auftraten, wurden aber von islamischer Seite stets aufs Schärfste bekämpft und unterdrückt.

Beschleunigt wurde die Entfaltung des Islam, nachdem die Türken den neuen Glauben angenommen hatten und gemeinsam mit den Arabern zu den wichtigsten Kämpfern und Trägern der islamischen Glaubenslehre und damit auch der islamischen Kultur avancierten. Zwölf Jahrhunderte lang war der Islam in Zentralasien die entscheidende Quelle jeder künstlerischen Inspiration. Während dieser Zeit griff er alte, ansässige Kulturen auf, absorbierte sie, brachte sie zu neuer Entfaltung. Bis heute geben islamische Kunst und Wissenschaft, die hier im Schnittpunkt unterschiedlicher Traditionen wachsen und zur höchsten Vollendung heranreifen konnten, Zeugnis von einer einmaligen Kraft einer Weltreligion, in der sich ein monotheistischer Glaube und eine einheitliche Sprache auch dann noch als beständige Eckpfeiler erwiesen, wenn neue Reiche, neue Fürsten und neue Eroberer das Land auf ihre Weise prägen und verändern wollten.

Der Islam, eine Herausforderung für die neuen Republiken

In jüngerer Zeit war es die Sowjetmacht, die über einen Zeitraum von etwa 70 Jahren immer wieder versuchte, den Islam und seinen Einfluss auf das politische, gesellschaftliche und kulturelle Leben in Zentralasien auf jede nur denkbare Weise auszuschalten. Offiziell ersetzte der Marxismus-Leninismus die Lehre des Propheten, und bis auf wenige Ausnahmen wurden alle Moscheen geschlossen, teilweise zerstört oder anderen, profanen Zwecken zugeführt. Der Unterricht in den muslimischen Hochschulen wurde verboten – ausgenommen nur die Medrese Mir-e Arab in Buchara. Islamische Traditionen wurden von einer neuen Kultur, der sozialistischen, abgelöst, und statt des Gebetsrufes ›Allahu akbar‹ dröhnten aus den Lautsprechern die Parolen der sowjetischen Machthaber. Nur im Verborgenen lebte der Islam weiter.

Heute erfährt der Islam in allen Republiken des ehemaligen sowjetischen Orients eine Wiedergeburt. Breite Schichten der Bevölkerung erinnern sich ihres großen religiösen Erbes, des Islam, bekennen sich offen zu ihrem Glauben und pflegen uneingeschränkt wieder die als heilig geltenden Familientraditionen. Dass sich in diesem Prozess der Reislamisierung und damit auch der Wiedergeburt eines betont nationalen Selbstverständnisses auch extreme Richtungen durchzusetzen versuchen und bedingungslos dem Fundamentalismus das Wort reden, führte innerhalb weniger Monate zu kriegerischen Auseinandersetzungen, zu Pogromen und Massenflucht. Ob in Zukunft ein Amtseid auf den Koran oder auch die Mekkareise eines Präsidenten der jungen Republiken ausreichen werden, die Bedenken der Extremisten hinsichtlich des Aufbaus eines wahren

Sie lernen Arabisch und studieren das heilige Buch des Islam: Koranschüler vor der Medrese Hodschah Ahrar in Samarkand

islamischen Staates zu zerstreuen, ist bei der weltweit sich abzeichnenden politischen Entwicklung – vornehmlich in den islamisch geprägten Staaten – augenscheinlich keine Frage.

Rückschauend war der Einbruch des Islam – trotz vielfältiger Rückschläge, Niederlagen und unkanonischer Maßnahmen seiner Führer – auch in Zentralasien ein Aufbruch in eine neue Welt, in der nicht nur Handel, Handwerk und Landwirtschaft einen starken Aufschwung erfuhren, sondern auch Kultur, Kunst und Wissenschaft unerwartete Dimensionen erreichten – eine Entwicklung, die auch die westliche Hemisphäre tiefgreifend prägen und bereichern sollte. Heute haben sich die Verhältnisse umgekehrt, und es ist westliches Know-how, es sind neue Denkweisen in Politik und Wirtschaft, in Kunst und Kultur, die die jungen Republiken Zentralasiens auf ihrem Weg in eine gesicherte Zukunft begleiten und unterstützen können.

Islamische Kunst und Kultur in Zentralasien

Islamische Kunst – Ergebnis einer historischen Entwicklung

»Architektur ist ein äußerer Niederschlag innerer Ordnung.«
Dan Diner

Wenn im Rahmen der folgenden Betrachtungen die islamische Kunst – insbesondere aber die Architektur in den ehemaligen Zentren an der Großen Seidenstraße, aber auch in scheinbar vergessenen Regionen – anhand von Beispielen vorgestellt wird, dann soll mit ›islamisch‹ einmal der Raum umrissen werden, in dem sich unter Einfluss der Religion sowohl eine eigene Politik und Kultur als auch bestimmte Denkprozesse und Gewohnheiten entwickeln konnten. Zum anderen soll aber unter ›islamisch‹ auch die Unverwechselbarkeit der Darstellung, beispielsweise gegenüber der christlichen Kunst, verstanden werden.

Islamische Kunst – in ihrem Aufbau, ihrer Ausdruckskraft, Einmaligkeit und Faszination – ein Märchen? Cohn-Wiener, der Verfasser zahlreicher Werke über die Kunst des Islam, sieht in der Kunst und in den Märchen der islamischen Welt interessante Parallelen und kommt zu dem Schluss, dass »wie in Tausendundeine Nacht oder dem Papageienbuch kein Märchen in sich sein Ende findet, jedes zugleich Teil einer anderen Erzählung ist, die es umrahmt und weiterleitet, wie in ihnen nichts logisch, aus Gründen, alles wie aus dem Spieltrieb des Dichters geschieht, auch die islamische Kunst ein bezauberndes Spiel fantastischer Formschöpfung ist.«

Eine Rückverfolgung islamischer Kultur zeigt, dass sie keineswegs etwas völlig Neues war, sondern dass sie sowohl im Westen als auch im Osten des Reichs von jahrhundertealten Kulturvölkern geformt und getragen wurde. Gleichsam als Erben stützten sich daher auch die neuen Architekten Zentralasiens auf vorhandene Elemente, die entweder hier fest verwurzelt oder von früheren Invasoren eingeführt und verwendet wurden. Darüber hinaus waren es die ortsansässigen Handwerker, die ihre Fertigkeiten den neuen Bauherren und Baumeistern zur Verfügung stellten.

Stätten des Islam – Aufbau und Funktion

Zu Beginn des 8. Jh. hatte das Zentralasien der Kleinfürstentümer aufgehört zu existieren. Die großen Zeugen einer choresmischen, sogdischen oder auch baktrischen Kunst – mit Plastiken und Wandmalereien reichverzierte Paläste und Tempel – waren dem Ansturm der Araber zum Opfer gefallen und in Schutt und Asche gesunken. Als sich die Eroberer anschickten, ihre neuen Gebiete zu besiedeln und zu Vorposten ihrer Macht auszubauen, sollte sich die einheimische Bevölkerung, die sich ihrer großen Tradition verpflichtet fühlte, als unverzichtbarer Partner der aufstrebenden islamischen Staatsmacht erweisen. Vieles jedoch, was in der Frühzeit des Islam geschaffen werden konnte, vernichteten die Kriegszüge der Mongolen und anderer Invasoren wieder. Und wenn es heute vornehmlich religiöse Bauten sind, die das Anschauungsmaterial der Kunstgeschichte in Zentralasien bilden, dann ist es wohl auf religiöse Gründe zurückzuführen, dass manche – im Gegensatz zu den Burgen und Palästen – vor dem Untergang verschont blieben.

Nachdem Zentralasien zu einem festen Bestandteil des Dar al Islam geworden war, erlangten die Städte sehr bald ihre politische und kulturelle Bedeutung zurück. Sie wurden wieder zum lohnenden Ziel für große Karawanen sowie für Handwerker und Künstler anderer Regionen. Auf diese Weise erhielt der Städtebau ganz neue Impulse und Dimensionen, und es entwickelte sich eine Architektur, die für die Kunst des Islam richtungsweisend wurde. Die wichtigsten Bauten, die auch heute noch –hier als hervorragend restaurierte Baudenkmäler, dort als imponierende Ruinen – für Zentralasien charakteristisch sind, sollen Gegenstand der folgenden Betrachtungen sein.

Die Moschee

»Wo die Gebetsstunde dich erreicht, sollst du das Gebet verrichten und das ist ein Masdschid«, sagt der Koran. Grundsätzlich wäre also für die Verrichtung der täglichen Gebete kein eigenes Gebäude erforderlich gewesen, denn überall dort, wo man betet, ist ein *masdschid* – ein Ort, wo man sich (vor Gott) niederwirft. Um aber in der Gemeinschaft der Gläubigen Gott anbeten zu können, bedurfte es eines vorgezeichneten Raumes mit einer bestimmten Ausrichtung und Abgrenzung, in dem die Einheit im Glauben auch nach außen hin sichtbar werden konnte.

»Und die Moscheen sind Allahs, und rufet niemand außer Allah an!«

Sure 72.18

Die erste Moschee stand in Medina und war das Haus Mohammeds, ein offener, von einer Lehmziegelmauer umschlossener Hof, an den sich verschiedene Kammern (Wohnhütten) anschlossen. An der Südseite des Hofs befand sich eine Galerie aus Palmenstämmen, die zum Schutz vor der Sonne mit Palmenblättern und einer Lehmschicht gedeckt war. Damit war das Urbild der Moschee, die sogenannte Hofmoschee, geschaffen. In einer weiteren Stufe der Entwicklung wurde auch an der Nordseite ein schattenspendendes Dach auf Säulen errichtet, als Bleibe für die Ärmsten der Gemeinde. Auch später, lange nach Mohammeds Tod, als sich bereits eine eigene Architektur im Moscheebau herausgebildet hatte, war es nicht selten, dass eine Moschee mehrere Funktionen gleichzeitig zu erfüllen hatte: Betsaal und öffentlicher Versammlungsort, Herberge, Unterrichtsstätte, Gerichtssaal und Ruhestätte für einen Toten (beispielsweise Schah-e Sende). Allmählich – und sicher auch in Abhängigkeit von den klimatischen Gegebenheiten – änderte sich die äußere Form der ersten Moschee Mohammeds. Die um den Innenhof angeordneten Säulenreihen wurden zu Arkaden (Buchara, Moschee Kalan), und innerhalb des Hofes erhob sich ein kuppelförmiger Bau (Samarkand, Moschee Bibi Hanim). Schließlich stellte die Moschee nur noch ein in sich geschlossenes Bauwerk dar.

Neben den verhältnismäßig kleinen Bethäusern entstanden bereits im 10. Jh. auch größere Anlagen, in denen das vorgeschriebene feierliche Freitagsgebet *(chutba)* verrichtet werden sollte: die Haupt- oder auch Dschuma-Moschee (Freitagsmoschee). Abschließend sei noch ein weiterer Typus der Moschee, der als *musalla* (pers. *namasgah*) bezeichnete ›Ort zum Beten‹ erwähnt, ein lediglich

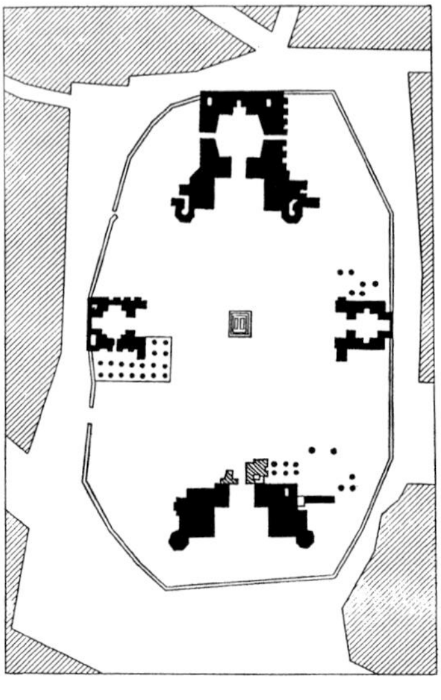

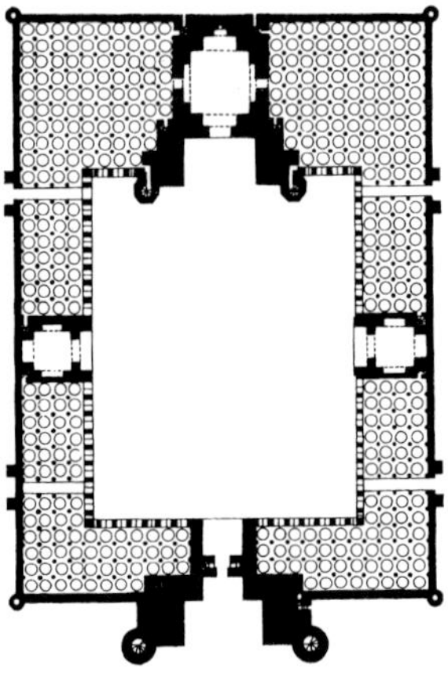

Samarkand, gezeichnete Rekonstruktion der Moschee Bibi Hanim (rechts) und heutiger Grundriss. In der Mitte des Innenhofs steht ein gewaltiger Koranständer aus Stein

durch eine niedrige Mauer oder einen Graben abgegrenzter Bezirk, der sich meistens vor den Toren der Stadt befand und nur in den Sommermonaten oder zu besonderen Anlässen für das gemeinschaftliche Gebet benutzt wurde (siehe in Buchara die Namasgah-Moschee).

Nach Otto-Dorn ist »die zweigliedrige, aus Hof und Betsaal bestehende Breitanlage, die kein Richtungsbau ist, sondern in ihren scheinbar unbegrenzt fortlaufenden Stützenreihen, dem Wald aus Säulen oder Pfeilern, einer Fülle von Beterscharen Raum gibt, der eigentliche arabische Beitrag im Kunstschaffen der arabischen Welt«. Die für eine Moschee im Allgemeinen typischen Kennzeichen – wie Gebetsnische, Kanzel oder auch das Minarett – waren in den ersten Moscheeanlagen jedoch noch unbekannt. Aber bereits unter den Omaijaden und später auch unter den Timuriden und Osmanen wurden sie zu einem wesentlichen Bestandteil islamischer Architektur.

»Wer eine Moschee baut, dem baut Gott ein Haus im Paradies.« Diesen Vers aus dem Hadith hatten vermutlich die islamischen Statthalter und Emire vor Augen, die im Lauf der Jahrhunderte in ganz Zentralasien eine Unzahl von Moscheen – die erste in Buchara Anfang des 8. Jh. – errichten ließen. Denn noch zu Beginn des 20. Jh. soll es im Generalgouvernement Turkestan 13 144 Moscheen (darunter 1200 Dschuma- bzw. Namasgah-Moscheen, in denen bis zu 15 000 Gläubige Platz fanden) gegeben haben, d. h. aber, dass jeweils 700 Einwohnern eine eigene Gebetsstätte zur Verfügung stand. Zu den besonders hervorzuhebenden Zentren des Moscheebaus gehörten die Städte Buchara mit 364 Moscheen, Namangan (331), Taschkent (255), Kokand (248), Chodschand (198), Samarkand (105), Turkestan (41) und Chiwa (20).

Anfangs hatte Mohammed für seine Gläubigen keine bestimmte Gebetsrichtung *(kibla)* festgelegt. Dann, nach seiner Flucht aus Mekka, war es die Richtung nach Jerusalem und schließlich nach Mekka. »Wende dein Angesicht nach der Richtung der heiligen Moschee ...« (Sure 2.139) Es ist die Richtung, die jeder Muslim einhält, wenn er sich niederwirft, um seine Gebete *(salat)* allein oder in der Gemeinschaft der Gläubigen *(umma)* zu verrichten.

»Und wir setzten die Kibla ein, die du früher hattest, allein um zu wissen, wer dem Gesandten folgte ...«
Sure 2.138

In seiner einfachsten Form stellt der **Mihrab** (die Stelle, wo die Lanze eingestoßen wird) eine halbrunde Nische mit einem Halbkuppelgewölbe dar. Über die Bedeutung dieses wohl wichtigsten Bestandteils einer Moschee, der gewissermaßen das Allerheiligste darstellt, gibt es verschiedene Hypothesen und zahlreiche Veröffentlichungen. Es ist jedoch naheliegend, dass der Mihrab als ›Pforte des Himmels‹, als Hinweis auf die Ewigkeit, d. h. auf Gott selbst, zu verstehen ist, wo der Gläubige mit seinem geistigen Auge Allah wahrzunehmen vermag.

»Allah ist das Licht der Himmel und der Erde. Sein Licht ist gleich einer Nische.«
Sure 24.35

Unmittelbar rechts neben dem Mihrab befindet sich ein erhöhter, allen sichtbarer Platz, der **Minbar**, eine Kanzel für das geistliche und politische Oberhaupt der Glaubensgemeinschaft. Bereits Mohammed verwendete in seiner Moschee eine Kanzel, um von der Menge besser gehört und gesehen zu werden. Von hier aus verkündete er das neue Gesetz, predigte und sprach Recht. Später waren es Kalifen, Statthalter oder Imame, die vom Minbar aus das feierliche Freitagsgebet verrichteten und in ihrer Eigenschaft als religiöses Oberhaupt, Lehrer und Richter ihre Stimme erhoben. Wenn der Minbar anfangs nur ein erhöhter Stuhl, ein hölzernes Treppenpodest, war, so wandelte er sich später zu einem Stück ortsgebundener Steinarchitektur mit reich verzierten Seitenwangen, einer Tür am Anfang der Treppe und einem Baldachin über der Plattform.

»Oh ihr, die ihr glaubt, wenn ihr hintretet zum Gebet, waschet euer Gesicht und eure Hände bis zu den Ellenbogen...«
Sure 5.8

Die für die **rituellen Waschungen** erforderlichen Waschräume – oder aber auch ein offenes Wasserbecken oder ein Brunnen – befinden sich in unmittelbarer Nachbarschaft oder im Innenhof einer Moschee. Für die gläubigen Muslime erweist sich dieser Ort als eine willkommene Stätte der Begegnung und der Sammlung.

Die ersten **Minarette** entstanden erst während der Omaijaden-Zeit. Ihre Vorbilder sind vermutlich im christlich-syrischen oder buddhistischen Kulturkreis zu suchen. Das Minarett (*menar* = Ort, wo Feuer [Licht] brennt), von dessen Galerie der Muezzin fünfmal am Tag seine Stimme erschallen ließ, wurde sehr bald zu einem wesentlichen Bestandteil einer jeden größeren Moschee. Der Grundriss eines Minaretts war in Zentralasien – im Gegensatz zum arabischen Raum – meistens abgerundet (oft auch ausgebuchtet), und der hochstrebende, elegante Schaft verjüngte sich nach oben hin (Turan-Typ), um dicht unterhalb seines Abschlusses schließlich ein wenig vorzukragen (Buchara, Minarett Kalan). Hinsichtlich der Verzierung der Minarette unterscheidet man drei Arten: Minarette, die abwechselnd breite und schmale Ornamentstreifen oder auch Bänder aufweisen; solche, deren Ornamente durch Kreise und Inschriftenfriese gebildet werden, und schließlich den Typus, dessen Mantel aus senkrecht verlaufenden Rippen (Kanneluren) besteht. Besonders deutlich wird der dekorative Charakter eines Minaretts, wenn es in eine Moschee, Medrese oder in ein Mausoleum integriert wird, wobei seine Funktion – Ort des Gebetsrufers zu sein – völlig in den Hintergrund tritt (Samarkand, Rigestan; Buchara, Medrese Tschar Menar).

Das Mausoleum

»Wahrlich, Er wird euch versammeln zum Tag der Auferstehung; kein Zweifel ist daran; und wessen Wort ist zuverlässiger als Allahs.«
Sure 4.89

Auch wenn der Koran keine Aussagen über einen Toten- oder Gräberkult macht (wichtig ist allein das Wissen um die Auferstehung der Toten), so gab es doch zahlreiche Mausoleen, Grab- und Gedenkstätten, die mit Liebe und in Verehrung gepflegt und geschmückt wurden. Seinem Zweck entsprechend war ein Mausoleum in der Regel ein verhältnismäßig kleines Gebäude, entweder ein Kuppelbau auf einem meist quadratischen Sockel oder eine runde, turmähnliche Anlage. Zu den ältesten Mausoleen, die in Zentralasien erhalten sind, gehören das Mausoleum des Saminiden Ismail in Buchara (um 900), das Mausoleum des Sultan Sandschar in Merw (1157) und

Gur-e Amir in Samarkand (1404) – Baudenkmäler, die über den Gräbern berühmter Persönlichkeiten errichtet wurden. Und obwohl der Koran die Existenz von Heiligen leugnet und deren Verehrung scharf verurteilt, gibt es auch in Zentralasien Gedenkstätten (Gräber?) von Heiligen, die während vieler Jahrhunderte hochgeschätzte Pilgerstätten waren: das Grabmal des Kusam ibn Abbas, des legendären Vetters von Mohammed, in Samarkand (1334/35) und das des Ahmad Jassawi in Turkestan (1389/99).

Dank ihrer kunstvollen Gestaltung und ihrer kostbaren Ausstattung sind die zum Teil tausend Jahre alten Mausoleen Zentralasiens architektonisch besonders wertvoll. Denn ebenso wie die Moscheen wurden auch sie bald durch einen hohen Iwan oder flankierende Minarette hervorgehoben und ihre Fassaden mit Ziegeln oder Fliesenornamenten und geschnitzter Terrakotta reich verziert. – Vorbilder für diese Mausoleen dürften die Kuppelgräber und Grabtürme gewesen sein, die schon vor Generationen hier in Transoxanien gebaut worden sind (Balandy).

Mausoleum der Samaniden (Buchara), Schnitt (nach Pugatschenkowa/Rempel)

Die Medrese

Als muslimische Hochschule hat die **Medrese** nach der Eroberung Zentralasiens durch den Islam vermutlich das buddhistische Vihara abgelöst. Sie wurde zu einem wichtigen Fundament für die Verbreitung der Lehre Mohammeds in Mawarannahr, d. h. in Transoxanien. Anfangs waren es die Moscheen, wo Lehrende und Lernende sich versammelten, um die Grundlagen des Islam zu erarbeiten und sich in der Interpretation des Koran zu üben. Erst später wurden diese ursprünglich rein theologischen Hochschulen dann weiter ausgebaut, indem auch allgemeinwissenschaftliche Fächer wie Literatur und Rechtswissenschaft, Medizin, Mathematik und Astronomie hinzutraten.

»Demgemäß entsandten wir zu euch einen Gesandten, um euch unsere Zeichen zu verlesen und euch zu reinigen und euch das Buch und die Weisheit zu lehren und euch zu lehren, was ihr nicht wusstet.«
Sure 2.146

In Zentralasien bestanden diese Hochschulen meist aus einem Gebäude, das einen rechteckigen oder quadratischen Innenhof umfasste und neben den für den Unterricht erforderlichen Hörsälen auch die Wohnungen (Zellen) für die Studenten enthielt. Im Allgemeinen waren diese in zwei Stockwerken angeordnet, wobei die Fenster und Türen der Zellen nur zum Hof hin zu öffnen waren. Die vier zum Hof ausgerichteten Seiten der Medrese (oder aber nur der vordere und rückwärtige Gebäudetrakt) enthielten einen gewölbten Iwan (Vier-Iwan-Anlage), ebenso auch die Außenfront des Eingangsgebäudes, das auf diese Weise oft in einem einzigen Prachtportal gipfelte. Unterstrichen wurde die Bedeutung einer Medrese, die neben der Moschee der wichtigste Sakralbau des Islam war, durch Schmuckminarette, die an zwei oder an vier Ecken plaziert wurden. In den Eckräumen größerer Medresen befanden sich zusätzlich nicht selten eigenständige, aber doch geschickt in die Gesamtanlage integrierte Bauwerke: eine Moschee oder ein Mausoleum, die Ruhestätte eines bedeutenden Gelehrten oder Stifters.

Medrese Abdulasis Khan (Buchara)

Gerade die in Zentralasien erhaltenen, z. T. hervorragend restaurierten Medresen sind architektonische Meisterleistungen aus mehreren Jahrhunderten und gleichzeitig ein Zeugnis für die Bedeutung, die der wissenschaftlichen, insbesondere der theologischen Ausbildung im Islam beigemessen wurde. Da die unter den Seldschuken (beispielsweise in Merw) errichteten Medresen den Mongolen-Angriffen zum Opfer gefallen waren, sind es heute die timuridischen Bauwerke, die zweifellos einen Höhepunkt im Entwicklungsprozess zentralasiatischer Baukunst darstellen. Auffallend ist nämlich, dass sich die späteren Hochschulbauten weitestgehend an die traditionellen (bewährten) Vorbilder anlehnten und sich – wenn überhaupt – nur durch dekorative Stilelemente unterschieden (Rigestan in Samarkand). Unter den Stätten des Islam in Zentralasien sind insbesondere die folgenden Medresen beachtenswert:

Zeit	Ort	Medrese	Seite
1417/20	Samarkand	Ulughbek	203
1619/36		Schir-dar	204
1646/60		Tella-kari	207
1419	Buchara	Ulughbek	159
1535/36		Mir-e Arab	156
1566		Madar-e Khan	167
1568/69		Kukaldasch	164
1588		Abdullah Khan	168
1622		Nadir Diwan-Begi	164
1652		Abdulasis Khan	158
1807		Chalifa Nijaskul (Tschar Menar)	165
1568/69	Taschkent	Kukaldasch	242
16. Jh.		Barak Khan	244
1835	Chiwa	Alla-Kuli Khan	184
1851/52		Amin Khan	177
1910		Islam Hodscha	182

Um 1900 soll es in Buchara noch 103 Medresen gegeben haben, unter denen etwa 60 eine größere Bedeutung hatten. An ihnen hielten sich ungefähr 10 000 Studierende auf, die von etwa tausend Professoren unterrichtet wurden.

Paläste und Zitadellen

Von den einst bedeutenden und viel bewunderten Palästen – z. B. von Timur und seinen Erben und erst recht von seinen Vorfahren – ist in Zentralasien praktisch nichts erhalten. Nur wenige Ruinen und Überlieferungen in Wort und Bild (wie der hochinteressante Bericht des Clavijo aus dem Jahr 1404) künden heute noch von dem Ruhm ihrer Herrscher (siehe Schahr-e Sabs: Ak Sarai, der Weiße Palast Timurs). Im Gegensatz zu den religiösen Bauwerken hat es in Zentralasien offensichtlich keinen rein islamisch geprägten Palastbau gegeben, sondern in jeder Region wurde entsprechend der lokalen Tradition und nach den Erfordernissen des Gebietes gebaut.

Auch nach der Inbesitznahme des Landes durch die Araber war die zentralasiatische Stadt – traditionsgemäß – in drei Bezirke aufgeteilt: *scharestan* (Innenstadt), *rabat* (Vorstadt) und Zitadelle. Innerhalb der hohen Festungsmauern der Zitadelle befanden sich der Regierungssitz und die wichtigsten Verwaltungs- und Dienstgebäude: so das Schatzamt, der Gerichtshof, das Gefängnis. Da aber die Regierung stets erstes Ziel aller Angreifer war, sind von den spätmittelalterlichen Festungen und Palästen allenfalls noch Ruinen erhalten. Es sind denn auch lediglich Baudenkmäler aus dem 18. Jh. (u. a. Buchara: Ark), 19. (beispielsweise Chiwa: Tasch Hauli) oder 20. Jh. (z. B. Buchara: Sommerpalast Setare-je Mah-e Chase), die heute noch einen Eindruck von der Macht- und Prachtentfaltung der ehemaligen Herrscher vermitteln können.

Einen Eindruck von der Macht- und Prachtentfaltung der früheren Herrscher vermitteln die Prunkgebäude des 18. und 19. Jh., beispielsweise der Ark von Buchara

Sonstige architektonisch interessante Anlagen

Um den Handel der Seidenstraße, der nach wie vor ein ganz wichtiger Erwerbszweig war, zu fördern und zu sichern, ließen die Fürsten zahlreiche befestigte Rastplätze, **Karawansereien**, errichten. Diese hatten vielfach einen der Medrese ähnlichen großen Aufbau, und auch in ihrem Dekor unterschieden sie sich nur wenig von den großen Hochschulen. Das meist zweigeschossige Gebäude enthielt im Erdgeschoss ein Warenlager sowie Wirtschaftsräume und die Zellen für das Begleitpersonal einer Karawane, während das Obergeschoss für Reisende und Gäste reserviert war. Die Last- und Reittiere schließlich hatten ihren Platz in dem großen Innenhof der Karawanserei, deren oft kunstvoll gestalteter Eingang während der Nacht fest verschlossen wurde. Vorläufer der Karawansereien, die hinsichtlich ihrer Größe und ihres Aussehens oft den Charakter einer Festung hatten – beispielsweise die unter den Karakhaniden errichtete Karawanserei Rabat-e Malek –, dürften die Zollstellen der Sogder an der Seidenstraße gewesen sein, wo die Karawanen nicht selten auch Führer oder Lasttiere austauschen konnten.

Ein wichtiger Warenumschlagplatz – oft in unmittelbarer Nachbarschaft großer islamischer Kultbauten – waren die von Menschenmassen überquellenden Basare und **Markthallen**. Besonders eindrucksvolle Passagen mit überkuppelten Basarstraßenkreuzungen, wo sich die Verkaufsstände der Zünfte befanden, prägen auch heute noch die Stadt Buchara und sind ein bemerkenswertes Zeugnis für das einst so geschäftige Treiben dieser orientalischen Stadt.

Zu den sogenannten Nutzbauten sind auch die **Bäder** zu rechnen, die in Städten wie Buchara oder Samarkand weit verbreitete Einrichtungen waren. Vom Aufbau her ähnelten sie sich alle: ein technisch interessantes Heizungssystem, Schwitzzellen und Wasserbecken, Umkleide- und Aufenthaltsräume. Aufgrund ihrer großzügigen Ausstattung müssen die Bäder im Alltag der Bevölkerung eine große Rolle gespielt haben. Das Bad – eine typisch islamische Einrichtung – war nämlich nicht nur ein Ort, wo man sich entsprechend dem Brauch der rituellen Waschung ausgiebig reinigen konnte, sondern es diente auch der Kommunikation und Erholung.

Beliebt waren in einer Stadt aber auch die zahlreichen, unter freiem Himmel angelegten Wasserbecken *(haus)*. Häufig wurden diese jedoch nicht nur als Trinkwasserreservoir genutzt, sondern gleichzeitig als eine Art Badeanstalt, was erhebliche hygienische Probleme aufwarf. »Das Wasser ist höchst ungesund«, schreibt auch Jenkinson in seinem Reisebericht über die Stadt Buchara im Jahr 1559, »denn es brütet zuweilen in den Leuten, die davon trinken ... einen ellenlangen Wurm aus, welcher gemeinhin zwischen dem Fleisch und der Haut sitzt ...« In ihrer Funktion als Zierteich sind aber die von uralten schattenspendenden Bäumen umsäumten Wasserbecken auch heute noch eine Oase in der Oase (z. B. in Buchara: der Komplex Lab-e Haus).

Konstruktionselemente und -techniken

Für ein erstes Verstehen der vielfältigen Gestaltungswelt islamischer Kunst sollten in einem Kunst-Reiseführer wenigstens einige besonders interessante Stilmittel und Ausdrucksformen – zumindest stichwortartig – aufgeführt und erläutert werden, heißt es doch nicht von ungefähr: »Die Farben werden mit den Gefühlen aufgenommen, die Form dagegen erfordert Verständnis.«

Mauerwerk

Die zur Errichtung von Mauern am häufigsten verwendeten Baumaterialien in Zentralasien, einem Land, wo es wenig Bauholz gab, waren luftgetrocknete Ziegel, gebrannte Ziegel und Lehmblöcke *(pachsa)*, die oft mit Häcksel vermischt wurden. Festungsanlagen verfügten vielfach über zwei parallele Mauern, deren Hohlraum man mit Bauschutt oder ähnlichem auffüllte. Ein derartiges Doppelschalenmauerwerk kam im 16. Jh. auch beim Bau der Medrese Abdullah Khan in Buchara zur Anwendung.

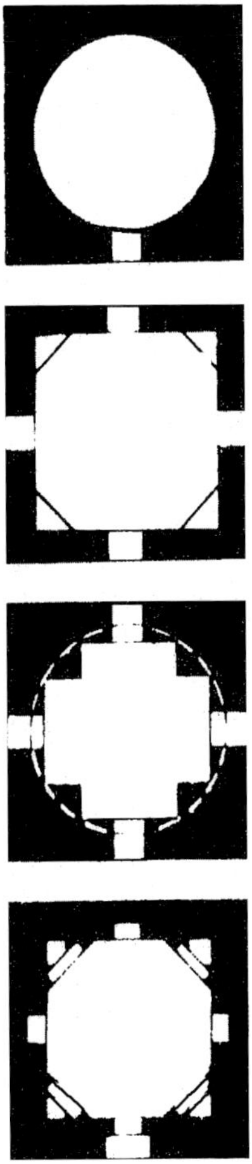

Geometrische Formen als Grundrissmuster für Kuppelbauten

Kuppeln

In ihrer Funktion als Überdachung können Kuppeln bereits im ersten vorchristlichen Jahrtausend in Zentralasien (z. B. Balandy: Kuppelgrab) nachgewiesen werden. Aber erst unter den islamischen Baumeistern, insbesondere unter den timuridischen, wurde die Kuppel zu einem Sinnbild islamischer Baukunst schlechthin. Hinsichtlich ihrer Konstruktion, Form und Oberfläche differieren die hier in Transoxanien im Lauf der Jahrhunderte errichteten Kuppelbauten – Mausoleen, Moscheen, Basare – jedoch nicht unwesentlich. Das Hauptproblem bei der Errichtung einer Kuppel liegt darin, eine möglichst elegante Lösung für den Übergang vom Quadrat des Unterbaus zum Kreis der Kuppel zu finden. Zur Symbolik ›Kreis-Quadrat‹ schreibt Papadopoulo: »Wir wissen, dass das Quadrat ebenso wie der Kreis eine grundlegende Figur ist, die die Erde darstellt mit ihren vier Elementen, ihren vier Jahreszeiten, ihren vier Himmelsrichtungen. Der Kreis repräsentiert den magischen Kreis, aber auch das Firmament, den Himmel und die Ewigkeit. Wenn sich die Quadrate im Kreis vervielfältigen, streben sie gleichsam zum Kreis hin, das heißt, man strebt von der Erde zum Himmel.« Unter den verschiedenen Realisierungsmöglichkeiten verdienen die folgenden besondere Aufmerksamkeit:

Die **Trompen-Kuppel**: zur Anpassung der kreisförmigen Kuppelschale an den quadratischen oder polygonen Querschnitt des zu überkuppelnden Raumes werden Trompen (Bogen mit nischenartiger Wölbung) zwischen den rechtwinklig aneinanderstoßenden Mauern des Kuppelunterbaus angeordnet. Auf diese Weise kann ein

Viereck in ein Achteck und dieses in ein Sechszehneck überführt werden, über dem sich dann leicht eine Kuppel errichten lässt (z. B. Samarkand: Schah-e Sende, Mausoleum Schadi Mulk aka).

Die **Pendentif-Kuppel**, die bedeutsamste Leistung timuridischer Baumeister: eine Gewölbetechnik, bei der die Überbrückung von großen Spannweiten ohne Zwischenstützen durch einander senkrecht schneidende Bögen (Rippen) ermöglicht wird. Die entstehenden Verbindungsglieder (Zwickel), oft in Form eines sphärischen Dreiecks (Pendentifs), werden mit Ziegeln oder Terrakottaplatten ausgelegt (z. B. Samarkand: Mausoleum Eschrat-chane).

Die **zweischalige Kuppel**, eine typisch timuridische Konstruktion: Hier wölben sich über einer Halle zwei Kuppelschalen, von denen die äußere beachtlich größer ist als die innere, die eher ein gedrücktes Profil aufweist (z. B. Samarkand: Gur-e Amir).

Hinsichtlich der **Kuppelform** unterscheidet man i. a. zwischen Halbkugel, Kugelkalotte, Zwiebelkuppel und Melonenkuppel (nicht selten auch mit einem Spitzen- oder Kielbogenprofil oder zugespitzt zu einem Eselsrücken). Die **Kuppeloberfläche** hingegen ist entweder glatt (Sichtmauerwerk, glasierte Ziegel, Fayencemosaik u. a.) oder kanneliert (Sporen- oder Rippenkuppel, d. h. die Oberfläche wird durch Rippen oder Wülste unterteilt).

Iwan

Der Iwan (auch Aiwan oder Liwan genannt) war ursprünglich ein verzierter Eingang, später eine offene Halle, Nische oder auch ein Vorraum innerhalb eines Gebäudes oder einer Toranlage. Diese zum Hof hin offene Halle war eine Konstruktion, die bereits in vorislamischer Zeit (in der parthischen Architektur des 1. Jh.) weite Verbreitung gefunden hatte. Vier kreuzförmig um einen Innenhof gruppierte Iwane bildeten schließlich auch den Kern der sogenannten Vier-Iwan-Anlage, die gerade in Zentralasien zum Vorbild zahlreicher Moscheen, Medresen und Karawansereien wurde.

Holztür am Mausoleum Kusam ibn Abbas (Samarkand)

Türen, Tore, Fenster

Auffallend schön verzierte, geschnitzte **Holztüren** besaßen schon die einfachen islamischen Anwesen, während religiöse Monumentalbauten oder auch Profanbauten durch überdimensionale **Tore** – teilweise auch isoliert von dem eigentlichen Bauwerk (z. B. Samarkand: Gur-e Amir) – auf ihre außergewöhnliche Bedeutung aufmerksam machen wollten. Nicht selten ist zu beobachten, dass diese in Form eines Rechtecks ausgeführten Portale (persisch: *pischtak*) die Gebäude, in deren Fassade sie integriert sind, beachtenswert – oft um das Doppelte – überragen. Eine besondere Betonung erfährt das Portal durch einen tiefen, mit einem Stalaktitengewölbe gekrönten Iwan. Ein solches überdimensionales Tor zeigt nach Ansicht von Papadopoulo durch seine Höhe, dass der Mensch, indem er »es durchschreitet, sozusagen ein geistiger Riese wird«. Die im Allgemeinen offenen **Fenster** wurden in den Häusern der Wohlhabenden, vornehmlich aber in den Palastbauten vielfach durch ein Alabastergitter geschlossen, in das bisweilen Glasscherben eingesetzt waren.

Säulen

In der Architektur des Islam hatte eine Säule bei weitem nicht die Bedeutung wie in der hellenistischen Kunst, wenn auch deren Einfluss in Zentralasien nicht unterschätzt werden darf. Säulen aus Holz, oft auf eine Basis aus Stein gestellt, wurden zum Abstützen von Dachkonstruktionen (Chiwa: Dschuma-Moschee) oder auch eines Iwans (Buchara: Moschee Bala Haus) verwendet. Besondere Aufmerksamkeit verdienen die mit Stalaktiten verzierten – oft auch farbig gefassten – Kapitelle, die nicht auf den Säulenschaft aufgesetzt wirken, sondern im Gegenteil die tragenden Konstruktionen zu entlasten scheinen. Steinsäulen hingegen wurden – ohne eine tragende Funktion zu übernehmen – in der Regel nur zur Fassadendekoration herangezogen (Buchara: Moschee Maghak-e Attari).

Dekorationselemente, Farben und Ornamente

Baukeramik

Die Verarbeitung von Ton zu Gebrauchskeramik – Gefäßen und Figuren (Terrakotta) – beruht in Zentralasien auf einer jahrtausendealten Tradition und kann bereits für die Steinzeit nachgewiesen werden. Ihren eigentlichen Siegeszug sollte die Keramik jedoch erst mit dem Islam antreten, weil unter den veränderten Bedingungen seit der Araber-Invasion – ein stetig wachsender Wohlstand, weitreichende Handelsbeziehungen, Import von byzantinischen und vorderasiatischen Glasurwaren und deren Imitation, Anforderungen der neuen Religion – die Nachfrage nach keramischen Produkten beachtlich zugenommen hatte. Neben den Städten Merw und Nisa, in denen es zahlreiche Keramikwerkstätten und Schulen gab, die für ihre hervorragende Technik berühmt waren, gehörten vor allem Samarkand und Taschkent bald zu den bedeutendsten Keramikzentren Zentralasiens.

Die Fassade eines Bauwerks, die, teils aus praktischen Erwägungen, meist schmucklos und nüchtern gestaltet war, blieb auch in der Frühzeit des Islam – im Gegensatz zum Abendland – ausdruckslos und unbetont, verlangte doch die heilige Tradition, dass ein religiöses Gebäude mehr nach innen orientiert sein müsse. Gleichsam wie in einem großen Museum lässt sich die Entwicklung im Fassadenbau von der ungegliederten Ziegelmauer bis zur fantasievollen Dekoration in verschiedenen Städten Zentralasiens hervorragend studieren, etwa in Merw, Buchara, Usgen, Samarkand.

Auch wenn die Anforderungen an die Technik der ornamentalen Fassadengestaltung in der Frühzeit des Islam noch verhältnismäßig anspruchslos waren, entstanden bereits im 10. Jh. Bauwerke von größter Ausstrahlung, und das, obwohl man die an sich monoton wirkenden **Backsteinmauern** noch nicht verkleidet hatte. Allein durch die Größe und Anordnung der in den Naturfarben belassenen Ziegel wurde die Eintönigkeit durchbrochen und die Mauer optisch entlastet; ein Effekt, der durch das unterschiedlich einfallende Sonnenlicht zusätzlich verstärkt wurde. Dieses Verfahren, einem monumentalen Bauwerk allein auf optischem Weg seine Schwere zu nehmen, sollte schließlich zu einem wesentlichen Charakteristikum der islamischen Baukunst werden (Buchara: Mausoleum der Samaniden).

Ein anderes, ebenfalls sehr früh angewandtes Verfahren, eine Fassade zu beleben, bestand darin, die schmucklose Oberfläche ganz oder auch nur teilweise mit **Terrakottaplatten** zu verkleiden. Diese Technik gestattete es bereits, komplizierte Muster als Dekor zu verwenden, wobei man die Ornamente entweder auf den rohen Ton auftrug oder sie einschnitt – geschnittene Terrakotta (z. B. Buchara: Moschee Maghak-e Attari oder auch Samarkand: Schah-e Sende, Mausoleum Hodscha Ahmad).

Erst im 12. Jh. wurde die wohlstrukturierte, aber noch naturfarben belassene Fassade durch einige wenige Farbtupfer, **monochrome keramische Fliesen**, aufgelockert, um dann unter den Timuriden zu einer einzigartigen **Polychromie** (bis zu sieben Farben in einer Darstellung) aufzublühen. Es waren die timuridischen Künstler des 14./15. Jh., die der Glasur ihre besondere Aufmerksamkeit widmeten. Sie ersetzten die bislang übliche (vormongolische) Bleiglasur, die schnell oxidierte, durch eine dauerhafte Versiegelung, die aus den Oxiden verschiedener Metalle gewonnen wurde und den Fliesen erst den richtigen Glanz und die Glätte sowie Härte und damit auch

Timuridische Baukünstler des 15. Jh. schufen die vielfarbigen, dauerhaft glasierten Kacheln an der Medrese Ulughbek in Samarkand.

Geschnittene glasierte Terrakotta, Fayencemosaik in Schah-e Sende ▷

In Mörtel eingebettete Buntkeramik

Beständigkeit verlieh. Eisenoxide ergaben – je nach Art des Brennens – gelbe, rote, braune oder schwarze und graue Farben, Kupferoxide grüne und blaue, Chromoxid dunkelgrüne, Kobaltsalze blaue Farben usf., wobei man für jede Farbe die optimale Brenntemperatur ermittelte.

Die Herstellung dieser Farbakzente – hauptsächlich dunkelkobaltblau bis türkisblau – erfolgte in der Weise, dass die einzelnen, nach dem ersten Glühbrand noch saugfähigen Tonscherben in die flüssige Glasur getaucht und dann im Feuer verglast wurden. Aufgrund unterschiedlich hoher Brenntemperaturen und besonderer Beimengungen ließ sich die aufgebrachte Glasur hinsichtlich Farbe und Aussehen beachtlich variieren. Und während ein dünner Film aus Zinnoxid der farbigen Glasur schließlich ein mattes Aussehen gab, konnte unter Zusatz von Pflanzenasche der Glanz noch wesentlich verstärkt werden (Lüsterkeramik).

Der Werdegang des für eine Fassadenverkleidung benötigten Dekors – vom einfachen Ziegel mit glasierter Oberfläche bis zur glanzvollen Fayenceplatte – verlief in einem stetigen Prozess. So waren die zu verarbeitenden Steine auch in der zweiten Stufe der Entwicklung noch rechteckig geschnitten, andererseits aber doch schon beachtlich kleiner. Ihre Oberflächen waren vollkommen eben und glatt, und ihr Rand hatte eine scharfe Kante. Diese Buntkeramik – eingebettet in Mörtel – wurde jedoch nur noch im Verbund mit ebenfalls farbig glasierten Platten verlegt. Als Träger von oft **großflächigen Ornamenten** bildeten sie lange den wichtigsten Architekturdekor und wirkten durch ihre Streifen-, Flächen- und Bändermuster tatsächlich wie ein großer, aufgespannter Teppich. Um aber auch komplizierte Muster darstellen zu können – zum Beispiel kufische Inschriften – wurde es erforderlich, auch kleinere oder unregelmäßig geformte Steine zu verwenden. Diese Technik, unzählige Elemente unterschiedlicher Form und Farbe zu kunstvollen Ornamenten zusammenzufügen, bildete eine weitere Stufe in der polychromen Kunst, deren Ursprung im 13. Jh. zu sehen ist.

Eine Verfeinerung dieses an sich schon großartigen Verfahrens führte schließlich zu den berühmten **Fayencemosaiken**. Die Herstellung eines Fayencemosaiks aber hält Sarre »für eine der schwierigsten und kompliziertesten Techniken, welche die Geschichte der Keramik kennt. Aus großen einfarbig glasierten Tonplatten werden vorgeschriebene Stücke herausgeschnitten, diese sodann, eventuell zusammen mit andersfarbigen Stückchen, auf der glasierten Seite zu dem gewünschten Muster mosaikartig zusammengefügt und das Ganze nun mit Mörtel übergossen, der in die Zwischenräume zwischen den einzelnen Mosaikstückchen eindringt – und nun das Ganze zusammenhält. Auf diese Weise gewinnt man einzelne Platten, mit denen die Wände bekleidet werden.« Ein interessantes Beispiel für diese anspruchsvolle Technik bildet das Kuppelmosaik im Mausoleum Schadi Mulk Aka in der Gräberstraße des Schah-e Sende oder auch die Moschee Bibi Hanim in Samarkand.

Eine Weiterentwicklung der bislang besprochenen Dekorationstechniken führte schließlich zur Herstellung der eigentlichen **Fayenceplatten** – emaillierte keramische Fliesen, deren Ornamente entweder mit einem Pinsel aufgetragen oder mit einem Stichel eingegraben waren. Beide Verfahren ermöglichten es, noch feinere und besser ausgebildete Ornamente – vornehmlich Pflanzenornamente – darzustellen. Besonders schöne Beispiele für diese dekorative Kunst finden sich in Buchara: Medrese Mir-e Arab (glatte und mit Ornamenten bemalte Fayenceplatten) und in Samarkand: Schah-e Sende, Mausoleum Schadi Mulk Aka (plastische Fayenceplatten). Ihren Ursprung dürfte diese dreidimensionale Technik in der modellierten und geschnittenen Terrakottaziegeltechnik haben, für die die Moschee Maghak-e Attari in Buchara ein hervorragendes Beispiel abgibt.

Nur am Rande sei darauf hingewiesen, dass ›Fayence‹ (benannt nach der italienischen Stadt Faenza) die vorgebrannte, meist bemalte Tonware, deren Farben bei hohen Temperaturen (Scharffeuerfarben) zu einem glänzenden Überzug verschmelzen, grundsätzlich mit ›Majolika‹ identisch ist, das nach der Insel Mallorca, dem Haupthandelsplatz der spanischen Fayence-Erzeugnisse, benannt wird.

Rückschauend möchte man glauben, dass diese hochentwickelten und fast schon zur Perfektion geführten Techniken eine Forderung ihrer Zeit waren, um den unermesslichen Reichtum islamischer Ornamentik zur vollen Entfaltung bringen zu können. In Farbe gefasste Bilder jedoch, figurale Szenen, wie sie in der Architektur anderer Kulturkreise bei der Errichtung sakraler Bauten vielfach verwendet wurden, sind in der islamischen Baukunst nur vereinzelt anzutreffen, hätte doch jede Bildkomposition die Aufmerksamkeit des Betrachters auf sich gezogen und die eigentliche Form – beispielsweise bei einer Moschee: hier ist der Ort, wo man sich (vor Gott) niederwirft – in den Hintergrund gestellt.

Stalaktiten (Mukarnas)

Von ganz anderer Art als das Fliesen war eine bereits in vorislamischer Zeit bekannte Dekorationstechnik: die Verwendung von Stalaktiten. Um die bei der Trompenbildung unvermeidbaren Nischen auszufüllen oder auch, um zum Beispiel eine überkragende Kuppel an die tragende Konstruktion optisch anzugleichen, wurde das sogenannte Stalaktitengewölbe erfunden. Dabei handelt es sich um ein Zellengewölbe, das aus vielen, zuweilen tausenden treppenartig aufsteigenden und gegeneinander versetzten Teilen bestand – meist in Form auf dem Kopf stehender Pyramidenstümpfe, die, gleichsam wie die Stalaktiten in einer Tropfsteinhöhle, herabhingen (arab. *mukarnas* = das Erstarrte, Gefrorene). Diese zellenartigen Gebilde, die – auch waagerecht angeordnet, vor- und überkragend versetzt – einen an sich rechtwinklig verlaufenden Übergang in einen fließenden verwandeln, haben als gewichtsneutrale, völlig abstrakte und rein dekorative Gebilde im gesamten islamischen Raum weite Verbreitung gefunden. »Sie verraten nichts von den aufsteigenden, tragenden oder lastenden Kräften, ... sie verhalten sich vielmehr in einem Zustand unbewegt-reiner Ruhe, wie sie nicht nur beim Gebet den Frommen erfüllen sollte.« (Renz) Das früheste Stalaktitengewölbe Zentralasiens entstand 978 im Mausoleum des Arab Ata (978) in Tim (Usbekistan).

Stuck und Alabaster

Stuck – Mörtel aus Gips, Kalk, gemahlenem Marmor und Leim – wurde in Zentralasien bereits von den Griechen zur Ausschmückung von Decken und Wänden verwendet. Als preiswertes Schmuckelement war der Stuck neben der oft aufwendigen Baukeramik immer wieder gefragt, und noch im Jahr 1910 wurde die zu Schah-e Sende gehörende Sommermoschee mit einem Stuckrelief verziert. **Alabaster**, eine feinkörnige, gewachsene Gipsvariante – teils weiß und undurchsichtig, teils durchscheinend – ist schon seit Jahrhunderten wegen seiner leichten Bearbeitbarkeit ein beliebter Werkstoff. Im 16./17. Jh. wurde er sogar zweischichtig verarbeitet, wobei ein in die Oberschicht eingegrabenes Ornament in der Farbe der tragenden Grundplatte erstrahlte.

Farben

Es ist eine bekannte Tatsache, dass auch und gerade die Umwelt einen Menschen formt und prägt, dass es andererseits aber auch zu den höchsten Aufgaben eines Menschen gehört, sich nicht nur einer gegebenen Umwelt anzupassen, sondern diese auch zu verändern. Welche Möglichkeiten aber hatte die hier in Zentralasien ansässige Bevölkerung in der Zeit des Frühislam, wenn die Wüste nichts anderes zu bieten hatte als Lehm? So entstanden im Lauf vieler Jahrhunderte immer wieder Siedlungen, Dörfer und Städte, die in ihrer Monotonie ein Abbild eben dieser Wüsten waren. Erst allmählich und insbesondere unter dem Einfluss der Seidenstraße gelang es, dieser Eintönigkeit gezielt zu begegnen: durch die Verwendung von Farbe. Und bald war es sogar möglich geworden, nicht nur monochrom, sondern auch in feinen Farbabstufungen zu arbeiten. In der Kleidung, in den oft unscheinbaren Dingen des täglichen Gebrauchs und schließlich auch in der Architektur wurde die Farbe zu einer dominierenden, alles belebenden Größe – bald konzentriert im leuchtenden Blau einer Kuppel, bald fein gegliedert in einem geometrischen Muster oder im Bild einer aufbrechenden Blüte. Und durch Abstufung der Farben konnte von einem Bild sogar eine gewisse Tiefenwirkung ausgehen: »Der schwarze Hintergrund trat am meisten zurück, die helleren Farben bezeichneten fortschreitend die wichtigeren Teile der Zeichnung, und die weiße Farbe war für die Aufschriften und Konturen vorbehalten. Auch waren die Farbkompositionen den Lichtverhältnissen angepasst.« (Hrbas) Damit waren die wichtigsten Voraussetzungen geschaffen, um Ornamente zu gestalten, die in ihrer Vielfarbigkeit einzigartig werden sollten.

Ornamentik

Bereits die ersten, in der Steinzeit gefertigten Krüge und Schalen zeichnen sich durch einen wenn auch einfachen und anspruchslosen Dekor aus, der aber von Generation zu Generation abgewandelt und vor allem verfeinert wurde. Nicht selten waren es daher die dekorativen Kompositionen, die den eigentlichen Reiz eines Objektes ausmachten und einen zylinderförmigen Behälter zur Vase und eine einfache Mauer zur sprechenden Kiblawand erhoben.

Und so waren auch die islamischen Baumeister vor die Aufgabe gestellt, allein durch die Dekoration z. B. der Doppelfunktion einer Moschee gerecht zu werden: Einerseits sollte sie nämlich der umhegte und umfriedete Raum sein, in dem sich der Gläubige mit Allah eins wusste, andererseits war die Moschee als Platz des Gebetes *der* Ort, der am ehesten zu einem Sinnbild für die Größe Allahs und die Unendlichkeit des Paradieses werden konnte. Da aber ein gläubiger Muslim zu einem Gotterlebnis nichts brauchte, außer Gottes Wort selbst, das im Koran schriftlich niedergelegt war, waren die Randbedingungen für eine besondere Ausschmückung einer Moschee eindeutig vorgezeichnet. Allein im schmückenden Ornament sollte und durfte Allahs Größe und Verheißung zum Ausdruck gebracht werden: grenzenlose in sich verschlungene Muster ohne Anfang und Ende, Zeichen der Unendlichkeit, polychrome Pflanzenmotive, Sinnbilder des ewigen Paradieses, und weit gespannte Liniengeflechte arabischer Schriftzeichen – Gottes Wort.

Aufgrund von Einflüssen der Tradition und der Religion waren bereits in der Zeit des Frühislam neue, besonders ausdrucksvolle

Geometrische Arabeske, Kachelschmuck im Mausoleum Pahlawan Mahmud (Chiwa)

Arabeske mit Blüten und Blättern, Kachelschmuck im Mausoleum Pahlawan Mahmud (Chiwa)

Ornamente entstanden: die **geometrische Arabeske**. Zu ihrer Entwicklung haben auch die Ergebnisse der exakten mathematischen Wissenschaft – bewusst oder unbewusst – einen nicht unwesentlichen Beitrag geleistet. Es war eine Architektur der Geometrie, die mit Zirkel und Lineal, aber auch unter Beachtung einer strengen Logik und fundamentaler geometrischer Proportionen wie Goldener Schnitt, Tangentenkonstruktionen, Ähnlichkeits- und Kongruenzsätze (ein wahres Handbuch der Mathematik!), äußerst ansprechende und ästhetische Kompositionen von unerschöpflicher Vielfalt zu entwikkeln verstand.

Grundmotiv war das Quadrat mit eingeschriebenem Kreis, aus dem durch regelmäßige Teilung symmetrische Sechs-, Acht- und Sechzehnecke konstruiert, vielzackige Sterne, strahlenförmige Gebilde und ganze Rosetten entfaltet oder zu einem komplexen Netz polygonaler Figuren verflochten wurden. Besonders eindrucksvoll ist, dass eigentlich jedes Detail – Teil einer weit angelegten Komposition auf Friesen, Paneelen oder Tafeln – bereits eine in sich geschlossene Einheit bildete.

Diese scheinbar besonders komplizierten, sich periodisch wiederholenden geometrischen Kompositionen – die so genannten *gereh* (Knoten) – lassen sich jedoch, wie amerikanische Wissenschaftler nachgewiesen haben, auf verhältnismäßig einfache Konstruktionen zurückführen. Allein unter Verwendung von fünf »Kacheln« (Fünfeck, Sechseck, Zehneck, Rhombus und Doppelaxt) konnten auf diese Weise bereits im 15. Jh. mit verhältnismäßig geringem Aufwand ganz unterschiedlich aufgebaute Netzwerke konstruiert werden. Die gleichen Muster wurden – aber erst 500 Jahre später – von amerikanischen Physikern auch in der Metallurgie nachgewiesen. Es ist kaum anzunehmen, dass die unter Timur und seinen Nachfolgern wirkenden Architekten und Baumeister bereits Quasikristalle gekannt und verstanden haben sollen. Oder doch? (Quelle: Peter J. Lu, Science 315, 1106–1110, 2007)

Dank des Fortschritts in der Herstellung feinster Dekors (Fayencemosaik) war es bereits im Lauf des 13. Jh. möglich geworden, neben den rein geometrischen Formen mehr und mehr auch Pflanzenmuster, oft mit schwungvollen Rundungen, zu gestalten. Bis weit in das 15. Jh. sollten schließlich stilisierte polychrome Blumenmotive auf tiefblauem Hintergrund das vorherrschende Muster zentralasiatischer Mosaike und Fayenceplatten bilden.

Eine ureigene Schöpfung arabischen Geistes, gebildet aus pflanzlichen Motiven, entwickelt aus der Idee der Blattranke, war die **vegetabile Arabeske**. Die schon aus der klassischen Antike bekannten Akanthusmotive (dem Blatt einer mittelmeerischen Distelart nachgebildet) sowie Palmetten, Rosetten, Lilien, Kelch- und Fächerblumen, vor allem aber die Gabelblattranke, wurden, stark stilisiert, in der Arabeske zur Blüte und höchsten Entfaltung gebracht. Als Muster, in ihrer Vielfalt einmalig, scheint sich die Arabeske selbst fortzuentwickeln und durch Überschneidungen und Verflechtungen – hier in Spiralen, dort in regelmäßigen Wellen, bald eng verwoben, bald fein herausgehoben – über sich hinauszuwachsen, um selbst Flächen großer Ausdehnung mit verspielter Leichtigkeit aufzulösen und ein Bild ›ewiger Glückseligkeit‹ entstehen zu lassen.

Schriftornamente: Wie geschaffen für ein geometrisches Ornament erwies sich die arabische Schrift, die in ihrem steilen *(kufi-)* und runden *(naskhi-)* Duktus – einer leicht erlernbaren und flüssig von rechts nach links zu schreibenden Kursivschrift – oder auch in ihrer besonderen kalligraphischen Form *(thuluth)* hervorragend und elegant mit der Geometrie verknüpft werden konnte. Es lag daher sehr nahe – gleichsam als Ersatz für ein in jedem Falle doch nur irreales Abbild Gottes – Teile des Korans (Gottes Wort) in ein Ornament miteinzubeziehen. Und bald waren es ein Segensspruch, ein Lobpreis Gottes, ein Vers aus dem Koran oder Hadith oder einfach nur die Namen Allah und Mohammed, die zu schmückendem Beiwerk wurden. In Verbindung mit Pflanzenmotiven entstand schließlich

Schriftornamente in stilisiertem Kufi (links) und Thuluth; Kachelschmuck der Moschee Hodschah Ahrar in Samarkand

noch das sogenannte Blütenkufi und – aufgrund zusätzlicher Verzierungen und Ausschmückungen – das Flechtkufi.

All diese Ornamente blieben natürlich nicht nur auf den Architekturdekor beschränkt, sondern sie erfreuten sich in der gesamten islamischen Kunst höchster Wertschätzung: in der Keramik, z. B. bei der Verzierung von Tafelgeschirr und Vasen, in der Textiltechnik als Teppich- und Stoffmuster, auf Geräten aus Holz und Metall, insbesondere aber bei der Herstellung edelster Miniaturen.

Die Ursprünge der islamischen Bilderfeindlichkeit

In der Bibel heißt es: »Du sollst dir kein Schnitzbild machen, kein Bild von dem, was oben im Himmel oder unten auf der Erde oder im Wasser unter der Erde ist!« (Exodus 20,4) Der Koran schreibt: »Er ist Allah, der Schöpfer, der Erschaffer, der Bildner.« (Sure 59,24) und »Nimmst du Bilder zu Göttern an? Siehe, ich sehe dich und dein Volk in offenkundigem Irrtum«. (Sure 6,74) Es ist offensichtlich: Ein so klar umrissenes Bilderverbot, wie es in der Bibel steht, gibt es im Koran nicht. Für den Propheten Mohammed war ein Bilderverbot augenscheinlich kein Thema, soll es doch in seinem Umfeld verschiedene bildliche Darstellungen (Wandbehänge, Teppiche, Ringe) gegeben haben. Auch noch unter den Omaijaden schmückten nicht wenige Mosaike und Malereien mit Personenabbildungen, ja sogar Frauenstatuen die Paläste der Regierenden.

Nach O. Grabar ist für die Bilderfeindlichkeit eine in der islamischen Frühzeit entstandene neue soziale Kraft verantwortlich. Grabar zitiert Ibn Miskaway, einen Ethiker und Geschichtsschreiber aus dem 10. Jh., »der in ›der Suche nach dem, was kostbar ist und für alle eine Quelle des Streites‹ eines unter verschiedenen menschlichen Lastern sieht. ›Besitzt ein König etwa in seiner Schatzkammer einen Gegenstand von seltenem Wert, ... läuft er damit Gefahr von seinem Verlust getroffen zu werden ... Nicht imstande, [eine Kostbarkeit] durch ein genau gleichwertiges Stück zu ersetzen, wird der König zu einem Gefangenen der Notwendigkeit.‹ Diese Exzerpte beinhalten mehr als nur eine Ablehnung bildlicher Darstellungen. Sie legen nahe, dass alles der materiellen Welt verpflichtete ästhetische Schaffen nichtig und sündhaft ist.«

Für E. Diez hat die Bilderfeindlichkeit des Islam ihre Ursache auch in der Tradition, denn »diese turkopersische Bauornamentik ist absolut figurenlos, da auch die alten figuralen Motive der Nomadenkunst ornamentalisiert wurden. Während also in Westpersien die babylonisch-persischen Figuralfliesen in islamischer Zeit wieder aufleben und kraft der bodenständigen Tradition trotz des Figurenverbotes an der Figur, die ihr die östlichen Kulturen lieferten, festhalten, entwickelt sich in Ostpersien aus der nomadischen Volksornamentik mittels indischer und persischer Technik eine Mosaikbauornamentik eigener Art. Sie erreichte in timuridischer Zeit (15. Jh.) ihre höchste Entwicklung.«

Obwohl im Hadith nicht wenige Stellen zu finden sind, die eine Abbildung von Lebewesen verbieten, wenn sie als ›lebensfähig‹ (d. h.: unversehrt und vollständig) zu erkennen wären, gibt es andererseits genügend Beispiele für figürliche Abbildungen, z. B. bei der Illustration von Büchern, in der Miniaturmalerei sowie im Rahmen von wissenschaftlichen Abhandlungen. Und da die Regierenden auf die tradierten Symbole der Macht ebenfalls nicht verzichten wollten, schmückten sie ihre Baudenkmäler nicht nur mit geometrischen oder floralen Arabesken, sondern auch mit eindrucksvollen Darstellungen von Löwen, Tigern, Vögeln und Fabelwesen (z. B. Samarkand: Medrese Schir-dar).

Angewandte Kunst

Es wäre verwunderlich, wenn ein Volk, das in der Lage war, monumentale Baudenkmäler zu errichten, deren Abmessungen grandios, deren Formen vollendet und deren Ausschmückung einzigartig waren, nicht imstande gewesen sein sollte, auch in der Gebrauchskunst Großes zu leisten. In den Oasen und Steppen Zentralasiens gab es jedoch nicht nur ein Volk und eine Sprache, es waren vielmehr Völker unterschiedlicher Herkunft und Entwicklung und darüber hinaus zwei Kulturen, die Sesshaften und die Nomaden, die im Wechselspiel der Kräfte aufeinander einwirkten, sowohl im positiven als auch im negativen Sinne.

Teppichmedaillons, sogenannte Göls

Die unterschiedliche Lebensweise – hier im begrenzten Raum einer Oase, dort in der endlosen Weite der Steppe – beeinflusste auch das Kunstschaffen in allen seinen Ausprägungen. Im Lauf der Jahrhunderte entwickelten sich in nahezu allen Regionen etliche Schulen, die sich auf die Herstellung bestimmter Erzeugnisse auf hohem Niveau spezialisierten und auf diese Weise Produkte auf den Markt bringen konnten, die mehr waren als nur ein nützlicher Gebrauchsgegenstand, nämlich ein ›Klein‹-kunstwerk. Während Choresm beispielsweise für seine hervorragenden Holzschnitzarbeiten bekannt war, bildeten Buchara und Samarkand wichtige Zentren für die Alabasterschnitzerei und -malerei.

An ihrer Form, an ihren Ornamenten und ihren Farben konnte man andererseits den Herstellungsort der glasierten Gebrauchskeramik erkennen: Glasierte Schalen und Teller mit hellblauen oder türkisfarbigen Pflanzenornamenten auf weißem Untergrund kamen aus Tadschikistan, während die Bemalung und Gravur in Form geometrischer Muster in Verbindung mit Pflanzenornamenten für die Taschkenter Region typisch waren. Und während die kirgisischen Filzteppiche große, klare geometrische Formen in den Kombinationen Rot mit Blau und Braun mit Orange zeigten, verwendete man bei der Herstellung der turkmenischen Knüpfteppiche als Schmuckornamente Göls (*göl*, türk.: See, Teich; *gül*, türk.: Rose, Blume), Medaillons in Form von Rechtecken, Rauten oder Achtecken.

Alles, was über den Eigenbedarf hinaus produziert wurde, konnte auf den Basaren der näheren Umgebung zum Tausch oder Verkauf angeboten werden und gelangte über die Große Seidenstraße auch in das Land der Mitte und nach Europa. Und so bietet sich heute die Möglichkeit, schon in Berlin, Frankfurt oder Paris z. B. islamische Keramik zu studieren und sich ein recht gutes Bild von dem hohen Stand des Töpferhandwerks in Zentralasien und seiner zeitlichen Entwicklung zu machen.

Angewandte Kunst – geformt und geschnitzt

Angefangen bei der einfachen Gebrauchskeramik bis zu den feinsten Fayencen: so weit reicht die Palette der Kleinkunst Zentralasiens. Einzigartig ist z. B. die sogenannte **Samaniden-Ware**: mit einem Schriftdekor verzierte Fayenceschalen von einer Eleganz, wie sie in der ganzen islamischen Keramik nie wieder erreicht wurde. Meist handelte es sich um Segenswünsche, die in einem aus der Architektur oder aus Buchmalereien bekannten Duktus auf die Ablaufflächen aufgetragen wurden, wobei jedes andere Ornament ausgeschlossen war. Nicht uninteressant ist auch die **turkestanische Keramik**, eine verhältnismäßig grobe Fayence, gelblich weiß mit grünen und blauen Malereien, die etwa 800–900 Jahre später in Buchara hergestellt wurde.

Besondere Erwähnung verdienen hier drei große Zentren, wo die für **Choresm** charakteristische Keramik hergestellt wird und wo sich die Tradition dieses viele Jahrhunderte alten Handwerks bis in die Gegenwart bewahren konnte: Urgentsch (Madyr), Chiwa (Kattabak), Daschhawus (Kohne Urgentsch). Die Töpferwaren von Madyr

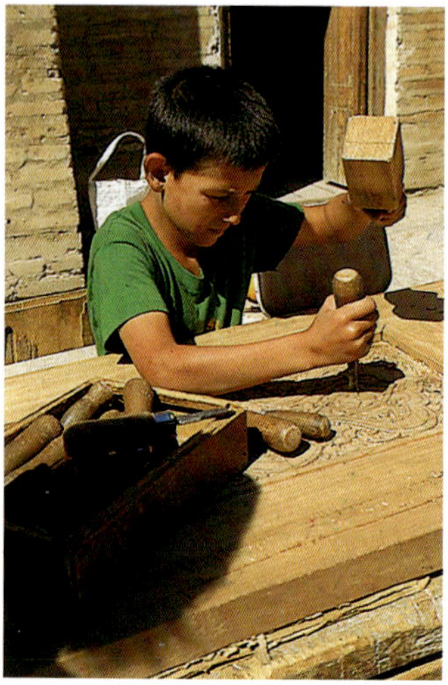

zeichnen sich vorwiegend durch florale Motive aus – z. B. Apfelblüten in Weiß, Grün und Hellblau, die von Kattabak durch die Darstellung von Gebrauchsgegenständen (Musikinstrumente, Flaggen u. a.) als Dekor, während die Produkte von Kohne Urgentsch mit geometrischen Mustern, Sternen und Monden verziert werden. Die Zukunft dieses Kunsthandwerks dürfte jedoch an der sich mehr und mehr durchsetzenden Fließbandproduktion scheitern.

Eng verbunden mit der Baukunst ist die Kunst des **Schnitzens**. Es sind die tragenden Säulen eines Iwan, die Decken, Türen und Fensterläden, aber auch Wandschränke, Truhen, Wandschirme, Tischchen und Koranständer, die, wie die Tradition es will, in aufwendiger Kleinarbeit bearbeitet und mit geometrischen, floralen, aber auch gewöhnlichen Ornamenten verziert werden.

Tjubeteika (türk. ›tyube‹ Krone, Spitze) eine bei Frauen und Männern gleichermaßen beliebte Kopfbedeckung. Die schwarzen, deren Oberseiten vielfach feine weiße florale Muster aufweisen, sind den Männern vorbehalten. Die von jungen Mädchen und Frauen – besonders an Festtagen – getragenen Tjubeteikas hingegen sind sehr bunt und reich verziert. In ihrer Form, Musterung und Farbe variieren sie stark von Region zu Region.

Angewandte Kunst – gemalt und geschrieben

Ebenfalls nicht unerwähnt bleiben dürfen die herrlichen Buchmalereien, die Miniaturen und Handschriften, obgleich der größte Teil dieser besonderen Kunstwerke den Wirren der Zeit zum Opfer gefallen ist. Berühmt geworden sind insbesondere die prachtvollen Miniaturen zu Rudakis ›Kalila und Dimna‹ und die fantastisch illustrierte, großformatige Ausgabe des ›Schah-name‹, Ferdausis ›Königsbuch‹. Aus verschiedenen Berichten ist bekannt, dass Timur im Zuge seines Leiturgie-Systems auch Buchmaler nach Samarkand geholt und mit Aufträgen bedacht hat. Ob es aber in seiner Hauptstadt auch eine eigene Malschule gegeben hat, konnte bis heute noch nicht eindeutig nachgewiesen werden. Timurs Sohn Schahruch jedoch und dessen Sohn Baisonkur – beide große Liebhaber der Buchmalerei – beschäftigten eine große Zahl von Kalligraphen, Illuminatoren und Einbandkünstlern und gründeten sogar an ihrem Palast eine eigene Kunstakademie.

Handschriften und Miniaturen aus dem 16. Jh. beweisen, dass auch unter den Schaibaniden in Buchara eine bedeutende Malschule existierte, an der die berühmten Künstler aus Herat, die nach Buchara deportiert worden waren, die Tradition der Timuriden mit großem Erfolg fortführten und Buchillustrationen sowie Einzelblätter anfertigten – Miniaturen, die heute zu den schönsten des Orients gerechnet werden dürfen. Aber bereits mit dem ausgehenden 16. Jh. nahm die Zahl der in der Herat-Buchara-Malschule hergestellten Miniaturen sehr rasch ab – die Dschaniden hatten in Buchara die Macht an sich gerissen, und es begann eine Zeit des kulturellen Niedergangs. Herrliche Originale von Buchara-Miniaturen befinden sich heute u. a. in Paris (Bibliothèque Nationale), Oxford (Bodleian Library), Dublin (Chester Beatty Library) sowie in Krakau und Taschkent. Handgemalte Kopien alter Miniaturen, die ihren großen Vorbildern an Präzision und Leuchtkraft keineswegs nachstehen müssen, werden heute in zunehmendem Maße – oft vom Künstler selbst – zum Verkauf angeboten.

Angewandte Kunst – gewebt und geknüpft

Ein Kunstwerk besonderer Art (und einer gemalten Miniatur nicht unähnlich) stellt heute – auch im Bereich des Abendlandes – der echte **Orientteppich** dar. Die oft an ein Märchen aus 1001 Nacht erinnernden und nicht selten aus vielen Millionen Knoten gefertigten Meisterstücke aus Wolle und Seide haben ihren Ursprung bei den turkmenischen Nomaden in Zentralasien. Anfangs beschränkte sich ihre Teppichherstellung auf kleinere Stücke, da es zu aufwendig gewesen wäre, größere Knüpfstühle ständig auf- und abzubauen und von Weideplatz zu Weideplatz zu transportieren. Die Tatsache, dass eine angefangene Arbeit bei einem Ortswechsel unterbrochen wurde oder dass mehrere Personen an ein und demselben Stück arbeiteten, führte nicht selten zu Unregelmäßigkeiten im tragenden Gewebe, Reihenverschiebungen, Unterschieden zwischen den Rändern oder auch zu Fehlern im Muster, was andererseits für die Echtheit der handgeknüpften Teppiche sprach.

Die Turkmenen sind es schließlich auch gewesen, die seit dem 9. Jh. wesentlich zur Verbreitung der von Generation zu Generation überlieferten Teppichknüpfkunst beigetragen haben. Und ebenso wie ein architektonisches Kunstwerk ist auch ein Teppich ein Spiegelbild seiner Zeit, denn die starken, oft durch Völkerwanderungen und Kriege bedingten Fremdeinflüsse fanden ja ihre Spiegelung auf allen Ebenen menschlichen Tuns. Mit den Seldschuken gelangte die Kunst des Teppichknüpfens bis nach Kleinasien und unter den Timuriden bis nach Indien, während die Chinesen sie vermutlich erst Ende des 15. Jh. kennengelernt haben. Mit den Kreuzrittern kamen die Teppiche nach Europa, aber erst nach dem großen Türkenkrieg Ende des 17. Jh. begann man sich auch im Westen Europas für die ästhetischen Kunstwerke zu begeistern.

Unter den zahllosen Orientteppichen, die heute auf den Markt kommen, gewinnen die in Zentralasien hergestellten mehr und mehr an Bedeutung. Nach wie vor sind aber die Turkmenen die Hauptlieferanten der echten Buchara-Teppiche, die ihren Namen dem größten Teppich-Handelszentrum, der alten Samaniden-Hauptstadt verdanken, wobei die ergänzenden Bezeichnungen wie Kerkiner, (Achal-)Tekke, Saryk, Ersari, Pendeh u. a. die Stämme – den Hersteller – nennen und damit gleichzeitig ein Qualitätsmerkmal darstellen. Hauptcharakteristika der Buchara-Teppiche sind die vorherrschenden Rottöne, die unzähligen geometrischen Muster, Medaillons, Achteckornamente und auch Wolkenbänder und – ein besonderes Identifikationsmerkmal – die nur aus Ziegen- oder Kamelhaar hergestellten Enden. Einst ein absolut notwendiges Attribut des turkmenischen Alltags, wurde der Teppich im Laufe der Jahrhunderte immer mehr zum Kunstwerk, das nicht nur technisches Können, sondern auch eine bestimmte geistige Einstellung erforderte, eine Kunst, die aber gerade die Turkmenen in hohem Maße gepflegt haben und bis heute der Nachwelt überliefern.

Wandbehang des 19. Jh. aus Taschkent, Baumwolle mit Seidenstickerei, Größe 2 m x 2,40 m (heute Museum für orientalische Kunst, Moskau) ▷

Nicht weniger interessant und eindrucksvoll ist die **Textilkunst:** das Weben, die Herstellung von Filz, die Stickerei, der Textildruck sowie die Produktion von Textilien aus Baumwolle und Seide in den verschiedensten und oft stark regionalabhängigen Techniken. Unübersehbar und unverwechselbar sind die vornehmlich bei den Frauen so beliebten Seidenstoffe mit Abr-bandi-Mustern (*abr* = Wolke) in Schwarz-Weiß, Rot-Weiß bis zu vielfältigen Kombinationen in allen Regenbogenfarben. Hergestellt werden diese auffallend schönen Stoffe durch abwechselndes Abbinden und Tauchfärben, wodurch sich dann ein verschwommenes buntes (Wolken-)Muster ergibt. Gerade in der angewandten Kunst der Textiltechnik, in der Überfülle von Ornamenten, Farben und Formen spiegelt sich eine Welt wieder, wie man sie in der Realität des Alltags sehen und erleben möchte.

Angewandte Kunst – ziseliert und vergoldet

Große Bedeutung wurde in Zentralasien aber auch der Metallverarbeitung und -bearbeitung zugemessen. Beeindruckend ist daher die Zahl der reichverzierten Gegenstände: Schmuck, Geschirr (u. a. Silberschalen der Samaniden!), aber auch Waffen, Instrumente, Werkzeuge und vieles andere mehr, was heute vielerorts von der alten Kunst und Kultur der Völker Zentralasiens Kunde gibt.

Zu den besonders wertvollen ›Miniaturen‹ ist der Schmuck in seinen mannigfaltigen Formen zu rechnen, der im Leben sowohl der sesshaften Bevölkerung als auch der Nomaden einen nicht geringen Stellenwert hatte. Ähnlich anderen alten Kulturen erfüllte aber der Schmuck auch hier recht unterschiedliche Funktionen: magische in Form von Amuletten und Talismanen, praktische als Fibel oder Schnalle, schmückende – z. B. Ketten, Ringe, Reifen, Broschen – und schließlich nicht selten die der stabilen Kapitalanlage.

Usbekische Brautkrone, Diadem zum Einhängen in die Haube. Vergoldetes Silber, filigraniert und graviert, Türkise, Glassteine und Barockperlen. Samarkand, Ende 19. Jh.

Die Materialien, die bei der Schmuckherstellung Verwendung fanden, waren vorwiegend Edelmetalle (Silber und Silberlegierungen), aber auch Messing, vergoldet oder versilbert, sowie Messinglegierungen. Als Schmucksteine schätzte man besonders Karneol und Achat, daneben Korallen, Türkise und nicht selten farbiges oder farbig unterlegtes Glas. Was die Schmuckform und -ornamentik betrifft, so waren diese ebenso vielfältig wie die als Vorlage dienende Natur: Blüten, Blätter und Tiere wie Hirsche, Widder, Vögel und Insekten. Aber auch geometrische Muster und abstrakte Konstruktionen, denen nicht selten eine magische Bedeutung zugeordnet wurde, lassen sich in alten und neuen Schmuckdarstellungen wiedererkennen. Und dass sich der Austausch von Ideen und Materialien über die Große Seidenstraße auch auf die Gestaltung und Herstellung von Schmuck auswirkte, kann in unzähligen Beispielen beobachtet werden.

Die Zeit, in der Frauen ihr ganzes Kapital ständig bei sich trugen – Schmuck in einem Gesamtgewicht bis zu 18 kg –, um im Fall einer Scheidung nicht ganz mittellos zu sein, gehört auch in Zentralasien der Vergangenheit an. Im heutigen Alltag spielt der Schmuck nur eine sekundäre Rolle. Zu festlichen Anlässen jedoch – z. B. zur Hochzeit – erinnern sich vor allem junge Mädchen und Frauen wieder ihrer Tradition und tragen große Ohrringe, vielgliedrige Ketten und Armreifen – meistens Erzeugnisse neueren Datums, die sich aber streng an die überlieferten Formen anlehnen.

Poesie und Wissenschaft

»Siehe, die Paläste sind Ruinen. Der Zorn der Herrscher hat sich in Luft aufgelöst. Keine Spur von Pomp und Glorienschein blieb, aber die Dichter leben in ihren Werken durch die Zeiten.«
Nureddin Abderrahman Dschami, 1414 bis 1492

Wer sich etwas eingehender mit den Erben der Großen Seidenstraße und ihrem Vermächtnis beschäftigt, wird überrascht sein zu erfahren, in welchem Umfang gerade die kulturellen Leistungen dieser Völker beispielsweise in der Dichtung und in der Wissenschaft auch und gerade auf das Abendland eingewirkt haben. Rückschauend ist zu beobachten, dass sich unter den Samaniden und Karakhaniden – aber auch unter den Timuriden und ihren Nachfolgern, den Schaibaniden und Mangiten – neben der Architektur auch die bildende und angewandte Kunst sowie die Literatur und Wissenschaft immer dann besonders fruchtbar entfalten konnten, wenn die Zeiten relativ stabil waren und die religiösen und politischen Machthaber den Künstlern den Freiraum gewährten, der für jedes kulturelle Schaffen unabdingbare Voraussetzung ist.

Mit dem Eindringen des Islam in Zentralasien hat sich natürlich auch die arabische Schrift mehr und mehr durchgesetzt, und was einst in sogdischer Schrift (der Schrift von Samarkand), in Uigurisch oder einem mitteliranischen Dialekt des Choresmischen dargelegt worden war, verschwand im Lauf der Jahrhunderte zugunsten der Sprache des Koran. Auch das altvertraute Persisch wandelte sich durch die Integration von arabischen Wörtern ins Neupersische und wurde fortan ebenfalls in arabischen Schriftzeichen geschrieben.

Zuerst waren es die Sagen und Märchen, die ins Arabische übersetzt wurden, aber bald gab es auch völlige Neuschöpfungen, vor allem Gedichte – z. B. Vierzeiler des Versschemas ›a a b a‹, das *rubai* –, die sich allgemeiner Beliebtheit erfreuten. Transoxanien gehörte neben Chorasan zu den Ländern, in denen sich die Dichtkunst am frühesten und erfolgreichsten entfalten konnte.

Wenigstens einige besonders hervorragende Dichter und Schriftsteller sollen im Folgenden vorgestellt werden, wird doch jeder Zentralasien-Reisende mit dem einen oder anderen Namen – sei es in Chiwa, Buchara oder Taschkent – konfrontiert werden.

»Das Wissen ist im Herzen wie eine Flamme, und diese Flamme brennt auf ewig. Wer Wissen besitzt, hat vor nichts Angst.«
Rudaki

Rudaki († 941), der Sultan der Dichter, lebte am Hof der Samaniden und war als einer der bedeutendsten Dichter des frühen Mittelalters schon zu Lebzeiten für sein sprichwörtlich hohes Honorar berühmt. Angeblich soll er über 1 300 000 Verse verfasst haben, von denen aber nur einige Tausend überliefert und bekannt sind. Sein umfangreichstes Werk war die Bearbeitung des Fabelbuches ›Kalila und Dimna‹, das – einige Jahrhunderte später – Goethe als Vorlage für seinen ›Reineke Fuchs‹ dienen sollte. Sein Grab befindet sich unweit von Pendschikent (Tad.).

Abu Mansur Muhammad Dakiki († 952?) war ein angesehener Dichter, der sich offen zur Religion Zarathustras bekannte. Unermüdlich hatte er das umfangreiche Material der iranischen Königssagen gesammelt und bereits annähernd 1000 Verse gedichtet, als er – wenn man der Überlieferung folgen will – bei einer nächtlichen Liebesaffäre plötzlich vom Tod dahingerafft wurde.

Ferdausi aus Tus in Chorasan (932–1020?), übernahm das Werk von Dakiki und arbeitete es zu dem berühmten Epos ›Schah-name‹ (Königsbuch) aus, das 60 000 Doppelverse (siebenmal mehr als Homers ›Ilias‹) umfasst. Kern dieser Dichtung, an der Ferdausi 35 Jahre gearbeitet haben soll, ist der Kampf zwischen Gut und Böse – zwischen den Sesshaften (Iran) und den Nomaden (Turan), wobei die epischen Überlieferungen aus Sogd, Choresm und Baktrien die Hauptquellen für dieses beispiellose Gedichtwerk bildeten.

Sijawusch hat einen Traum
In trüber Ahnung, von dem Schicksal bang,
Verbrachte Sijawusch drei Tage lang;
Die vierte Nacht entschlief er, müd vom Harm,
In seiner lieblichen Ferengis Arm;
Da plötzlich schrak er auf, wild rann sein Blut,
Er brüllte wie ein Elephant in Wuth,
Und als Ferengis mit dem Arm ihn fester
Umschloss, und fragte ›Weh, was hast du, Bester?‹
Rief er nach Licht und schrak nochmals zusammen.
Man schürte Ambra, Sandelholz zu Flammen
Und wieder fragt Afrasiabs Tochter ihn:
›Sprich, weiser Fürst! Was dir im Traum erschien?‹
(aus: Ferdausi, ›Schah-name‹)

Omar (ibn) Chaijam (1043–1123?), der ›Sohn des Zeltmachers‹, eine vielseitig gebildete Persönlichkeit, hatte das Glück, über seinen Jugendfreund und späteren Wesir vom Sultan selbst gefördert zu werden. Zur Durchführung seiner wissenschaftlichen Arbeiten erhielt er ein recht ansehnliches Stipendium – ein frühes Beispiel einer staatlich anerkannten und geförderten Forschung! Er war der erste Astronom und Mathematiker seiner Zeit, stellte eine neue Zeitrechnung auf und erwies sich auch als ein ungewöhnlicher Dichter. Besonders berühmt geworden sind seine Vierzeiler, scharf geschliffene Aphorismen. Er dichtete ohne Rücksicht auf den Hof oder die Religion – und wurde zu ihrem gefährlichsten Feind.

»Der schlafende Held Rustam wird von seinem Ross Raksch gegen einen Löwen verteidigt«. Miniatur aus einer Handschrift von 1475 als Illustration zu Ferdausis Heldenepos ›Schah-name‹. Der hier als Rustam bezeichnete Held ist der sogdische Fürst Sijawusch

Ein Winter geht, ein Frühling kommt, jahraus, jahrein. a
Des Daseins Buch, wie bald wird es durchblättert sein! a
Die Sorge ist der Erde Gift! Der Weise spricht: b
»Das Gegengift heißt: Sorg dich nicht und trinke Wein!« a

(Omar Chaijam – *rubai* im Versschema a a b a)

Nezami (*1130), ebenfalls ein Dichter, war im Gegensatz zu Omar Chaijam streng religiös, verachtete den Wein und schrieb vornehmlich Liebesgedichte, unter denen ›Layla und Madschnun‹ besonders berühmt und beliebt war.

Dschalaleddin Rumi (1207–73), der Gründer des Ordens der tanzenden Derwische, hatte sich auch als Mystiker und Dichter einen großen Namen erworben. Seine Doppelverse *(Mathnawi)* – im Aufbau und Ausdruck den Psalmen nicht unähnlich – sollten sich für die Mystiker späterer Generationen als eine wahre Fundgrube, als ein ›Koran in persischer Sprache‹ erweisen.

»Des Wissens Schätze musst du in der Jugend mehren, willst du im Alter davon zehren«.
Ali Schir Nawai

Ali Schir Nawai (Alisher Navoi, 1441–1501) gilt als der Begründer der usbekischen Literatur. In seinen Werken kommt nicht nur seine Liebe zum Menschen zum Ausdruck, sondern auch sein Einsatz für eine bessere Welt: »Wenn deinem Volk du Nutzen bringst, so wisse, dass du dir selbst dadurch am meisten nutzt.« Er stammte aus einer reichen Familie aus Herat und lebte längere Zeit in Meschhed und Samarkand. Ein großes ererbtes Vermögen machte ihn nicht nur vom Hof unabhängig – er unterstützte auch seine Freunde und ließ zahlreiche Wohnsiedlungen errichten. Weit über 27 000 Verse (in Türkisch und Persisch) sind überliefert, in denen er harte Kritik an der Verlogenheit und Heuchelei seiner Umwelt übt und die Sultane angreift. Auch führte er persische Stoffe in die türkische Poesie ein und bemühte sich, die Überlegenheit der türkischen Sprache über das Persische zu beweisen – was kein türkischer Schriftsteller in Kleinasien gewagt hätte. Heute feiern Usbeken und Turkmenen gleichermaßen Ali Schir Nawai als ihren Nationaldichter.

Porträt des Ali Schir Nawai, signiert: Mahmud Muhsahhib; Einzelblatt, zweites Viertel 16. Jh. (Meschhed, Heiligtum des Imam Risa)

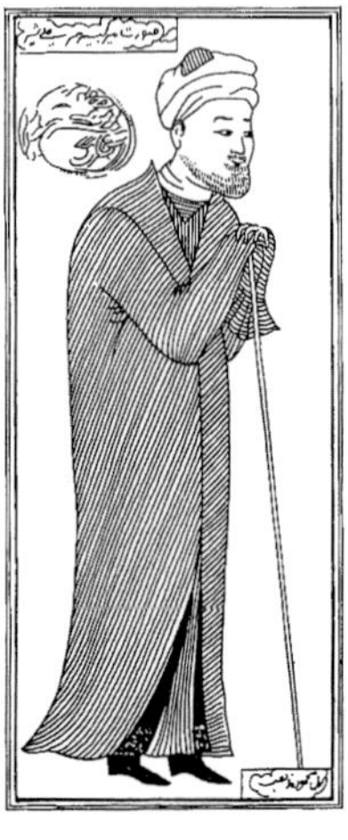

Die Anfänge einer Literatur, die spezifisch den heute bestehenden Republiken zuzuordnen wäre, verlieren sich vielfach in ferner Vergangenheit und gehen nicht selten auf dieselben Quellen zurück. Unter den **usbekischen Dichtern** verdienen außer den bereits genannten Klassikern die modernen ›Aufklärungsdichter‹ Furkat (1858–1909) und Mukimi (1851–1903), aber auch Autoren wie Alimjan, Gafur, Gulam, Jaschen, Kadri, Kakhkhar, Muchtar, Oripow, Oybek, Raschidow und Zulfia besondere Beachtung.

In der **turkmenischen Literatur** wurden vor allem die Werke des ›Turkmenischen Klassikers‹ Magtymguli (1733–82) und die seiner Schüler Kemine (1770–1840) und Mollanepes (1810–62) berühmt. Von den neueren Schriftstellern erhielten Kerbabajew (1894–1974), Kauschutow (1903–53) und Kekilow (1912–94) weite Anerkennung.

Die **kasachische Literatur** hat ihren Begründer in Abai Kunanbajew (1845–1904). Zu den modernen Schriftstellern einer Prosa- und Bühnenliteratur gehören u. a. Gabiden Mustafin (* 1920) und Saken Seifullin (1894–1939) sowie Muchtar O. Auesow (1897–1961), der durch seine Bücher ›Abai‹, ›Vor Tag und Tau‹ und ›Über Jahr und Tag‹ auch über die Grenzen Zentralasiens hinaus bekannt geworden ist.

Sadriddin Aini (1878–1954), der erste Präsident der Akademie der Wissenschaften von Tadschikistan galt als der Vater der **tadschikischen Sowjetliteratur**. Durch seine Romane, Erzählungen und literaturhistorischen Werke (›Der Tod des Wucherers‹, ›Die Sklaven‹, ›Buchara‹ u. a.) erwarb sich Aini internationale Anerkennung.

Eine typisch **kirgisische Literatur**, die auf ihrer sehr umfangreichen Volksdichtung gründet (›Manas‹, mit etwa 1 Mio. Versen das längste Werk einer Volksdichtung), begann – wie die kirgisische Schriftsprache – erst nach der Oktoberrevolution, und Tokambajews Gedicht ›Epoche des Oktobers‹ galt als das erste Werk der geschriebenen kirgisischen Literatur. Unter den zeitgenössischen Autoren Kirgistans hat vornehmlich **Tschingis Aitmatow** (1928–2008), der große Erzähler, nicht nur in seiner Heimat, sondern auch international Anerkennung gefunden (›Dshamila‹ (1958), ›Der weiße Dampfer‹ (1970), ›Der Richtplatz‹ (1986), ›Der Schneeleopard‹ (2007) u. a.). »Der Mensch«, sagt Aitmatow, »sucht in der Kunst die Bestätigung seiner besten Bestrebungen und die Ablehnung alles Bösen und Ungerechten, das seinen sozialen und sittlichen Idealen widerspricht. Das geht nicht ab ohne Kampf, Zweifel und Hoffnung. Und das wird wohl immer so bleiben. Deshalb hat die Kunst ständig die Aufgabe, den Menschen von der Kompliziertheit und Schönheit des Lebens zu erzählen ...« (zitiert nach Maas, Bronski: Mittelasien. Leipzig 1979).

Aufnahme zentralasiatischen Schrifttums in das dokumentarische Erbe der Menschheit (›Memory of the World‹ – MOW):

1997: Sammlung orientalischer Studien des Al Biruni-Institutes (Akademie der Wissenschaften, Taschkent)

1997: Koran des Uthman, des 3. Kalifen, 7. Jh. (Verwaltung der Muslime Usbekistans, Taschkent)

2003: Manuskripte des Sufi Ahmad Jassawi, 12. Jh. (Turkestan)

2003: Manuskripte der Dichter Hafis und Zakani, 14. Jh. (Duschanbe)

Aber auch im Bereich der **Wissenschaft** hat Zentralasien immer wieder bedeutende Persönlichkeiten hervorgebracht. Mit unbeschreiblichem Eifer setzt sich z. B. **Al Mamun**, einer der drei Söhne von Harun ar Raschid, für die Wissenschaften ein, nachdem er im Jahr 813 Kalif geworden war. Er gründete das ›Haus des Wissens‹, eine jeweils an eine Moschee angegliederte Akademie, die sich vor allem der Übersetzung griechischer Literatur ins Arabische widmete. Die Astronomie, Medizin und Mathematik des Altertums waren nahezu lückenlos erfasst, und Aristoteles galt bald ebenso als Quelle der Weisheit wie der Koran. Aber auch Wissenschaftler, die neue Wege beschritten, erfreuten sich der Gunst Al Mamuns.

Zu den bedeutendsten Gestalten in der wissenschaftlichen Umgebung des Kalifen gehörte auch **Muhammad ibn Musa al Choresmi** (Mohammed, Sohn des Musa aus Choresm), geboren etwa 783 in Choresm. Er war einer der besten Mathematiker seiner Zeit, und der Zufall der Geschichte hat ihn gleich in zweifacher Hinsicht unsterblich gemacht. Sein Beiname al Choresmi lebt auch heute noch im

Denkmal des Ibn Sina in Buchara

»Nach Arztes Weise trink' wie Ibn Sina Wein/ dann wirst, bei Gott! zuletzt wie Gott du selber sein.«
Ibn Sina, ›Kanon‹

Wort Algorithmus fort, und der Titel eines von ihm verfassten Buches ›Kitab min hisab al-gabr wa'l mulqabala‹ wurde zu einer wissenschaftlichen Fachbezeichnung, zu Algebra. Muhammad hat als Erster ein allgemeinverständliches Lehrbuch über das Rechnen mit Dezimalzahlen geschrieben und dieses Rechenverfahren auch zur Aufstellung von astronomischen Tabellen benutzt. Ebenso gab er zum ersten Mal genaue Anweisungen über die Folge von Rechenschritten (= Algorithmus), die mit Sicherheit zur Lösung einer Aufgabe, zum Beispiel einer quadratischen Gleichung, führen. 847 starb al Choresmi, ein Wissenschaftler, der dank seines großen Förderers Al Mamun schon bei seinen Zeitgenossen anerkannt und berühmt gewesen ist.

Abu Ali al Husain ibn Abdullah ibn Sina (980–1037), geboren in Afschana bei Buchara, war vermutlich der größte Universalgelehrte, Philosoph, Naturforscher, Arzt (›Der Medikus‹) und Staatsmann, den der Orient je hervorgebracht hat. Die theoretischen Grundlagen seines Wissens erwarb er sich als eifriger Benutzer der prachtvoll ausgestatteten Bibliothek des Samaniden-Herrschers Nuh ibn Mansur (976–997) in Buchara. Wie schon sein Lehrer Al Farabi hat es ibn Sina – in Europa unter dem Namen **Avicenna** bekannt – meisterhaft verstanden, griechische Kultur und Ideenwelt in das Samanidenreich einzubringen, das wiederum dank seiner hervorragenden wissenschaftlichen und literarischen Leistungen einen nicht unwesentlichen Beitrag zur Weltliteratur liefern konnte. Neben seinen philosophischen Betrachtungen und Kommentaren zu Aristoteles erreichte vor allem sein medizinisches Handbuch weltweite Anerkennung, das, in viele Sprachen übersetzt – auch ins Lateinische – erst im 17. Jh. überholt war.

Wie aus seinen Gedichten hervorgeht, war Avicenna nicht nur ein Fatalist, der den freien Willen des Menschen leugnete, sondern auch ein Skeptiker, der (im Gegensatz zum Mystiker) stets seinen Verstand in den Vordergrund stellte. In seinem ›Kanon‹ preist er den Wein als edelste Gabe Gottes und meint, wenn man ihn maßvoll trinke, wirke er als Arznei. Eigentlich, so ibn Sina, dürften nur der König, ein Arzt oder ein Lump Wein trinken – der König darf tun, was er will, der Arzt trinkt verständig, und dem Lump steht die Trunkenheit an.

Das Leben von **Al Biruni** (973–1048), geboren in Kath, der Hauptstadt von Choresm, war bei weitem nicht so ereignisreich wie das Avicennas. Über seine Familienverhältnisse, seine Lehren und seine Ausbildung ist nichts bekannt. Mit Avicenna, der damals in Buchara lebte, korrespondierte Al Biruni über den Lauf der Welt sowie über physikalische und mathematische Probleme. Hinsichtlich seiner Kenntnisse in der Mathematik, Astronomie, Geographie und Physik soll Al Biruni sogar den berühmten Ptolemäus (87–165) weit überragt haben. Bereits im Jahr 1018 hatte er den Erdradius mit 6338,8 km errechnet und wich damit nur um 0,5 % vom tatsächlichen Wert ab – eine Leistung, die unter Berücksichtigung der Rahmenbedingungen nicht hoch genug eingeschätzt werden kann. Als ein Wissenschaftler von Rang verfertigte Al Biruni lange vor Ulughbek astronomische Tabellen (s. S. 219), befasste sich eingehend mit Algebra, studierte systematisch Metalle und Steine und bestimmte sogar deren Wichte. Heute gilt Al Biruni als einer der letzten großen Enzyklopädisten des gesamten mittelalterlichen Orients, die die Richtung für die künftige Entwicklung der angewandten Wissenschaften aufgezeigt haben. Und während in Zentralasien – beispielsweise in Buchara – den Wissenschaftlern und Studenten Bibliotheken mit einigen tausend Büchern zur Verfügung standen, waren in Europa Sammlungen von auch nur einigen hundert Bänden immer noch eine Seltenheit.

Musik und Tanz

Dass Musik und Tanz im Leben der Völker Zentralasiens immer eine große Rolle gespielt haben, belegen nicht nur zahlreiche archäologische Funde aus vorislamischer Zeit zwischen Amu Darja und Syr Darja, z. B. die vielfarbigen Wandmalereien in Pendschikent oder auch der Rustam-Fries von Airtam mit Musikanten und Tänzerinnen, sondern auch die über Jahrhunderte von Generation zu Generation überlieferten Lieder.

Nach der Araber-Invasion bildeten die in Zentralasien vorhandenen Musikkulturen mit der islamischen Musik Arabiens gleichsam eine Symbiose, ohne jedoch ihre regionale Besonderheit und Eigenart zu verlieren. Die Musik wurde zu einem festen Bestandteil auch der ›neuen‹ Kultur, und die Musikanten genossen in der Gesellschaft hohes Ansehen. Einerseits war es die mündlich überlieferte Volks-

Musiker mit Gidschak und Dutar, zwei Saiteninstrumenten

musik, oft aber auch das improvisierte, aus dem Stegreif gesungene Lied, in denen sich das Leben in all seinen Facetten widerspiegelte. Andererseits war es eine Musik, die zum Tanzen einlud, wobei ebenfalls die frohen und traurigen Ereignisse im Leben einer Gemeinschaft – Geburt, Liebeswerben, Hochzeit, Abschied – zum Ausdruck kamen. Zuhörer und Zuschauer im engeren Sinne gab es dabei nicht, denn alle waren irgendwie durch Mitsingen oder rhythmisches Klatschen an der Aufführung beteiligt.

Die Instrumente, auf denen musiziert wird, gründen auf der gleichen Tradition wie die Melodien, die sie zum Klingen bringen. Möglichkeiten, diese Instrumente kennenzulernen und zu hören, gibt es mehrere: sei es in einer Fabrik für Musikinstrumente in Taschkent, in einem speziellen Museum für Musikinstrumente in Almaty oder im Rahmen einer Folkloreveranstaltung. Es macht einfach Spaß, im schattigen Innenhof einer Medrese mit überkreuzten Beinen auf einem Diwan zu sitzen, grünen Tee zu trinken und den musizierenden, singenden und in ihren Nationalkostümen tanzenden jungen Amateuren zuzuschauen – auch wenn Rhythmus und Melodien europäischen Ohren ungewohnt und fremd erscheinen.

Da gibt es z. B. die Saiteninstrumente – *sitar, gidschak, dutar*, gezupft oder gestrichen, dann die Blasinstrumente – *nai* und *surnai*, ähnlich einer Querflöte bzw. einer Klarinette und natürlich Trommeln und Pauken – *nagora* und *doira*. Obwohl diese traditionelle, über viele Jahrhunderte gepflegte und beliebte Volksmusik in steigendem Maße von Popmusik übertönt wird, ist sie doch bis heute im Volk lebendig und vermittelt – wie auch die anderen Formen künstlerischen Schaffens – dem Besucher einen Eindruck von dem Selbstverständnis und der Identität der Völker Zentralasiens.

Zentralasien heute – die Erben der Seidenstraße

Die Völker Zentralasiens

Zentralasien gehört zu den Gebieten der Erde, wo ausgesprochen viele Völker und Stämme mit eigener Sprache, Kultur und eigenen Lebensgewohnheiten auf eng begrenztem Raum zusammenleben. Diese scheinbar willkürliche Mischung ist aber das Ergebnis der besonderen Geschichte Zentralasiens. Anfänglich wurde dieser Raum sowohl von verschiedenen sesshaften, Ackerbau betreibenden Stämmen bewohnt als auch von Steppennomaden, die als Jäger oder Viehzüchter ein verhältnismäßig primitives Leben führten. Im Nordosten – jenseits des Oxus – waren es die Sogder, im Süden – diesseits des Oxus – die Baktrier, über die immer wieder Völker unterschiedlichster Herkunft und Kultur hereingebrochen oder hinweggezogen waren. Zu den ersten Stämmen, die nach Zentralasien eindrangen, gehörten die Skythen, Nomaden indogermanischer Herkunft in den euroasiatischen Steppen. Dann kamen die Achämeniden, später griechische Söldner oder auch römische Gefangene und immer wieder Nomaden, die auf der Suche nach Neuland waren, weil wiederum andere ihnen ihr angestammtes Land streitig gemacht hatten.

Nach den Parthern waren es im 5. Jh. die Hephthaliten, im 6. Jh. die Türken und Chinesen, im 7. Jh. die Araber und im 12. Jh. die Mongolen, die in das Gebiet zwischen Kaspischem Meer und Tien-schan-Gebirge einfielen, das Land in Besitz nahmen oder aber auch nach einem zeitlich begrenzten Aufenthalt diese Region ganz oder teilweise wieder verließen. Schließlich kamen im 15. Jh. die Usbeken, die Kasachen, die Turkmenen und Kirgisen, ließen sich in den fruchtbaren Oasen und in den weiten Steppengebieten nieder und erklärten das Land zu ihrem Eigentum. So ist es auch heute noch.

Im 19./20. Jh. wurde Zentralasien unter der Ägide von St. Petersburg bzw. Moskau wiederholt neu strukturiert und die Bevölkerung – nunmehr durch Zwangsumsiedlungen oder Kolonisierung – mit anderen Volksgruppen unterschiedlichster Herkunft, Nationalität, Religion und Sprache konfrontiert. Daraus entstanden ethnische Konflikte, die beispielsweise 1989 im Ferghana-Tal zwischen Usbeken und Mescheten (schiitische Muslime türkischer Herkunft aus dem Kaukasus) – in einem Progrom eskalierten. Nur eine erneute Zwangsumsiedlung konnte diesen Nationalitätenkonflikt beenden. Andere ethnische Minderheiten, z. B. Russen oder Deutsche, zogen es vor, Zentralasien freiwillig zu verlassen. Groß hingegen ist das Bemühen heute, diesen ethnischen Konflikten entgegenzuwirken – Konflikte, die den einst so gastfreundlichen Landstrich zwischen Amu Darja und Syr Darja, der vertriebenen Völkerschaften immer wieder als Zuflucht offenstand, in Verruf gebracht haben.

Viele der zugewanderten Völker haben sich aber auch im Lauf der Jahrhunderte mit der eigentlichen Urbevölkerung vermischt und deren Lebensweise angenommen, sodass die heutigen Bewohner der fünf zentralasiatischen Republiken eine Völkervielfalt von über einhundert ethnischen Gruppen konstituieren.

Indogermanen iranischer Abstammung	**Turkvölker**	**Sonstige**
Tadschiken	Usbeken	Russen
Galtschas	Kasachen	Ukrainer
Ischkaschimer	Turkmenen	Koreaner
Jagnobi	Kirgisen	Deutsche
Jasgulamer	Karakalpaken	Juden
Schuganer	Aserbaidschaner	
Wachaner	Baschkiren	
	Uiguren	
	Tataren	

Aufnahme zentralasiatischen Kulturguts in die Liste ›Meisterwerke des mündlichen und nichtmateriellen Welterbes‹ (Intangible Cultural Heritage – ICH):

2005: Die traditionelle Volkskultur von Baisun

2007: Das ›Blau von Samarkand‹. Traditionelle Keramik in Zentralasien

2007: Schaschmaqom – Die Klassische Musik Zentralasiens.

2008: Die Kunst der Akyns, der kirgisischen Volkssänger.

Usbeken beim Dominospiel (Lab-e Haus-Komplex, Buchara)

Usbeken

Innerhalb der gesamten Bevölkerung Zentralasiens (annähernd 56 Mio.) spielen die Usbeken mit etwa 28 Mio. Menschen die wichtigste Rolle. Ursprünglich waren sie in 92 Stämme gegliedert, die sich zwar selbst verwalteten, aber alle einem von den Stammesführern gewählten Khan unterstanden. Heute bilden die Usbeken (etwa 22 Mio., d. h. 80% der Gesamtbevölkerung Usbekistans), sunnitische Muslime, die als wichtigste Verbreiter des Islam in Zentralasien bis in die Neuzeit für ihren religiösen Fanatismus bekannt waren, als Titularnation ihren eigenen Staat, Usbekistan. Ihre Sprache ist Usbekisch, eine Turksprache und Nachfolgesprache des Tschagataischen. Die Schrift war bis 1928 arabisch, dann lateinisch, seit 1940 kyrillisch und jetzt wieder lateinisch.

Noch vor wenigen Jahren fielen die Usbeken im modernen Stadtbild durch ihre Kleidung auf: die Frauen in ihren bunten Seidenkleidern und eng anliegenden Hosen, die Männer in weiten, langärmeligen Mänteln, meist ohne Knöpfe und Taschen, auf dem Kopf die *tjubeteika*, eine flache, mit weißen Fäden verzierte Mütze. Heute ist westliches ›outfit‹ fast schon die Regel. Und was usbekische Modenschauen zeigen, kann sehr wohl mit Pariser Chick und Berliner Eleganz konkurrieren.

Aufgrund ihrer großen Erfahrungen im Bereich von Landwirtschaft und Viehzucht (Anbau von Baumwolle, Seidenraupenzucht, Karakulpelze) sowie im Handwerk leisten die Usbeken einen ganz entscheidenden Beitrag zur wirtschaftlichen Entwicklung Usbekistans. Nach Jahrzehnten der Abhängigkeit von Russen und Sowjets sind es heute wieder die Usbeken selbst, die die Verantwortung auf allen Gebieten der Politik, der Wirtschaft und der Kultur übernommen haben.

Kirgisen

Auch wenn Funde im Tienschan-Gebiet, im heutigen Kirgistan, bestätigen, dass bereits im 2. Jahrtausend v. Chr. hier Nomadenviehzucht und Ackerbau betrieben wurden, sind die eigentlichen Vorfahren der Kirgisen erstmalig Ende des 8. Jh. im weiteren Bereich des Tienschan aufgetreten. Etwa 65 % der Bevölkerung Kirgistans (annähernd 3,5 Mio.) sind Kirgisen, die kirgisisch sprechen, eine Sprache, die zu den westlichen Turksprachen gehört. Ihre Religion ist der sunnitische Islam.

»Im Haus, wo viele Kinder sind, gibt's Lärm und Unruh viel./ Jedoch im Hause ohne Kind ist's wie im Grab so still.«
Kirgisisches Sprichwort

Das Äußere der Kirgisen zeigt typisch mongolide Merkmale: Sie sind auffallend groß, von dunkler Hautfarbe, haben schmale, dunkle oder braune Augen und stark hervortretende Backenknochen. Was die Bekleidung der Kirgisen betrifft, so hat diese im Lauf der letzten Jahre manche Veränderung erfahren. Unverzichtbar und unverändert hingegen ist die Kopfbedeckung: eine flache bestickte Kappe und darüber eine hohe Filzmütze mit einer nach oben umgeschlagenen und mit dunklem Samt gefütterten Krempe.

Bis zu ihrer Eingliederung in die UdSSR lebten die Kirgisen vorwiegend als Viehzüchter, zum Teil auch als Bauern in den Tälern des Tschu, des Talas und am Issyk-Kul. Noch heute ist die Mehrheit des Volkes, das seit Generationen mit seinem Gebirge, dem Tienschan, vertraut ist, im Bereich der Viehzucht und Landwirtschaft tätig, um nunmehr unter Einsatz der Technik und aufgrund neuer Forschungsergebnisse bessere Produkte zu erzielen als ihre Vorfahren.

Turkmenen

Wie die Seldschuken und Usbeken sind auch die seit dem 10. Jh. als Turkmenen bekannten Stämme Türken, die sich jedoch bereits in den ersten Jahrhunderten n. Chr. von den Oghusen, einem der gro-

»Nicht die Erde spendet Leben, sondern das Wasser.«
Turkmenisches Sprichwort

Turkmenische Touristinnen auf Besichtigungsreise in Chiwa

ßen Turkvölker, abgespalten haben. Sie sind vermutlich diejenige Volksgruppe, die sich am stärksten mit der Urbevölkerung, den Massageten, Saken, Parthern und – über den Sklavenhandel – auch mit den Persern vermischt haben. Vorwiegend als Nomaden lebten die Turkmenen in kleinen Gruppen, von denen einige zeitweise auch zu dem Herrschaftsbereich von Buchara oder Chiwa gehörten.

Heute gliedern sich die Turkmenen (ca. 5 Mio.), sunnitische Muslime, in Hunderte von Stammesgruppen, Sippen und Familien, zu denen u. a. die Tekke, Ersari, Jomuden, Saloren und Saryken gehören – Namen, die im Zusammenhang mit der Herstellung von Teppichen sicherlich auch in unseren Breiten nicht unbekannt sind. Mehr als 85 % der Turkmenen leben als Titularnation in Turkmenistan. Landessprache ist das Turkmenische, eine Sprache, die zu den westlichen Turksprachen gehört. Ihre Beschäftigung finden die Turkmenen in allen Bereichen der Wirtschaft – in der Produktion von Baumwolle, bei der Herstellung von Teppichen sowie (mit steigender Tendenz) im Bereich der Petrochemie, des Maschinenbaus und der Textilindustrie.

Besonders in den ländlichen Regionen fallen die Turkmenen durch ihre traditionelle Kleidung auf. Die Männer tragen vielfach Stoff- oder Lederhosen, ein Hemd, einen langen Überrock *(chalat)*, und auf dem Kopf eine Lammfellmütze mit langen weichen Locken *(telpak)*. Die Frauen hingegen gefallen durch ihre bunte Tracht – ein bis zum Boden reichendes Kleid oder ein hemdartiger Rock und bestickte Hosen – und ihren originellen Schmuck: gestanzt, ziseliert, graviert, silbern, vergoldet, mit oder ohne Besatz.

Kasachen

Die Kasachen bilden die zweitstärkste Gruppe in der Familie der Turkvölker, und noch im 15. Jh. gehörten sie zu den großen Stammesverbänden der Usbeken. Nach der Abspaltung lebten sie unter einem Stammesfürsten, einem Sultan, konnten ihre Einheit aber nur etwa einhundert Jahre aufrecht erhalten, bis sie sich in verschiedenen Gruppen, denen ein gewählter Khan vorstand, aufteilten.

»Wie geht es dem Vieh und deiner Familie?«
Kasachische Begrüßungsformel

Seit dem Zerfall der Sowjetunion und der damit verbundenen Auswanderung von Russen, Ukrainern, Deutschen und anderen ethnischen Minderheiten hat sich der prozentuale Anteil der Kasachen an der Gesamtbevölkerung (1982: 36 %) beachtenswert verschoben (2008: 57 %). Die Sprache der Kasachen (etwa 8 Mio.) – das Kasachische – gehört zur kiptschakischen Gruppe der westlichen Turksprachen. Vom Aussehen her ähneln die Kasachen – sunnitische Muslime – den Mongolen: Breite Gesichter, kleine Augen mit der typisch mongolischen Lidfalte sowie ein scharf geschnittenes Gesicht. Ihre klassische Tracht entspricht der der Turkmenen. Der Tradition gemäß arbeiten die Kasachen vornehmlich in der Agrarwirtschaft und Viehzucht, und seit dem Erreichen ihrer Unabhängigkeit vermehrt in allen Zweigen der Wirtschaft.

Tadschiken

Neben den Turkvölkern zählen die Tadschiken ebenfalls zur Grundbevölkerung Zentralasiens. Als Urbevölkerung bilden sie mit etwa 7 Mio. Einwohnern – vorwiegend Muslime – die iranische Gruppe in Zentralasien. Sie leben vorwiegend in der Republik Tadschikistan (etwa 6 Mio.) aber auch in Usbekistan; dort vorwiegend in Buchara, Samarkand, Taschkent sowie im Ferghana-Tal.

In Afghanistan bilden die Tadschiken mit 7,5 Mio. Menschen nach den Paschtunen die zweitstärkste Bevölkerungsgruppe.

Ihrer Abstammung nach gehören die Tadschiken (ebenso wie die Inder, Perser, Griechen, Russen oder die Deutschen) zur europiden Rasse. Sie sind von hohem Wuchs und dunkler Hautfarbe. Ihre Augen, ihr Haar und der meist prächtig gewachsene Bart sind schwarz. Die Tracht der Tadschiken besteht bei den Männern vielfach aus einem langen, weißen Hemd, das über der Hose getragen und von einem Stoff- oder Fellgürtel zusammengehalten wird. Darüber wird meist ein Mantel getragen und auf dem Kopf ein Turban oder – wie bei den Usbeken – eine Mütze: die *tjubeteika*. Die Frauen tragen Kleider und Hosen aus bunter Seide und eine bestickte *tjube-*

Junge Frau in Pendschikent/Tadschikistan

teika oder ein Kopftuch. Ihre Sprache entspricht fast völlig dem Persischen. Die Mehrheit der Tadschiken sind sunnitische Muslime der hanefitischen Rechtsschule. Die in Berg-Badachschan lebenden Bergtadschiken hingegen bilden eine schiitische Minderheit (Ismailiten). Während der langen Geschichte Zentralasiens waren es vornehmlich die Tadschiken, die ihre alte sogdische Tradition an die Türken weitergegeben und damit die Entwicklung der islamischen Kultur beeinflusst und geprägt haben.

Ethnische Minderheiten

Neben den genannten großen turkstämmigen Völkern leben in Zentralasien heute auch noch kleinere Volksgruppen, sunnitische Muslime, die sich seit Jahrhunderten ebenfalls der großen Turkfamilie zugehörig fühlen. Eine relativ große Gruppe (etwa 30 000) bilden die **Karakalpaken,** die zum größten Teil in der zu Usbekistan gehörenden autonomen Republik Karakalpakstan ostwestlich des Aralsees und am Unterlauf des Amu Darja leben. Hervorgegangen sind die Karakalpaken aus der Vermischung von iranisch sprechenden Völkerschaften mit seit dem 6. Jh. immer wieder eindringenden Turkstämmen. Während sie zuerst als Halbnomaden um Unterlauf des Syr Darja siedelten, mussten sie im 17. Jh. unter dem Druck mongolischer Dsungaren ihre angestammten Siedlungsgebiete verlassen. Während sich eine Gruppe den Usbeken im Ferghana-Tal anschloss, zog der größte Teil in Richtung Amu Darja und unterwarf sich den Khans von Chiwa. Im Zuge der Neugliederung Zentralasiens wurde 1932 das fast ausschließlich von den Karakalpaken bewohnte Gebiet eine Autonome Sozialistische Sowjetrepublik.

Erwähnenswert in diesem Zusammenhang sind aber auch die **Uiguren** (Tarantschen), die im 19. Jh. ihre eigentliche Heimat in Ostturkestan verlassen und sich im Siebenstromland (Semiretschije) angesiedelt haben, aber auch Tataren, Aserbaidschaner, Baschkiren, Tschuwaschen, Dagestaner, Kiptschaken.

Eine ethnische Minderheit mit nur wenigen Tausend Angehörigen sind auch die in den weit verzweigten Gebirgstälern des Pamir lebenden **Bergtadschiken,** eine Bergbevölkerung iranischer Abstammung, die altiranische Dialekte sprechen und auch als Galtschas (Bergbewohner) bezeichnet werden: Jagnobi, Schugnaner, Jasgulamer, Wachaner, Ischkaschamer.

Aber auch Russen und Ukrainer sowie Weißrussen, Polen, Deutsche und Koreaner – geboren in einer der Republiken Zentralasiens – sind der Bevölkerung der Länder hinzuzurechnen. Trotz ihrer vielfach europäischen Herkunft – und damit im Allgemeinen auch keine Muslime – betrachten nicht wenige von ihnen ihre Republik auch als ihre Heimat. Zur Grundbevölkerung Zentralasiens zählen ebenfalls die Juden, die vermutlich erstmalig mit den Arabern im 8. Jh. nach Zentralasien kamen und, an ihrem Glauben festhaltend, sich stets der Lebensweise der jeweils tragenden Schicht angepasst haben.

Eine Besonderheit stellen in allen Republiken die über Generationen gewachsenen Familienverbände dar, die mit 4–6 Personen im Durchschnitt (noch!) doppelt so groß sind, wie z. B. im europäischen Russland. Augenscheinlich spielen hier im Orient traditionelle und/oder religiös geprägte Verhaltensweisen auch heute noch eine nicht unwesentliche Rolle.

Die Vielzahl der heute in Zentralasien lebenden Völker und Nationen ist sicher auch ein hervorragendes Zeugnis für die oft sehr bewegte und vielfach komplexe Geschichte dieser Länder, die bei einem Besuch in einem typischen Altstadtviertel, z. B. von Taschkent oder Chiwa, oder auf einem echt orientalischen Basar, z. B. in Samarkand, oder vielleicht auch in einer der vielen Teestuben *(tschai-chane)* wieder lebendig zu werden scheint.

Was schließlich die Erwerbstätigkeit der Völker Zentralasiens betrifft, so bestehen zwischen den einzelnen Republiken immer noch beachtenswerte Unterschiede. Während der Anteil der in der Landwirtschaft Tätigen beispielsweise in Kirgistan und Tadschikistan noch unverhältnismäßig hoch ist, liegt er in Kasachstan bei etwa 30%. Langsam zeichnet sich aber doch in allen Republiken eine Verschiebung zu einer Mehrbeschäftigung in der Industrie und auf dem Dienstleistungssektor ab (s. S. 368: Zentralasien in Zahlen).

Kultur des Alltags

Das Haus

Dank der geschriebenen Geschichte aber auch aufgrund intensiver Grabungen ist es heute möglich, sich ein nahezu lückenloses Bild

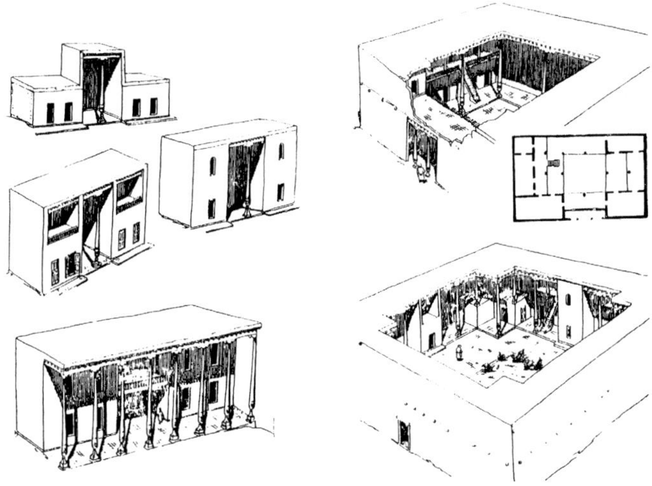

Wohnhaustypen in Chiwa (Zeichnung nach Pugatschenkowa/Rempel)

von den Wohnverhältnissen der Völker Zentralasiens über einen Zeitraum von mehreren Tausend Jahren zu machen. Ob es die Siedlungen in Altin Tepe aus dem 3. Jahrtausend v. Chr. waren oder eine Wohnmauer-Siedlung, wie die von Kjuseli-Gir (5. Jh. v. Chr.), die herrschaftlichen Häuser von Afrasiab aus der Zeit um Christi Geburt oder die Stadt Pendschikent, die von den Arabern Ende des 8. Jh. zerstört wurde – überall lässt sich nachweisen, dass die in Zentralasien siedelnden Völker und Nationen stets darum bemüht waren, sich nicht nur eine schützende Bleibe zu schaffen, sondern einen Raum, der es ihnen ermöglichte, auch eine gewisse Lebensqualität zu entwickeln. Nicht zu übersehen sind natürlich gewisse Unterschiede hinsichtlich Aufbau und Ausstattung eines Wohnhauses z. B. aufgrund des sozialen Gefälles, andererseits aber lassen sich auch viele Beispiele aufzeigen, die deutlich machen, wie groß der Einfluss von außen war, dem die Bevölkerung – auch durch die Kontakte über die Große Seidenstraße – ständig ausgesetzt war.

Mit dem Islam veränderte sich das Leben in den Städten und Gemeinden, erwuchsen neue Anforderungen an die Gesellschaft und damit an jeden einzelnen. Nicht selten änderte sich auch die Einstellung bestimmter Gruppen und Schichten gegenüber dem Erwerb vom übermäßigem Reichtum und aufwendigem Privatbesitz – eine Frage, deren Antwort nicht ohne Konsequenzen auch für den Bau von Häusern und Wohneinheiten bleiben konnte.

Neben den öffentlichen Gebäuden religiösen oder profanen Charakters wirkte das **Wohnhaus** einer islamischen Familie von außen anspruchslos und ärmlich. Gewöhnlich war das private Anwesen, in dessen Zentrum sich ein geräumiger Hof befand, von einer fensterlosen Mauer umgeben. Die Wohnräume – ein Empfangsraum *(selamlik)*, der den Männern zur Verfügung stand, Zimmer für Frauen und Kinder *(haremlik* – das für fremde Männer Verbotene) – sowie die Wirtschaftsräume waren stets zum Hof hin ausgerichtet, wo sich das Leben der Familie während des Tages abspielte. Hier im Wohngarten steht seit jeher ein *sufa*, ein etwa 50 cm hohes und 2 × 2 m großes, mit Matten oder Teppichen belegtes Podest, auf dem man isst und ruht. Nicht nur auf dem Land, auch in einer Großstadt wie Taschkent oder in Buchara kann man neben modernen, mehrgeschossigen Wohnsiedlungen typisch orientalische Altstadtviertel mit privaten Wohnhäusern finden, die etwas vom herkömmlichen Lebensstil der zentralasiatischen Bevölkerung ahnen lassen.

Die Behausung der Nomaden hingegen war – und ist es weitgehend auch noch heute – die **Jurte**, das Rundzelt, das aber entsprechend seiner Bedeutung (*jurt* = Vaterland, Heimstatt) mehr war als nur Dach über dem Kopf. Seit Jahrhunderten in Gebrauch, erwies sich die Jurte in jeder Beziehung als nahezu vollkommen. Benötigt wurden zu ihrem Aufbau lediglich Holz und Filz. Auf dem Boden stehende Holzstangen – mindestens vier, die an ihrem oberen Ende miteinander verbunden waren – bildeten die Kuppel des Zeltes. Mit Stangen verknüpft wurden 1–2 m hohe Scherengitter aus Birken-

Blick in das Kuppeldach einer Jurte

oder Weidenholz, die das Rund des Zeltes bildeten. Dieses leicht auf- und abzubauende Gerüst wurde mit wasserabweisenden Filzdecken verschiedener Form und Größe bedeckt, wobei eine Öffnung in der Kuppel als Rauchabzug diente.

Je nach Bestimmungszweck ließ sich der Innenraum der Jurte, deren Boden mit Teppichen ausgelegt war, durch mobile Raumteiler – gewebte Matten aus Steppengras und Wolle – in eine Arbeits- und eine Wohnhälfte untergliedern. Alles was dem täglichen Bedarf diente – Taschen zum Aufbewahren der Kleidung, Truhen für das Geschirr, Satteltaschen, Werkzeuge und Waffen – hatte seinen festen Platz. Ausgeschmückt wurde die Jurte mit Filzdecken – reich dekoriert mit Blumenmustern, Tiermotiven, Arabesken – sowie mit geknüpften und/oder bestickten Teppichen. Die Jurten, die sich auf Lasttieren oder Wagen leicht transportieren ließen, hatten einen Durchmesser von etwa 6 m und konnten bequem innerhalb einer Stunde aufgebaut werden, eine Aufgabe, die in der Regel den Frauen überlassen wurde. Und während die Viehzüchter und Hirten ihre Herden durch die weiten Steppen Zentralasiens begleiteten, versorgten ihre Frauen – als Herrin ihrer Jurte – den Haushalt und widmeten sich der Erziehung der Kinder oder machten Handarbeiten wie Teppichknüpfen, Filzwalken und Trachtenstickerei.

Die Familie

Auch nach 70 Jahren sozialistischer Aufklärungsarbeit ist die Großfamilie, zu der neben den Eltern und Kindern auch die Großeltern und unversorgte Familienmitglieder gehören, nach wie vor der zentrale Angelpunkt einer jeden Gemeinschaft, von der das Wachsen und Werden eines Staates – gerade hier an der Grenze zwischen

Am Tag nach der Hochzeit besucht die Braut die Eltern des Bräutigams

Orient und Okzident – abhängig ist. Während die Schwiegertöchter sich durch die Heirat in die Obhut der Schwiegereltern begeben, bleiben die verheirateten Söhne und deren Kinder unter der Fürsorge der Eltern. Nur in Ausnahmefällen, z. B. nach einer Scheidung, kehrt die Tochter in das elterliche Haus zurück. Mittelpunkt im täglichen Lebensablauf ist das gemeinsame Essen, zu dem sich nach Möglichkeit alle Familienmitglieder zusammenfinden. Hier werden Alltagsprobleme besprochen, Haushaltsfragen erörtert, Feste vorbereitet, Streitigkeiten geschlichtet, Zukunftspläne entwickelt.

Sitten und Gebräuche, die sich über Generationen bewährt haben, werden in den Familien gepflegt und an die nachrückende Generation weitergegeben. Und wenn heute aufgrund wirtschaftlicher Notwendigkeiten unverheiratete Söhne oder Töchter den Familienverband vorzeitig verlassen müssen, um andernorts einer Beschäftigung nachzugehen, versuchen sie die Kontakte zu ihrer Familie weitestgehend aufrechtzuerhalten und sobald als möglich zurückzukehren. Ob und wie gerade die Familien die auf sie zukommenden Belastungen auf ihrem Weg in eine freie Marktwirtschaft nach westlichem Muster werden bewältigen können, wird sich als die Kernfrage schlechthin für die Entwicklung und den Fortbestand der Völker Zentralasiens erweisen.

Hoch im Kurs steht die Nachbarschaftshilfe im Dorf oder Stadtviertel, wenn es etwa gilt, in Not geratenen Familien zu helfen oder wenn Aufgaben von allgemeinem Interesse rasch und zuverlässig durchgeführt werden sollen – Instandsetzung des weitverzweigten Kanalsystems, Einbringen der Ernte usf. Im Allgemeinen ist es der

Traditionelle Kinderwiege mit funktionellem Entsorgungstrichter. Das pfeifenförmige Röhrchen im Topf weist den Inhaber als Knaben aus

›Älteste‹, der ›Weißbärtige‹, der *aksakal*, eines Dorfes oder eines Stadtbezirks, der *Mahalla*, den man um Hilfe bittet und der die Arbeiten koordiniert. Keiner wird sich seiner Verantwortung entziehen, sondern jeder wird sich entsprechend seinen Fähigkeiten an der gemeinsamen Aufgabe beteiligen; auch die Kinder, indem sie ständig Kannen mit frisch gebrühtem grünen Tee herbeischaffen.

Geburt – Hochzeit – Begräbnis

Die Umwelt an den herausragenden Ereignissen des im Allgemeinen recht monoton verlaufenden Lebens teilnehmen zu lassen, ist ebenfalls eine alte Tradition. Bald sind es die frohen und lauten Feste anlässlich einer Beschneidung, die man wegen der vielen Gäste häufig auf der Straße feiert, oder es ist eine Hochzeit mit Musik, Gesang, Tanz und reichhaltigem Essen und Trinken, oder aber es ist ein sich durch die engen Gassen einer Altstadt hinziehender Begräbniszug, an dem sich, wie es die Sitte will, Nachbarn und Freunde – viele auf einen Stock gestützt – beteiligen.

Mit zunehmendem nationalem Selbstverständnis wenden sich breite Schichten der Bevölkerung wieder öffentlich den Riten des Islam zu: Praktisch alle Knaben werden beschnitten, die Trauung findet nach islamischem Ritus in Gegenwart eines Imam statt, und die Toten werden mit dem Kopf in Richtung Mekka begraben. Aus diesem sicher auch regional bedingten Verhalten einer über Jahrzehnte dem Atheismus ›verschriebenen‹ Bevölkerung verallgemeinernde Schlüsse bezüglich der Macht eines wieder erstarkenden Islam zie-

Restaurationsarbeiten an der Fassade der Medrese Ulughbek in Samarkand

hen zu wollen wäre jedoch voreilig und irreführend. Nicht selten geschieht es, dass vorüberziehende Fremde ebenfalls als Gäste zur Teilnahme an einer fröhlichen Hochzeitsfeier eingeladen werden. Vielleicht erinnert man sich gerade bei so festlichen Anlässen der alten Spruchweisheit: »Der Gast ist Bote, von Gott gesandt. Er bleibt nicht lang, doch sieht er allerhand.«

Denkmalschutz, Natur- und Umweltschutz

Wer heute Buchara, Chiwa oder Samarkand besucht, wird nicht selten überrascht beobachten, mit welchem Aufwand die islamischen Bauten, die Zeugnisse großer Kulturepochen, **restauriert** werden. Anhand alter Vorlagen und mit Hilfe spezieller, von Generation zu Generation überlieferter handwerklicher Fertigkeiten wurden gerade im Lauf der letzten Jahre nicht wenige jahrhundertealte Baudenkmäler so hervorragend instandgesetzt, dass man mit Abu Tahir Hodscha aus Samarkand sagen könnte: »... und die lasurfarbenen Himmel – sie sahen bisher noch nie ein Bauwerk von solch außergewöhnlicher Schönheit.«

Aber auch im Rahmen der Stadtplanung und Stadtsanierung wird man sich immer stärker der hohen Verantwortung für das einmalige Erbe ungezählter Generationen bewusst und versucht – soweit es die zur Verfügung stehenden finanziellen Mittel überhaupt erlauben – alte Bausubstanz zu sichern und zu erhalten und weitestgehend in die veränderte Umwelt einzubinden. Aufgrund der nach dem Zerfall der Sowjetunion einsetzenden Reislamisierung erfahren aber auch die weniger bekannten Baudenkmäler, die typisch muslimischen Bauwerke besondere Beachtung und Pflege. Überall werden die über Jahrzehnte zweckentfremdeten Moscheen und Medresen nach Rekonstruktion oder Renovation wieder ihrer tradierten Nutzung zugeführt. Denkmalschutz ist auch in Zentralasien kein Fremdwort mehr, im Gegenteil, Denkmalschutz bedeutet für alle Regionen eine ständige Herausforderung – sicher auch unter dem Aspekt zu erwartender ›Touristenströme‹.

In den Republiken Zentralasiens gibt es heute eine Reihe von **Naturschutzgebieten** und Naturreservaten, deren Flora und Fauna besonderen Schutz genießen. Ala Artscha im Hochgebirge von Kirgistan, Repetek, ein Wüstenreservat unweit von Turkmenabat, Badchys, ein blühender Garten im Süden Turkmenistans oder Tschatkal und Sarytschelek in den Ausläufern des Tienschan sind nur einige Beispiele für einen engagierten Naturschutz. Besondere Erwähnung verdient aber auch das 1975 eingerichtete Nuratau-Naturschutzgebiet südlich von Taschkent, dessen Schutz und Pflege der Naturschutzbund Deutschland in Absprache mit der Republik Usbekistan ideell und finanziell unterstützt. Zu den Hauptaufgaben der usbekischen Naturschützer gehören u. a. eine Analyse des Ist-Zustandes der von Menschen genutzten Landschaft, aber auch der Schutz von Pflanzen und Tieren, z. B. der Sewerzow-Bergschafe.

Nicht weniger eindrucksvoll sind die zahlreichen botanischen Gärten, in denen gezielt Samen ausgebracht und Jungpflanzen von Sträuchern und Bäumen gesetzt werden, um sie bestimmten Umweltbedingungen anzupassen. Auch an der Züchtung von neuen Pflanzenarten sowie an der Erforschung verschiedener Pflanzenkrankheiten und des Waldsterbens wird intensiv in den wissenschaftlichen Zentren dieser Gärten gearbeitet.

Mit fortschreitender Industrialisierung der Republiken ist auch der **Umweltschutz** zu einem alle Schichten der Bevölkerung interessierenden Thema geworden. Untersuchungen ergaben, dass die Versalzung und Verseuchung des Bodens sowie die Verschmutzung des Grund- und Oberflächenwassers, z. B. durch Pflanzenschutzmittel, die zulässigen Grenzwerte mancherorts beachtenswert überschritten haben. Welche Maßnahmen zu ergreifen wären, um das gestörte ökologische Gleichgewicht einer Region oder einer Stadt wiederherzustellen, auf welche Weise besonders gefährdete Landstriche vor einer Naturkatastrophe bewahrt werden können, ob eine Beeinflussung der Umwelt durch physikalische, technische oder chemische Eingriffe überhaupt noch zu rechtfertigen ist – dies sind die Fragen, mit denen heute Politiker, Wissenschaftler und Vertreter der Industrie in zunehmendem Maße von der Öffentlichkeit konfrontiert werden.

Doch es gibt auch eine Umweltkatastrophe: das unaufhaltsame Austrocknen des Aralsees, der noch in den 1960er-Jahren etwa 120-mal so groß war wie der Bodensee. Schon lange entspricht die in den Atlanten eingezeichnete Größe nicht mehr den Realitäten, und die einstigen Hafenstädte Aralsk und Muinak sind seit Jahren von Wanderdünen umgeben. Das Sterben des Aralsees war jedoch bereits vorprogrammiert, als Anfang der 60er-Jahre aufgrund ehrgeiziger Pläne die Bewässerung von Wüstenflächen – vornehmlich für den Baumwollanbau – mehr und mehr ausgedehnt wurde. Die dem Amu Darja und Syr Darja entzogenen Wassermengen haben im Laufe der Jahre derart zugenommen, dass beide Ströme dem Aralsee als Wasserlieferanten praktisch nicht mehr zur Verfügung stehen. Von dem einst viertgrößten See der Welt (1960 etwa 70 000 km^2), dem fischreichen Aralsee (vornehmlich Brassen und Barben) ist nur noch eine schale Salzlake übriggeblieben. Dadurch wurde das flache Seeufer um 50 km, stellenweise sogar 100 km landeinwärts zurückgedrängt.

Eine Austrocknung des Aralsees aber hat zur Folge, dass ungeheure Mengen Salz des früheren Meeresbodens und Feinerde freigesetzt werden – Schätzungen gehen von bis zu 75 Mio. Tonnen jährlich aus –, die der Wind viele hundert Kilometer weit in die benachbarten Republiken transportiert, im Jahresdurchschnitt etwa 500 kg/ha. Schon heute ist abzusehen, mit welchen irreparablen Folgeschäden für die nächsten Jahre zu rechnen ist. Augenscheinlich wissen die Bewohner Zentralasiens, wovon sie reden, wenn sie sagen: »Wenn der Amu Darja heute stirbt, sterben wir alle morgen.« (s. S. 13)

Die ökologische Katastrophe am Aralsee: Seit 1960 ist der Wasserspiegel des Sees um mehr als 20 m gesunken, die Wasserfläche ging um etwa 75 % auf rund 18 000 km^2 zurück.

1960

1971

1976

1987

1990

2005

Reiseziele an der Großen Seidenstraße

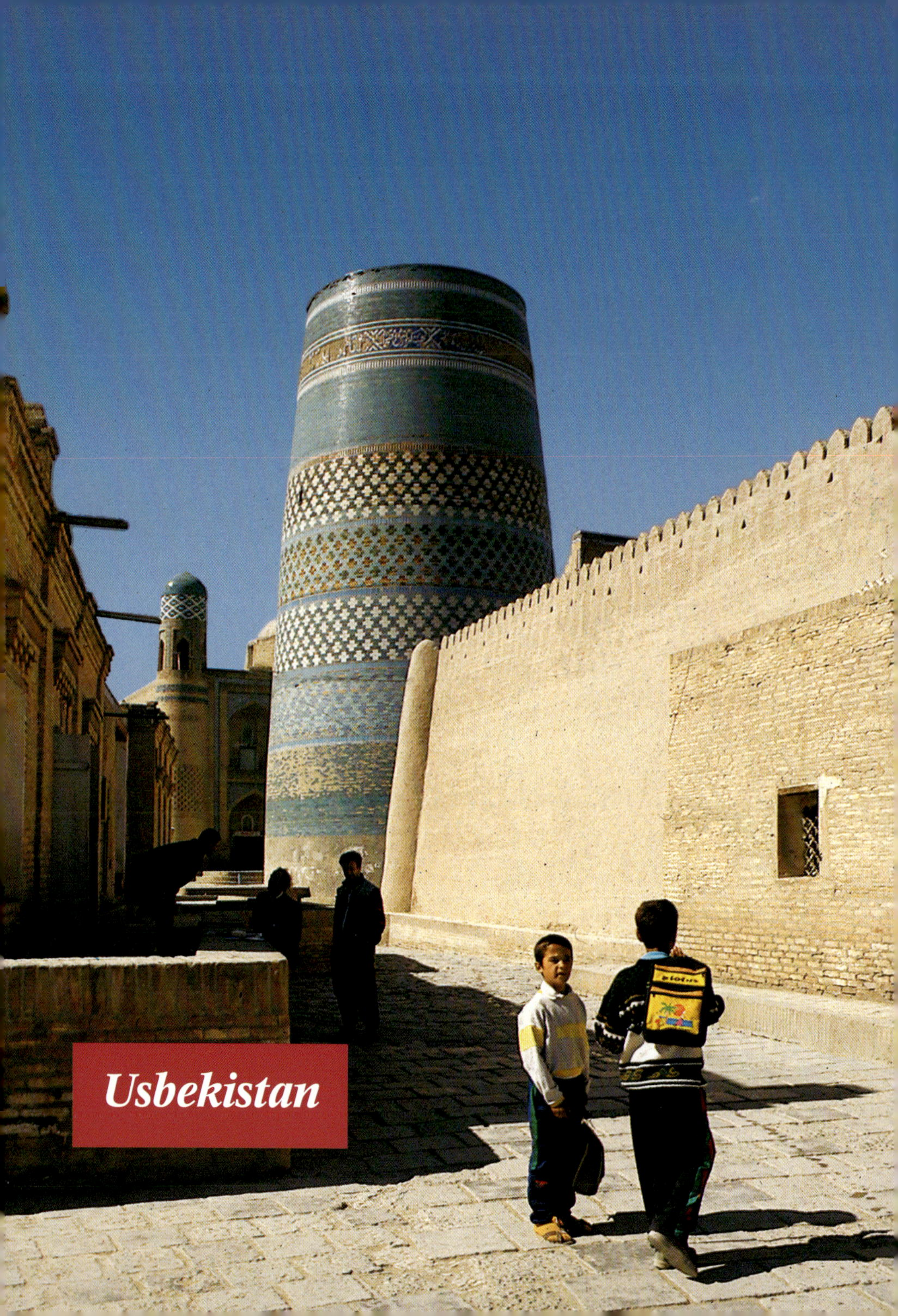

Usbekistan

Usbekistan, das Land des ›Weißen Goldes‹ (der Baumwolle), ist mit 447 400 km^2 größer als Japan oder Italien und zählt – bei einer Geburtenrate von 26 ‰ – etwa 28 Mio. Einwohner, die sich aus mehr als hundert Nationen und Völkerschaften zusammensetzen: Usbeken, Tadschiken, Russen, Kasachen, Tataren, Karakalpaken, Kirgisen, Koreaner, Deutsche u. a. Wesentlich beeinflusst wurde die Entwicklung Usbekistans durch das ständige bald Mit-, bald Gegeneinander der einheimischen europiden Tadschiken und der zugewanderten mongoliden Usbeken. Beide hatten ihre eigene Sprache und Wirtschaftsstruktur: die Sesshaften den Ackerbau und die Nomaden die Viehzucht. Trotz dieser gravierenden Unterschiede näherten sich diese Völkergruppen in ihrer Kultur, in ihren Sitten und Gebräuchen im Lauf der Jahrhunderte mehr und mehr an und bildeten mit noch anderen turkstämmigen Gruppen über viele Jahrhunderte eine große Völkerfamilie.

Zur Republik Usbekistan, die im Nordwesten an den Aralsee grenzt, im Osten an das Tienschan-Gebirge und im Süden an Afghanistan, gehören zwölf Provinzen – Andischan, Buchara, Choresm, Dschisak, Ferghana, Kaschka Darja, Namangan, Nawai, Samarkand, Surchan Darja, Syr Darja, Taschkent sowie die autonome Karakalpakische Republik – mit insgesamt 118 Städten. Das Verhältnis Stadt- und Landbevölkerung beträgt etwa 2 : 3. Als traditionelles Agrarland mit einer verhältnismäßig geringen industriellen Infrastruktur ist Usbekistan sehr ungleichmäßig besiedelt. Während in den Oasen und Flusstälern hundert und mehr Menschen pro Quadratkilometer wohnen, gibt es in den Gebirgen und in der Hungersteppe vielfach nur schwach besiedelte Gebiete. Die weiten Wüstenregionen jedoch (70 % des Landes) sind praktisch unbewohnt.

Etwa ein Drittel der Erwerbstätigen arbeitet heute noch in der Landwirtschaft (Deutschland: 2 %). Wichtigstes Anbauprodukt ist Baumwolle (etwa 80 % der landwirtschaftlichen Nutzfläche). Mit etwa 3,5 Mio. Tonnen pro Jahr ist Usbekistan der viertgrößte Baumwollproduzent der Welt. In der Herstellung von Rohseide (10 000 t) steht Usbekistan in der Welt an vierter Stelle. Außerdem werden Weizen, Reis, Gambohanf, Jute sowie Obst – bei Zuckermelonen sind mehr als tausend Sorten bekannt – und Gemüse angebaut. Durch intensive Bewässerung wird versucht, die einst so berüchtigte Hungersteppe (etwa 8000 km^2) sukzessive in fruchtbares Acker- und Weideland umzuwandeln, obwohl die Entsalzung des Bodens ein nicht zu unterschätzendes Problem darstellt. Die großen Flächen mageren Weidelandes werden durch eine Intensivierung der Schafhaltung optimal genutzt, sodass Persianer- und Breitschwanzfelle (Karakul-Felle in Dunkelbronze, Rötlichgolden, Bernsteingelb) ebenfalls zu den wichtigsten Exportgütern gehören.

Voraussetzung für den wirtschaftlichen Aufschwung, den Usbekistan während der letzten Jahre erfahren hat, war die Elektrifizierung des ganzen Landes, die unter Einsatz von Wärme- und Wasserkraftwerken vollzogen wurde. Der materielle Reichtum Usbekistans liegt

◁ *Chiwa, Kok Menar*

jedoch unter der Erde in mehr als 2700 nachgewiesenen Lagerstätten: gewaltige Erdgasvorkommen und Bodenschätze, die mehr und mehr erschlossen werden – z. B. Erdöl, Erdgas, Kohle, Buntmetalle, Antimon, Molybdän, Natursteine, Edel- und Halbedelsteine und im Bergmassiv des Muruntau riesige Vorräte an Gold. Dieser Reichtum ermöglichte die Schaffung neuer Arbeitsplätze in mehr als hundert Wirtschaftszweigen und über 1800 Großbetrieben. Auf seinem Weg zur Marktwirtschaft bemüht sich Usbekistan nachdrücklich aber auch um die Entwicklung und den Ausbau von Gemeinschaftsunternehmen mit ausländischer Beteiligung, z. B. bei Automobilproduktion (UsDaewoo), Konsumgüterindustrien, Dienstleistungen.

Das noch um 1900 weit verbreitete (88 %) Analphabetentum wurde durch ein gewaltiges Bildungsangebot – heute gibt es hier allein fast 10 000 allgemeinbildende Schulen – überwunden. An den über 60 Hochschulen (Bachelor, Master) des Landes sind rund 300 000 Studierende (Frauen ca. 35 %) immatrikuliert, und in über 200 Instituten arbeiten Wissenschaftler – in zunehmenden Maße in Kooperation mit dem Ausland. Unter Berücksichtigung der Tatsache, dass mehr als 60 % der Bevölkerung jünger sind als 25 Jahre, spielt eine fundierte, zukunftsorientierte Aus- und Weiterbildung gerade der jungen Generation für die Entwicklung Usbekistans eine ganz entscheidende Rolle.

Seit 1992 ist Usbekistan als Präsidialrepublik souverän. Staatsoberhaupt ist der Präsident (Direktwahl alle sieben Jahre); die Legislative repräsentiert das Parlament *(olij madschlis)* – seit dem 26. Dezember 2004 ein Zwei-Kammerparlament: Unterhaus (120 Abgeordnete) und Oberhaus (100 Senatoren). Amtssprache ist Usbekisch. Die Umstellung vom kyrillischen Alphabet auf das lateinische ist weitgehend abgeschlossen.

Seit Auflösung der Sowjetunion im Jahr 1991 gewinnt auch in Usbekistan der Islam wieder mehr und mehr an Bedeutung. Die religiösen Stätten, die über viele Jahre entweder als Museen gepflegt oder anderweitig genutzt wurden bzw. dem Verfall preisgegeben waren, stehen heute weitgehend wieder gläubigen Muslimen offen. Während es noch 1989 in ganz Zentralasien nur 160 Moscheen und eine einzige Medrese gab, waren es 1991 bereits 5000 Moscheen und neun Medresen, und jährlich nimmt ihre Zahl beachtenswert zu.

Heute ist Usbekistan ein Land an der Schwelle zur Zukunft, ein Land von anscheinend unbegrenzten Möglichkeiten. Es ist aber auch ein Land, wo – trotz zunehmender Industrialisierung und ständig anwachsendem Straßenverkehr auf den Routen der Großen Seidenstraße – turbangeschmückte Greise auf kleinen Eseln dahinreiten oder in der *tschai-chane* beschaulich ihren Tee schlürfen, ein Land, in dem überlieferte Traditionen einen hohen Stellenwert haben und wo das über Jahrhunderte gewachsene Kunstschaffen gewürdigt und gefördert wird.

Um die bedeutendsten Zentren an der Großen Seidenstraße kennenzulernen, wäre eine in Taschkent beginnende **Rundreise**, die durch Abstecher oder Ausflüge in die jeweilige Umgebung noch erweitert werden könnte, besonders zu empfehlen: Taschkent (Flug) – Urgentsch (Bus/Auto) – Chiwa – Buchara – Samarkand – Taschkent. Eine ebenfalls interessante Variante wäre – wieder von Taschkent ausgehend – der Besuch von Buchara und Samarkand sowie eine Fahrt durch das Ferghana-Tal. Im Rahmen einer Zwei-Länder-Reise – Turkmenistan und Usbekistan – bietet sich eine Fahrt entlang der tatsächlichen Ost-West-Trasse der Großen Seidenstraße an: Aschgabat – Merw – Turkmenabat – Buchara – Samarkand – Taschkent.

Afrasiab (Afrosiyob)

Afrasiab ☆
Die alte Hauptstadt der Sogder ist ebenso alt wie das antike Rom

Um die Kulturgeschichte Zentralasiens besser verstehen und einordnen zu können, sollte man nicht nur die Baudenkmäler der Timuriden oder Schaibaniden zum Gegenstand seiner Erkundungen machen, sondern auch der vorislamischen Zeit seine Aufmerksamkeit schenken, indem man beispielsweise den Spuren der Sogder in ihrer alten Hauptstadt Afrasiab folgt, wo es bereits in den vorchristlichen Jahrhunderten eine hochstehende Kultur gegeben hat. Im Norden Samarkands, unmittelbar an der Stadtgrenze, liegt ein gewaltiger Ruinenhügel – Afrasiab, Reste des ehemaligen Marakanda. Die

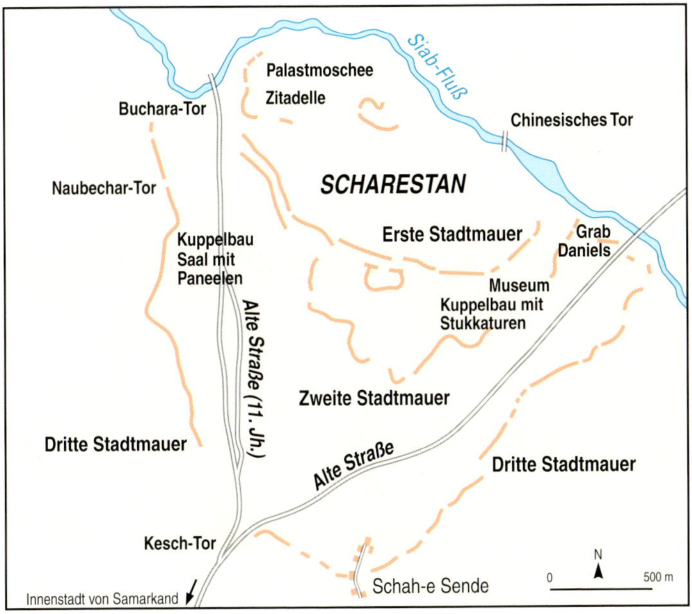

Afrasiab, Entwicklung der sogdischen Stadt

Reiter in tadschikischer Tracht

Stadt, die ebenso alt ist wie das antike Rom, liegt heute unter 10–15 m dicken Ablagerungsschichten aus vielen Jahrhunderten verborgen. Das Plateau des Hügels, auf dem deutlich die ehemalige Zitadelle und die aus *pachsa* oder auch aus großen, ungebrannten Ziegeln errichteten Mauern zu erkennen sind, hat die Form eines gleichseitigen Dreiecks (Seitenlänge etwa 1,5 km).

Die Ausgrabungen liegen unmittelbar an der Taschkenter Straße und können bequem zu Fuß erreicht werden. Am Eingang zum Gelände befindet sich das Museum der Stadtgeschichte von Samarkand, wo verschiedene Funde im Original bzw. in geschickten Nachbildungen sowie umfangreiches Bildmaterial einen eindrucksvollen Überblick über die alte Hauptstadt vermitteln. Besondere Beachtung verdient der große Ausstellungsraum mit einer mehrere hundert Quadratmeter großen Bilderwand (s. u.).

In den ersten Jahrhunderten vor und nach Christus erlebte Afrasiab – zur Zeit der Achämeniden die Hauptstadt Sogds – eine Periode des Aufschwungs und wuchs weit über seine alten Grenzen hinaus. Die Ausgrabungen, die bereits im Jahr 1875 in Angriff genommen wurden und auch heute noch nicht als abgeschlossen angesehen werden können, zeigten sehr bald, dass man es hier mit einer sehr komplexen Anlage zu tun hatte. In den sogenannten Schichten Afrasiab I, II und III wurden Gegenstände wie Steinwerkzeuge, Pfeilspitzen, bemalte Tonscherben, Glas und Münzen, aber auch Skulpturen ausgegraben, die hellenistischen bzw. gräko-baktrischen Ursprungs sind (2.–1. Jh. v. Chr.). Auch die Karyatiden (weibliche Gestalten als Gebälkträger), die hier in Afrasiab gefunden wurden, bestätigen den starken Einfluss des Hellenismus auf die Kunst in Zentralasien. Die Wasserversorgung für die oberhalb des Sarafschan gelegene Stadt erfolgte über ein technisch vorbildliches Bewässerungssystem. Noch

In den Ruinen von Afrasiab

Afrasiab, zeichnerische Rekonstruktion eines Kuppelbaus, vermutlich ein ehemaliger Palast

heute ist in einzelnen Abschnitten der Damm zu sehen, auf dem sich das mit Blei ausgelegte Bett des Kanals Arsis befand.

Aber auch eine so prächtige Stadt wie Afrasiab verfiel während des Auflösungsprozesses der Nach-Kuschanzeit, von dem ganz Zentralasien in Mitleidenschaft gezogen worden war, und es entstanden unzählige Burgen und Schlösser im weiten Umkreis. Im 6. und 7. Jh. jedoch wurde das Gelände innerhalb der Stadtmauern wieder bebaut und besiedelt, und gerade aus dieser Zeitperiode stammen die Ruinen herrschaftlicher Häuser, deren Fest- und Empfangsräume nicht selten mit prachtvollen Wandmalereien ausgestattet waren. Von dem umfangreichen Material, das in Afrasiab entdeckt und ausgegraben wurde, soll jedoch nur ein Bauwerk aus dem Südteil der Ruinenstadt etwas eingehender betrachtet werden, da die hier freigelegten Wandmalereien gleichsam »ein Bilderbuch jener Elemente sind, die in die Kultur Sogds eingingen« (B. Brentjes).

Das Gebäude, in dem große, festlich dekorierte Säle mit kleinen schlichten Räumen und Korridoren abwechselten, war augenscheinlich der **Palast des Herrschers**. In ihrer Gesamtheit stellen die hier gefundenen Wandmalereien – bei denen es sich um wahre Schätze sogdischer Kunst handelt, die zumindest im Sarafschan-Gebiet einmalig sind – eine Verbindung von realer Geschichte und erzählendem Märchen dar. Die Bearbeitung des Themas ›Ankunft einer Gesandtschaft‹ überrascht nicht nur durch seine klare Gliederung und seinen logischen Aufbau, sondern auch durch die Auswahl der Farben in ihrem Grundton: schwarz, weiß, rot, hellblau, braun und

Vogel in einem Medaillon, eine Perlenkette haltend. Dieses Motiv war sowohl in der Wandmalerei wie auch als Textilmuster beliebt.

gelb, natürlich noch ohne jede Schattenbildung. Die Westwand zeigt eine feierliche Prozession, die ein Elefant anführt. In der Sänfte auf seinem Rücken hat eine Prinzessin mit Dienerinnen Platz gefunden. In ihrer Begleitung befinden sich zwei würdevoll aussehende Männer von hohem Rang auf Kamelen und drei Damen zu Pferd. Aus einer sogdischen Inschrift auf dem Bilderfries geht hervor, dass es sich hier um eine Gesandtschaft aus Tschaganian – einem kleinen Fürstentum im Surchan Darja-Tal nördlich von Termes (= Dalwersin Tepe?) – handelt, die dem Herrscher von Samarkand oder dessen Sohn eine Braut zum Geschenk machen will – eine auch im alten Orient bekannte Methode, um politische Bündnisse zu festigen.

Wie die Gesandtschaft aus Tschaganian in Samarkand empfangen wird, beschreiben die Bilder auf der Nordwand (dem Eingang gegenüber). Alle Mitglieder der Delegation tragen prunkvolle Gewänder aus sassanidischer Seide, deren Motive – Eberköpfe, Vögel, die zweireihige Perlenketten tragen, Widder und Elefanten – aus iranischen Quellen nicht unbekannt sind. Besonderes Interesse erweckt die zu übermittelnde Botschaft, die als Abschrift auf dem Rock eines Gesandten nachgelesen werden kann: »Als der Botschafter des hunnischen Herrschers ankam, öffnete er den Mund [und sprach]: ›Ich, der Leiter der Kanzlei von Tschaganian ... bin nach Samarkand gekommen, mit großer Hochachtung für den Herrscher Samarkands. Und nun erscheine ich vor dem Herrscher, erfüllt von Ehrfurcht. Und ihr braucht keinerlei Argwohn gegen mich zu haben. Ich bin wohl unterrichtet über die Samarkander Götter und Schriften und bin der Verehrung für [euren] mächtigen Herrscher erfüllt ...‹ So sprach der Leiter der Tschaganianer Kanzlei.« Der Empfänger der Botschaft, der Herrscher von Samarkand, sitzt auf einem Thron, umgeben von seinem Hofstaat, von Wachen und Waffenständern.

Die Ostwand enthält chinesische Motive: Chinesen, die in zwei mit großen Löwenköpfen verzierten Booten fahren, daneben Reiter auf Tigerjagd, sicherlich Hinweise auf die chinesische Vorherrschaft im Sogd des 7. Jh. und die damit zusammenhängenden (handels-) politischen Verbindungen. Auf der Südwand des Saales schließlich wird im linken Bereich eine Reiterszene im sogdischen Stil dargestellt, und rechts nackte, im Wasser spielende Kinder.

Diese Bilderwand erweckt einerseits den Eindruck eines monumental angelegten Gemäldes mit sich frei im Raum bewegenden Personen, andererseits sind aber alle Details – vor allem die mit feinen Pinselstrichen gezeichneten Köpfe und Muster – so zart und sorgfältig gemalt, dass sie »wie ein Miniaturblatt den Beschauer geradezu magisch anziehen, um mit Hingabe jede Einzelheit des Bildes zu erforschen«. (B. Rowland)

Mit der Invasion der Araber im 8. Jh. wurde die Bautätigkeit in Samarkand aufs Neue unterbrochen, nachdem alle Wohnhäuser verlassen und teilweise (vielleicht sogar absichtlich) zerstört worden waren. Anfang des 9. Jh. begann der Wiederaufbau von Samarkand, wobei die Stadt weit über ihre alten Grenzen hinauswuchs. Paläste,

Wohnhäuser, Karawansereien prägten das Stadtbild im gleichen Maße wie die islamischen Bauten und technischen Konstruktionen (Brücken, Wasserleitungen und Kanalisation). Endgültig besiegelt wurde das Schicksal von Alt-Samarkand durch die Mongoleninvasion 1220. Die Einwohner wurden ausgerottet, die Häuser geplündert, der Kanal Arsis zerstört und die gesamte Stadt dem Erdboden gleichgemacht, sodass kein einziges Bauwerk aus dieser Zeit erhalten ist. Ein neues Samarkand entstand erst wieder im 14. Jh., doch diese Stadt lag bereits außerhalb der Mauern von Afrasiab (s. S. 198). Unter Timur stieg sie zur Hauptstadt eines Weltreichs empor.

Andischan (Andijan)

Andischan (318 000 Ew.), Hauptstadt der gleichnamigen Provinz im östlichen Ferghana-Becken, am rechten Ufer des Syr Darja, wird bereits im 9. Jh. urkundlich erwähnt. Hier wurde 1483 Babur, der letzte Timuride und erste Mogul geboren. Im Jahr 1902 fiel die alte Stadt einem gewaltigen Erdbeben zum Opfer. Heute ist Andischan eine der bedeutendsten Industriestädte Usbekistans (u.a. Textilfabriken, Automobilwerk UsDaewoo), Bahnknotenpunkt und Ausgangspunkt der Autostraße (A373) nach Chodschand (Tadschikistan, 200 km) sowie über Osch (Kirgistan, 48 km) auf dem 728 km langen Pamir Highway (M41) nach Chorog (Tadschikistan). Von den islamischen Bauten hat lediglich eine Dschuma-Moschee aus dem 19. Jh. das Erdbeben von 1902 überstanden. Sehenswert sind das Babur-Literaturmuseum und in dessen unmittelbarer Nähe ein pittoresker Basar (So und Do) sowie der 1993 eröffnete Babur-Gedächtnispark.

Buchara (Bukhara)

Buchara ☆☆
Besonders sehenswert:
Mausoleum der Samaniden
Ark
Kalan-Moschee und Minarett
Medrese Ulughbek
Medrese Abdulasis Khan
Lab-e Haus-Komplex
Die überkuppelten Basare
Torhaus Tschar Menar

Buchara (usbek. Boxoro, 248 000 Ew.), ist Gebietshauptstadt des gleichnamigen Bezirks und liegt 222 m ü. M. in der Sandwüste Kisilkum im Tal des Sarafschan, mitten in einer dichtbesiedelten Oase, zu der vom Amu Darja aus ein 200 km langer Bewässerungskanal führt. Man erreicht die Stadt bequem auf dem Luftweg, per Bus oder mit der Transkaspischen Eisenbahn (Bahnstation: Kagan, 10 km).

Wie weit auch immer man in der Literatur zurückblättern mag, um etwas über diese Stadt an der Großen Seidenstraße zu erfahren, man wird vergeblich nach Berichten oder Dokumenten suchen, in denen Reisende – Geschichtsschreiber, Abenteurer, Kaufleute, Künstler – von Buchara nicht aufs Tiefste beeindruckt gewesen wären: Oft rühmen sie die Stadt, die den Beinamen ›die Edle‹ *(scherif)* trägt, als einzigartig und einmalig in der islamischen Welt. Es ist ein Reiz besonderer Art, die Spuren in die Vergangenheit zurückzuverfolgen.

Buchara, Blick über die Stadt

Geschichte: In einigen Quellen wird der Name Buchara von *vihara* (Kloster) abgeleitet, andererseits berichtet Dschuwaini, ein persischer Geschichtsschreiber, im Jahr 1260, dass *buchar* so viel wie ›Mittelpunkt der Lehre‹ bedeutet. Nicht nur die Legende datiert die Gründung einer baktrischen Siedlung an der Stelle der heutigen Stadt in das erste vorchristliche Jahrtausend (7. Jh. v. Chr.), sondern auch archäologische Untersuchungen lassen vermuten, dass Buchara bereits vor mehr als 2500 Jahren ein wichtiges Kultur- und Handelszentrum gewesen ist.

Im Mittelalter hatte die Stadt über Jahrhunderte eine Vorzugslage an der Großen Seidenstraße, die, von Westen kommend, durch die Syrische Wüste über Palmyra, Ktesiphon und Hamadan nach Merw führte. Hier teilte sich der Hauptweg in eine nördliche und eine südliche Route. Während die Straße im Süden über Baktra, das Pamir-Gebirge und quer durch das Tarim-Becken nach China führte, verlief der nördliche Weg über Buchara, Samarkand, Pendschikent und Ferghana in das Reich der Mitte. Und so war das Schicksal Bucharas eng mit dem der Seidenstraße verknüpft, über die nicht nur wertvolle Sachgüter, sondern auch unschätzbare Kulturgüter transportiert wurden.

Erstmals urkundlich erwähnt wurde Buchara im 6. Jh., Anfang des 7. Jh. verfügte es nachweislich über eine Zitadelle mit einem Palast, einer Schatzkammer, einem Tempel und einem Gefängnis. Bereits 674 standen die Araber vor Buchara, und 709 wurde die Stadt Sitz eines Emirats innerhalb der Provinz Chorasan. 712 errichtete Kutaiba in der Stadt die erste Hauptmoschee an der Stelle eines ehemaligen Tempels. »Die Armen wurden besonders dadurch [für den Islam] gewonnen, dass die Araber für jeden Besuch der Moschee je zwei Dirham zahlten.« (Barthold) Unter Ismail dem Samaniden wurde Buchara 892 Residenz- und Hauptstadt des Samanidenreichs. Mit der Eroberung durch die Karakhaniden im Jahr 999 geriet die Stadt unter türkische Herrschaft. 1220 marschierte Dschingis Khan, die Strafe Gottes, gegen Buchara; er zerstörte und entvölkerte die Stadt. 30 000 Einwohner wurden enthauptet. 1273 waren es die persischen Il Khane, die Buchara aufs Neue zerstörten. Erst unter den Timuriden im 14. Jh. erhielt die Stadt wieder ihre Unabhängigkeit, und bereits 1417 gründete Ulughbek hier die erste Medrese Zentralasiens.

Nach der Eroberung Transoxaniens durch die Schaibaniden (1500) begann eine neue Blütezeit für Buchara, und als Hauptstadt der Schaibaniden wurde es zu einem Architekturzentrum des usbekischen Staates ausgebaut. Am 14. 5. 1868 nahm der russische General Kaufmann Buchara ein, und bereits am 14. 11. 1868 wurde es dem russischen Reich einverleibt. Hauptstadt des neu gegründeten Generalgouvernements Turkestan aber wurde Samarkand. Ein Volksaufstand am 14. 9. 1920 brach die Macht des Emirats Buchara; der letzte Emir, Alim Khan, floh nach Kabul. Vier Jahre lang (1920–24) war Buchara Hauptstadt der sowjetischen Volksrepublik Buchara, bis diese 1924 in die sowjetische Unionsrepublik Usbekistan eingegliedert wurde. Seit dem Zerfall der Sowjetunion im Jahr 1991 gehört Buchara als Gebietshauptstadt zur unabhängigen Republik Usbekistan.

Buchara 1 Ark 2 Moschee Bala Haus 3 Mausoleum der Samaniden 4 Tscheschme-Ajub 5 Minarett Kalan 6 Moschee Kalan 7 Medrese Mir-e Arab 8 Chanaka Hodscha Saineddin 9 Moschee Maghak-e Kurpe 10 Medrese Abdulasis Khan 11 Medrese Ulughbek 12 Sendan 13 Tak-e Sargaran 14 Tim des Abdullah Khan 15 Tak-e Telpak Foruschan 16 Tak-e Sarrafan 17 Moschee Maghak-e Attari 18 Synagoge 19 Lab-e Haus-Komplex 20 Chanaka Nadir Diwan Begi 21 Medrese Nadir Diwan Begi 22 Medrese Kukaldasch 23 Torhaus Tschar Menar 24 Haus des Kaufmanns Chodschajew 25 Hotel Bukhara Palace 26 Moschee Namasgah 27 Medrese Gaukoschan 28 Moschee Baland 29 Medrese Madar-e Khan 30 Medrese Abdullah Khan 31 Medrese Dschuibari Kalan 32 Stadion 33 Chanaka Faisabad 34 Mausoleum Saifeddin Bocharsi (1,3 km) 35 Mausoleum Bujan-Kuli Khan (1,3 km) 36 Flughafen (6 km) 37 Setare-je Mah-e Chase (5 km) 38 Busbahnhof

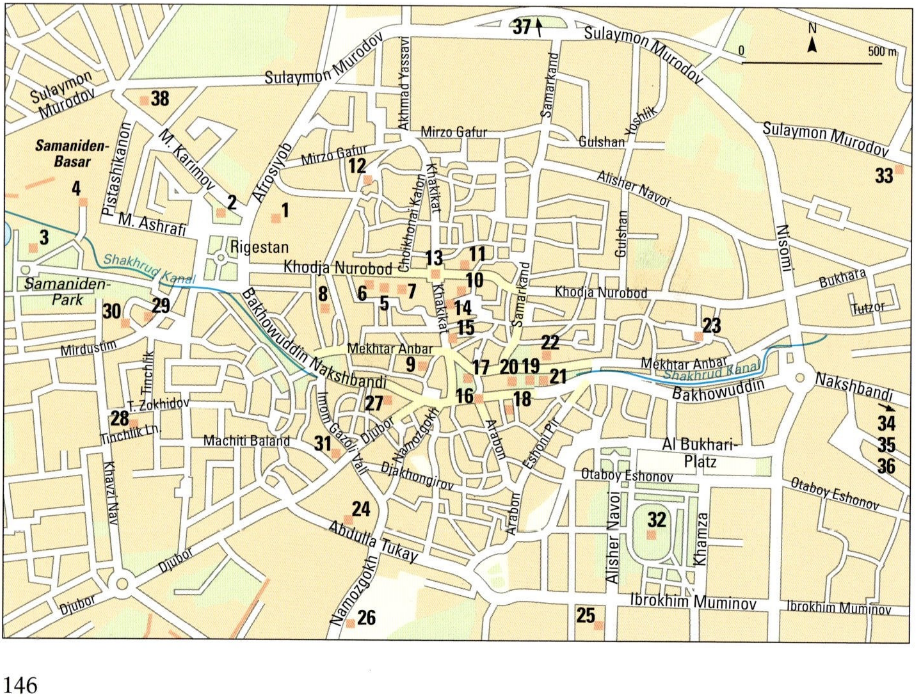

Bereits im 9. und 10. Jh. war Buchara ein gewerblicher Mittelpunkt und unterhielt enge **Handelsbeziehungen** mit dem Iran, mit China und Indien. Die noch heute erhaltenen Marktkuppelbauten aus dem 16. Jh. sind ein eindrucksvolles Zeugnis für das geschäftige Treiben dieser orientalischen Stadt. Heute ist Buchara ein wichtiges Industriezentrum für die Produktion und Verarbeitung sowohl von Baumwolle und Seide als auch von Karakul-Schaffellen. Wenn auch das von alters her hoch gerühmte Kunstgewerbe (Goldstickerei, Seidenweberei, Kupferziselierarbeiten) weitgehend durch maschinelle Fertigung ersetzt wurde, so nimmt die heimische Volkskunst doch noch einen wichtigen Platz im Bereich des Handwerks ein. Eine besondere Bedeutung für das künftige Wirtschaftswachstum von Buchara kommt dem Erdgas zu, befindet sich doch unweit der Stadt eines der größten Erdgasvorkommen der Welt (ca. 500 Mrd. m^3).

Ein Brief von Pitschugin aus der Kommertsscheskaja Gaseta, 1841: Nach Buchara kommen »wöchentlich Karawanen aus Persien, Kabul, Kaschmir, Kaschgar, Kokan, Samarkand und Scharischan, und in den ungeheuren Basaren dieser Stadt kann man, bei einiger Herabsetzung des Preises, zu jeder Zeit für bedeutende Massen von Waren baare Zahlung erhalten.«

Schon zur Zeit der Samaniden lebten und wirkten in Buchara angesehene **Gelehrte**, Schriftsteller und Künstler – Rudaki, Dakiki, Ferdausi, Narschachi, Belasuri, Tabari, Al Farabi, Ibn Sina (Avicenna) u. a. Nach der Mongoleninvasion, insbesondere aber in der zweiten Hälfte des 16. Jh., erlebte Buchara den zweiten kulturellen Aufschwung, der vor allem in der Errichtung von zahlreichen monumentalen Medresen und Moscheen seinen Niederschlag fand. Daher erwuchs auch der Stadt nicht von ungefähr der Ruf, ein Ort besonderer Religionsstrenge zu sein, zumal nahezu alle Geistlichen des Landes in Buchara ihre Ausbildung erhalten hatten. Heute gibt es hier eine Universität und mehrere Forschungsinstitute sowie Fachschulen. In der Avicenna-Gebietsbibliothek, die über einen Bestand von mehr als 175 000 Bänden verfügt, werden Handschriften von Avicenna (der ›Medizinische Kanon‹) sowie von Ferdausi, Ali Schir Nawai und anderen Dichtern Zentralasiens aufbewahrt. Das Theater von Buchara zählt zu den ältesten in Usbekistan. Erwähnenswert ist schließlich auch das Museum für Landeskunde mit den Abteilungen für Naturkunde und für angewandte Kunst mit interessanten Exponaten zur Geschichte, Wirtschaft, Kultur und Lebensweise der Völker Zentralasiens.

Besichtigung

Buchara – Welterbe seit 1993

Als ein großes, einzigartiges und authentisches Baukunstmuseum, das sein altorientalisches, von der Kunst und Kultur seiner Bewohner geprägtes Antlitz nicht nur bewahrt, sondern auch gepflegt hat, präsentiert sich dem Besucher die ganze Stadt Buchara. Nahezu alle bedeutenden Baudenkmäler dieser Stadt befinden sich innerhalb der alten Stadtmauer und können bequem zu Fuß erreicht werden.

Auf einem etwa 4 ha großen und 16–20 m hohen, künstlich aufgeschütteten Hügel erhebt sich mitten in der Stadt eine eigene Stadt, der **Ark** (1), die Zitadelle, einstiger Regierungssitz und Palast der Herrscher von Buchara. Er wurde wiederholt zerstört und wieder-

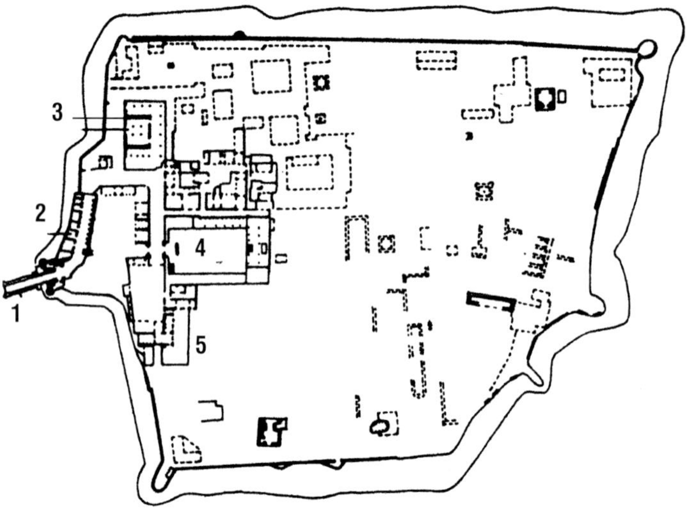

Buchara, Grundriss des Arks
1 Tor
2 Aufgang und Gefängnis
3 Moschee
4 Thronsaal
5 Museum

aufgebaut, im Lauf der Jahrhunderte immer wieder verändert und restauriert; letztmalig unter den Schaibaniden, sodass von der Zitadelle des sagenumwobenen Sijawusch, der als der Erbauer dieser Festung gilt und dessen Grab sich am Osttor befunden haben soll, nichts mehr erhalten ist. Was auf der mit mächtigen Festungsmauern umgebenen Zitadelle jetzt noch zu besichtigen ist, sind vornehmlich Bauten aus dem 18. Jh.; ehemalige Kasernen, der Münzhof, Vorratshäuser, Werkstätten, Stallungen etc.

Den Zugang zur Burg bildet ein mit runden Ecktürmen bewehrtes Portal, an das sich ein enger gewundener, leicht ansteigender Tunnel anschließt. In ihm ist auch der Zugang zum ehemaligen Verlies, hinter dessen lichtlosen, feuchten Mauern noch Anfang des 20. Jahrhunderts zahllose Gefangene schmachteten. Unmittelbar dahinter befindet sich eine im Jahre 1712 errichtete und auf drei Seiten von offenen Galerien umgebene Moschee. Sowohl die mit Schnitzwerk verzierten Säulen als auch das kleine Minarett stammen aus dem frühen 20. Jh. Ein einfacher Backsteinbau hingegen bildete den eigentlichen Palast des Herrschers, wo sich heute u. a. ein recht eindrucksvolles Museum für Landeskunde befindet. Bemerkenswert ist aber auch der Thronsaal des Emirs, von dem jedoch nur ein gepflasterter Hof sowie einige Säulen, die einmal eine Überdachung getragen haben, etwas von dem Glanz erahnen lassen, mit dem sich die Emire zu umgeben pflegten, wenn ausländische Gäste empfangen oder große Feste, z. B. anlässlich einer Krönung, gefeiert wurden.

Der **Rigestan**, der freie, geräumige Platz vor der Zitadelle, war zur Zeit der Samaniden von Palästen und prunkvollen Bauwerken umgeben. Reich geschmückte Gasthäuser, blühende Gartenanlagen und erfrischende Bassins bildeten eine Oase in der Oase, wo einst, so

Ark von Buchara, Portal (links) und Moschee

heißt es, »die üppigen Baumkronen der Ulmen wie Zelte« wirkten (Pugatschenkowa). Welches Aussehen und welche Funktion der Rigestan noch Ende des 19. Jh. hatte, beschreibt recht eindrucksvoll Schubert von Soldern: »Dieser [Rigestan] ist insofern als Marktplatz eingerichtet, als zahlreiche Verkäufer ein gebrechliches Gerüst als Tisch und ein primitives Dach als Schutz vor den Sonnenstrahlen aufgestellt haben und allerhand Dinge, namentlich Früchte, feilbieten; nur unmittelbar vor der Burg ist ein größerer Raum gänzlich freigelassen. Auf diesen Plätzen [gemeint ist der Rigestan und die Fläche vor dem Lab-e Haus-Komplex] kann man auch die interessanten Märchenerzähler, Gaukler und reitenden Wunderdoktoren beobachten, die stets eine große Menge des Volkes herbeilocken.«

Gegenüber dem mächtigen Tor der Zitadelle erstreckt sich – gleichsam als Gegenpol – ein Komplex von besonderer Harmonie und Schönheit: die **Moschee Bala Haus** (2). Das Ensemble umfasst die im Jahr 1712 errichtete Freitagsmoschee, ein Minarett aus dem Jahr 1917 (Architekt: Schirin Muradow) sowie ein Bassin. Bereits zur Zeit Timurs war es Tradition – eine Gepflogenheit, die vermutlich vom Aufbau eines Nomadenlagers hergeleitet werden kann –, einem im Labyrinth unzähliger Gassen und Straßen errichteten Bauwerk ein direktes Gegenüber *(kosch)* zuzuordnen, um die Bedeutung der architektonischen Anlage, unabhängig davon, ob es sich um ein Bauwerk religiösen oder profanen Charakters handelte, zusätzlich hervorzuheben.

Die Moschee Bala Haus, in der sich heute wieder gläubige Muslime zum fünfmaligen Gebet versammeln, besteht aus zwei Baukörpern: einem in sich geschlossenen (27 × 20 m) Kuppelbau und einer 42 m breiten und 10 m tiefen offenen Vorhalle, an die sich sechs

Buchara, Schnitt und Grundriss der Moschee Bala Haus

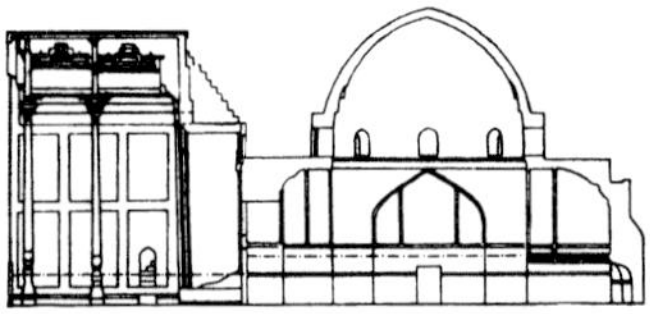

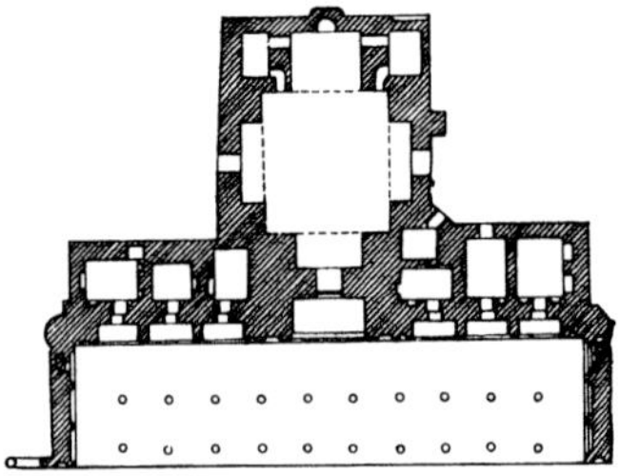

unterschiedlich große Zellen anschließen. Künstlerisch besonders interessant ist der Aufbau des Iwans und seine Ausstattung: Zwei Reihen von je zehn 12,5 m hohen Säulen tragen eine reich geschmückte und bunt ausgemalte Kassettendecke. Die besonders schlank wirkenden Säulen sind aus zwei Stücken zusammengefügt und fallen vornehmlich durch ihre großen, geschnitzten Stalaktitenkapitelle auf. Nahezu die gleichen Säulen fanden übrigens auch beim Aufbau der Sommermoschee auf der Zitadelle Verwendung. Es wird berichtet, dass auch der Emir diese Moschee zu besonderen Anlässen zu besuchen pflegte, woraus sich möglicherweise ihre verschwenderische Ausschmückung erklärt.

Auf dem Gelände eines ehemaligen Friedhofs, der nach und nach zu einem gepflegten Park umgestaltet wurde, befindet sich das wohl bemerkenswerteste, älteste, wertvollste und in seiner Art vielleicht auch das schönste der in Zentralasien noch erhaltenen Bauwerke: das **Mausoleum der Samaniden** (3). Trotz seiner bescheidenen Abmessungen von 10 × 10 m Grundfläche und etwa 14 m Höhe ist es ein Baudenkmal der Superlative und ein Beweis für das hohe künstlerische Leistungsvermögen der im 9./10. Jh. in Transoxanien regierenden Samaniden.

Aufgrund umfangreicher wissenschaftlicher Untersuchungen und Grabungen konnte das mit an Sicherheit grenzender Wahrscheinlichkeit um die Wende des 9. zum 10. Jh. errichtete Mausoleum als Familiengruft der Dynastie der Samaniden identifiziert werden. Auch gibt es Hinweise, dass sich hier tatsächlich das Grab des berühmten Ismail ibn Ahmad befindet, der von 892–907 in Buchara regierte und – wie Narschachi in der ›Geschichte Bucharas‹ im Jahr 943 berichtet – nur deshalb ermordet worden sein soll (914?), weil »er Arabisch anstelle von Persisch zu seiner Amtssprache gemacht habe, weswegen er mehr Umgang mit Gelehrten als mit seinen Pagen, *ghulam*, zu pflegen begonnen, wofür sich diese dann eben gerächt hätten.« (Grunebaum).

Das Mausoleum der Samaniden ist aber auch noch aus einem anderen Grunde erwähnenswert, nämlich als das früheste bekannte Grabmal, das für eine angesehene Persönlichkeit der islamischen Welt des Orients errichtet worden war, da zuvor auch bedeutende Vertreter geistlicher und weltlicher Macht immer nur in einem

Eine prächtige, bunt ausgemalte Kassettendecke schmückt den Iwan der Moschee Bala Haus

schlichten Grab unter der Erde – hochstehende Würdenträger vielleicht noch unweit einer Moschee – bestattet wurden.

Besonders imponierend bei diesem Bauwerk, das ein Vorbild auch im sassanidischen Feuertempel haben könnte, ist die schlichte Eleganz seiner Form und seines Dekors: Klar gegliedert und völlig harmonisch ist der würfelförmige, überkuppelte Baukörper, bei dem ausschließlich gebrannte unglasierte Ziegel, sowohl als Baumaterial als auch als Schmuckelement, Verwendung gefunden haben. Die

Das Mausoleum der Samaniden, das älteste und wertvollste islamische Bauwerk, das in Zentralasien erhalten ist

Fassaden des Mausoleums, die durch einen mit einer Spitzbogennische abgeschlossenen Eingang unterbrochen werden, sind alle gleich gestaltet. Nur die vier in die Ecken des Würfels eingestellten, aufwärtsstrebenden Dreiviertel-Rundpfeiler scheinen das ganze Gewicht der halbkugelförmigen Kuppel zu tragen, die sich über der umlaufenden, offenen – die Übergangszone überspielenden – Bogengalerie erhebt. Nicht unmittelbar über den Säulen, sondern in unorthodoxer Weise leicht in Richtung des Zentrums versetzt, bilden bienenkorbartige Zierkuppeln – vermutlich ebenfalls nach sassanidi schem Muster – einen besonders originellen Abschluss.

Beeindruckend, aber dennoch verhalten, ist der einem Flechtwerk ähnelnde monochrome Ziegelschmuck der Außenfassade, der dem quadratischen Unterbau jede Schwerkraft zu nehmen scheint; eine Technik, die später mit der Verwendung polychromer Fayencemosaiken zur höchsten Vollendung geführt werden sollte. Über die Schönheit des Dekors dieser faszinierenden Grabstätte schreibt G. A. Pugatschenkowa ganz treffend: »Die bewundernswerte Vielfalt in der Gestaltung des Ziegels erreichte durch die Ausnutzung aller Eigenschaften dieses Materials eine Vollendung, wie es zu dieser Zeit kein anderes Bauwerk der Welt aufweisen konnte. Die Ziegel wurden so geformt, dass daraus große Scheiben, vierblättrige Rosetten und modellierte gitterähnliche Fenster entstanden. Andere Ziegel bildeten konvexe Muster auf dem vertieften Grund des Mauerwerkes, wobei das Spiel der Schatten besonders interessant ist.«

Der ebenfalls quadratisch angelegte Innenraum (7,2 × 7,2 m) wird nach oben zu einem Acht- und weiter zu einem Sechszehneck umgebildet, welches die Basis für das Rund der Kuppel bildet. Die hier zu beobachtende Kuppelkonstruktion war für die damalige Zeit eine herausragende technische Leistung, die besonders in der Gestaltung der Trompennischen zum Ausdruck kommt, die die starken statischen Auflagekräfte der Kuppel über je drei Rippen in das massive Mauerwerk der Wände ableiten, wobei die eigentlichen Kraftwirkungslinien durch ein Band von Ornamenten elegant überspielt werden.

Gerade weil in diesem Mausoleum jahrtausendealte Traditionen und Erfahrungen (siehe zum Beispiel Balandy, S. 25) nicht einfach unreflektiert zur Anwendung gebracht, sondern selbständig weiterentwickelt und verbessert wurden, zählt dieses Baudenkmal der Samaniden zu Recht zu den größten Schöpfungen islamischer Baukunst. Hier wurden eindeutig Maßstäbe gesetzt, die in der Folgezeit nicht ohne Konsequenzen bleiben konnten.

Nicht weit vom Mausoleum der Samaniden steht der Masar **Tscheschme Ajub** (4), der Hiobsbrunnen, ein schlichter rechteckiger (21 × 14 m), mit mehreren Kuppeln überdachter Bau, an dem augenscheinlich mehrere Jahrhunderte gearbeitet haben. Der älteste Teil des Masars, der von einer konischen Kuppel bekrönt wird, die sich über einen zylindrischen Tambour erhebt, soll unter dem Karachaniden Statthalter Arslan Khan im 12. Jh. errichtet worden sein.

Aber höchstwahrscheinlich war es doch Timur, der im 14. Jh. den Grabraum geplant hat und ihn 1380 von choresmischen Baumeistern ausführen ließ, die im Zuge des Leiturgie-Systems aus der im Jahr 1379 zerstörten Stadt Gurgandsch nach Buchara verschleppt worden waren. Diese Vermutung hat sicher ihre Berechtigung, da ähnliche Kuppelkonstruktionen im 14. Jh. für Choresm charakteristisch waren. In der zweiten Hälfte des 16. Jh. wurde das Bauwerk schließlich nochmals verändert und durch ein niedriges Portal mit zwei flankierenden Türmen ergänzt.

Hier in den nur spärlich mit Alabasterschnitzereien geschmückten Räumen (Gur-chane und Siarat-chane), die durch vier in Größe und Form unterschiedliche, flache Kuppeln abgeschlossen werden, hat der Besucher tatsächlich den Eindruck, sich in einem Totenhaus zu befinden. Und der Brunnen, den Hiob (Ajub) nach der Legende mit einem Stab aus einem Felsen geschlagen haben soll, spendet auch heute noch muslimischen Pilgern heilendes Wasser.

Unmittelbar gegenüber von Tscheschme Ajub befindet sich eine bemerkenswerte, im Jahre 1998 errichtete **Gedenkstätte für Ismail al Buchari** (s. a. S. 235), in die ein kleines Museum mit recht interessanten Exponaten integriert ist.

Von diesen Stätten des Glaubens und des Gedenkens sind es nur wenige Schritte bis zum großen **Samaniden Basar** jenseits der alten Stadtmauer von Buchara, hinter der schon die baumlose Steppe beginnt. Von der alten Befestigungsmauer jedoch sind nur noch wenige Reste sowie das im 16. Jh. errichtete Tor Tall-e Potsch erhalten.

»... Getrocknet honigsüße Früchte von Buchara, dem Sonnenland.«
Goethe: Westöstlicher Diwan

Als das eigentliche Wahrzeichen von Buchara gilt ein mitten in der Stadt stehender, fast 50 m hoher Turm: das **Minarett Kalan** (5), ein Bauwerk, das schon in vormongolischer Zeit den Karawanen den Weg zur heiligen Stadt zeigte. In erster Linie sollte dieses zu Beginn des 12. Jh. unter dem Karakhanidenherrscher Arslan Khan errichtete Minarett jedoch nicht ›Leuchtturm‹, sondern vielmehr ein besonders hervorgehobener Ort der Muezzins sein, die von hier aus ihre Stimmen weit über die Stadt erschallen ließen. Und später waren es sogar mehrere, die gleichzeitig aus den Fenstern der Laterne die Gläubigen zum Gebet riefen. Bis in das 20. Jh. musste dieses die ganze Stadt beherrschende Minarett aber auch noch eine dritte Funktion übernehmen – nämlich als Richtstätte für die zum Tode Verurteilten. Die »Art der Hinrichtung bestand darin, die Delinquenten in einen Sack zu stecken, diesen festzubinden, ihn auf einen hohen Thurm [das Minarett Kalan] zu bringen und dann samt Inhalt herabzuwerfen.« (von Soldern)

Dem heutigen Besucher präsentiert sich das Minarett als hervorragend erhaltenes Baudenkmal, dessen Grundform für Zentralasien und den Iran in gleicher Weise charakteristisch ist; ein runder, steiler, nach oben hin sich langsam verjüngender, aufwärtsstrebender Turm, dessen Sockeldurchmesser mehr als 10 m beträgt. Bekrönt wird das Minarett durch eine mohnkapselförmige Laterne mit 16 Spitzbogen-

Moschee und Minarett Kalan. Der 45,6 m hohe Moscheeturm ist das Wahrzeichen der Stadt Buchara

fenstern. Man vermutet, dass sich der Turm früher auch noch über die durch Stalaktiten begrenzte Rotunde hinaus fortgesetzt hat, aber irgendwann abgebrochen ist. Baumaterial und Schmuckelemente zugleich sind – wie bei dem Mausoleum der Samaniden – gebrannte Ziegel, die in breiten und schmalen übereinander angeordneten Bändern große, dekorative Muster bilden und allein durch ihre Größe und Anordnung die Oberfläche beleben. Unmittelbar unterhalb des Stalaktitenkranzes der Laterne fällt ein schmaler Fries auf, der in seiner blaugrünen Farbe einen echten Kontrast zum (naturfarbenen) Ocker der unbehandelten Ziegel bildet. Es ist zu vermuten, dass das Minarett Kalan mit zu den ältesten Baudenkmälern gehört, bei denen zur dekorativen Verkleidung von Wandflächen außer einfachen unglasierten Ziegeln die Farbe als zusätzliches Dekorationselement hinzutritt.

Unmittelbar neben dem Minarett Kalan erhebt sich die Große Moschee: die **Moschee Kalan** (6), die durch eine kleine Brücke mit dem Minarett verbunden ist, eine im 11./12. Jh. im Orient oft zu beobachtende architektonische Lösung. Der Bau vom Typus der Pfeilermoschee zählt zu den ältesten erhaltenen und – neben Bibi Hanim in Samarkand – größten Moscheen im zentralasiatischen Raum. Schon Arslan Khan errichtete im 12. Jh. am selben Ort eine Stätte des Gebets, die aber im Lauf der Jahrhunderte wiederholt umgebaut und verändert wurde. Obwohl die Pläne für die neue Moschee vermutlich aus dem 15. Jh. stammen, konnten die Bauarbeiten, wie aus einer Inschrift hervorgeht, jedoch erst unter den Schaibaniden im Jahr 1514 abgeschlossen werden.

Von der Anlage her ist Kalan eine nach timuridischen Vorbildern und Traditionen errichtete Vier-Iwan-Moschee (Grundfläche 127 × 78 m) mit einem großen Innenhof. Die den Hof umgebenden Kup-

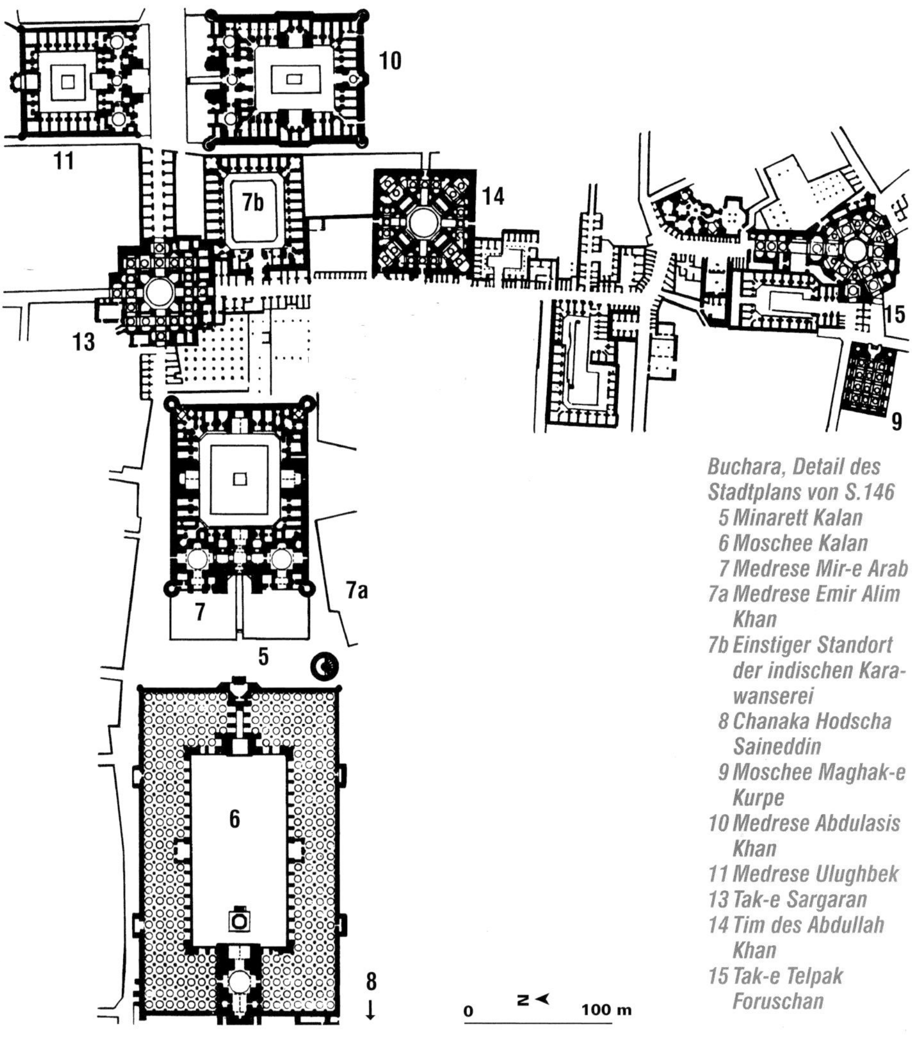

Buchara, Detail des Stadtplans von S. 146
5 Minarett Kalan
6 Moschee Kalan
7 Medrese Mir-e Arab
7a Medrese Emir Alim Khan
7b Einstiger Standort der indischen Karawanserei
8 Chanaka Hodscha Saineddin
9 Moschee Maghak-e Kurpe
10 Medrese Abdulasis Khan
11 Medrese Ulughbek
13 Tak-e Sargaran
14 Tim des Abdullah Khan
15 Tak-e Telpak Foruschan

pelgalerien werden von 208 Pfeilern getragen, auf denen 288 flache Kuppeln ruhen, deren Übergänge im Inneren zu recht unterschiedlich ausgebildeten sternenförmigen Mustern führen. Dem Eingangs-Iwan dieser palastartigen Moschee gegenüber liegt das Hauptgebäude, dessen mächtiger, mit einem weiten Bogen abgeschlossener Iwan zum Innenhof geöffnet ist. Hinter dem Portal erhebt sich über einem massiven würfelförmigen Unterbau ein mit großen Schriftzeichen in Ziegelmosaik verzierter Tambour, der eine zweischalige Kuppel trägt. Lichtblaue Kacheln schmücken die äußere Schale der

Kuppel, die alle Gebäude der Stadt überragt. Der Aufbau dieser Moscheehalle – Quadrat, Achteck, Tambour, Doppelkugel –, aber auch die Verkleidung der Iwane und viereckigen Pfeiler mit glasierten Ziegeln, die geometrische Muster bilden, haben eine auffallend große Ähnlichkeit mit der Moschee Bibi Hanim in Samarkand, sodass der Schluss erlaubt ist, dass diese Hauptmoschee von Buchara tatsächlich schon von den Timuriden konzipiert wurde, aber erst später unter den Schaibaniden gebaut werden konnte. Ihre Abmessungen entsprechen genau dem Goldenen Schnitt. Seit die Moschee Kalan wieder zu einem Ort des Gebets geworden ist, steht sie andersgläubigen Besuchern nur noch beschränkt offen.

Gegenüber der Moschee Kalan befindet sich auf der gleichen Achse – entsprechend dem Kosch-Prinzip – eine zweite Vier-Iwan-Anlage: die **Medrese Mir-e Arab** (7), die Ende 1535/Anfang 1536 vollendet wurde. Sie entstand während der Regierungszeit des Schaibaniden Ubaidullah (1533–39), wobei Scheich Mir-e Arab der eigentliche Bauherr gewesen sein soll. Interessant ist, dass gerade bei dieser Medrese in der Literatur wiederholt hervorgehoben wird, woher die Mittel zum Bau einer solchen an sich recht kostspieligen Anlage stammen: angeblich aus dem Erlös, der durch den Verkauf von 3000 Männern und Frauen schiitischen Bekenntnisses in die Sklaverei erzielt wurde. Aber noch ein anderer Aspekt, der bei dieser Medrese besonders deutlich wird, ist erwähnenswert: Die Zeiten, in denen ein Herrscher für sich und seine Angehörigen ein eigenständiges, kunstvoll ausgestaltetes Mausoleum bauen konnte, scheinen damals schon der Vergangenheit angehört zu haben, denn sowohl

Medrese Mir-e Arab mit Prunkiwan und den in zwei Etagen angeordneten Wohnzellen für die Koranschüler

der hölzerne Kenotaph des Ubaidullah Khan als auch die Grabstätte seines Scheichs befinden sich nur in einem prunkvoll gestalteten Grabraum (Gur-chane) in unmittelbarer Nähe der Hörsäle und Zellen der hier wohnenden Studenten. Schließlich und endlich ist die Medrese Mir-e Arab auch deshalb bemerkenswert, weil sie als einzige Hochschule in Zentralasien seit mehr als 400 Jahren ausschließlich dem gleichen Zweck dient: nämlich dem einer muslimisch-geistlichen Lehranstalt.

Besonders auffallend an dieser in konventionellem Stil erbauten und – hinsichtlich Grundriss und Aufteilung – der Medrese Ulughbek sehr ähnlichen Hochschule ist ihre Fassade, die durch einen Prunk-Iwan und zwei Rundtürme an den äußeren Ecken noch zusätzlich hervorgehoben wird. Leider ist der in einem kräftigen Blau erstrahlende Majolika-Schmuck des Portals, dessen Grundriss nicht dem üblichen Rechteck, sondern einem halben Achteck entspricht, nur noch zum Teil erhalten. Die äußeren Abmessungen der Medrese betragen 55 × 73 m, die des Innenhofs, der von den in zwei Etagen angeordneten Wohnzellen begrenzt wird, 33 × 37 m.

Zu beiden Seiten des Haupteingangs bilden zwei hohe überkuppelte Säle einen besonderen Blickfang: rechts ein Dars-chane (Unterrichtsraum), links der bereits erwähnte, hinsichtlich Konstruktion und Ausstattung aus dem Rahmen fallende Grabraum (Gurchane), der von einer sternförmig ausgebildeten, von 16 Fensteröffnungen durchbrochenen Kuppel gekrönt wird. In Form und Farbe entspricht der Dekor von Mir-e Arab der Tradition der spättimuridischen Zeit: geschnittene Mosaiken in Blau und Weiß, polychrome stilisierte Pflanzenmotive, kunstvoll verschlungene Schriftmuster in *thuluth* und Ornamente aus farbig glasierten Ziegelverbänden.

Dieses architektonisch hervorragend gestaltete Ensemble – Moschee, Minarett und Medrese – auch Pa-je Kalan genannt, gehört in Konzeption und Ausstattung zu den bedeutendsten Baudenkmälern der einstigen Hauptstadt. Obwohl die rings um einen Platz angeordneten Bauwerke innerhalb eines Zeitraums von gut 400 Jahren entstanden sind, bilden sie heute eine geschlossene Einheit, in die auch ein erst Anfang des 20. Jh. entstandener Portal-Kuppelbau, die Medrese Emir Alim Khan (7a), harmonisch integriert wurde.

Nur wenige Schritte südwestlich des Pa-je Kalan erhebt sich an einer Straßenkreuzung der **Chanaka Hodscha Saineddin** (8) aus dem 16. Jh. Der überkuppelte Mehrzweckbau, der auf den ersten Blick der Moschee Baland ähnelt, besteht aus mehreren Räumen mit einem vorgelagerten L-förmigen Iwan, der von acht Säulen getragen wird. Zu dem architektonischen Kunstwerk gehören ein Chanaka (Herberge), eine Stadtviertel-Moschee *(gusar)* sowie ein Mausoleum (die Grabstätte des Scheichs Saineddin) – vom Standpunkt des Städtebaus eine komplexe, aber doch sehr gelungene Komposition, deren Reiz durch die Umgebung – ein Wasserbassin *(haus)*, schattenspendende Bäume und gepflegte Weingärten – noch erhöht wird.

Durch eines der vier Portale gelangt man in einen rechteckigen, 81 m^2 großen, überkuppelten Raum, der mit unwahrscheinlich viel Fantasie gestaltet wurde: Mosaiken, in Kundal bemalte Wandflächen, ein schmückender Stalaktitenkranz, eine durch Bogen gegliederte Kuppelschale, die über und über mit vielfarbigen Malereien in Gold, Blau und Türkis verziert ist. Polychrome, fein gezeichnete Ornamente, komplizierte geometrische Muster, Pflanzenmotive aller Art, eine ganze Palette von fantasievollen Schmuckelementen füllen den weiten Raum und vermitteln dem Besucher einen Eindruck von überirdischer Schönheit, ein Bild vom »wunderbaren Garten Gottes«, den der Prophet »den Guten« verheißen hat.

Rund 200 m südöstlich des Pa-je Kalan kann man sich noch die **Moschee Maghak-e Kurpe** (9) anschauen, die erst 1637 entstanden ist. Sowohl von der Anlage als auch vom Aufbau her bildet dieser 15 × 24 m große Bau in Buchara eine Ausnahme: Es handelt sich hier um eine zweigeschossige Moschee mit zwölf Kuppeln, deren Hauptkuppel auf einem in der oberen Etage aufgesetzten Zylinder ruht. Ihre Spitze befindet sich 20 m über dem Erdboden. Bis heute befindet sich noch ungefähr die Hälfte der Bausubstanz unter der Erde.

»Wer aber gute Werke tut, sei es Mann oder Weib, und gläubig ist; sie sollen in den Himmel gelangen und sie sollen kein Unrecht erleiden.«

Sure 4.124

Wertvolle Zeugnisse für das künstlerische Leistungsvermögen zweier großer Epochen – der Timuriden und der Dschaniden – stellen die einander gegenüberliegenden Medresen Ulughbek und **Abdulasis Khan** (10) dar, die räumlich gesehen heute zwar eine Einheit bilden, hinsichtlich ihrer Entstehung jedoch mehr als zwei Jahrhunderte auseinander liegen. In der Anlage folgt die erst im Jahr 1652 errichtete Medrese der Tradition; es ist eine Vier-Iwan-Anlage von rechteckigem Grundriss (48 × 60 m), mit einem hohen Portal, kleinen Ecktürmen und zweigeschossigen Wohnzellen für die Studenten. Diese Medrese, die nach dem Willen ihres Bauherrn Abdulasis Khan (1647–80) »das beste, was in Buchara an Architektur und Kunsthandwerk je erschaffen worden ist, in sich vereinigen sollte« (Pugatschenkowa), wurde zwar ein in vieler Hinsicht beachtenswertes Bauwerk, aber es fehlt die Ausgewogenheit in den Proportionen, und es stört die Disharmonie zwischen Dekor und Struktur.

Trotzdem gehört auch Abdulasis Khan zu den sehenswerten Baudenkmälern von Buchara – allein schon wegen der durchaus reichhaltigen Ausschmückung und der Vielfalt neuer Motive, die an indische und osmanische Vorbilder erinnern: Vögel mit Schlangenköpfen inmitten von Blumen, reliefierte Vasen, Landschaftsmalereien, »stilisierte Wolken und Flammenzungen, die aussehen, als bewegten sich biegsame Zweige im Wind« (Brentjes). Innerhalb der Medrese befinden sich in den Ecken des Hauptportals wiederum überkuppelte Räume: Hörsäle und gegenüber dem Eingang, an der Südseite des Innenhofes, eine halboffene Moschee, deren Alabasterdecken äußerst vielseitige, komplizierte polygone Figuren zeigen – ein engmaschiges Netz, in dem sich alle Konturen der tragenden

Bogen zu verlieren scheinen. Als viel zu stark aufgetragen erweisen sich schließlich die blauen und goldenen Farben des Kundals, sodass die Wandmalereien nicht nur ihren eigentlichen Reiz verlieren, sondern sogar die Geometrie des Raumes nachteilig beeinflussen.

»Streben nach Wissen – das ist die Pflicht aller Muslime: eines jeden Mannes und einer jeden Frau.« Diese gerade für die Zeit Ulughbeks so charakteristische Forderung – eingegraben in das Holz der Eingangstür der **Medrese Ulughbek** (11) – hat im Laufe der Jahrhunderte offensichtlich nichts von ihrer Aussagekraft verloren. Errichtet wurde diese theologische Hochschule Anfang des 15. Jh. auf Anordnung von Khan Ulughbek. Sie ist die älteste erhaltene Medrese in Zentralasien und diente augenscheinlich über Jahrhunderte als Prototyp im Medresenbau.

Das auffallend hohe, mit einem Spitzbogen abgeschlossene Iwan-Portal nimmt etwa ein Drittel der Hauptfassade ein. Ein interessantes, seltenes Schmuckelement sieht man hier, eine »Art gedrehten Seils mit bläulicher Verkleidung«, das an der Außenkante des Iwan-Portals entlanggeführt wird und (nach Renz) als Abbild des ewig erquickenden Paradieswassers gedeutet werden kann. Zu beiden Seiten des Portals, dessen Fayenceschmuck im Lauf der Jahrhun-

Hauptfassade der Medrese Ulughbek mit hohem Portal und zweigeschossigen Spitzbogenarkaden. Ismail ibn Tahir, ein Enkel des bekannten Samarkander Architekten Mahmud Esfahani, war der im Auftrag von Ulughbek agierende Architekt.

derte weitgehend verlorengegangen ist und wegen fehlender Mittel nur zögernd ersetzt werden kann, erstrecken sich zweigeschossige Spitzbogenarkaden, die ursprünglich von kleinen Ecktürmen überragt waren.

Links und rechts vom Eingang befinden sich überkuppelte Räume: eine Moschee (links) und ein Hörsaal (Dars-chane), dessen Überkupplungssystem nicht auf einem Trompengefüge ruht, sondern auf mehreren größeren Halbkugeln. Der quadratische Innenhof (Seitenlänge ca. 22 m), ein Zwei-Iwan-Hof, wird von den in zwei Etagen angeordneten Zellen begrenzt, deren Fassaden kunstvoll gestaltete glasierte Ziegel schmücken: Ornamente aus geometrischen Mustern, Sternen und Kufi-Inschriften. Vom ehemaligen Mosaik- und Majolika-Dekor ist nicht mehr viel erhalten, da bereits 1585 im Zuge größerer Reparaturarbeiten fehlende und zerbrochene Kacheln durch weniger wertvolle Majolikaverkleidungen ersetzt wurden. Dieses schlichte ›Haus der Wissenschaft‹, ein für die erste Hälfte des 15. Jh. charakteristisches Bauwerk, das sich durch eine klare und besonders harmonische Gliederung auszeichnet, bildet hinsichtlich seiner räumlichen Anordnung gleichsam das Original zu der (nach dem Kosch-Prinzip) spiegelbildlich errichteten Medrese Abdulasis Khan.

Ein nordwestlich der Medrese Ulughbek liegender Baukomplex soll hier nur am Rande erwähnt werden: das ehemalige Gefängnis (Sendan; 12), eine von einer hohen Mauer umgebene Anlage aus dem 18. Jh. mit einem mächtigen Kuppeltorbau.

Wenn es auch vornehmlich die berühmten Kultbauten sind, die Mausoleen, Moscheen, Medresen und Minarette, die sich über die engen Gassen und schmalen Straßen der Stadt erheben und die Silhouette von Buchara beherrschen, so vermitteln verschiedene Profanbauten aus dem 16. Jh. – Marktkuppelbauten und Basare, die sogenannten *tak* und *tim*, dem Besucher von Buchara auch heute noch das Bild einer wahrhaft orientalischen Stadt mit dem charakteristischen regen und bunten Treiben. Es sind schmucklose, weiß verputzte, meist aus einer Vielzahl von verschachtelten Räumen bestehende Bauwerke, die vor allem durch ihre zahlreichen Kuppeln unterschiedlicher Form und Größe auffallen. Hier im Schatten der Gewölbe spielte sich das Alltagsleben der Einwohner von Buchara ab, hier wurde gekauft und verkauft, was über die Große Seidenstraße ins Land kam, hier wurde gehandelt und gefeilscht, hier arbeiteten aber auch die Handwerker der verschiedenen Zünfte von früh bis spät.

Im **Tak-e Sargaran** (13), der ›Kuppel der Juweliere‹, befanden sich einst mehr als dreißig Werkstätten und Läden mit Feuerstellen, Blasebälgen, Schmelztiegeln und Ambossen, wo kostbarer Schmuck wie Ohrgehänge und Ringe, aber auch geschnittene Siegel angefertigt wurden.

Der **Tim des Abdullah Khan** (14) ist eine Passage, in der es einst 56 Geschäfte für Seidenstoffe gab; das Ganze bildete ein riesiges

Aus dem 9./10. Jh. stammt die Moschee Maghak-e Attari

›Spezialkaufhaus‹ von quadratischem Grundriss (Seitenlänge ca. 40 m) mit einer Vielzahl von Kuppeln und Säulen. Tageslicht erhielten die miteinander verbundenen Räume durch die Fensteröffnung im Tambour, der die große Mittelkuppel trug, und durch Lichtschlitze in den kleinen Kuppelschalen.

Der **Tak-e Telpak Foruschan** (15), der ›Kuppelbasar der Mützenverkäufer‹, steht auf einer Kreuzung, in die fünf Straßen einmünden. Augenscheinlich waren technische Gründe dafür maßgebend, dass für den Grundriss der Halle nicht ein Fünf-, sondern ein Sechseck gewählt wurde, in das sich die einzelnen Straßen geschickt einfädelten. Das Zentrum beherrscht eine mächtige Kuppel, die von mehreren Fensteröffnungen durchbrochen ist. Neben Turbanen waren es Mützen aus Fell und vor allem *tjubeteikas,* die kleinen mit Gold- und Seidenfäden oder auch Glasperlen kunstvoll bestickten Kappen, die hier hergestellt und feilgeboten wurden.

Im **Tak-e Sarrafan** (16) führten einst die Geldwechsler – gewöhnlich Hindus – ihre Geschäfte mit fremdem Geld und Valuten. Dieser im Schnittpunkt zweier Straßen gelegene Basar ist schon wegen seiner klassischen Kuppelkonstruktion interessant und sehenswert: Die Kuppel ruht hier auf vier nichtverkleideten Kreuzbogen.

Im Zentrum der Stadt, wo sich einst der Mond-Basar befand, auf dem zweimal jährlich in Anwesenheit des auf einem Thron sitzenden Herrschers von Buchara Bilder von Gottheiten feilgeboten wurden, befindet sich heute eine der ältesten erhaltenen Moscheen von Zentralasien: die **Moschee Maghak-e Attari** (17). Gebaut wurde sie vermutlich schon im 9./10. Jh. und zwar an derselben Stelle, an der bereits in vorislamischer Zeit ein zoroastrischer Tempel gestanden hatte. Aber erst Anfang der 1930er-Jahre konnte diese Moschee unter einer dicken Schicht von Sand und Schutt freigelegt und restauriert werden. Zu den ältesten ausgegrabenen Funden der Moschee gehören Reste von geschnittenem Gipsschmuck und von Pfeilern aus dem Innenraum.

Der am besten erhaltene Teil, die südliche Hauptfassade, stammt jedoch aus dem 12. Jh., als die Moschee wesentlich umgebaut und neu verkleidet wurde. Ziegel in verschiedenen Ausführungen – geschliffen, geschnitten, behauen – sowie glasierte und unglasierte Terrakottaplatten bilden eine Vielfalt von geometrischen Mustern und Arabesken, die die Fassade eindrucksvoll gestalten. Mittelpunkt und Blickfang dieser in sich geschlossenen Moschee ist ein leicht vorgezogener Pischtak, dessen gebrochener Bogen auf zwei reich verzierten Ecksäulen ruht. Je drei vertikal angeordnete rechteckige Ziertafeln in geschnitzter Terrakotta zu beiden Seiten der gewölbten Portalnische zeigen verschiedene Arten von interessanten geometrischen Mustern *(gereh)*. Als Außendekor ungewöhnlich und daher besonders bemerkenswert sind je zwei das Portal flankierende Viertelsäulen, deren Oberfläche mit einem Flechtmuster geschmückt ist. Maghak-e Attari, deren Fußpunkt sich heute mehr als 4,5 m unterhalb der Erdoberfläche befindet, darf zweifelsohne zu den bedeutendsten Baudenkmälern der Karakhanidenzeit gerechnet werden, aber es wäre denkbar, dass im Zuge künftiger Forschungs- und Grabungsarbeiten noch weitere Gebäude dieser glanzvollen Bauepoche freigelegt werden.

Auf dem Weg zum Lab-e Haus sieht man in der nach rechts abzweigenden Altstadtgasse ein einstöckiges, eigentlich recht unansehnliches, weiß verputztes Gebäude – die **Synagoge** (18), in der sich nicht nur am Sabbat die wenigen noch in Buchara verbliebenen Juden zusammenfinden. Gäste sind hier herzlich willkommen, zum Gebet ebenso wie zum Gespräch.

Bereits im alten Buchara gehörte der **Lab-e Haus** (19) östlich des Tak-e Telpak Foruschan zu den wichtigsten Handelsplätzen der Stadt. Hier nahm die Hauptgeschäftsstraße ihren Anfang, wand sich durch die überkuppelten Basare, vorbei an den großen Medresen und Moscheen, um schließlich in den Rigestan einzumünden. Seinen Namen verdankt diese etwas eigenartige, aber doch sehr ansprechende architektonische Komposition einem Wasserbecken *(haus)*, das von Nadir Diwan-Begi, dem berühmten Wesir des Imam-Kuli Khan (1608–40) im Jahr 1620 angelegt worden war. Das 42 × 36 m große und etwa 5 m tiefe Bassin, das regelmäßig (zweimal im Monat) über einen Kanal mit Wasser aus dem Sarafschan gefüllt wurde, war eines der größten in der Stadt. Ende der 1920er-Jahre gab es noch 97 Wasserreservoire dieser Art in Buchara, deren Wasser von der Bevölkerung sowohl zum Trinken als auch zum Waschen verwendet wurde. Heute stehen am Ufer *(lab)* dieses künstlichen Sees mächtige Bäume, in deren Schatten vornehmlich ältere Einwohner ihren grünen Tee schlürfen, miteinander plaudern oder Domino spielen. Im Wasser aber spiegeln sich noch immer, wie schon vor mehr als 300 Jahren, die Fassaden monumentaler Bauwerke: im Norden die

An der Westseite des zum Lab-e Haus-Komplex gehörenden Wasserbeckens liegt das Chanaka Nadir Diwan-Begi

Medrese Kukaldasch, im Westen das Chanaka Nadir Diwan-Begi und im Osten die Medrese Nadir Diwan-Begi.

Das auf der Westseite unmittelbar am Ufer des Bassins stehende rechteckige (25 × 35 m) Gebäude ist das **Chanaka Nadir Diwan-Begi** (20), eine Pilgerherberge *(chanaka)*, die unter Nadir Diwan-Begi im Jahr 1620 errichtet wurde. Herausragendes Element dieser für den islamischen Osten typischen Anlage ist eine große Kuppel, die sich über einem kreuzförmig angeordneten Saal erhebt. Das von

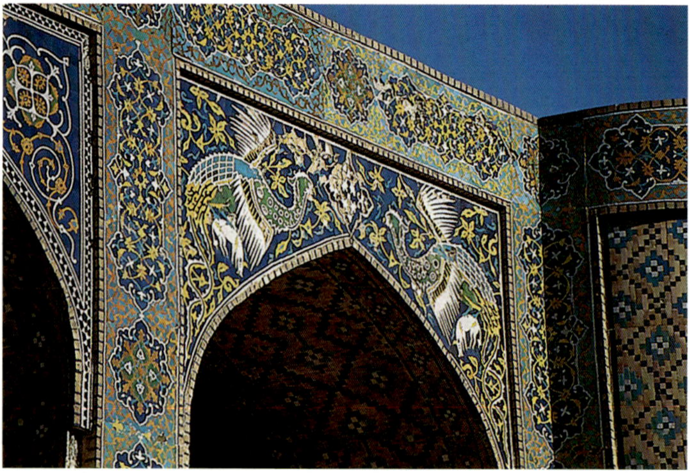

Fliegende Reiher zieren das Hauptportal der Medrese Nadir Diwan-Begi - eine Ausnahme im islamischen Dekor, das nur selten Lebewesen abbildet

zwei Türmen flankierte Portal wirkt für sich allein betrachtet vielleicht etwas eng und bescheiden, aber als Teil des gesamten Lab-e Haus bildet das Chanaka mit dem kleinen Wasserbecken und seinem Spiegelbild eine harmonische Einheit, die durch das Blau der wiederhergestellten Fassadenverkleidung einen besonders interessanten Akzent erhält (s. S. 104).

Gegenüber dem Chanaka Nadir Diwan-Begi, versteckt hinter einigen ausladenden Bäumen, liegt die **Medrese Nadir Diwan-Begi** (21) aus dem Jahr 1623. Ursprünglich war sie als Karawanserei erbaut worden; später wandelte man sie zu einer theologischen Hochschule um. Das 70 × 70 m große, architektonisch nicht gerade überzeugende Bauwerk fällt aber schon allein wegen seines im islamischen Raum unkanonischen Dekors auf, da in den Tympana des Hauptportals neben den gebräuchlichen Pflanzenmotiven auch Lebewesen – fliegende Reiher – abgebildet werden.

Als ein typisches Bauwerk der Abdullah-Khan-Periode (1557–98) – monumental und überreich dekoriert – gilt auf der anderen Straßenseite die **Medrese Kukaldasch** (22) aus dem Jahr 1569. Mit 160 Wohnzellen zählt sie zu den größten ihrer Art in Zentralasien. Ungewöhnlich und daher besonders bemerkenswert an dieser streng symmetrisch aufgebauten, 69 m breiten und 86 m langen Medrese ist, dass die bis dahin immer geschlossenen Außenfassaden durchbrochen und die Arkaden der zweiten Etage zur Straßenseite hin geöffnet sind. Die Hauptfassade jedoch wirkt fast schon schablonenhaft: ein überdimensionaler Torbau, zweigeschossige Arkaden und an den Ecken kleine Rundtürme. Der Grundriss des Eingangsgebäudes zeigt neben den zahlreichen nach innen und außen gerichteten Wohnzellen eine ganze Flucht von größeren Räumen, die so angeordnet sind, dass man von einem Eckraum durch das Vestibül in den anderen schauen kann. Kuppeln bekrönen die Dars-chane; sie zeigen in den Innenschalen ein Netz von Gewölbebogen – recht originell und leicht wirkende Gipsziegelkonstruktionen –, deren Zwischenräume mit Terrakottaplatten oder Ziegeln geschmückt sind, wobei die weißen Fugen komplizierte geometrische Muster bilden. Weniger anspruchsvoll hinsichtlich Form und Farbe ist hingegen der Majolikaschmuck an den Fassaden der Außenmauern, abgesehen von einigen wenigen, dafür aber sehr geschickt gesetzten Farbakzenten an den Wänden des 35 × 43 m großen Innenhofes.

Hier in dieser Medrese, die den Namen des Wesirs Kulbab Kukaldasch trägt, lebte und lehrte auch der Dichter und Schriftsteller Sadriddin Aini (1878–1954). Seine ersten Gedichte schrieb Aini in den 90er-Jahren des 19. Jahrhunderts. Von 1905 bis 1917 war er als Lehrer tätig, wurde jedoch vom Emir verfolgt, zu Stockschlägen verurteilt und eingekerkert. Später, lange nach der Revolution, war Aini ausschließlich als tadschikisch schreibender Schriftsteller aktiv, weshalb er heute als Begründer sowohl der usbekischen als auch der tadschikischen Literatur gilt.

Ein Bauwerk von besonderem Reiz stellt 300 m weiter östlich das Tor- oder Pförtnerhaus einer Medrese dar, die im Jahr 1807 Chalifa Nijaskul, ein reicher turkmenischer Kaufmann, hat errichten lassen: **Tschar Menar** (23), ›Vier Minarette‹. Der Grundriss dieser einst 92 m langen und 40 m breiten Medrese war im Vergleich zu den anderen Hochschulen Bucharas recht ungewöhnlich, und auch die innerhalb des Hofes angeordnete Sommermoschee, eine lichte Säulenhalle, stellte im Medresenbau zweifelsohne eine Ausnahme dar. Von der gesamten Anlage ist aber nur noch die alte Bibliothek (?) bzw. das Torhaus erhalten. Es ist ein zweistöckiges, mit einer breiten Kuppel überdachtes Gebäude (19 × 9 m), das an seinen vier Ecken von 17 m hohen Minaretten überragt wird, deren Kuppeln mit hellblau glasier-

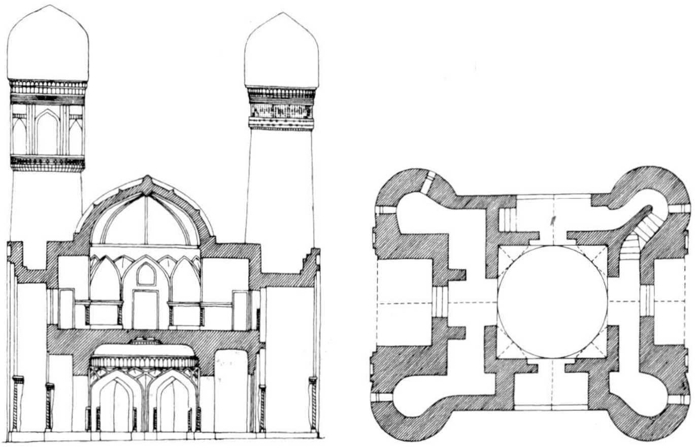

Schnitt und Grundriss des Torhauses Tschar Menar. Außer dem Torhaus blieb von der Medrese des Kaufmanns Chalifa Nijaskul nur noch eine Bibliothek (?) erhalten

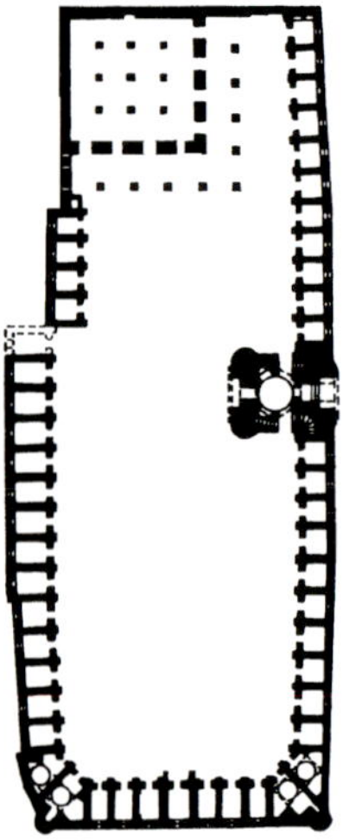

Grundriss der Medrese Chalifa Nijaskul (zeichnerische Rekonstruktion)

ten Kacheln verziert sind. Neben den zahlreichen monumentalen Bauwerken zählt Tschar Menar – gleichsam als ein zweites Wahrzeichen von Buchara – zu den originellsten und in gewisser Hinsicht auch zu den ausdrucksvollsten Baudenkmälern der Mangitenzeit.

Südlich der Basare liegt, versteckt hinter einer großen Mauer, ein aus mehreren Gebäuden bestehendes Anwesen des 19. Jh.: das **Haus des Kaufmanns Chodschajew** (24), eines reichen und angesehenen Bürgers der Stadt. Er handelte mit Karakul-Fellen, die er in Buchara kaufte und hoch im Norden – vornehmlich in Russland – mit gutem Gewinn wieder verkaufte. Das Haus, das heute gleichsam als Museum wieder offensteht, gefällt wegen seiner angenehmen Atmosphäre und seiner geschmackvollen Ausstattung. In den um einen Innenhof angeordneten Seitenflügeln liegen die Wohn-, Schlaf- und Vorratsräume, ein gemütliches Winterzimmer mit einem mächtigen Ofen sowie ein Frühlingszimmer mit besonders hohen Fenstern. Im Haupttrakt befindet sich ein mit bunten Wandmalereien reich ausgeschmückter Raum, in dem noch zu Zeiten des letzten Emirs Gäste empfangen und frohe Feste gefeiert wurden. Nachdem das Haus über viele Jahre anderweitig genutzt wurde, finden heute hier wieder kleinere Empfänge statt, bei denen die Gäste mit Sitten und Gebräuchen, die früher in Buchara gepflegt wurden, vertraut gemacht werden. Besonderes Interesse findet eine Vorführung der damals üblichen, für Männer und Frauen gleichermaßen recht bunten aber doch aufwendigen Garderobe – Kostüme, die an die Geschichten aus 1001 Nacht erinnern.

Dort, wo sich einst der Park Schamsabad befand, wurde im Jahr 1119 eine Moschee besonderer Art errichtet: eine **Namasgah-Moschee** (26), ein nur durch einen Zaun begrenzter ›Ort des Gebetes‹ – ein *masdschid* also in des Wortes wahrster Bedeutung, wo sich

Der Weiße Saal im Haus des Kaufmanns Chodschajew

in der wärmeren Jahreszeit und an bestimmten Feiertagen die Gläubigen zum gemeinsamen Gebet versammelten. Zentrum in diesem 37 × 85 m großen Areal war allein der auch heute noch erhaltene Mihrab, eine aus gebrannten Ziegeln gebaute Gebetsnische in der Kiblamauer. Ende des 14. Jh. wurde die Moschee restauriert und mit bunter, glasierter Terrakotta verziert und im 16. Jh. durch drei ineinander übergehende Kuppelbauten – einschließlich eines 15,3 m hohen Pischtaks – erweitert. Um die fast 40 m lange Kiblamauer statisch abzustützen, wurden an deren Rückseite zwei halbkreisförmige Widerlager eingebaut. Allein schon weil es in Buchara kein zweites Bauwerk dieser Art gibt, ist die Moschee Namasgah einen Besuch wert.

Wieder in Zentrumsnähe, gelangt man im Bereich der Kreuzung Djubor/B. Nakshabandi zur **Medrese Gaukoschan** (27), zu der noch eine Moschee und ein Minarett gehören. Es handelt sich um ein Bauwerk aus dem 17. Jh., das aber weder hinsichtlich seiner architektonischen Gestaltung noch bezüglich seiner dekorativen Ausstattung als herausragend angesehen werden kann. Heute ist hier eine Ziselierwerkstatt untergebracht.

Südwestlich des Zentrums, unweit der Medresen Madar-e Khan und Abdullah Khan, befindet sich eine kleine, einzigartig schöne Stadtviertel-Moschee, die **Moschee Baland** (28), die ›Hohe Moschee‹. Nicht so sehr wegen des äußeren Erscheinungsbildes – es ist eine Wintermoschee mit einem auf schlanken Holzsäulen ruhenden Iwan –, sondern vielmehr wegen der wertvollen Innenausstattung ist dieses etwas abseits gelegene Bauwerk besonders hervorzuheben. Im Gegensatz zu den anderen, jüngeren Denkmälern kommt gerade in dieser Moschee, die vermutlich Anfang des 16. Jh. errichtet worden ist, noch einmal das schöpferische Können der timuridischen Künstler zur vollen Entfaltung.

Hellgrüne Fayencefliesen mit in Gold gehaltenen Malereien, ein in Kundaltechnik gefertigter, golden und bunt erstrahlender, die Wände überspannender Dekor, reich gestaltete Pflanzenmotive und eng verschlungene Koran-Inschriften in *thuluth*, ein Mihrab mit einem feinen, aus Mosaiken geschnittenen Ornament, eine bemalte und geschnitzte und mit feinen Holzintarsien ausgelegte Kassettendecke – kurzum: ein Raum, der den Besucher zur Meditation und zum Gebet anzuregen vermag, wurde hier verwirklicht.

Südwestlich des Rigestan ließ Abdullah Khan im Jahr 1567 die **Medrese Madar-e Khan** (29) erbauen, die mit der hier vorbeiführenden Hauptverkehrsstraße des alten Buchara einen spitzen Winkel bilden würde, wäre nicht der eigentlich rechteckige Grundriss zu einem Trapez verzerrt worden, um die Medrese wenigstens der Hauptfassade der gegebenen Straßenführung anzupassen. Von dieser Korrektur war aber nur der Eingangstrakt betroffen, sodass die Darschane und Vestibüle nicht mehr in einer Flucht liegen, sondern gegeneinander versetzt sind, während die um den rechteckigen Innenhof (25 × 27 m) angelegten Wohnzellen wieder in der üblichen

Im Jahr 1567 ließ Abdullah Khan die Medrese Madar-e Khan für seine Mutter errichten

Symmetrie einander gegenüberstehen. Die Eingangsfassade von Madar-e Khan zeigt einen nur leicht erhöhten Pischtak, an dessen Seiten in zwei Geschossen je drei Loggien und in den äußeren Ecken wieder kleine Türme angeordnet sind. Glasierte Ziegel, die einfache Motive bilden, und Majolikaplatten mit geometrischen Mustern sind der einzige Schmuck dieser für die Mutter des Khans errichteten Medrese; ein für diese Zeit nicht gerade herausragendes Baudenkmal.

Zusammen mit der Medrese Madar-e Khan stellt die 1590, also nur wenige Jahre später erbaute Medrese **Abdullah Khan** (30) ein Musterbeispiel für eine Kosch-Medrese dar. Obwohl auch ihr Grundriss (40 × 75 m) hinsichtlich der Hauptachse unregelmäßig und asymmetrisch ist, zeigt die Hauptfassade – ein hervortretender Pischtak, zweigeschossige Arkaden mit flankierenden Ecktürmen – wieder die strenge, fast schon als obligatorisch zu bezeichnende Symmetrie. Interessant sind die nahezu optimale Flächenausnutzung durch zusätzlich eingeschobene Wohnzellen sowie die ungewöhnlich weit herausgezogenen Anbauten an der Süd- und West-

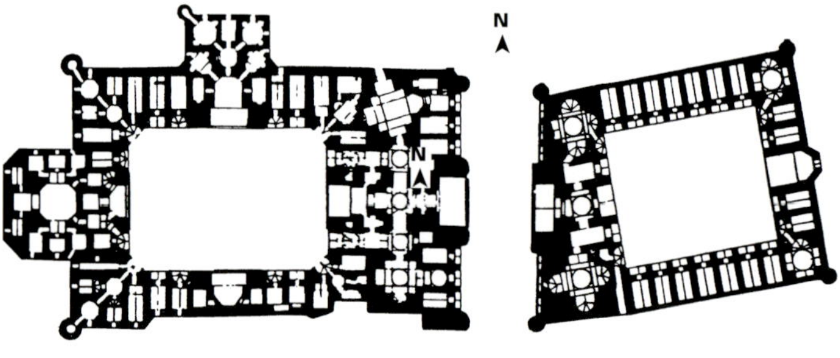

Grundrisse der Medresen Abdullah Khan (links) und Madar-e Khan (rechts)

seite der Medrese. Auffallend ist aber auch die Lage einer in das Eingangsgebäude integrierten Moschee, die weder in Richtung der Hauptachse noch zur Kibla hin orientiert ist, sondern eine exakte Nord-Süd-Ausrichtung erkennen lässt. Diese schiefwinklige Anordnung könnte ein Hinweis darauf sein, dass der alternde Abdullah Khan die Moschee als seine Begräbnisstätte vorgesehen hatte, da die Errichtung eigener Mausoleen zu dieser Zeit bereits von der geistlichen Führung verboten worden war.

Im Inneren der Medrese verdienen die gewagten Dachkonstruktionen und Überkuppelungssysteme besondere Beachtung, verkörpern sie doch einen ganz entscheidenden Fortschritt in der Baukunst des späten 16. Jh. Das Auffangen und Ableiten der statischen Auflagekräfte wird nämlich durch Bögen und Zwickel so elegant gelöst, dass diese tragenden Konstruktionen das Aussehen eines weit aufgespannten geometrischen Ornaments haben. Weniger ansprechend ist – wie schon bei ihrem Gegenüber – der aus bunten glasierten Ziegeln und schlecht verarbeiteter Majolika in Weiß und Blautönen bestehende Dekor der Fassadenverkleidung. Die Einbuße an Qualität, aber auch die Errichtung von statisch weniger belastbaren zweischaligen Ziegelwänden (anstelle einer kompakten Ziegelwand) – wohl aus Gründen der Materialeinsparung – stehen in einem echten Widerspruch zu dem erwähnten Innenausbau. Inwieweit fehlende Geldmittel, Zeitdruck oder auch die unsichere, durch Intrigen und Morde gekennzeichnete politische Lage zu dieser – im Vergleich zu vergangenen Epochen unorthodoxen – architektonischen Komposition führten, kann hier und jetzt nicht erörtert werden. Zu welchen herausragenden Leistungen bucharische Künstler tatsächlich fähig waren, zeigt, um nur ein Beispiel zu nennen, die geschnitzte und mit wertvollen Holzintarsien ausgelegte Eingangstür, die verschlungene geometrische Muster und Pflanzenmotive erkennen lässt.

Etwas weiter südlich gelangt man zur **Medrese Dschuibari Kalan** (31); hier verlief im 11. Jh. die Stadtgrenze von Buchara. Jenseits der Stadtmauer befand sich – wie Narschachi (10. Jh.) berichtet – noch ein weit ausgedehnter Wildpark: Schamsabad.

Auch nördlich und östlich des Zentrums von Buchara gibt es sehenswerte Architekturzeugnisse. Ein wahrhaft monumentales Bauwerk mit einem zentral angelegten Kuppelraum und flankierenden Seitengalerien mit je fünf Kuppeln ist das Ende des 16. Jh. errichtete **Chanaka Faisabad** (33), ein sogenanntes Flachkuppelkloster, im Norden der Stadt. Besonders eindrucksvoll wirkt eine dreistufig gegliederte Hauptfassade: außen die Flügel der Bogensäulenhalle, an die sich zweigeschossige Galerien anschließen, und in der Mitte der alles überragende Pischtak mit seinem hohen, gewölbten Portal. Weder eine schablonenhaft ausgeführte Kachelverkleidung noch ein Zuviel an Farbe stören die allein schon durch ihre Form wirkende Architektur – eine Meisterleistung des 16. Jh. – dieser in sich geschlossenen Komposition.

Auf dem Wege nach Kagan (s. S. 191) sollte man unbedingt noch zwei Baudenkmäler aus dem 13./14. Jh. aufsuchen – herausragende Beispiele für die Architektur der Mongolenzeit. Das erste ist die Grabstätte des im Jahr 1262 verstorbenen großen Mystikers und Scheichs **Saifeddin Bocharsi** (34). Den Eingang zu dem aus zwei überkuppelten Räumen (Gur-chane und Siarat-chane) bestehenden schmucklosen Mausoleum bildet ein großer Pischtak (15./16. Jh.), dessen Wirkung durch kleine Ecktürme unterstrichen wird. Wieder einmal sind es Stalaktitengewölbe, die die harten Übergänge vom würfelförmigen Unterbau zum Achteck und weiter zum Sechzehneck, auf dem die flache Kuppelschale aufsitzt, elegant überspielen. Ein Meisterwerk zentralasiatischer Holzschnitzkunst stellt der Kenotaph des Saifeddin Bocharsi dar. Bereits im 14. Jh. hatte dieser mit geschnitzten Ornamenten reich verzierte Kenotaph, dessen Vorderseite allein schon als kleines architektonisches Kunstwerk gilt, seinen Platz im Gur-chane des Mausoleums gefunden.

Was du gesehn,
ist glaubenswert.
Doch prüfe,
was du nur gehört.
Usbekisches Sprichwort

Kleiner und bescheidener ist das **Mausoleum Bujan-Kuli Khan** (35) für den im Jahr 1358 in Samarkand gestorbenen Mongolen-Khan Bujan-Kuli. Obwohl auch dieses Grabdenkmal aus zwei mit niedrigen Kuppeln überdachten Räumen besteht, wirkt es praktisch wie ein einzelner rechteckiger Raum, dessen Hauptfassade lediglich durch ein nur wenig hervortretendes Portal betont wird. Besondere Beachtung verdient der – leider nur noch zum Teil erhaltene – Keramikdekor, der sich nicht nur durch seine leuchtenden Farben Weiß, Dunkel- und Hellblau, sondern auch durch die Vielfalt der fein geschnittenen Ornamente auszeichnet: geometrische Muster, Kufi-Inschriften, und Pflanzenmotive, die eng miteinander verknüpft sind; ein hervorragendes Beispiel für die Entwicklung des vortimuridischen Kunstschaffens, zu dem sich auch in Samarkand (Schah-e Sende) interessante Parallelen aufzeigen lassen.

Im Norden von Buchara, etwa 4 km vom Zentrum entfernt, befindet sich ein nicht nur für Touristen interessantes Ausflugsziel: **Setare-je Mah-e Chase** (37), angeblich ›der Ort, wo Mond und Sterne einander begegnen‹, der Palast des letzten regierenden Emirs von Buchara, des Said Alim Khan. Schon allein aufgrund der Tatsache, dass es das letzte größere Bauwerk ist, das in Zentralasien unter einem Emir errichtet worden ist, sollte man eine Besichtigung dieser Sommerresidenz aus dem 19./20. Jh. nicht versäumen, auch wenn es sich hier nicht um architektonisch besonders wertvolle oder originelle Kompositionen handelt. Sehenswert sind jedoch ohne Zweifel die herausragenden Arbeiten der bucharischen Künstler Chasandschan und Schirin Muradow: im Empfangssaal die gut erhaltenen und sehr schönen polychromen Wandmalereien und im Weißen Saal die äußerst feinen Stuckarbeiten auf Spiegelglas. Heute befindet sich in dem ehemaligen Palast des Emirs ein Museum für angewandte Kunst mit recht interessanten Exponaten: Teppiche, Stickereien, Tuche, Musikinstrumente, Keramik, chinesisches und japanisches Porzellan, Schmuck und Waffen.

Der Sommerpalast Setare-je Mah-e Chase, ›der Ort, wo Mond und Sterne einander begegnen‹

Das war, das ist Buchara, wie es sich heute seinen Besuchern präsentiert. Beim Verlassen ›der Edlen‹ erinnert man sich vielleicht der Worte, mit denen Schubert von Soldern im Jahr 1899 seine Eindrücke zusammengefasst hat: »Diese ehrwürdige Stadt, die Jahrhunderte lang von jedem Verkehr mit der europäischen Civilisation vollständig abgeschlossen war, … bietet … das hochinteressante Bild eines unverfälschten Orients … Nirgends kann das Auge Ruhe finden, stets gewahrt der Fremde neue interessante Bilder, alles rings um ihn erscheint ihm so absonderlich, ungewöhnlich und neu, dass er sich in einer anderen Welt, in der Welt eines orientalischen Märchens zu befinden glaubt.«

Chiwa (Khiva)

Chiwa ☆☆
Besonders sehenswert:
Stadtmauer und Stadttore
Der Kohne Ark
Das Minarett Kalta Menar
Das Mausoleum Pahlawan Mahmud
Die Dschuma-Moschee
Der Palast Tasch Hauli
Minarett und Medrese Islam Hodscha

Chiwa (usbek. Xiva, 56000 Ew., in der Altstadt ca. 4000) liegt am Unterlauf des Amu Darja im Gebiet Choresm, 30 km südlich von Urgentsch (Flughafen). In noch stärkerem Maße als Buchara hat Chiwa – insbesondere die Altstadt Itschan Kale – seinen gewachsenen orientalischen Charakter bewahrt: enge Gassen, ebenerdige, aus Pachsa und ungebrannten Ziegeln gebaute *haulis* (Wohnhäuser) zwischen prächtig ausgestatteten Mausoleen, Moscheen, Medresen, Palästen und Minaretten – ein steingewordenes Märchen aus 1001 Nacht.

Geschichte: Die Sage erzählt, dass schon in alter Zeit die Karawanen auf ihrem Weg durch die Karakum in Chiwa rasteten, an einem

Chiwa, Blick über die Stadt

Brunnen, den sie *cheiwak* (›Oh, wie ist das wohltuend‹) nannten und den, wie die Legende weiter berichtet, Sem, Noahs ältester Sohn, hatte graben lassen. Um diesen Brunnen, der heute noch im Nordwesten der Chiwaer Altstadt erhalten ist, entwickelte sich im Lauf der Jahrhunderte die Siedlung. Bereits im 6. Jh. (?) soll eine große Mauer die Stadt umgeben haben, die aber in der Folgezeit wiederholt geschleift und wiederaufgebaut wurde. Im 10. Jh. wird Chiwa als Stadt erwähnt und tritt schließlich 1592 als Hauptstadt von Choresm die Nachfolge von Kohne Urgentsch an. 1740 wird Chiwa von den Persern (Nadir Schah) erobert und weitgehend zerstört, doch schon im Jahr 1785 wird mit dem Wiederaufbau der 2200 m langen und 7–8 m hohen Stadtmauer begonnen. 1873 muss der Khan von Chiwa die Oberhoheit der Russen anerkennen. 1920 wird es in die Volksrepublik Choresm eingegliedert und gehört als Teil dersel-

ben von 1924 an bis zum Zerfall der Sowjetunion zur Usbekischen SSR.

Heute ist Chiwa nicht nur eine aufstrebende Stadt mit Baumwoll-, Teppich- und Seidenindustrie sowie Keramik-Werkstätten, sondern auch eine Touristenattraktion ersten Ranges. Da in keiner anderen Stadt Zentralasiens ganze Stadtbezirke so unverfälscht und unbeschädigt erhalten geblieben sind wie hier in Chiwa, verkörpert gerade Itschan Kale ein hervorragendes Beispiel einer feudalen mittelalterlichen, islamisch geprägten Stadt, in der sich auch heute noch – besonders an Markttagen – der ganze Zauber des Orients entfaltet. Chiwa ist nämlich nicht nur ein beliebtes Reiseziel in- und ausländischer Touristen, sondern auch ein wichtiger Umschlagplatz für die Bauern der Umgebung, die sich hier mit ihrem vollbeladenen, von einem Esel gezogenen *arabe* (einem zweirädrigen Karren) in ihren pittoresken Trachten, nicht selten aber auch in Jeans hinter dem Steuer eines dreirädrigen Lieferwagens – vornehmlich an Sonntagen – auf dem Basar vor den Toren der Stadt einfinden.

Besichtigung

Chiwa – Welterbe seit 1990

Unmittelbar neben der Neustadt Dischan Kale liegt in westlicher Richtung die Altstadt Itschan Kale, die sich über eine Fläche von nur 400 × 720 m erstreckt. Ihre Stadtmauer ist nahezu vollständig erhalten, ebenso die Schutzwälle und Bastionen, hergestellt aus Tonerde und luftgetrockneten Ziegeln, die die Altstadt – einst ein Zentrum der Religion und der Wissenschaft, aber auch der Macht und Sklaverei, heute ein einzigartiges Freilichtmuseum – schützend umgeben.

Durchbrochen war die Mauer von mehreren Toren, von denen einige noch erhalten bzw. wieder aufgebaut worden sind. Gewöhnlich betritt man die Stadt von Westen her durch das restaurierte Tor **Ata Darwase** (1) und wandert auf der nahezu geradlinig verlaufenden Hauptstraße durch den historisch und kulturell interessantesten Teil von Chiwa gen Osten zu dem Tor **Palwan Darwase** (2), das im

Chiwa 1 Tor Ata Darwase 2 Tor Palwan Darwase 3 Tor Dascht Darwase 4 Tor Bachtscha Darwase 5 Kohne Ark 6 Medrese Muhammad Rahim Khan II. 7 Minarett Tura-Murad-Tura 8 Medrese Amin Khan 9 Minarett Kalta Menar 10 Medrese Matinjas Diwan-Begi 11 Mausoleum Said Alaeddin 12 Medrese Kasi-Kalan 13 Medrese Chodschasch-Maggaram 14 Mausoleum Pahlawan Mahmud 15 Medrese Schir Ghasi Khan 16 Minarett und Medrese Islam Hodscha 17 Dschuma-Moschee 18 Medrese Matpana Bei 19 Medrese Arab Khan 20 Medrese Muhammad Amin Inak 21 Medrese Dost Alame 22 Mausoleum Utsch Awlija 23 Medrese Kutlug Murad Inak 24 Medrese Abdullah Khan 25 Ak Moschee 26 Badehaus Anusch Khan 27 Moschee Said Scheliker Bei 28 Medrese Alla-Kuli Khan 29 Tim und Karawanserei Alla-Kuli Khan 30 Palast Tasch Hauli 31 Palast Nurulla Bei 32 Medrese Jussup-Jasaul-Baschi 33 Medrese Musa-Tura 34 Medrese Emir-Tura 35 Moschee Said Ata 36 Brunnen Cheiwak

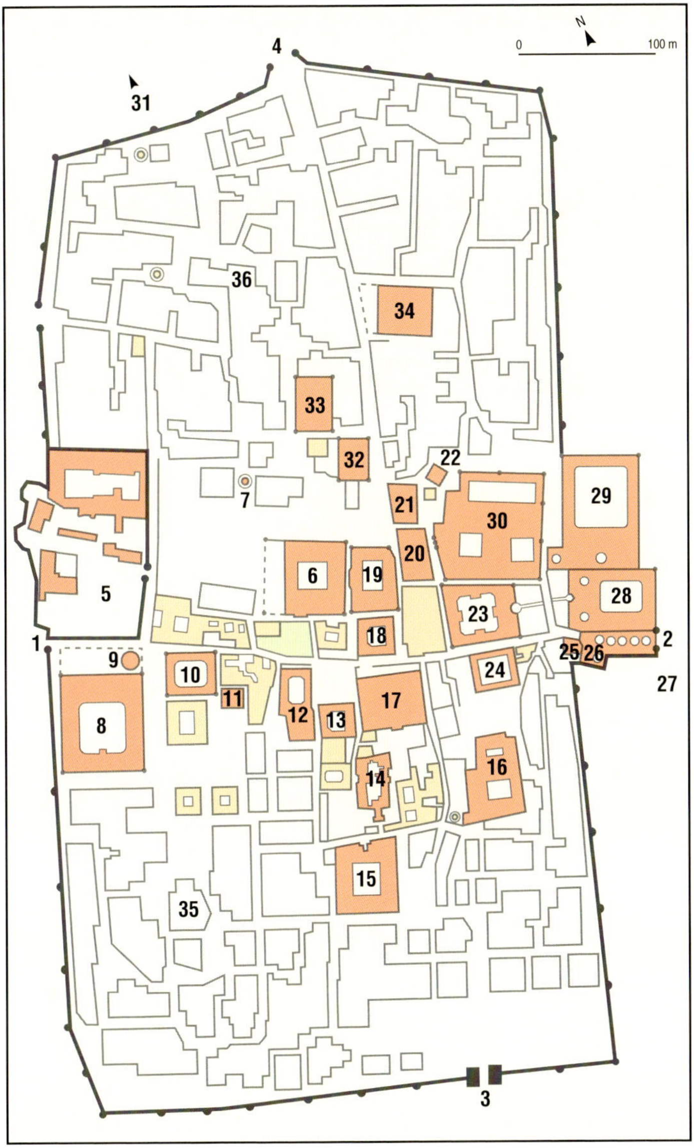

Jahr 1806 errichtet wurde. Während die Torausfahrt von zwei mit Ziegelornamenten geschmückten Türmen und Spitzbogenarkaden umrahmt wird, schließt sich stadteinwärts eine 50 m lange Galerie von überkuppelten Verkaufsständen an – ein Ort, wo sich einst das

Besucher betreten die Stadt meist von Westen her durch das restaurierte Tor Ata Darwase

Geschäftsleben der Stadt konzentrierte. Im Süden Chiwas befindet sich das mächtige aus gebrannten Ziegeln errichtete Tor **Dascht Darwase** (3), dessen Durchfahrt und Ecktürme einmal hohe Kuppeln krönten. Das Nordtor **Bachtscha Darwase** (4), ein 15 m langes und über 5 m breites Gebäude, das zwei Kuppeln zieren, öffnet den Weg nach Urgentsch.

Unmittelbar neben dem Westtor erhebt sich die ›alte Festung‹ **Kohne Ark** (5), die im 17. Jh. gegründet, im Jahr 1806 ausgebaut und noch im 20. Jh. durch Um- und Neubauten erweitert wurde. Auf dem etwa 130 × 90 m großen Gelände befanden sich neben dem eigentlichen Palast eine Moschee – eine offene Säulenhalle (1830) und eine Wintermoschee – sowie die Verwaltung, die Münze, das Arsenal und der Harem. Dieses um vier Innenhöfe gruppierte Ensemble war von einer 2 m dicken und 9 m hohen Befestigungsmauer umschlossen.

Im Kohne Ark, der alten Festung von Chiwa

Besondere Beachtung verdient die gut erhaltene Sommermoschee: der von schlanken Holzsäulen getragene, abgestufte Iwan, die mit glasierten Kacheln – vornehmlich in Weiß und Blau – vollständig verkleideten Wände sowie der Mihrab mit einer gerade für Chiwa typischen Ausschmückung. Denn wenn auch das Kunstschaffen von Chiwa auf die gleichen Quellen zurückgeführt werden kann, die für die Entwicklung der islamischen Architektur in Zentralasien allgemein von Bedeutung waren, so spricht man doch nicht ohne Grund von einem ›chiwaischen Ornament‹, das sich durch eine eigene Tradition von den anderen im zentralasiatischen Raum bekannten Dekorationen unterscheidet. Von den unzähligen geometrischen Formen bilden nämlich die *gereh* (Knoten) besonders für Chiwa charakteristische sternenförmige Ornamente, und auch die Pflanzen- und Blumenmuster von Chiwa unterscheiden sich dank ihrer Vielfalt und Lebendigkeit beachtlich von den Motiven, die z. B. in Buchara anzutreffen sind. Die Ornamentik von Chiwa entwickelte sich im Lauf der Jahrhunderte zu einem ganz eigenständigen Element. Ihre Motive fanden aber nicht nur in der Architektur, sondern in gleicher

Weise auch in der sogenannten Kleinkunst (Metall- und Stoffarbeiten) Verwendung.

Die Majolika, mit der die Wände der Empfangshalle geschmückt sind (grün-weiße, von *gerehs* umrahmte Blumenmotive auf blauem Untergrund), wurde wie die in der Sommermoschee unter Alla-Kuli Khan (1825–42) ausgeführt. Die den Iwan tragenden Holzsäulen ruhen auf Marmorsockeln, von denen einer mit einer interessanten Inschrift verziert ist; Worte, die Agechi, ein choresmischer Dichter, über gerechte und ungerechte Richter gesprochen haben soll. Historisch interessierten Besuchern sei noch das Museum für Geschichte des alten Chiwa im Kohne Ark empfohlen; hier sieht man den Alltag im Khanat Chiwa vor der Revolution sehr anschaulich dargestellt.

Der Ort, wo die vom Khan gefällten Todesurteile unmittelbar vollstreckt werden konnten, eine tiefe, viereckige Grube, befindet sich heute noch in der Mitte des größeren Platzes direkt vor der alten Zitadelle. Im Osten des Platzes sieht man die **Medrese Muhammad Rahim Khan II.** (6), die erst 1871 errichtet wurde; an der Nordseite das **Minarett Tura-Murad-Tura** (7).

Südlich der Festung, direkt neben dem Tor Ata Darwase, steht die noch gut erhaltene **Medrese Amin Khan** (8), eine 70 × 60 m große Vier-Iwan-Anlage aus den Jahren 1851/52, die der Medrese Kukaldasch in Buchara sehr ähnlich ist. Mit 99 Schülerzellen war sie die größte Medrese von Chiwa. Heute dient die Medrese, die vielleicht gerade durch ihre Schlichtheit auffällt, als Hotel.

Direkt vor der Medrese Amin Khan steht das **Minarett Kalta Menar** (9) aus dem Jahr 1855; ein offensichtlich unvollendetes Bauwerk, das aus diesem Grund ›kurzes‹ *(kalta)* Minarett heißt; zuweilen wird es auch Kok Menar, grünes Minarett, genannt. Bei einem Durchmesser von 14,8 m erreicht es eine Höhe von nur 28 m und markiert aufgrund dieser ungewöhnlichen Abmessungen die Silhouette der Stadt. Wie die Sage erzählt, hatte Amin Khan die Absicht, ein Minarett zu bauen, von dem aus man bis nach Buchara (fast

Östlich des Ark befindet sich die Medrese Muhammad Rahim Khan II.,ein Bauwerk des späten 19. Jh.

Offensichtlich unvollendet blieb das Minarett Kalta Menar vor der Medrese Amin Khan

400 km weit) sehen konnte. Nachdem aber der Fürst im Jahr 1855 in einer Schlacht gefallen war, wurden die Bauarbeiten an dem vorwiegend mit grün und gelb glasierten Kacheln verzierten Turm eingestellt.

Setzt man seinen Weg nun in westlicher Richtung fort, so sieht man auf der rechten Seite, unmittelbar hinter der **Medrese Matinjas Diwan-Begi** (10) ein noch aus der Mongolenzeit stammendes Bauwerk, das **Mausoleum des Scheichs Said Allaeddin** (11) aus dem

Jahr 1303, das aber unter Alla-Kuli Khan noch im 19. Jh. umgebaut wurde. Der schmucklose, verhältnismäßig kleine Grabbau – es ist das älteste Bauwerk in Chiwa – besticht allein schon durch seine unverfälschte, nüchterne Architektur. Berühmt jedoch wurde das Mausoleum wegen des sich hier befindenden Grabmals, das mit hervorragend gearbeiteten Keramikplatten verkleidet ist: Majolika, deren Ornamente fein gezeichnete Arabesken sowie weiße Blüten und Blätter auf blauem Grund zeigen. Ebenfalls reich geschmückt, z. T. mit arabischen Inschriften, präsentieren sich die beiden Kenotaphe auf dem Sockel des Grabmals.

Vorbei an den beiden Koranschulen **Kasi-Kalan** (12) und **Chodschasch-Maggaram** (13) gelangt man zu einer nach Westen abbiegenden Gasse, auf deren linker Seite sich das **Mausoleum Pahlawan Mahmud** (14) befindet. Weit über die Dächer der Stadt ragt die auf einem großen Tambour ruhende und mit türkis-blau leuchtenden Kacheln verzierte Kuppel, unter der der berühmte Volksheilige Pahlawan Mahmud (›der starke Mann‹, 1247–1326) seine letzte Ruhe gefunden hat. Er war berühmt wegen seiner ungewöhnlichen Tapferkeit und Stärke – in vielen Ländern des Ostens war er sogar als Ringkämpfer bekannt –, aber auch als Arzt und Dichter hatte er einen großen Namen. Nach seinem Tode wurde er von seinen Freunden in der Werkstatt, in der er viele Jahre gelebt und gearbeitet hatte, beigesetzt, und bald wurde diese als heiliger Ort zum Ziel zahlreicher Pilger und später sogar zur Begräbnisstätte der Khane.

Die alte, aus dem 14. Jh. stammende Grabstätte war, wie es heißt, verhältnismäßig klein und schmucklos. Erst im Jahr 1810 wurde aus gebrannten Ziegeln ein neues Mausoleum errichtet, ein 100 × 50 m großer Komplex, zu dem neben dem eigentlichen Grabraum auch Gebetsräume, ein Chanaka, eine Sommer- und Wintermoschee

Im Mausoleum Pahlawan Mahmud fand der berühmte Volksheilige seine letzte Ruhestätte

sowie verschiedene Dienstgebäude gehörten. Nicht nur die technische Perfektion im Aufbau und die Ausgewogenheit in den Proportionen, sondern vor allem die vollständig mit glasierten Kacheln ausgekleideten Räume und die kunstvolle Gestaltung der Fassade brachten das Mausoleum in den Ruf, eines der bedeutendsten Bauwerke in der islamischen Welt Zentralasiens zu sein. Als Architekten nennt eine Inschrift den Baumeister Abdullah Dschin.

Als von besonderer Schönheit erweisen sich die äußerst fein und exakt hergestellten Majolikaplatten mit ihren weißen Zeichnungen auf blauem Grund: stilisierte Pflanzenmotive, Arabesken mit Blüten und Blättern – ›Symbole des Frühlings‹, zahllose Medaillons, von einer Borte umrandet und kunstvoll ausgeschmückt –, Meisterwerke islamischer Ornamentik. Aber auch für die in Choresm über Jahrhunderte gepflegte Tradition der Holzschnitzerei finden sich im Bereich des Mausoleums ganz hervorragende Beweise: fein geschnitzte, zum Teil mit Elfenbein ausgelegte Türen sowie reich verzierte, hoch aufragende Säulen und elegante Dachkonstruktionen aus Holz. Hier im Mausoleum befinden sich die Gräber der Khane Muhammad Rahim (1806–25), Schir Ghasi (1715–30), Aba l-Ghasi (1644–63) und Alla-Kuli (1825–42). In einem nur durch ein kleines Fenster erleuchteten Seitenraum steht hinter einem hohen Gitter der mit blau-weißer Majolika geschmückte Kenotaph des Volkshelden Pahlawan Mahmud, von dessen Geist und Ironie die Verse über der Eingangstür ein besonderes Zeugnis ablegen: »Es ist leichter für mich, hundertmal dieselben Worte zu sagen, hundert Jahre im Gefängnis zu sitzen, hundert Berge in Sand zu verwandeln, als auch nur einen einzigen Dummkopf die Weisheit zu lehren.«

Über seine Eindrücke beim Besuch dieses Mausoleums im Jahr 1873 schreibt L. Kosstenko: »Dieser Heilige ist hier ebenso geachtet als der heilige Jakob von Compostella in Spanien. Das Innere der Moschee besteht aus vier gewölbten geräumigen Zimmern, von welchen das mittlere als größtes und schönstes von oben bis unten mit bunten Zeichnungen aus meistenteils blauen Kacheln bedeckt ist. Dieses geräumige viereckige Zimmer mit hohem Gewölbe hat eine merkwürdige Resonanz, welche die frommen Imame, die dort den Gottesdienst verrichten, beständig in Entzücken versetzt. Sie kauern sich in einem Winkel des Zimmers nieder, und indem sie ihren Oberleib in eine schaukelnde Bewegung bringen, recitieren sie schnell Verse aus dem Koran, das Gewölbe wirft diese Töne und Worte zurück, welche sich vermischend eine originelle Melodie hervorbringen.«

Südwestlich des Mausoleums geelangt man zur **Medrese Schir Ghasi Khan** (15). Mit dem Bau dieser Medrese wurde nach einem erfolgreichen Feldzug gegen Chorasan begonnen; im Jahr 1725 war sie vollendet. Die z. T. in der Erde versunkene Hauptfassade entspricht in ihrem Aufbau dem schon von Buchara her bekannten Medresenschema: ein leicht hervorgehobener Pischtak mit anschließenden zweigeschossigen Loggien und kleinen Türmen an den

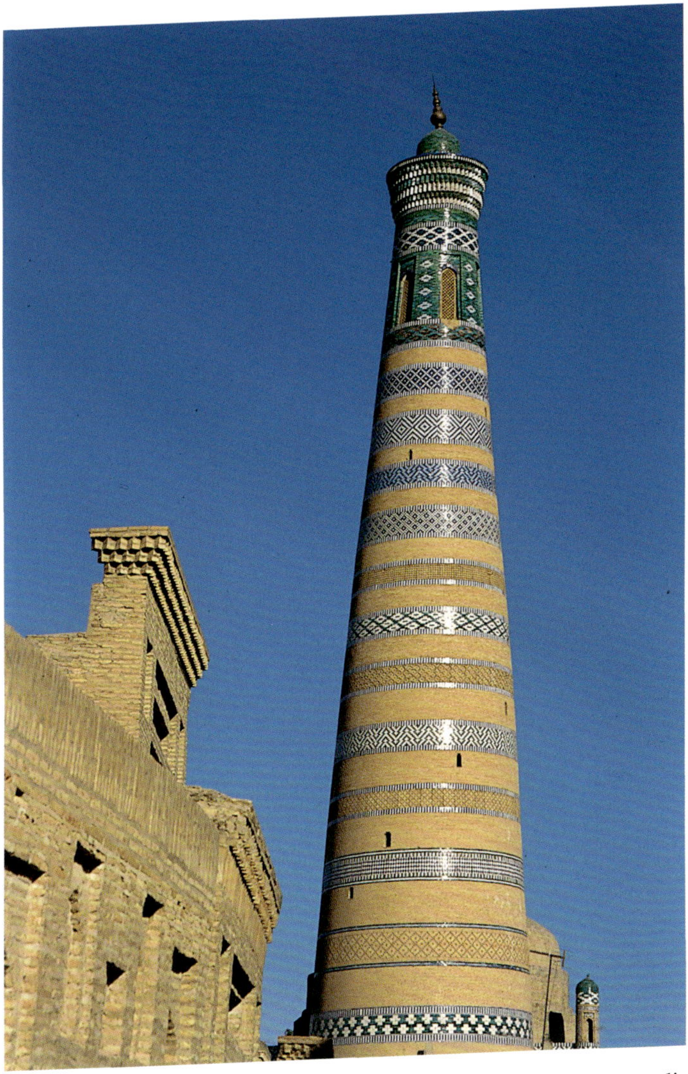

Das letzte bedeutende islamische Bauwerk, das in Zentralasien vor der Revolution errichtet wurde, ist das Minarett der Medrese Islam Hodscha

Ecken. Im Inneren der 45 × 50 m großen Anlage befindet sich traditionsgemäß ein Hof (ein Quadrat von 30 m Seitenlänge), auf den die Wohnzellen der Studenten ausgerichtet sind. Es heißt, dass diese Medrese von Sklaven gebaut wurde, denen für die Fertigstellung der Koranschule die Freiheit versprochen worden war, eine damals übliche Gepflogenheit. Nachdem aber wegen ständiger Änderungen und Ergänzungen die Arbeiten offensichtlich nie zu einem Abschluss gebracht werden konnten, sollen die Sklaven revoltiert und den

Die Kapitelle der Palastmoschee gehören zu den ältesten Beispielen der zentralasiatischen Holzschnitzkunst

Khan in seiner unvollendeten Medrese ermordet haben. Unter dem Namen Miskan-Fasilan (Haus der Gelehrten) wurde diese Medrese in Choresm bekannt. Im 18. Jh. schließlich lebte und lehrte hier auch der berühmte turkmenische Dichter und Philosoph Magtymguli (1733–82), der die Einheit aller Turkmenen forderte. Heute beherbergt die Medrese u. a. das Museum für Geschichte der Medizin des alten Choresm, in dem man sich über Leben und Werk berühmter Ärzte und Wissenschaftler, u. a. Avicenna und Al Biruni, informieren kann.

Das letzte bedeutende islamische Bauwerk, das noch vor der Revolution in Chiwa errichtet wurde, stammt aus dem Jahr 1910. Es ist das Minarett der **Medrese Islam Hodscha** (16), ein freistehender, sich nach oben verjüngender Turm. Mit Gürteln aus blauen und grünen Kacheln verziert, ist es den timuridischen Minaretten nicht unähnlich und bei einer Höhe von 57 m von jedem beliebigen Punkt der Stadt zu sehen. Von Islam Hodscha († 1917) wird berichtet, dass er sich nach seinem Studium in Paris als Minister intensiv um die sozialen Belange Chiwas bemüht und auch das erste Krankenhaus und eine Schule errichtet haben soll. In den Räumen der Medrese befindet sich das **Museum für Angewandte Kunst**, wo eine Vielzahl von Ausstellungsstücken gezeigt wird, die für Chiwa bzw. Choresm charakteristisch sind, darunter Ziselierarbeiten, Schnitzereien in Holz, Gips und Marmor, Keramik sowie Kostüme und Teppiche aus Seide und Wolle.

Ende des 18. Jh. wurden in Chiwa keine Kosten gescheut, die Altstadt aufs Neue zu befestigen und zu restaurieren. So wurde in den Jahren 1788–99 u. a. auch die **Dschuma-Moschee** (17) – offensichtlich die von Makdisi im 10. Jh. erwähnte Palastmoschee – rekonstruiert und ausgebaut. Sie umfasst eine 55 × 46 m große, geschlossene Halle ohne Schmuckwerk oder besondere Gliederung sowie ein in die Straßenfront einbezogenes Minarett. Nur wenig Licht fällt durch die zwei achteckig ausgesparten Öffnungen in der von 213 Säulen getragenen Holzbalkendecke, wodurch der Besucher den Eindruck erhält, sich in einem endlosen Raum zu befinden.

Von den Holzsäulen, die in sechs Reihen zu 17, sechs Reihen zu 16 und einer Reihe zu 15 angeordnet sind, lassen sich einige bis in das 10. und 12. Jh. zurückdatieren; damit gehören sie zu den ältesten Beispielen zentralasiatischer Holzschnitzkunst. Alle sind reich mit Schnitzwerk verziert, mit Ornamenten – sechseckigen Sternen, Palmetten, stilisierten Blättern und Blumen sowie arabischen Schriftzeichen – äußerst kunstvoll gestaltet, wobei man es verstanden hat, Wiederholungen zu vermeiden. Diese hervorragend ausgeführten Schnitzarbeiten, für deren Entstehung ein Einfluss von Gurgandsch, der damaligen Hauptstadt von Choresm, nicht auszuschließen ist, standen aber nicht am Ende einer Entwicklung, sondern wurden stilbildend für eine Kunst, die später zum unverzichtbaren Bestandteil der choresmischen Architektur wurde – sowohl in den großen Palästen als auch in den einfachen ländlichen Siedlungen, den *haulis*.

Gegenüber der Dschuma-Moschee reihen sich in nördlicher Richtung Medrese an Medrese; Bauwerke, die im Lauf mehrerer Jahrhunderte entstanden sind: erst die **Medrese Matpana-Bei** (18), dahinter die **Medrese Arab Khan** (19), erbaut in den Jahren 1616–23, dann die **Medrese Muhammad Amin Inak** (20) aus dem 18. Jh. und die **Medrese Dost Alame** (21) aus dem Jahr 1882. Neben diesen eingeschossigen Medresen, die in ihrem Grundriss dem traditionellen Schema folgen, sich aber nicht durch besonders herausragende oder originelle Fassaden auszeichnen, bildet das nach Süden ausgerichtete Portal des **Mausoleums Utsch Awljia** (22) einen doch recht interessanten Akzent. Das mit einer mächtigen Kuppel überwölbte Grabmal stammt aus dem 16. Jh. und gehört damit ebenfalls zu den ältesten Baudenkmälern von Chiwa. Angeblich wurde es zum Gedenken an drei zu Unrecht hingerichtete Brüder, die man die drei Heiligen nennt, unweit der Richtstätte erbaut.

Wieder zur Hauptstraße zurückkehrend, sieht man links die **Medrese Kutlug Murad Inak** (23). Mit Beginn des 19. Jh. – die Kungrat-Dynastie hatte die Regierungsgewalt von den Schaibaniden übernommen – begann für Chiwa eine Zeit der Stabilisierung und des wirtschaftlichen Wachstums. Der Außenhandel mit dem benachbarten Umland aber auch mit weiter entfernt liegenden Staaten, wie etwa Russland, nahm sukzessive zu, und der Bereich zwischen dem Tor Palwan Darwase und der Dschuma-Moschee wurde zu einem bedeutenden Umschlagplatz für Waren aller Art. Um den erworbenen Reichtum und die Stärke des Khanats auch nach außen zu dokumentieren, entstanden gerade hier, im Osten der Stadt, innerhalb weniger Jahre wahre Monumentalbauten. Als Erstes wurde in den Jahren 1804–12 die Medrese Kutlug Murad Inak gebaut, eine 40 × 30 m große Anlage, die mit ihren wuchtigen weißen Außenmauern und den eingeschobenen Ecktürmen einem Festungsbau ähnelt. Ihre

Zu den Monumentalbauten, mit denen die Chiwaer im 19. Jh. die Macht des Khanats demonstrierten, gehört die Medrese Kutlug Murad Inak

Hauptfassade jedoch entsprach dem üblichen Medresenschema: ein hochaufragender Pischtak mit anschließenden zweigeschossigen Loggien und Ecktürmen. Die für das Chiwa dieser Zeit verschwenderisch anmutende Dekoration, das stattliche Portal mit einem Gewölbe in Form eines aufgeschnittenen Pentaeders und die mit Stalaktiten geschmückten Nischen müssen in der Tat den Eindruck großen Reichtums erweckt haben. Es war die erste Medrese in Chiwa, die neben unglasierten auch farbige, vornehmlich blau-weiß glasierte Ziegel, zierten. Vor der Medrese – im Souterrain – befanden sich überwölbte Nischen, in denen Händler ihre Waren zum Kauf anboten, und im Innenhof stand ein großer unterirdischer Wasserbehälter, aus dem die Chiwaner ihr Trinkwasser schöpften.

Der Hauptstraße nach Osten folgend, gelangt man, vorbei an der **Medrese Abdullah Khan** (24), in der ein Naturkundemuseum über Flora und Fauna Choresms und der angrenzenden Wüstengebiete informiert, zur **Ak Moschee** (›weiße Moschee‹; 25), einem verhältnismäßig kleinen und nur mit einer Kuppel überdachten Bau, den Anusch Khan zu Ehren seines Vaters Abu l-Ghasi im Jahr 1657 errichten ließ. Eine offene Terrasse umgibt die Moschee an drei Seiten. Das Dach wird von schlanken Holzsäulen getragen, die mit großflächigen Schnitzereien verziert und hervorgehoben sind.

Im Allgemeinen waren die im 17. Jh. errichteten Gebäude hinsichtlich ihrer Größe und Ausstattung bescheiden. Eine Ausnahme jedoch bildet das **Badehaus Anusch Khan** (26), das Abu l-Ghasi im Jahr 1657 für seinen Sohn Anusch aus Dankbarkeit für dessen Schlachtenerfolge erbauen ließ. Zu dem recht großzügig angelegten Komplex, der mit dem Tor Palwan Darwase und dem sich anschließenden überkuppelten Basar eine Einheit zu bilden scheint, gehörten eine Empfangshalle, ein Umkleideraum, mehrere Waschräume, ein Heißwasserbehälter sowie ein Heizungskeller. Entsprechend ihrer Funktion war es eine Warmluftheizung, die sowohl das aus einem Brunnen abgeleitete Wasser als auch den Fußboden und die einzelnen Räume über ein kompliziertes Röhrensystem je nach den klimatischen Erfordernissen erwärmte. Die Wände waren mit wasserabstoßendem Stuck verputzt, weiß gestrichen und ohne jeden Schmuck. Belüftet und beleuchtet wurde das Bad durch mehrere Fensteröffnungen in den Kuppeln, mit denen die gesamte Anlage überdacht war. Gerade dieses Badehaus ist ein interessantes Beispiel für die Architektur des 17. Jh. in Chiwa, die sich durch einfache und klare Formen auszeichnete, aber auch für die Fähigkeiten der Architekten und Baumeister, technisch perfekte und funktionsgerechte Lösungen anzustreben.

Unweit des Tores Palwan Darwase (2) kann man die **Moschee Said Scheliker Bei** (27) aus dem 19. Jh. besuchen, die auch während der sowjetischen Periode muslimischen Gläubigen offenstand.

Nach dem Kosch-Prinzip wurde gegenüber der Medrese Kutlug Murad Inak (23) in den 30er-Jahren des 19. Jh. die **Medrese Alla-Kuli Khan** (28) errichtet, die allerdings bei einer Länge von 60 m und einer Breite von 40 m doppelt so groß ist. Aber auch hinsichtlich ihrer dekorativen Ausstattung übertrifft diese Medrese ihre Vorgängerin um ein Vielfaches. Im Zentrum der nach Westen ausgerichteten Prunkfassade sieht man, mit hellen, blauweißen Kacheln überreich dekoriert, das höchste Portal von ganz Chiwa.

Der für eine Medrese ungewöhnliche Vorbau lässt sich damit erklären, dass innerhalb des Geländes, auf dem die neue Hochschule gebaut werden sollte, bereits die im Jahr 1688 errichtete Medrese Chodschamberdybie (auch Churdschum-Medrese genannt) stand, die an drei Seiten von ihren Nachbargebäuden umschlossen war – ein Umstand, der bei der Planung der neuen Medrese großes Können und Geschick erforderte. Heute bilden beide Medresen augenscheinlich eine Einheit und erwecken den Eindruck eines großen Freilichttheaters: im Vordergrund die Bühne (das Dach der alten Medrese Chodschamberdybie) und im Hintergrund die Prunkfassade der Medrese Alla-Kuli Khan als gewaltige Kulisse.

Nach Norden zu schließen sich **Tim und Karawanserei Alla-Kuli Khan** (29) an. Der immer stärker ausgeweitete Handel hatte zur Folge, dass neben den theologischen Hochschulen auch das Handelszentrum vergrößert werden musste. So entstand im Jahr 1835 eine Karawanserei – die letzte, die in Zentralasien gebaut wurde – mit einem vorgesetzten überkuppelten Basar. Über dieses Geschäftsviertel schreibt knapp 40 Jahre später L. Kosstenko: »Die Länge dieser Fassade (der Karawanserei) beträgt 50 bis 60 Schritte. Die nicht großen Buden sind in zwei Etagen nach dem Hofe zu mit gewölbten Decken erbaut und werden nur durch die Thüröffnung erleuchtet. In diesen Buden befinden sich die aufgespeicherten Waaren der reichen Chiwinischen Kaufleute, welche mit Russland und Mittel-Asien Geschäfte treiben. Neben dieser Karawanserai befindet sich ein großes steinernes Gebäude mit hohen gewölbten Arkaden, Tim genannt. Die Gewölbe haben oben sechseckige und runde Öffnungen, um das Tageslicht einzulassen, in den Kapitalmauern der Wände und Arkaden sind Nischen angebracht, in welche hölzerne Schränke oder vielmehr Miniatur-Buden eingelassen sind, wo der Verkäufer in der Mitte seiner Ware sitzt.«

Ebenfalls in der ersten Hälfte des 19. Jh. wurde mit dem Bau des 60 × 74 m großen Palastes von Alla-Kuli Khan begonnen. **Tasch Hauli** (›steinernes Haus‹; 30), wie der Palast auch genannt wird, besteht aus mehreren Baugruppen und eingeschobenen Innenhöfen – Festsaal, Gerichtshof, Harem –, die von einer hohen, mit Zinnen bewehrten Mauer umgeben sind. Der Thronsaal des Khans und verschiedene Gästezimmer liegen unmittelbar neben dem Hof (Mehman-chane), wo der Khan seine Staatsempfänge zu geben pflegte. Hier erhebt sich ein hoher Iwan, zu dem – ein unverzichtbarer Bestandteil in der chiwanischen Architektur – eine hohe geschnitzte Holzsäule gehört. Die Wände sind mit glasierten Kacheln in den für Chiwa typischen Ornamenten verkleidet und weisen als besonderen Schmuck blaue Medaillons mit Versen des Dichters Agechi auf.

Grundriss des Stadtpalasts Tasch Hauli

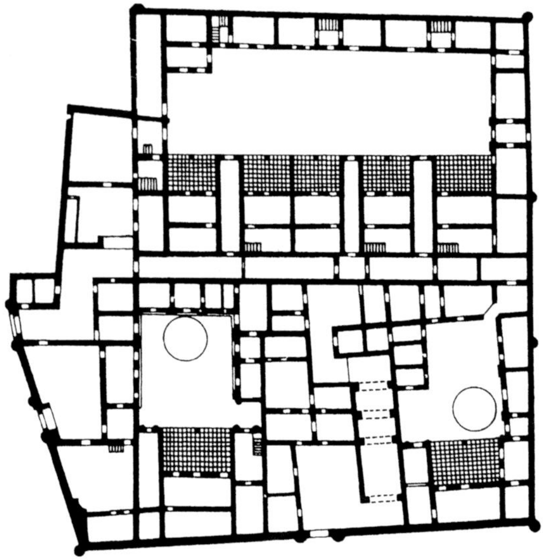

Der Gerichtstrakt (Ars-chane), zu dem ein Wachhaus, Dienst- und Wirtschaftsräume sowie mehrere Innenhöfe gehörten, ist etwa doppelt so groß wie der Mehman-chane. Noch sind die alten Tore erhalten, etwa die Pforte des Gerichts, durch die die Angeklagten vorgeführt und nach ihrer Verurteilung zur Exekution abgeführt wurden, oder die Tür, die unmittelbar zum Harem führte.

Der größte Innenhof war dem Harem vorbehalten, wo sich die Gemächer des Khans und seiner Frauen befanden. Bis zur Flucht des letzten Emirs im Jahr 1920 lebten hier, abgeschlossen und von Eunuchen bewacht, Frauen und Kinder verschiedener Nationalitäten, usbekische, kirgisische, turkmenische, aber auch persische Frauen und Sklavinnen.

Wer aber heute den Harem besucht und im Schatten der nach Norden geöffneten Säulenhallen steht, glaubt, sich in einem besonders originellen Teppichhaus zu befinden, sind doch alle Wände über und über mit Majolika bedeckt – in leuchtendem Weiß gezeichnete Ornamente vor einem in verschiedenen Blautönen gehaltenen Hintergrund. Die Dächer mit ihren z. T. bunt ausgemalten Decken werden wieder von Holzsäulen getragen, die dem Besucher des heute als Museum dienenden Palastes einen hervorragenden Einblick in die große Tradition choresmischer Holzschnittkunst vermitteln.

Hauli nannte man in Choresm auch die ländlichen Siedlungen, die zum Schutz gegen Überfälle nicht selten wie eine kleine Festung angelegt waren. Ebenso wie der Palast Tasch Hauli hatten auch diese Wohnstätten einen eigenen Innenhof mit einem hohen Iwan, dessen Dach sich auf mindestens eine geschnitzte Holzsäule stützte. Und anstelle einer einfachen Tür gab es ein befestigtes Tor, das den Weg

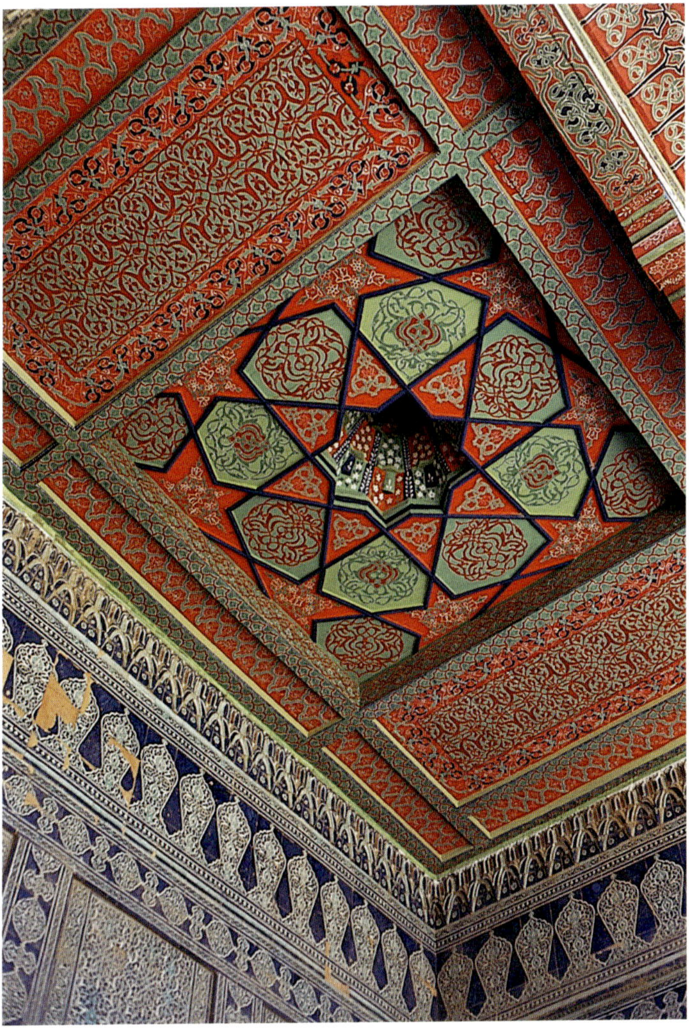

Ausgemalte Decke einer Säulenhalle im Palast Tasch Hauli

durch die mit Zinnen bewehrte hohe Lehmmauer öffnete. Häufig hatte man auch diese etwas bescheideneren Häuser mit den bekannten Ornamenten verziert – mit geometrischen Figuren, Kreisen, Kreuzen, Spiralen sowie mit Pflanzenmotiven, die schon vor Jahrhunderten die hier lebenden Steppennomaden mit Geschick anzuwenden wussten und die in der Tradition von Chiwa ihre künstlerische Weiterentwicklung gefunden haben.

Besonders erwähnt sei noch ein Palast nordwestlich von Itschan Kale, außerhalb der alten Stadtmauern: der **Palast Nurulla Bei** (31), umgeben von einem schattigen Park. Der Komplex vereinigt auf einer Grundfläche von 198 × 143 m mehrere Gebäude, die Muhammad Rahim Khan II. in den Jahren 1904–12 errichten ließ. Hohe, mit kleinen Türmen gekrönte Ziegelmauern umschließen dieses Ensemble, das den Namen eines reichen Kaufmanns aus Chiwa trägt. Zum Palast gehören auch ein Harem, ein Gästehaus sowie ein mit Spiegeln ausgestatteter Saal für offizielle Empfänge.

Sowohl in Itschan Kale als auch in der Vorstadt von Dischan Kale gibt es noch eine ganze Reihe islamischer Stätten, vor allem Medresen und Moscheen, die aufgrund ihrer räumlichen Konzeption oder besonders originellen Ausstattung auch einen Besuch lohnen, darunter die **Medresen Jussup-Jasaul-Baschi** (32), **Musa Tura** (33) und **Emir Tura** (34) sowie, südlich der Medrese Amin Khan, die **Moschee Said Ata** (35). Den eingangs erwähnten Brunnen **Cheiwak** (36), dem Chiwa seine Entstehung verdanken soll, findet man im nördlichen Teil der Altstadt.

Dschar Kurgan (Jar Kurgan)

In Dschar Kurgan – heute ein Dorf (s. S. 22) im Surchan Darja-Tal – verdient nicht nur der pittoreske Sonntagsmarkt besondere Aufmerksamkeit, sondern auch und gerade ein **Minarett** (1108/09) aus der Zeit der Karakhaniden. Dieses Minarett gehört nämlich zur gleichen Stilschule wie die Minarette in Buchara und Wabkent. Hier erheben sich über einem achteckigen Sockel 16 Halbsäulen, die sich nach oben verjüngen und mit Ziegelornamenten im Fischgrätenmuster geschmückt sind. Unterbrochen wird das aus einfachen Ziegeln bestehende, und wie ein aufgespannter Teppich wirkende Ornament nur durch ein vertikal angeordnetes Schriftband mit dem Namen des Architekten: Ali ibn Mohammed Serakhs. Obwohl es mit 21,6 m – der Oberteil des Minaretts (etwa 50 m) ist abgebrochen – bei Weitem nicht das höchste Minarett in Zentralasien ist, gilt es doch als eines der schönsten.

Erkurgan

Unweit von Karschi befinden sich die Ruinen der bedeutendsten Stadt der Sogder, Erkurgan, deren Ursprung bis in das 9. Jh. v. Chr. zurückverfolgt werden kann. Im 6. Jh. v. Chr. wurde das 40 ha große Areal mit einer Festungsmauer umgeben, die im Lauf des 3. Jh. v. Chr. durch den Anbau von rechteckigen Türmen verstärkt wurde. Die Bewohner, strenggläubige Zoroastrier, legten ihre Toten auf den Turm des Schweigens, eine Anlage, die bei Ausgrabungen hinter der Stadtmauer nachgewiesen werden konnte. Eine letzte Veränderung erfuhr die Stadt, deren Grundriss inzwischen ein riesiges Quadrat von etwa 150 ha bildete, durch einen weiteren Verteidigungswall. Irgendwann aber wurde Erkurgan von seinen Bewohnern verlassen.

Das Ferghana-Becken

Etwa 300 Bahnkilometer südöstlich von Taschkent erstreckt sich die größte, reichste und am dichtesten besiedelte Oase von Zentralasien: das Ferghana-Becken, ›die Perle Usbekistans‹. Wenn es auch noch zwei Straßen gibt, die in das Ferghana-Tal führen – eine durch das Tal und über die Berge von Angren, die andere über die Stadt Bekabad und den Staudamm Farchad – so ist doch das Flugzeug (Flugzeit Taschkent – Ferghana: knapp eine Stunde) das günstigste Verkehrsmittel, um in diese eigentlich zu drei Republiken (Usbekistan, Tadschikistan, Kirgistan) gehörende Bergregion zu gelangen. Ein nur 9 km breiter Durchlass, das Tor von Chodschand, durch das auch der Syr Darja nach Westen fließt, öffnet den Weg vom Tiefland von Turan zum Ferghana-Becken, einer 300 km langen und etwa 150 km breiten Ebene innerhalb des zentralasiatischen Hochgebirges. Seine natürlichen Grenzen sind im Norden der Tienschan, im Süden das Alai-Gebirge und die Turkestan-Kette und im Osten die bis zu 4680 m hohe Ferghana-Kette.

Das Klima dieser einer riesigen Schüssel ähnelnden Region, die ganzjährig durch die schmale Pforte be- und entlüftet wird, ist kontinental. Gegen die kalten Nordwinde abgeschirmt, vom Sonnenlicht überflutet und durch ein engmaschiges Kanalnetz optimal bewässert, ist das Ferghana-Becken eigentlich ein überdimensionaler Garten Eden mit reichen Obst- und Gemüseplantagen, Wäldern von Maulbeerbäumen und weiten Baumwollfeldern. Aber auch Bohr- und Fördertürme und mächtige Industrieanlagen prägen das Bild dieser Landschaft und verhelfen dem Land zu neuem Reichtum. Zahlrei-

Der Blaue See unweit von Schachimaran im kirgisischen Alai-Gebirge

che Ortschaften – vor wenigen Jahrzehnten noch kleinere Dörfer *(kischlak)* entwickelten sich zu ansehnlichen Städten, die durch eine innerhalb des Tales verlaufende Eisenbahnlinie verbunden sind: Ferghana/Margilan – Andischan (Abzweigung nach Osch, Kirgistan) – Namangan – Kokand (Abzweigung nach Chodschand, Tadschikistan) – Ferghana/Margilan.

Das Ferghana-Tal ist aber auch historisch gesehen ein hochinteressantes Gebiet, nämlich der nördliche Teil des alten Sogd. Schon in dem mehr als 2000 Jahre alten indischen Epos ›Mahabharata‹ wird Bewohnern dieser Region Beachtung geschenkt, hier befindet sich das berühmte Alexandreia-Eschata, das heutige Chodschand (Tadschikistan); durch dieses Tal führte die Große Seidenstraße von Samarkand nach Kaschgar, und auch die Kunst des Islam hat hier ihre Spuren hinterlassen.

Der Anfang der 1940er-Jahre ausgeführte Bau des 350 km langen Ferghana-Kanals sowie das weit verzweigte Bewässerungssystem, das vom Syr Darja (Naryn und Kar Darja) gespeist wird, galt über viele Jahre als eine besondere Pionierleistung, bis offenkundig wurde, dass aufgrund der ständig ansteigenden Wasserentnahme – vornehmlich für den Anbau von noch mehr Baumwolle – die dem Aralsee zugeführte Wassermenge immer weniger wurde – ein Prozess, der die Zerstörung des einst gewaltigen Binnensees nicht unwesentlich beschleunigte.

Ferghana (Fergana)

Ferghana (580 m ü. M, 160 000 Ew.), Bezirkshauptstadt des südlichen Ferghana-Beckens, wurde 1876 als Verwaltungszentrum des Gebietes Ferghana gegründet, war bis 1907 als Nowy (Neu-)Margilan und von 1907–24 als Garnisonsstadt Skobelew bekannt. Ferghana verfügt über eine beachtenswerte Industrie (Textil, Chemie) und über zahlreiche Hochschulen (Pädagogik, Naturwissenschaften, Technik). Dank seiner zahllosen schattenspendenden Pappeln, Platanen und Akazien ist es aber auch – ähnlich wie Taschkent – eine Gartenstadt. Der mitten in der Stadt gelegene große Basar ist immer einen Besuch wert.

Ferghana bietet sich aber auch als Ausgangsort für interessante Tagestouren an – z. B. nach **Kuwa** 30 km nordwestlich. Die bereits in vormongolischer Zeit bekannte Stadt gilt als die Heimat eines der bedeutendsten Astronomen seiner Zeit: Ahmed al-Fargonij (*778). Die hier gefundenen Buddha- und Bodhisattva-Figuren geben Zeugnis für den bis in das 8. Jh. entlang der Seidenstraße verbreiteten Mahajana-Buddhimus. Aber auch eine mittelalterliche Siedlung konnte hier Ende der 1990er-Jahre freigelegt und der Öffentlichkeit zugänglich gemacht werden.

Gasli

Die Stadt im Süden der großen Sandwüste Kisilkum, 85 km nordwestlich von Buchara, wurde erst 1958 gegründet, nachdem hier riesige Erdgasvorkommen – man rechnet mit 500 Mrd. m^3 – geortet worden waren. Heute zählt die Stadt Gasli, am Einspeisungspunkt der einige tausend Kilometer langen Erdgas-Pipeline, etwa 15 000 Einwohner, darunter zahlreiche Techniker, Wissenschaftler und Ingenieure.

Jangikischlak (Yangikishlak)

Auf dem Weg von Samarkand nach Taschkent liegt in einer Entfernung von etwa 85 km die Stadt Dschisak (Hauptstadt des gleichnamigen Gebietes, 152 000 Ew.). Fährt man hier Richtung Westen weiter, erreicht man nach 67 km Jangikischlak, das Verwaltungszentrum des staatlichen **Nuratau-Naturschutzgebiets.** Dieses über 23 000 ha große Areal am südöstlichen Rand der Kisilkum, am Nordhang des Nuratau-Gebirges dient der Erforschung und Bewahrung der Flora und Fauna. Besondere Aufmerksamkeit gilt z. B. verschiedenen Sträuchern, wie Pistazien, Mandeln und Weißdorn, den Apfel-, Kirsch-, und Walnussbäumen sowie einer Vielzahl von heimischen Blütenpflanzen. Nicht weniger Beachtung findet die Fauna: Amphibien und Kröten, etwa 150 Vogelarten, aber auch Nagetiere und Schafe – vor allem das vom Aussterben bedrohte Sewertzow-Bergschaf – sowie Dachse, Bären, Füchse, Wölfe und Stachelschweine.

Auch das etwa 50 000 ha große **Saaman-Gebirgsreservat** – 75 km südöstlich von Dschisak – ist ein lohnender Umweg. Im Frühling blühen dort Teppiche von leuchtend roten Tulpen und schneeweiße Akazien, im Herbst laden golden gefärbte Haselnussbäume und weißstämmige Birkenwälder zu ausgedehnten Spaziergängen ein. Auf dem Weg von Dschisak nach Taschkent, dort, wo der Sansar das Turkestan-Gebirge durchschneidet, durchfährt man das »Tor des Amir Timur«.

Kagan

Kagan ☆
Bedeutende, hervorragend restaurierte Klosteranlage, einst das Zentrum des Nakschbandi-Ordens

Etwa 10 km östlich von Buchara liegt der Ort Kagan – Bahnstation der transkaspischen Eisenbahn. Von hier aus führt der Weg unmittelbar zur Klosteranlage **Bahaeddin Nakschbandi.** Hier war einst das Zentrum der auf Bahaeddin (1318–89) zurückgehenden Nakschbandi-Bruderschaft, die sich bis weit nach Europa, Nordafrika und Indonesien ausbreitete und bis heute eine der wichtigsten Derwischbruderschaften ist. Die gesamte Anlage – Winter- und Sommer-Moscheen, ein Chanaka sowie das Museum und die Herbergen für Pilger – wurde 2003 völlig neu gestaltet, hervorragend restauriert und durch weitere Gebäude und farbig gefasste Wandelgänge erweitert.

Schon von weitem sieht man die hohe Kuppel des Zentralbaus des Chanakas, um den sich mehrere spätere Bauwerke anordnen: ein Minarett, Moscheen, ein Brunnen, das Grabmal sowie, nördlich des Klosters, Unterkünfte und ein Museum, das die Geschichte des Nakschbandi-Ordens erläutert. Unter den zahlreichen Ausstellungsstücken fällt eine Tafel besonders auf – ein Gedicht von J. W. Goethe: »Im Atemholen sind zweierlei Gnaden: Die Luft einziehen, sich ihrer entladen; jenes bedrängt, dieses erfrischt; so wunderbar ist das Leben gemischt. Du danke Gott, wenn er dich presst, und dank' ihm, wenn er dich wieder entlässt.«

Nakschbandi-Kloster

Kagan, Grundriss der Nakschbandi-Klosteranlage Bahaeddin
1 Eingang
2 Minarett
3 Wintermoschee Hakim Kusch-Begi (Anfang 19. Jh.)
4 Sommermoschee Mussafar Khan (1860–65)
5 Brunnen
6 Wasserbecken
7 Grabmal von Bahaeddin Nakschbandi mit dem ›Stein der Sehnsucht‹, einer schwarzen Marmorplatte
8 Tschila-chane – Ort des 40-tägigen Fastens
9 Friedhof
10 Chanaka (1544)

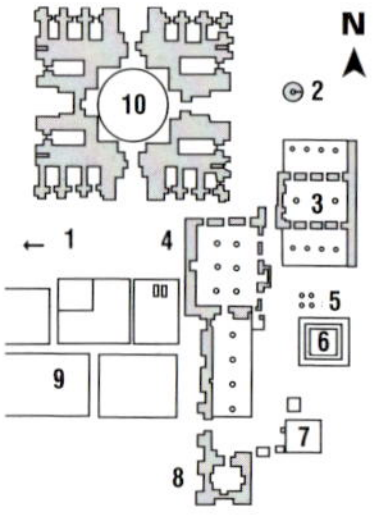

Nachdem das Grab des 1389 verstorbenen Scheichs Bahaeddin zu einem Ziel vieler Pilger geworden war, ließ 1544 der Schaibanide Abdulasis Khan II. unweit des Grabes eine Herberge, ein Chanaka, errichten, das größte der damaligen Welt, heute ein Beispiel für die Monumentalarchitektur Bucharas im 16. Jh. Nahezu quadratisch angelegt ist der Hauptbau (32,5 × 30 m) mit seinem quadratischen Kreuzkuppelsaal (Seitenlänge 12 m), vier auf den sich kreuzenden Achsen eingestellten Prunkiwanen und zweigeschossigen Fassaden. Beachtung verdient die Gestaltung des Innenraumes: Netzartige Gewölbezwickel, die von den Ecken zu der sternförmigen Kuppel verlaufen, in der ebenfalls die tragenden Ziegelgurte und Holzverstrebungen recht gut zu erkennen sind. Vor dem Kuppelbau steht ein kleines Minarett und dahinter die Moschee Hakim Kusch-Begi (Anfang 19. Jh.), eine Wintermoschee (10 × 7 m) mit zwei seitlichen, recht bunt ausgemalten Viersäulenhallen. Direkt gegenüber befindet sich die Moschee Musaffar Khan (1885), eine Sommermoschee (10 × 13 m), deren Decke von sechs Säulen getragen wird, und daran anschließend eine offene Säulenhalle (7 × 22 m) sowie ein Kuppelmausoleum.

Mitten im Hof steht ein Brunnen mit vier Ecktürmchen, aus dem die Muslime Wasser schöpfen, von dem sie eine heilende Wirkung erwarten. Und vor dem Wasserbecken sitzt im Schatten eines Maulbeerbaumes ein Mullah, spricht mit erhobener Stimme Suren aus dem Koran – »la ilaha illa llah« (Es gibt keinen Gott außer Allah), streicht seinen Bart, sammelt die Opfergaben ein und entlässt den frommen Pilger, um sich sogleich dem nächsten zuzuwenden.

Karschi (Karshi)

Karschi (230 000 Ew.), Hauptstadt des Gebietes Kaschka Darja, ist zwar keine Touristenhochburg, aber trotzdem wert, besucht zu werden. Die Stadt, die im Jahr 2006 ihr 2700-jähriges Stadtjubiläum feierte, verfügt neben einem ansprechenden Stadtmuseum über eine Reihe von interessanten Baudenkmälern aus dem 15. bis 20. Jh.: Die 37 x 14 m große Namasgah-Moschee (15. Jh.), die Gök Gunbas-Moschee (16. Jh.), die Rabija-Medrese – eine Hochschule für Frauen – oder auch die Chodscha Abdulasis-Medrese, die größte theologische Hochschule der Stadt. Von Karschi aus sind es nur wenige Kilometer bis zur Stadt der Sogder – Erkurgan (s. S. 188).

Kattakurgan

Kattakurgan (60 000 Ew., im Tal des Sarafschan am Rand der Oase von Samarkand), einst Station an der von Buchara nach Samarkand führenden Königlichen Straße, liegt heute an der Transkaspischen Eisenbahn. Bekannt ist Kattakurgan seit Ende des 17. Jh.; chinesische Quellen jedoch verweisen darauf, dass die Stadt nach der Zerstörung von Marakanda durch Alexander den Großen Hauptstadt dieses Gebietes gewesen sei. Hier in der Region von Kattakurgan soll sich aber auch Kuschanija, eine frühe Hauptstadt des Kuschan-Reiches, befunden haben. Etwa 50 km südwestlich liegt der Ort Tim (s. S. 253) mit dem Mausoleum Arab Ata.

Kokand

Kokand ☆☆
Besonders sehenswert:
Der Palast
Die Medrese Narbutabek
Der Friedhof der Khane

Am Fluss Soch im westlichen Ferghana-Becken, 250 km südöstlich von Taschkent, liegt Kokand (440 m ü. M.), einst die Hauptstadt des gleichnamigen Khanats, heute eine moderne Großstadt (187 000 Ew.) und Verkehrsknotenpunkt, mit bedeutender metallverarbeitender, elektrotechnischer, Textil- und Nahrungsmittel-Industrie.

Urkundlich erwähnt wird Kokand erstmalig im 10. Jh. Erster Khan von Kokand wurde 1710 Schahruch, ein Mitglied der Schaibaniden-Dynastie (?), doch 1758 musste sich Kokand der Oberhoheit der Chinesen beugen. In der ersten Hälfte des 19. Jh. gelang es den Khanen, die Städte Taschkent und Turkestan ihrem Emirat zuzuschlagen und im Norden mehrere Grenzbefestigungen auszubauen

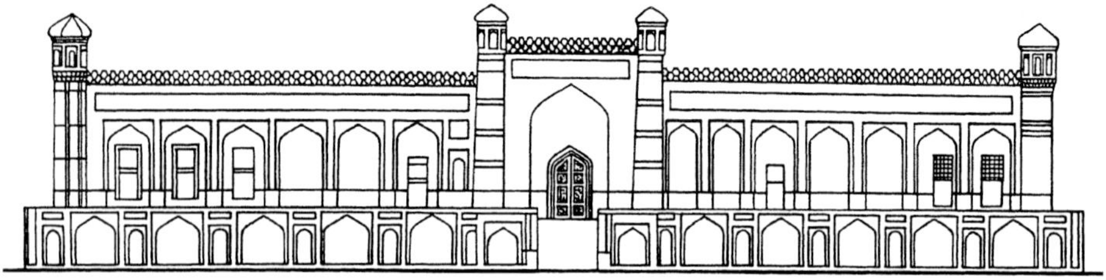

70 m misst die imposante Fassade des Khudajar Khan-Palastes von Kokand

(unter anderem Kisyl-Orda, Taras und Bischkek). 1842 jedoch erobert Nasrullah, der Khan von Buchara, das Emirat. Mit dem Sturz von Nasireddin, dem letzten Khan von Kokand, im Jahr 1876 wird das Gebiet russisch, und ab 1917 Teil des sowjetischen Imperiums. Seit 1991 gehört Kokand zur unabhängigen Republik Usbekistan.

Die Stadtbesichtigung beginnt im Mukimi-Park mit dem **Palast von Kokand.** Das Bauwerk wurde 1871 vollendet und gehört zu den letzten Großbauten des Islam. Mit ihren leuchtend bunten Farben wirkt die 70 m lange, in den 1960er-Jahren restaurierte Fassade überladen, fast aufdringlich; unerschöpflich jedoch scheint der Reichtum an Ornamenten: eigenwillige geometrische Muster; Arabesken und florale Motive, weiße Schriftzeichen in breiten, blau gekachelten Feldern: Verse aus dem Koran. Abgeschlossen von gewaltigen Bergketten konnte sich die über Jahrhunderte gepflegte Tradition des Handwerks im Ferghana-Tal wesentlich unverfälschter erhalten als in anderen Gebieten Zentralasiens, die wiederholt von fremden Völkern und Kulturen überrannt wurden. Ein besonders schönes Zeugnis für das überlieferte Volkskunsthandwerk dieser Region stellt der Dekor des Palastes dar. Im Palast befindet sich auch das Museum für Landeskunde, wo anhand eindrucksvoller Exponate die wechselvolle Geschichte der Stadt und Region dargestellt und erläutert wird.

Vom Mukimi-Park aus führt der Weg in südlicher Richtung über die Turkestan-Straße (etwa 500 m) zur Chamsa-Straße, in die man links einbiegt. Auf der rechten Seite ist die **Medrese Kamal Kasi** (1830) mit ihrem auffallend schön gestalteten Portal nicht zu übersehen. Etwas weiter – ebenfalls auf derselben Seite – befindet sich die größte Moschee von Kokand, die **Dschuma-Moschee** (1812), wo in dem weiten Innenhof bis zu 10 000 Gläubige Platz finden. Besonders eindrucksvoll ist der farbig gefasste Iwan mit seinen 98 hoch aufragenden Holzsäulen.

Wenige Schritte weiter biegt man nun links in die Akbar-Islam-Straße ein. Vorbei am Chamsa-Museum und Chamsa-Theater, kommt man – sich rechts haltend – nach etwa 200 m zur **Medrese Narbutabek.** Die 1799 vollendete Koranschule, die heute wieder von 200 Studenten besucht wird, folgt in ihrem Aufbau streng der Tradition: Ein betont hervorgehobener Pischtak bildet die Hauptfassade der 21 m breiten und 30 m langen Anlage, auf deren 16 × 18 m großen Innenhof die vier Iwane sowie die Wohnzellen der Studenten ausgerichtet sind. Die im Eingangstrakt angeordneten Räume – eine Moschee und ein Unterrichtsraum – tragen Kuppeln, die sich durch schlichte Eleganz auszeichnen.

Eine Sehenswürdigkeit besonderer Art stellt – unweit der Medrese Narbutabek in östlicher Richtung – der **Friedhof der Khane** dar. Durch ein überkuppeltes Portal gelangt man in die von einer hohen Mauer umgrenzte Anlage, die den Khanen von Kokand sowie verschiedenen herausragenden Persönlichkeiten und Stadtbewohnern als letzte Ruhestätte dient.

Über unzähligen, dicht angeordneten Gräbern und Denkmälern erheben sich überkuppelte Mausoleen und Hallen. Aufmerksamkeit verdient vor allem die **Grabmoschee Dachma-je Schahan** (1825), ein aus drei Teilen bestehendes Ensemble mit überkuppeltem Eingang, einer Moschee und dem ummauerten Friedhof der Khane. Recht farbig gestaltet sind die Fassaden des **Mausoleums Madar-e Khan** sowie der Säuleniwan der **Moschee**, deren ›rustikal‹ ausgeführte, polychrome Deckenmalerei an Dekorationen in Buchara, z. B. in der Moschee Bala Haus, erinnern. Unter der blau gefliesten Kuppel hat die Mutter von Omar Khan (1809–22) ihre letzte Ruhe gefunden.

Auf dem Wege von Kokand nach Ferghana ist der Besuch einer der berühmten **Keramik-Werkstätten** in Rischtan empfehlenswert. Charakteristisch für das hier hergestellte Geschirr sind die polychromen Ornamente, geometrische Arabesken ebenso wie Pflanzenmotive, aber auch Darstellungen von Tieren und Menschen sowie – seit den 1990er-Jahren – auch kalligraphische Dekorationen.

Margilan

Margilan (133 000 Ew.) im südlichen Ferghana-Becken gehört zu den ältesten Städten Usbekistans. Im Jahr 2007 feierte die Stadt offiziell ihr 2000-jähriges Jubiläum. Unter den Karakhaniden war Margilan von 999 bis zum Jahr 1213 Hauptstadt des Ferghana-Tals. Berühmt war die Stadt vornehmlich wegen der hier hergestellten Seidenstoffe, die auf der Großen Seidenstraße über Kaschgar und Bagdad bis nach Ägypten und Griechenland ausgeführt wurden. Auch heute ist Margilan als die Seidenhauptstadt Usbekistans schlechthin bekannt. Hier befinden sich die großen Seiden-Fabriken (Yodgorlik, Margilan) – Spinnereien, Webereien, Färbereien – mit mehreren Tausend Beschäftigten sowie ein Seiden-Forschungsinstitut. Besonders gefragt sind die nationalen Gewebe: Khan-Atlas und Bekassab, die vor allem durch ihre grellen Farben und originellen Muster berühmt geworden sind.

Im Zuge der Wiedergeburt des Islam in Zentralasien soll auch Margilan eine islamische Universität – ähnlich wie in Taschkent im September 1999 – erhalten.

Muinak

Noch in den 1970er-Jahren war Muinak eine blühende Stadt mit 21 000 Einwohnern, unmittelbar am Aralsee gelegen, mit einem Hafen und einer beachtenswerten Fischindustrie (mehr als 25 000 t Fischkonserven pro Jahr). Heute liegt die Stadt (2000 Ew.!) von den neuen Ufern des Sees schon mehr als 100 km entfernt, inmitten einer baumlosen Einöde, ausgesetzt den immer heftiger werdenden Sand- und Salzstürmen. Dort, wo sich einst die Wellen des vielbesungenen Aralsees kräuselten, bepflanzen die Bürger von Muinak den ehemaligen Meeresboden mit Tamarisken und Steppengras, um Sand und Salz zu binden. Inzwischen sind weltweit verschiedene Initiativen gestartet worden, einmal um die fatalen Folgen dieser Umweltkatastrophe abzuschwächen, und andererseits, um durch neue Züchtungen den für den Anbau von Baumwolle erforderlichen Wasserbedarf zu verringern. Wie es einmal in der ehemaligen Hafenstadt mit ihren Schifferkähnen und Segelschiffen zuging, verraten die im Museum von Muinak ausgestellten Bilder. Die Einwohner sehen ihre Stadt aber nicht als eine sterbende Stadt, sondern bemühen sich, durch die Schaffung neuer Arbeitsplätze dem sterbenden See zu trotzen (s. S. 133).

Namangan

Namangan (450 000 Ew.), Gebietshauptstadt am Syr Darja im Norden des Ferghana-Beckens, ist ein wichtiges Industriezentrum und verfügt über beachtliche Rohstoffvorkommen wie Gold, Erdöl, Quarz und Kupfer. Namangan, bereits seit 1610 als Stadt bekannt, ist aber auch ein kultureller Mittelpunkt des Nordens. Sehenswert sind neben einem Natur- und Geschichtsmuseum das Mausoleum des Hodscha Amin Kabri (17./18. Jh.) mit einem hochaufragenden Pischtak sowie die Mullah-Kirgis-Medrese (1910).

Nawai (Navoi)

Am südöstlichen Rand der Kisilkum, im Gebiet Buchara, liegt die aufstrebende Industriestadt Nawai (130 000 Ew.). Sie ist Ausgangspunkt für eine lohnende Fahrt zu der etwa 10 km nördlich gelegenen Kleinstadt Karmana, wo zwei islamische Stätten zu besichtigen sind: das **Mausoleum Mir Said Bachram,** ein aus der vormongolischen Periode (10./11. Jh.) stammendes Grabmal aus kleinen Ziegeln, und das **Chanaka Kasim Scheich,** ein quadratischer Bau (Seitenlänge 20 m), der 1559 fertiggestellt wurde. Hinter einer Prunkfassade mit einem hohen Eingangsiwan und anschließenden Blendnischen erhebt sich über dem im Zentrum angeordneten Hauptraum ein großer Tambour mit einer eingeschobenen Innenkuppel (Höhe 9 m) und einer aufgesetzten Außenkuppel (Höhe 16 m).

30 km nordöstlich der Stadt Nawai konnten in der Sarmisch-Schlucht Petroglyphen – etwa 4000 Steinzeichnungen aus der Jungsteinzeit/Bronzezeit – nachgewiesen werden.

Nukus

Nukus (240 000 Ew.) am rechten Ufer des Amu Darja, ist das administrative Zentrum (Flughafen) der autonomen Karakalpakischen Republik. Die Stadt gehört zu der durch die Austrocknung des Aralsees am stärksten betroffenen Region von Usbekistan.

Nukus ☆
Sammlung Igor Sawitzkij

Hier, in der heute von einer Salzwüste umgebenden Stadt, befindet sich nach St. Petersburg die auf der Welt zweitgrößte **Sammlung (Igor Sawitzkij) Russischer Avantgarde,** einer Kunstrichtung, die 1910 durch die Initiative russischer Künstler ihren Anfang nahm, 1922 jedoch von Lenin verboten wurde. In den 1950er-Jahren war es der aus Moskau stammende Maler Igor Sawitzkij, der hier in Karakalpakistan den Grundstein für diese einzigartige Sammlung legte. Mit mehr als 7000 Exponaten von Malern wie Ivan Kudryashev, Kliment Redko, Ruvim Mazel, N. Tarasov, A Volkov, U. Transykbaev ist das Museum ein wichtiges Ziel nicht nur russischer Kunststudenten.

Nurata

Etwa 75 km nordöstlich von Nawai, in den Ausläufern des Nuratau-Gebirges, liegt Nurata, eine Kleinstadt (30 000 Ew.), deren Geschichte weit in das 1. Jahrtausend v. Chr. zurückreicht. In der die Stadt überragenden Festung sollen sich die Truppen Alexanders des Großen auf die Belagerung von Samarkand vorbereitet haben. Heute ist Nurata ein bekannter Wallfahrtsort mit einer aus dem 10. Jh. stammenden Moschee, die von 25 Kuppeln bekrönt wird. Besondere Aufmerksamkeit verdienen aber auch die vielen ›heiligen‹ Fische, die sich in einem Bassin unmittelbar neben der Moschee tummeln, das von einer Quelle mit ›heilendem‹ Wasser gespeist wird.

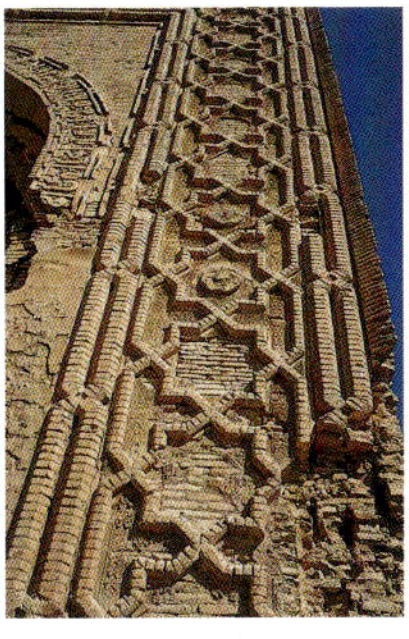

Zu den imposantesten Ruinen der islamischen Zeit gehört die Karawanserei Rabat-e Malek (s. S. 198)

Rabat-e Malek (Rabat Malik)

Rabat-e Malek ☆
Imposantes islamisches Bauwerk

Auf dem Wege von Buchara nach Samarkand lohnt es sich, die Überreste einer ehemaligen Karawanserei aufzusuchen: Rabat-e Malek (1079) ist für die Architektur der Seldschuken und Karakhaniden besonders charakteristisch. Obwohl von der einst 84 x 86 m großen Anlage, die in ihrem Aussehen einer sogdischen Burg nicht unähnlich war, nur noch das Portal *(pischtak)* erhalten ist, vermittelt das Bauwerk, als dessen Bauherr der Karkhanide Nasr ibn Ibrahim gilt, gerade aufgrund verschiedener moderater Rekonstruktionen einen guten Einblick in eine Karawanserei an der Großen Seidenstraße in vormongolischer Zeit. Jenseits der Straße ist ein gut erhaltener, überkuppelter **Wasserspeicher** *(sardoba)* zu besichtigen (s. a. S. 294).

Samarkand

Samarkand ☆☆
Besonders sehenswert:
Die Medresen am Rigestan
Die Moschee Bibi Hanim
Schah-e Sende
Das Mausoleum Gur-e Amir
Die Medrese Hodscha Ahrar
Die Altstadt im Süden

Samarkand (350 000 Ew.), die Gebietshauptstadt des gleichnamigen Bezirks, liegt in der fruchtbaren Flussoase des Sarafschan (700 m ü. M.), verfügt über einen Flughafen und ist seit 1896 Station an der Transkaspischen Eisenbahnlinie Turkmenbaschi – Taschkent. Obwohl sich Samarkand während der letzten Jahrzehnte zu einer modernen Großstadt entwickelt hat, in der Fabriken ebenso wenig fehlen wie die mehr oder weniger eintönigen Wohnsilos, ist die bewegte Geschichte der Stadt, die einst im Schnittpunkt der alten Karawanenstraßen lag, allüberall gegenwärtig. Die Stadt, in der, wie man weiß, die Märchen aus ›Tausend und einer Nacht‹ ihren Anfang nehmen, hat bis heute nichts von ihrem Reiz verloren. Ein Besuch von Samarkand ist ein Höhepunkt jeder Reise durch Zentralasien.

Geschichte: Samarkand (*samar* = fruchtbar, *kand* = Ansiedlung), besteht seit mehr als 2750 Jahren und gehört zu den ältesten Städten und Kulturzentren der Welt. Es war Hauptstadt der historischen Landschaft Sogd und ist vermutlich mit dem Marakanda der Griechen identisch, der Stadt, die 329 v. Chr. Alexander der Große eroberte. Nachdem Samarkand 97 n. Chr. nominell unter chinesischer Herrschaft (Han-Dynastie) stand, gehörte die Stadt zwischen dem 2. und 7. Jh. zum Reich der Sassaniden, Hephthaliten sowie Türken. Nach der großen Araber-Invasion im 7. Jh. zwang Kutaiba Samarkand im Jahr 712 zur Kapitulation, und es wurde Hauptstadt von Transoxanien. Bevor Dschingis Khan die Stadt eroberte und zerstörte, stand Samarkand unter der Oberhoheit der Samaniden, Seldschuken und der Choresm-Schahs.

Unter Timur (1369) wurde Samarkand Hauptstadt des Reichs und galt als schönste und bedeutendste Stadt der Welt. Im 15. Jh. entwickelte sich die Stadt zur Zeit Ulughbeks zu einem bedeutenden Kultur-

und wichtigen Wirtschaftszentrum. Während Samarkand unter den Schaibaniden (1500–99) noch Provinzhauptstadt des Khanats Buchara war, versank es in der Folgezeit in Bedeutungslosigkeit und verkam zu einem bloßen Marktflecken. 1868 wurde Samarkand dem Russischen Reich einverleibt, 1917 der aufstrebenden Sowjetmacht. Von 1924–30 war Samarkand Hauptstadt der Usbekischen SSR, und seit 1991 ist es administratives Zentrum des Gebietes Samarkand der unabhängigen Republik Usbekistan.

»Und tausend liebliche Gedichte auf Seidenblatt von Samarkand.«
Goethe: Westöstlicher Diwan

Auch **wirtschaftlich** war Samarkand schon früh bekannt: bereits im 10. Jh. war es neben Buchara das bedeutendste Zentrum des transoxanischen Handels – eine von einer hohen Mauer umschlossene Stadt mit einer Ausdehnung von mehr als 300 ha. Die wichtigsten Handelsplätze befanden sich in der sogenannten Vorstadt, und über mit steinernen Platten gepflasterte Straßen, die die verschiedenen Märkte mit dem Zentralmarkt in der Innenstadt verbanden, wurden die Waren zu den einzelnen Umschlagplätzen befördert. »Händler und Reisende der verschiedensten Völkerschaften, Tataren, Kirgisen, Türken, Araber, Juden, Perser, Afghanen und Inder, bisweilen auch chinesische Kaufleute und sogar buddhistische Mönche, waren auf den Straßen und Plätzen der Stadt anzutreffen. Moschus wurde aus Tibet importiert, einheimische Kaufleute feilschten um Teppiche und Schafwolle, Kirgisen kamen aus der Steppe und boten Pelzwerk und Jagdfalken feil, und auf dem Sklavenmarkt verkaufte man die schlanken, feingliedrigen türkischen Knaben und Mädchen, welche man in den Steppen Hochasiens raubte.« (Le Strange)

Bereits im Jahr 751 hatte Samarkand eine eigene Papierfabrik. Das Verfahren, aus Lumpen Papier herzustellen, hatten die Araber von chinesischen Kriegsgefangenen übernommen und in Samarkand in die Praxis umgesetzt. Erst im Lauf von sechs Jahrhunderten sollte diese bedeutende technische Errungenschaft über Bagdad und Nordafrika bis nach Europa weitervermittelt werden. In Zentral-

»Einzug des Emirs«. Stich aus dem Jahr 1863

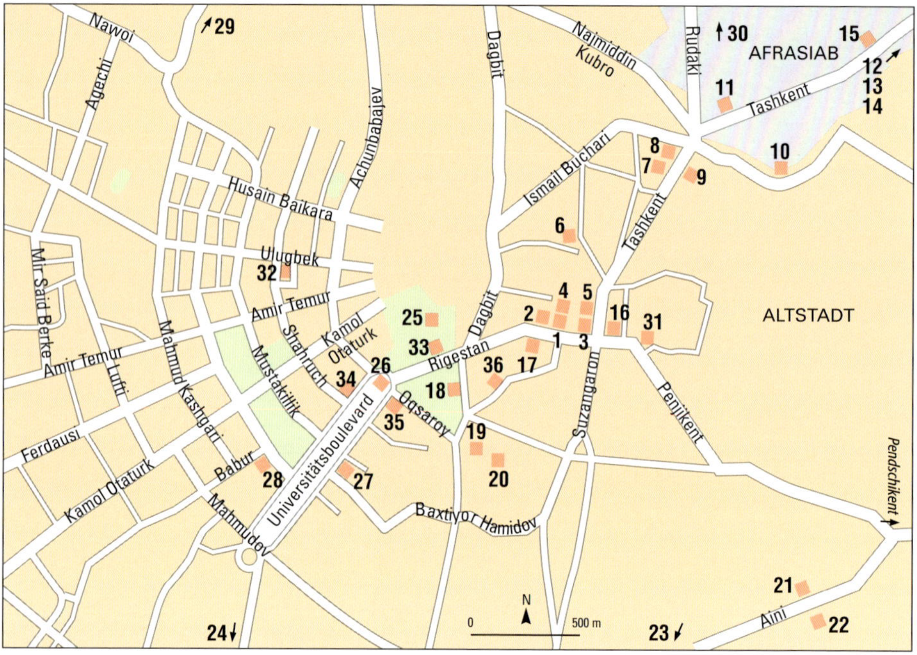

Samarkand 1 Rigestan 2 Medrese Ulughbek 3 Medrese Schir-dar 4 Medrese Tella-kari 5 Markthalle Tscharsu 6 Kosch-Haus-Moschee 7 Moschee Bibi Hanim 8 Basar 9 Mausoleum Bibi Hanim 10 Gräberstadt Schah-e Sende 11 Moschee Hasrati Hisir 12 Observatorium (1,2 km) 13 Mausoleum Tschupan Ata (5 km) 14 Grab Daniels (600 m) 15 Museum der Stadtgeschichte 16 Akmal Ikramow-Museum 17 Sadriddin-Aini-Museum 18 Mausoleum Ruchabad 19 Mausoleum Gur-e Amir 20 Mausoleum Ak Sarai 21 Mausoleum Eschrat-chane 22 Mausoleum Hodscha-Abd-e Darun 23 Mausoleum Abd-e Birun (2 km) 24 Medrese Hodschah Ahrar (2 km) 25 Nawai Opern- und Ballett-Theater 26 Denkmal Timurs 27 Universität 28 Russisch-orthodoxe Kirche 29 Bahnhof (2 km) 30 Flughafen (3 km) 31 Busbahnhof 32 Hauptpostamt
Hotels: 33 Afrosiab Palace 34 Domina President 35 Malika Samarkand 36 Zarina

asien jedoch war mit der Möglichkeit, selbständig Papier produzieren zu können, der Grundstein für andere Handwerkszweige gelegt worden: Eine Unmenge von Büchern wurde jetzt auf Papier geschrieben; Kalligraphie und Miniaturmalerei wurden zu gefragten Fertigkeiten, und sogar das Abschreiben von Büchern verschaffte den Studenten Nebeneinnahmen. Es war die Zeit, in der die ersten Büchereien und Bibliotheken entstanden.

Sowohl die Wohnungen der ortsansässigen Kaufleute in der Innenstadt als auch die Herbergen der Händler in der Vorstadt waren von üppigen Gärten umgeben, sodass Samarkand, von der Höhe der Festung aus betrachtet, wie Brandenburg bemerkt, »wie ein einziger, riesig ausgedehnter Baumgarten« wirkte. Heute ist

Samarkand neben Taschkent das wichtigste Industriegebiet in Usbekistan. Es gibt Fertigungsbetriebe des Maschinenbaus und der Elektrotechnik, feinmechanische Industrie (Foto- und Kinotechnik), Nahrungs- und Genussmittelindustrie (Rosinen, Wein, Tabak), Porzellanmanufaktur, Seidenspinnerei und -weberei. Auch der Export von landwirtschaftlichen Produkten – Baumwolle, Rohseide, Weizen, Reis, Wein, Obst – spielt eine nicht unwesentliche Rolle.

Besichtigung

Samarkand – Welterbe seit 2001

Eine Besichtigung der wichtigsten Baudenkmäler von Samarkand kann weitestgehend zu Fuß durchgeführt werden, befinden sich diese doch in einem Umkreis von etwa 2 km des **Rigestans** (1).

Mit der gleichen Gewalt, mit der er gegen seine Feinde anging, unterjochte Timur auch die Bewohner seiner geliebten Stadt und bemächtigte sich ihres Grund und Bodens (»ohne jegliche Vorwarnung«, wie Clavijo berichtet), um mitten in der Stadt ein Handels- und Handwerkerzentrum zu errichten, wie es sich für eine Relaisstation zwischen Orient und Okzident am Rand der Großen Seidenstraße gehörte. Innerhalb von 20 Tagen entstand hier zuerst ein großer Kuppelbasar *(tim)*, und wenige Jahre später wurde unter Ulughbek auf einer Fläche von 60 × 70 m der Rigestan angelegt, auf dem Paraden stattfanden, Gesetze verkündet, Hinrichtungen vollzogen und die abgeschlagenen Köpfe auf hohen Stangen (noch 1868) der neugierigen Volksmenge gezeigt wurden.

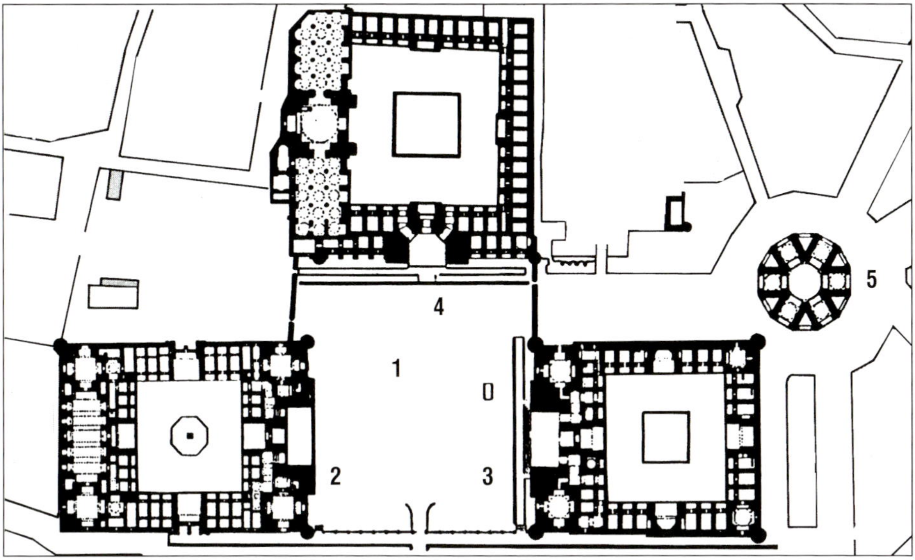

Samarkand, Rigestan; Detail des Stadtplans von S. 200
1 Rigestan
2 Medrese Ulughbek
3 Medrese Schir-dar
4 Medrese Tella-kari
5 Tscharsu

Im Lauf der Jahrhunderte wurde der Rigestan wiederholt umgebaut – Karawansereien, Moscheen, ein Chanaka sowie Medresen errichtet –, abgetragen und wieder neu gebaut, bis schließlich jenes Ensemble blieb, das dem Rigestan heute sein charakteristisches Aussehen verleiht und ihn zu einem der schönsten und größten Plätze seiner Art macht: Drei rechtwinklig zueinander angeordnete Medresen – Ulughbek, Tella-kari und Schir-dar – bilden einen geräumigen Platz, auf den die drei Iwane der Eingangsportale ausgerichtet sind. Aber wie vielerorts ist auch der Rigestan (›Sandplatz‹) in Samarkand heute ›nur‹ noch eine – wenn auch besonders interessante – museale Sehenswürdigkeit, denn das noch zu Beginn des 20. Jh. von Schubert v. Soldern hier beobachtete orientalische Volksleben, die Märchenerzähler und Taschenspieler, die Garköche und die Barbiere, gibt es nicht mehr. Dafür aber hat in der Medrese Schir-dar ein Freilichttheater eine feste Bleibe gefunden, wo u. a. ansprechende Folklore gebo-

Der Rigestan mit den Medresen Ulughbek, Tella-kari und Schirdar (von links)

ten wird. Und in den engen Zellen, in denen Studenten einmal ihren Koran lernten, haben sich geschickte Handwerker oder auch geschäftstüchtige Andenken-Verkäufer eingerichtet und halten Ausschau nach interessierten Besuchern und Käufern.

Die **Medrese Ulughbek** (2) gehört zu den ältesten in Zentralasien. Sie stellt, als Ergebnis einer sich über Jahrhunderte hinziehenden Entwicklung, eine in jeder Hinsicht außergewöhnlich ausgereifte Konstruktion dar und darf als das Musterbeispiel einer islamischen Hochschule angesehen werden. Den Eingang zur Medrese, die während der Regierungszeit des berühmten Astronomen Ulughbek in den Jahren 1417–20 gebaut wurde, bildet ein gewaltiger Pischtak, dessen Eingangsiwan etwa zwei Drittel der Fassadenbreite einnimmt. Flache Blendarkaden übernehmen die Verbindung zu den an den Ecken ›gekappten‹ Minaretten, die aber nicht für einen Muezzin bestimmt waren, sondern aus rein architektonischen Erwägungen

Medrese Schir-dar, Detail

entstanden. Einmal sollten sie den starken Horizontalschub der mächtigen Portalbogen abfangen und zum anderen, aufgrund ihrer Schlankheit, ein optisches Gegengewicht zu dem Massiv des Portals bilden. Über einen quadratischen Innenhof, auf den die in zwei Etagen angelegten Wohnzellen der Studenten sowie die vier in Kreuzesform angeordneten Iwane ausgerichtet sind, gelangt man in die Wintermoschee, einen breiten quergestellten Betraum, an den sich in den Ecken zwei Kuppelräume anschließen.

Nach sorgfältig durchgeführten Restaurierungsarbeiten zeigen die Fassaden wieder die großflächigen geometrischen Muster, Ziegelornamente in Türkis und Lila auf hellem Untergrund. Als ungewöhnlich reichhaltig und originell erweisen sich die Muster der aus farbigen Kacheln kunstvoll gebildeten Mosaiken: *gerehs*, Inschriften in Kufi, Polygone, Sterne und Blumenmotive – in ihrer Vielfalt ohne Zahl. Ebenso überraschend ist aber auch die Technik in der Fertigung der Ornamente: exakt ausgeführte Schnitte, feine Zeichnungen, klare Farben und Glasuren von höchster Qualität. Beim Anblick der Medrese Ulughbek gewinnt man den Eindruck, dass diese mehr sein sollte als ein reiner Zweckbau – nämlich eine Hochschule, die auch nach außen hin sichtbar den hohen Leistungsstand von Wissenschaft, Kunst und Technik in damaliger Zeit dokumentieren sollte.

Im ersten Augenblick glaubt man in einen Spiegel zu schauen, wenn man, vor der Medrese Ulughbek stehend, sich um 180 Grad dreht und auf die fast 200 Jahre später nach bucharischem Vorbild auf derselben Achse errichtete (Kosch-)**Medrese Schir-dar** (Tigerhaus; 3), schaut. Im Auftrag von Jalangtusch, einem Usbekenführer, wurde diese Medrese in den Jahren 1611–36 unter der Leitung des Architekten Abu l-Dschabbar gebaut, während ein gewisser Muham-

Die Medrese Schirdar, ein Bauwerk des 17. Jh.

mad Abbas für die künstlerische Gestaltung verantwortlich zeichnete (ihre Namen sind im Dekor zu erkennen).

Trotz vieler Übereinstimmungen sind aber auch verschiedene, z. T. gravierende Unterschiede nicht zu übersehen. Da z. B. der Eingang zur Medrese in der Kibla-Richtung lag, wurde auf eine Moschee an der Rückseite des Hofs verzichtet und Beträume in den Kuppelsälen an den Ecken der Frontseite angelegt. Sie sind schon von Weitem an den glänzenden kannelierten Kuppeln zu erkennen, die – wie beim

Hervorragend restauriert präsentiert sich die Medrese Tellakari, ›die Goldgeschmückte‹

Mausoleum Gur-e Amir – auf einer mit kufischen Schriftzeichen verzierten, kreisrunden Trommel ruhen. Der wohl augenfälligste Unterschied – ebenso originell wie ungewöhnlich – zeigt sich im Dekor der Außenfassade, im Tympanon des Portalbogens: Araltiger, die sich auf eine Hirschkuh stürzen, und im Hintergrund das Oval einer strahlenden Sonne, die Züge eines menschlichen Antlitzes zeigt. Dieser naturalistisch geprägte Dekor bildet in der islamischen Kunst tatsächlich eine Ausnahme und hat augenscheinlich einen besonderen

Symbolcharakter. Nach Brentjes könnte es sich hier um eine Übertragung des Symboltieres auf den Herrscher handeln.

Während der Ideenreichtum bei der Ornamentgestaltung augenscheinlich auch noch im 17. Jh. nicht erschöpft war, wirkt die handwerkliche Ausführung des Dekors nicht mehr so fein und zurückhaltend wie z. B. bei der Medrese Ulughbek, sondern eher etwas grob. Aber auch die früher so sehr gepflegte Harmonie der Farbabstimmung wird durch zu grelle Farben – gelb und giftgrün – gestört, und nicht selten wirken die Ornamente überladen und übertrieben. Wie eine Inschrift auf der Hauptfassade verrät, war aber bereits der Auftraggeber der Medrese davon überzeugt, »dass der Architekt das Profil des Portalbogens so korrekt herausgearbeitet hat, dass sich die Himmel, die ihn für einen neuen Mond hielten, daran vor Verwunderung die Finger zerschnitten haben«. (Pugatschenkowa).

Im Norden des Rigestan erhebt sich die **Medrese Tella-kari** (4). Da die Große Moschee Bibi Hanim bereits in der ersten Hälfte des 15. Jh. eine Ruine war, besaß die Stadt Samarkand über einen längeren Zeitraum keine Hauptmoschee. Es war daher der Wille Jalangtuschs, dass hier am Rigestan eine Anlage entstehen sollte, die sowohl als Freitagsmoschee als auch als Medrese genutzt werden konnte. So entstand in den Jahren 1646–60 Tella-kari (›die Goldgeschmückte‹), deren Hauptfassade in Anlehnung an die beiden benachbarten Medresen ebenfalls symmetrisch gestaltet wurde. Sie besteht aus einem Prunkportal, aus zweigeschossigen Seitenflügeln mit tiefen Arkadennischen und aus kleinen überkuppelten Türmen an den Ecken. Drei Seiten des großen rechteckigen Innenhofes, der gleichzeitig Gebetshof war, umsäumen ein- beziehungsweise zweigeschossige Wohnetagen (die Zellen der Studenten), während sich auf der Westseite überkuppelte, halboffene Säulengalerien befinden, in deren Mitte die eigentliche Moschee mit ihrer – erst in den letzten Jahren hochgezogenen – in strahlendem Türkis gefliesten Kuppel das Zentrum der gesamten Medresenanlage bildet.

Ihre Außenfassade ist mit prächtigen, vielfältigen polychromen Mosaiken verziert, wobei die Formen und Dekors wohl den benachbarten Medresen entsprechen, sich aber in keinem Fall wiederholen. In der dem Rigestan zugewandten Frontfassade fallen besonders die geschnittenen Mosaikfriese in den Bogenzwickeln des Pischtak auf, die in Ausführung und Farbgebung – die giftgrünen und gelben Töne heben sich viel zu stark von ihrem in Blau gehaltenen Hintergrund ab – den Beginn eines sich ändernden Kunstverständnisses signalisieren.

Besondere Beachtung verdient jedoch die seit Ende der 1970er-Jahre wieder zugängliche, hervorragend restaurierte Moschee. Sie trägt ihren Namen ›Goldgeschmückte‹ zu Recht, denn der gesamte Innenraum ist mit verschwenderischen, teppichähnlichen Mustern in Kundal übersät, wobei Gold die alles überstrahlende Farbe ist. Vieles ließe sich noch zu dieser herausragenden und sicher auch nicht erwarteten Ausschmückung sagen – es würde jedoch bei Wei-

Die Große Moschee von Samarkand im Jahr 1961

tem den Rahmen eines Reiseführers sprengen. Vor Ort jedoch sollte man sich viel Zeit nehmen und einfach nur schauen und den so verschwenderisch ausgestatteten Raum unmittelbar auf sich wirken lassen, um Eindrücke zu sammeln, die weder ein Bild noch ein Text zu vermitteln in der Lage ist.

Einen echten Gegenpol zu den Monumentalbauten des Rigestan bildet ein im 18. Jh. errichteter überkuppelter Basar, die **Markthalle Tscharsu** (5), die sich in der Nordostecke der Medrese Schir-dar befindet. Die Kuppel der Händler für Kopfbedeckungen (Tak-e Telpak Foruschan) erinnert noch einmal an den Anfang der Entstehungsgeschichte des Rigestan, als Timur hier im Herzen von Samarkand ein Handelszentrum errichten ließ, das sich im Lauf der Jahrhunderte zu einem Forum entwickelte und heute als Rigestan zu den bedeutendsten Sehenswürdigkeiten der Stadt zählt. Schließlich ist noch ein zwischen den Medresen Schir-dar und Tella-kari – außerhalb des Rigestan – aufgestellter Marmorblock erwähnenswert, ein etwa 6 × 5 × 2 m großer Grabstein zum Andenken an den 1510 vor Merw gefallenen Schaibani Khan (vgl. S. 57) sowie an seine nächsten Verwandten. Der Ort, wo Schaibani tatsächlich begraben wurde, ist unbekannt.

Zu den großartigsten Leistungen islamischer Architektur in Samarkand gehört zweifelsohne die von Timur »zum Gedächtnis an die Mutter seiner Frau, die Große Hanim«, wie Clavijo als Augenzeuge zu berichten weiß, erbaute **Große Moschee Bibi Hanim** (7). Sie war einmal die schönste Moschee im mittelalterlichen Orient, die – wie eine der vielen Legenden berichtet – nach dem Vorbild der Tausendsäuligen Moschee in Delhi unter Leitung eines ganzen Architektenteams, das Timur nach Samarkand geholt hatte, geplant und nach einer Bauzeit von etwa vier Jahren 1404 fertiggestellt wurde.

Timur selbst soll nach seiner Rückkehr aus Indien den Befehl gegeben haben, mit dem Bau der Moschee zu beginnen (Grundsteinlegung am 10. Mai 1399), und er überwachte auch den Fortgang der Arbeiten. Es wird aber auch berichtet, dass auf Anordnung von Timur verschiedene bereits fertiggestellte Teile von Bibi Hanim, z. B. das Eingangstor, eingerissen, neu geplant und in aller Eile schöner und beachtlich größer wiederaufgebaut wurden. Augenscheinlich waren aber zu irgendeinem Zeitpunkt die Grenzen der damaligen Bautechnik doch überschritten, sodass unter den zusätzlich negativ wirkenden Umweltbedingungen (Samarkand wird nicht selten von Erdbeben heimgesucht) die gesamte Anlage sehr bald baufällig wurde und nach und nach in sich zusammenstürzte.

Die bereits rekonstruierten und restaurierten Baugruppen, aber auch die noch darniederliegenden Ruinen von Bibi Hanim – die in aufwendiger und mühsamer Kleinarbeit sowie unter Einsatz modernster Technik wiederhergestellt werden – bilden eine geschlossene Einheit und vermitteln eine gute Vorstellung von der einstigen Größe dieses Gebäudekomplexes, der sich ursprünglich über eine Fläche von 109 × 167 m erstreckte. Bibi Hanim, eines der größten

Die Moschee Bibi Hanim war im Mittelalter die schönste Moschee des Orients

Bauwerke seiner Art in der islamischen Welt, ist eine typische Vier-Iwan-Anlage (s. S. 88). Drei der mächtigen, in Kreuzform angelegten, gewölbten Iwane führten zu großen Säulenhallen, wo Hunderte runder Marmorsäulen und Stützpfeiler mehr als 400 Kuppeln trugen. Der Innenhof, in dessen Mitte sich noch ein riesiges Steinpostament für den Koran befindet, hat eine Größe von 64 × 78 m und ist schattenspendender Garten und belebte Baustelle zugleich.

Besonders beeindruckend ist das Hauptgebäude aufgrund seiner kolossalen Abmessungen. Bei einem Durchmesser von 18 m erreicht der Bogen des Iwan eine Höhe von 30 m; die Kuppel, deren Durchmesser ebenfalls 30 m beträgt, ragt 44 m hoch auf. Die Rekonstruktion der inneren, halbkugelförmigen Kuppel steht noch aus, während die äußere, melonenförmige, in strahlendem Blau geflieste Kuppelschale, getragen von einem zylinderförmigen Tambour, der sich über dem quadratisch angelegten Unterbau erhebt, wieder zu einem Wahrzeichen von Samarkand geworden ist.

Unendlich scheint die Vielfalt der Schmuckelemente, die bei der Gestaltung der Außenfassade des Hauptgebäudes Verwendung fanden. Vornehmlich sind es dunkel- und lichtblau glasierte Ziegelornamente – *gerehs* und große Kufi-Inschriften –, daneben aber auch Majolikafliesen und leuchtende Fayencemosaiken in einer ganzen Palette von Farben, die Pflanzen- und Schriftornamente bilden, »deren Linienschwung die Grenzen der Mosaiktechnik verleugnet und wie mit dem Pinsel hingesetzt scheint« (Otto-Dorn). Malereien – abstrakte Ornamente in Gold und Blau auf weißem Grund – bildeten den Wandschmuck des Innenraumes, blaugoldene Reliefs aus Pappmaché füllten das weite Rund der Kuppel. Hinsichtlich ihrer Konstruktion und Dekoration sind die in der Querachse des Hofes liegenden kleinen Moscheen dem Hauptgebäude der Großen Moschee ähnlich: ein quadratischer Unterbau, ein zylindrischer Tambour, eine blau geflieste Kuppelschale, ein zum Hof hin ausgerichteter Iwan und im Innern Wandmalereien in Gold und Blau.

Der eigentliche Zugang zum Hof von Bibi Hanim führte – gleichsam als Gegenpol zum Hauptgebäude – durch einen von zwei runden Minaretts flankierten Portalbau mit einem hochaufragenden Iwan, der aber einem Erdbeben (1897) zum Opfer fiel. Obwohl nur noch Teile der mächtigen, mit Ziegelornamenten (geometrische Muster und Zitate in Kufi-Schrift) verzierten Bausubstanz erhalten sind, werden diese 600 Jahre alten Stützpfeiler rekonstruiert und Lücken im Mauerwerk geschlossen, werden in aufwendiger Kleinarbeit Steine behauen, Fliesen geschnitten und zu vielfarbigen Ornamenten zusammengesetzt.

In vieler Hinsicht ist Bibi Hanim tatsächlich die Glanzleistung timuridischer Baukunst schlechthin, ein Meisterwerk der besten Architekten, Künstler und Baumeister des Orients, der Ausdruck einer neuen Stilrichtung, die sich aus einer glücklichen »Synthese – nicht aus der Summe (!) – von schöpferischer Arbeit der einheimischen Meister und der Künstler aus den zeitweise unterworfenen Ländern« Ende des 14. Jh. entwickelt hatte (Pugatschenkowa).

Das **Mausoleum Bibi Hanim** (9), möglicherweise eine Begräbnisstätte der Frauen der Timuriden-Dynastie (1400?), gegenüber (östlich) der Moschee wird ebenfalls restauriert. Es ist der Ort, den die Bevölkerung schon seit Jahrhunderten als Grab der legendären Herrscherin Bibi Hanim verehrt. Bemerkenswert ist der achtseitige Unterbau des Mausoleums, dessen quadratischer, durch Nischen erweiterter Innenraum mit einer Kuppel abgeschlossen wird. Sowohl von dem Kachelschmuck der Außenfassade als auch von den blau auf weiß ausgeführten Landschaftsmalereien im Innern ist praktisch nichts mehr erhalten. Und im Gegensatz zu Gur-e Amir sind es bei Bibi Hanim nur noch wenige Schriftzeichen im Kufi-Stil, die vom zerborstenen Tambour Allahs Namen verkünden.

Von hier aus erreicht man in wenigen Minuten die Gräberstadt **Schah-e Sende** (10), der ein eigenes Unterkapitel (S. 222 ff.) gewidmet ist.

An der Grenze zwischen Alt-Samarkand (Afrasiab) und der heutigen Innenstadt liegt einige Meter über der nach Taschkent führenden Straße die Mitte des 19. Jh. wiederaufgebaute **Moschee Hasrati Hisir** (11), deren Fundamente aus Ziegeln zusammengesetzt sind, die vermutlich noch aus dem Mittelalter stammen. 1915 wurde diese Moschee, die dem legendären vorislamischen Pilger Hasrati Hisir gewidmet ist, von einem Samarkander Künstler namens Abdulkadir Bakijew vollständig restauriert. Es ist ein verhältnismäßig kleines Gebäude, das vor allem durch seinen eigenwilligen asymmetrischen Aufbau bemerkenswert erscheint. Eine nach Osten geöffnete und von Säulen getragene Bethalle, deren kassettenartig unterteilte Decke ebenso bunt bemalt ist wie das Gebälk und die mit Schnitzereien reich verzierten Säulen, sowie der sich anschließende Kuppelbau zeigen interessante Übereinstimmungen mit der aus dem 18. Jh. stammenden Moschee Bala Haus in Buchara. An die Säulenvorhalle schließt sich ein über mehrere Stufen zu erreichender überkuppelter Torbau an, der nur wenig von einem für Samarkand ungewönlichen Minarett überragt wird. Als Schutzpatron der Reisenden soll Hasrati Hisir wie die Legende berichtet, schon in vorislamischer Zeit ein hoch verehrter Heiliger und Wundertäter gewesen sein.

Mit zu den ältesten noch erhaltenen Baudenkmälern in Samarkand zählt das **Mausoleum Ruchabad** (18) südwestlich des Rigestan: das Grab des in den 80er-Jahren des 14. Jh. verstorbenen Scheichs Burhaneddin Sagardschi. Ohne ein besonderes Portal bie-

Zu den ältesten und bedeutendsten Baudenkmälern Samarkands zählen die Mausoleen Ruchabad und Gur-e Amir

tet dieses majestätisch anmutende Kuppelgrab (1380?) ein schon recht seltenes Beispiel für ein zentrales Mausoleum. Farbe erhalten die in schlichtem Ziegelmauerwerk ausgeführten Fassaden allein durch rechteckige, mit geschnittener, glasierter Terrakotta verzierte Plattenrahmen über den Bogeneingängen. Auch das Innere des Mausoleums wirkt bescheiden: Auf quadratischem Sockel ruht eine mit Stalaktiten gefüllte Trompenzone, aus der die konisch gewölbte Kuppel steil aufragt. Ruchabad steht am Anfang timuridischer Baukunst, die im Mausoleum Gur-e Amir einen ersten Höhepunkt erreichen sollte.

Ebenfalls im südlichen Bezirk, unweit der alten Zitadelle (heute Hotelanlage Afrasiab), am Rand der Altstadt – einem Geflecht von winkligen Gassen und staubigen, von kleinen Kanälen durchzogenen Straßen, liegt ein Komplex besonderer Schönheit und Größe: **Gur-e Amir** (19), das palastartige Mausoleum Timurs (1336–1405), des Mongolenherrschers. Seit Jahrhunderten grüßt die hohe, melonenförmige Grabkuppel den Reisenden, der sich im Tross einer Karawane Timurs Hauptstadt näherte. Gur-e Amir beherbergt das Grab des Mannes, der als ein berühmter Bauherr islamisch geprägter Architektur, aber auch als gefürchteter Eroberer in die Geschichte eingehen sollte. Land für Land zwang er unter seine Macht und ließ Städte und Siedlungen, die sich gegen ihn erhoben, niedermachen. Nur die Elite, die Handwerker und Künstler, ließ er aus allen Ländern seines Reiches, das sich vom Indus bis zum Hellespont erstreckte, nach Samarkand bringen und machte seine Hauptstadt zu einem ›Paradies des Ostens‹.

Gur-e Amir, das ›Grab des Fürsten‹, wurde, soweit die heutigen Forschungsergebnisse zeigen, noch unter Timurs Leitung im Jahr 1404 oder aber kurz nach seinem Tod (14. Februar 1405) vollendet. Auch darf angenommen werden, dass Timur dieses Mausoleum für sich selbst bauen ließ, zumal er für seine Freunde und Angehörigen herausragende Grabstätten in Samarkand und Kesch (Schahr-e Sabs) hatte errichten lassen. Der Bau einer für die damalige Zeit so einzigartigen Grabanlage, die über zwei Jahrhunderte nachweislich in der zentralasiatischen, persischen und afghanischen Architektur richtungweisend war, kann (nach Brandenburg) nur als Gemeinschaftswerk mehrerer Architekten und Baumeister aufgefasst werden.

Der Architekt des großen, 12,07 m hohen Hauptportals war Muhammad ibn Mahmud aus Isfahan. Durch dieses Tor gelangt man in einen dem Mausoleum vorgelagerten Innenhof (29,5 × 30,4 m), auf dessen rechter Seite einmal ein (Derwisch-)Kloster *(chanaka)* und auf der linken eine Medrese gestanden haben. Timurs Enkel Ulughbek, der, seinem Großvater nacheifernd, nicht nur in Samarkand, sondern auch in anderen Städten Zentralasiens (Buchara, Kesch) eine rege Bautätigkeit entwickelte, gilt als der Erbauer dieser besonderen Hofanlage (1434). Das hohe Portal und die sich anschließenden Gebäude bildeten einerseits eine gewisse Abschir-

Wie ein Palast wirkt Gur-e Amir, das Mausoleum des Mongolenherrschers Timur

mung des Mausoleums gegenüber der Stadt und ihren lauten Basaren, andererseits erschlossen sie ein der Würde dieser Begräbnisstätte entsprechendes Umfeld, wo im »Schatten« des »großmächtigen Sultans, des allergnädigsten Khans Timur« fromme Muslime nicht nur beten, sondern auch lehren, lernen und leben durften. Das Portal, wiederholt eingestürzt und restauriert, bietet auch heute noch einen hervorragenden Einblick in eine recht eindrucksvolle Ornamentik, mit farbenfrohen und mannigfaltigen Mosaiken und

Detail der Melonenkuppel von Gur-e Amir

Fayencen: Abbildungen von Sonnen und Sternen, von Blumen, Blättern und Früchten schmücken Friesplatten, die in ihren hellen Farben, in Weiß, Gelb, Blau und Braun einen plastischen Kontrast zu dem dunklen Untergrund bilden und mit kufischen Lettern verziert sind.

Das eigentliche Mausoleum hat einen quadratischen Grundriss, dessen Ecken soweit abgeschnitten sind, dass sich ein regelmäßiges Achteck mit einer Kantenlänge von 7,5 m ergibt. Darüber erhebt sich der wuchtige, nahezu 13 m hohe Unterbau. Seine Wände sind mit riesigen Ziegelmustern – ineinander geschachtelte Rechtecke und Quadrate – geschmückt und tragen in kufischen Schriftzeichen die Namen Allah und Mohammed.

Das beherrschende Element von Gur-e Amir ist seine gewaltige Melonenkuppel, deren gerippte Schale bis zu einer Höhe von 34 m aufragt. Getragen wird diese an eine Jurte erinnernde Rippenkuppel von einem hohen, zylindrischen Tambour, dessen buntes Mosaikmuster in kufischen Lettern weithin sichtbar verkündet, dass allein Allah ewig ist. Friesartige Mosaikbilder bilden den Rahmen für die monumentalen Schriftzeichen, die aus weißen Steinchen im Kern und dunkelblauen am Rand zusammengesetzt sind und sich von dem aus gewöhnlichen Ziegeln gebildeten Untergrund plastisch abzuheben scheinen. Zwei weitere Mosaikfriese, die mit verschiedenartigen geometrischen Ornamenten geschmückt sind, bilden einen harmonischen Übergang vom Tambour zur Kuppel. Während der untere Fries farblich dem eigentlichen Tambour angepasst ist, zeigt der obere die der Kuppeloberfläche eigene Farbgestaltung – tiefes Dunkelblau und strahlendes Türkis. Aus diesem Fries heraus entwikkelt sich ein stalaktitförmiges Konsolgesims, auf das die 64 Rippen der annähernd 13 m hohen Kuppelschale aufgesetzt sind. Eine Unzahl von kleinen, quadratisch oder rechteckig geschnittenen Steinchen, vorherrschend in Kobalt oder Türkis, bedecken die gesamte Kuppeloberfläche und bilden streng geometrische, sich ständig wiederholende Muster. Dabei stoßen die einzelnen halbkreisförmigen Rippen so dicht aneinander, dass dem Betrachter infolge des sich immer wieder ändernden Lichteinfalls und der sich daraus ergebenden Schattenwirkung ein besonderer Eindruck von Raum und Zeit vermittelt wird.

Unmittelbar vor dem eigentlichen Kuppelbau befindet sich eine 11,8 m hohe, zum Vorhof geöffnete, überwölbte Halle, ein Iwan, der, zum Teil verfallen, wiederaufgebaut und restauriert wird. Wenn sich auch an verschiedenen Stellen noch interessante Fliesenbilder erhalten haben, so stellt dieser zur Zeit Ulughbeks errichtete Pischtak doch einen schmucklosen Ziegelbau dar, der von seiner Funktion her eher der Medrese und dem Kloster als dem Mausoleum zuzuordnen ist. In das Innere von Gur-e Mir gelangt man schließlich durch eine kleine, mit Arabesken und Schriftfriesen verzierte Holztür: »Glücklich ist, der die Welt verlässt, bevor die Welt auf ihn verzichtet«.

Beim Betreten des reich geschmückten Innenraumes zeigt sich aber, dass diese hoch aufragende Hallc nur bedingt ein Abbild des Raumes darstellt, den man beim Betrachten des Mausoleums von außen erwartet hätte: achteckiger Unterbau, zylindrischer Tambour, melonenförmige, leicht ausladende Kuppel. Das Innere des Gebäudes, dessen lichte Höhe 24 m beträgt, hat nämlich einen quadratischen Grundriss von 10 × 10 m, der durch kreuzförmig angeordnete Nischen beachtlich erweitert wird. Diese mit reichem Stalaktitenschmuck ausgestatteten Nischen sind von außen nicht erkennbar, da sie in das starke Mauerwerk des Unterbaus eingeschoben sind.

Der Übergang vom quadratischen Grundriss zum Kreisrund der Kuppel erfolgt über ein Trompenachteck und einen 16-eckigen Gesimskranz. Das Profil der inneren Kuppelschale schließlich ist weder halbkreis- noch melonenförmig, sondern entspricht dem persischen Bogen. Die Tatsache, dass die Innenkuppel mit der Außenkuppel nicht identisch ist, dürfte bei einer Betrachung des Mausoleums von besonderem Interesse sein. Erst die Verwendung einer doppelschaligen Kuppel machte es nämlich möglich, die Außenkuppel – gleichsam als Blickfang – extrem hoch zu führen, während die innere Kuppelschale ein relativ gedrücktes Profil erhielt. Durch Verwendung besonderer Streben und Stützen, die man auf die untere Kuppel aufgesetzt hatte, wurde die Außenkuppel gesichert und entlastet. Timur selbst soll darauf bestanden haben, entsprechend dem Vorbild der hölzernen Doppelkuppel vor dem Mihrab der Omaijaden-Moschee in Damaskus, auch bei Gur-e Amir die Konstruktion einer Doppelkuppel einzuführen, diese aber aus Ziegeln mauern zu lassen. Wie zahlreiche Beispiele zeigen, hat diese Technik die islamische Architektur nicht unwesentlich beeinflusst.

Im Innern des Mausoleums bilden sechseckige, das Licht reflektierende Alabasterfliesen einen Sockelfries, über dem ein Zellenfries und ein Schriftenband aus Jaspis, das die Geschichte des großen Timur erzählt, angeordnet sind. Die weiten Wandflächen zwischen dem 2,5 m hohen Sockel und der Kuppel werden von einem ganzen Netzwerk geometrischer Muster und Arabesken bedeckt. Eigenartig ist die Ausschmückung der inneren Kuppelfläche, die in der Verwendung von Arabesken in vergoldeter Pappe (Pappmaché) besteht, welche einfach auf die Wand aufgeklebt worden sind.

Begraben liegt Timur und mit ihm seine Söhne Miranschah und Schahruch, seine Enkel Ulughbek und Muhammad Sultan, sein Lehrer Scheich Said Berke aus Medina sowie Kumar Inak, sein Minister, in der Krypta des Mausoleums, während ihre Grabsteine im Mittelraum des Mausoleums über den eigentlichen Gräbern angeordnet sind. Neben Timurs kostbarem Kenotaph, einem großen, polierten Nephritblock, sind die anderen Grabmäler z. T. aus Marmor, Alabaster oder Ziegeln.

Der Berühmtheit des Herrschers ist es wohl zu verdanken, dass seine Grabstätte, das Mausoleum Gur-e Amir, schon frühzeitig und oft restauriert wurde und zum Vorbild für viele islamische Baudenk-

Das Grab des Fürsten
Im Juni 1941 wollten sowjetische Wissenschaftler unter der Leitung ihres Archäologen W. A. Schischkin in Erfahrung bringen, wie Timur einmal ausgesehen haben könnte. Gerade in dem Augenblick, als man seine mit einer Steinplatte verschlossene Gruft öffnete, wurde – so wird berichtet – den Wissenschaftlern telefonisch mitgeteilt, dass der Krieg zwischen der Sowjetunion und Deutschland ausgebrochen war. Es war der 22. Juni 1941.

mäler in Zentralasien, Persien, ja in allen Turkprovinzen geworden ist. Bis zum heutigen Tag hat Gur-e Amir nichts von seiner faszinierenden Anziehungskraft verloren und überbietet durch seine Monumentalität, die einfachen Proportionen und die kostbare Ornamentik alle anderen Grabbauten der islamischen Welt.

Unweit von Gur-e Amir in südöstlicher Richtung, mitten zwischen einfachen ebenerdigen Wohnhäusern aus Stampflehm, befindet sich die Ruhestätte des letzten Timuriden von Samarkand, die vermutlich in den 70er-Jahren des 15. Jh. (1476?) errichtet worden ist: das **Mausoleum Ak Sarai** (20). Es ist im Vergleich zu Gur-e Amir ein Gebäude von bescheidener Größe und Ausstattung, hinsichtlich seiner architektonischen Gestaltung jedoch besonders erwähnenswert, wurde hier doch erstmals mit Erfolg das traditionelle Trompensystem – als Übergang vom Quadrat des Unterbaus zum Kreis der Kuppel – durch eine wesentlich tragfähigere Konstruktion aus Kreuzbögen (Rippengurten) und rautenförmigen Gewölbezwickeln ersetzt. Die scharfen Übergänge von den einzelnen Flächenelementen zu der im Zentrum sich abhebenden Kuppelkalotte wurden jedoch nach wie vor durch schmückende Stalaktiten gemildert. Von Interesse ist hier aber auch die vergoldete polychrome Malerei auf leicht reliefierten Ornamenten. Dieses neue Dekorationselement, das ausschließlich zur Ausschmückung von Innenräumen verwendet wurde, erinnert stark an die feine Brokatstickerei, für die Zentralasien seit langem berühmt war.

Alle drei hier im Süden der Stadt relativ nahe beieinanderliegenden Mausoleen zeigen recht anschaulich die Entwicklung der timuridischen Baukunst innerhalb eines Zeitraumes von etwa hundert Jahren: beginnend beim schlichten Fassadendekor von Ruchabad über die imposanten Mosaikmuster von Gur-e Amir bis hin zu der vergoldeten polychromen Malerei von Ak Sarai.

Östlich des Rigestan in der südlichen Altstadt befindet sich ein recht bemerkenswertes und sehenswertes Gebäude, das lange Zeit zu den unterschiedlichsten Vermutungen Anlass gab. Es handelt sich um das **Mausoleum Eschrat-chane** (21), das Habiba Sultan Begim, die Frau des Abu Said, im Jahr 1464 für ihre älteste Tochter errichten ließ, das aber später zur Begräbnisstätte auch der Frauen und Kinder aus der Nachkommenschaft Timurs wurde. Der Name Eschrat-chane – Haus des Vergnügens – war es wohl, der zweideutigen Spekulationen Vorschub leistete, das mit kostbaren, reich gemusterten Teppichen ausgelegte Mausoleum sei ein Lustschloss gewesen. Erdbeben und Kriege, Raub und blinde Zerstörungswut haben jedoch dazu geführt, dass Eschrat-chane, das einmal zu den schönsten Baudenkmälern in Zentralasien zählte, heute nur noch als Ruine erhalten ist. Wie sorgfältige Untersuchungen ergeben haben, war es ein Bauwerk von 25 × 20 m Größe, das über einer unterirdischen Grabkammer errichtet worden war und im Kern aus einem kreuzförmigen Hauptraum bestand. Diesem war ein nach Westen gerichteter schlanker Pischtak vorgelagert. Nördlich und südlich der sich im

Einst eines der schönsten Bauten Zentralasiens, heute nur noch Ruine: das Mausoleum Eschrat-chane, das ›Haus des Vergnügens‹

Zentrum befindenden Halle (Siarat-chane), über der sich ein ungewöhnlich schlanker Tambour mit einer imposanten Außenkuppel erhob, befanden sich zweigeschossige Seitengebäude: eine Moschee und Zellen im nördlichen Trakt und vier Kuppelräume im südlichen.

Während im Außendekor neben wenigen Mosaiken und Majolikaelementen die warmen Tonfarben der Ziegelverkleidung vorherrschten, zeigte die Ausstattung der Innenräume nahezu alle Spielarten der damals möglichen Dekorationstechnik: leuchtende, glasierte kleine Fliesen in Blau und Grün mit feinsten goldenen Ornamenten, Arabeskenmalereien, Stuck, Kundal, buntverglaste Fenster und mit Marmor verlegte Fußböden. Dass bei dieser märchenhaften Ausschmückung das Mausoleum mit einem Lustschloss verwechselt werden konnte, das den Betrachter in das Reich der Fantasie zu entführen vermochte, ist nur allzu verständlich.

Nicht weit entfernt von Eschrat-chane (auf der gegenüberliegenden Straßenseite) steht im Bereich eines alten Friedhofs das **Mausoleum Hodscha Abd-e Darun** (22). *Darun* bedeutet ›das Innere‹ und verweist darauf, dass sich das Mausoleum innerhalb der Stadtmauer befindet. Der Grabbau gehört zu einem ganzen Ensemble von Bauwerken, die zwar zu verschiedenen Zeiten errichtet wurden, durch ein *haus* (Wasserbecken) und das Grün zahlreicher Bäume und Sträucher aber harmonisch miteinander verbunden sind. Den Schwerpunkt in diesem sehenswerten Komplex bildet ein Chanaka, das Ulughbek vermutlich in der ersten Hälfte des 15. Jh. vor ein im 12. Jh. (?) errichtetes Mausoleum setzen ließ. Es ist ein typisch timuridisches Bauwerk mit einer auf massivem Tambour ruhenden Kuppel und einem vorgesetzten Pischtak. Von hoher Qualität zeugen die bei der Verkleidung der Fassade verwendeten Ziegel, die zu geometrischen Mustern und Schriftornamenten zusammengefügt worden sind. Aus dem 18. Jh. stammt die an Stelle alter, verfallener Gebäude errichtete Moschee, zu der ein geschlossener, würfelförmiger Raum und eine an zwei Seiten offene Vorhalle gehören, die noch Anfang des 20. Jahrhunderts mit Wand- und Deckenmalereien sowie geschnittenem Stuck reich ausgestattet wurden. Gegenüber dem Chanaka befindet sich ein ebenerdiges Gebäude, das wieder zu einer Lehr- und Wohnstätte ausgebaut worden ist, wo junge Mullahs von erfahrenen Meistern in der Auslegung des Korans unterwiesen werden.

Einen Gegenpol zum Mausoleum Hodscha Abd-e Da-run bildet das im 17. Jh. errichtete **Mausoleum Hodscha Abd-e Birun** (23), das sich jedoch bereits außerhalb des timuridischen Stadtgebietes (*birun* = das Äußere) befindet. Es ist ein klar gegliedertes, massives Bauwerk von 14 × 15 m, überspannt von einer Kuppel (Durchmesser 6 m), die sich nahtlos über einer zylindrischen Trommel erhebt. Den Eingang zum Mausoleum bildet ein hohes, mit Ziegelornamenten *(gereh)* geschmücktes Portal. Wie schon des Öfteren beobachtet, trägt auch der Tambour des Abd-e Birun eine Inschrift – hier in *thuluth* –, die weithin sichtbar Allahs Größe verkündet.

Von den oft über Jahrhunderte erhaltenen Stätten des Islam in Samarkand ist schließlich noch die **Medrese Hodschah Ahrar** (24) erwähnenswert, die im Jahr 1638 vom Architekten Dost Muhammad auf Anordnung des Nadir Diwan-Begi aus Buchara gebaut wurde. Über Hodschah Ahrar wird berichtet, dass seine »Weisheit und Frömmigkeit in der ganzen mohammedanischen Welt anerkannt und verehrt wurde, und der im 15. Jh. von Taschkent nach Samarkand übersiedelte und hier eine Medrese gründete, die zahlreiche Schüler aus ganz Centralasien anzog« (Schubert von Soldern). Beigesetzt wurde Hodscha Ahrar im Jahr 1490 auf dem benachbarten Friedhof, wo noch heute eine über seinem Grab errichtete hohe, weiße Marmorsäule an den mächtigen und fanatischen Führer des Derwischordens Nakschbandi erinnert.

In ihrem Aufbau entspricht diese Medrese zwar der Tradition timuridischer Baukunst, aber wie bereits bei den ebenfalls im 17. Jh. errichteten Medresen am Rigestan angedeutet, wird auch bei diesem Hochschulbau ein Niedergang vornehmlich im Bereich der künstlerischen Gestaltung deutlich sichtbar. Das Portal wirkt zu schwerfällig, die Ornamente sind ohne Zusammenhang aneinandergereiht, die Farben wirken zu bunt und zu grell, und die Qualität in der Ausführung des Dekors ist keine Meisterleistung mehr. Aber auch hier preist unübersehbar eine Inschrift die Schönheit und Einzigartigkeit dieser Medrese, deren »Fundament auf den Rücken eines Fisches gelegt ist und deren Höhe bis zu dem leuchtenden Mond reicht«.

Im Süden der Medrese Hodschah Ahrar befindet sich, versteckt hinter hohen Platanen, noch eine aus mehreren Gebäuden bestehende Anlage, Stätten des Gebets: Sommermoscheen, die über den

Die Medrese Hodschah Ahrar aus dem 17. Jh. entspricht zwar noch dem timuridischen Bauschema, in der künstlerischen Gestaltung jedoch macht sich bereits deutlich der Niedergang bemerkbar

Fundamenten der im 15. Jh. errichteten Moschee gebaut und wiederholt umgebaut wurden, sowie ein kleines Minarett und verschiedene Wohngebäude. Beachtung verdient hier ein mit einer Fülle von ineinander verschlungenen Schriftzeichen besonders schön verzierter Mihrab aus dem 15. Jh. sowie eine von schlanken Holzsäulen getragene Kassettendecke, die Saghd-allah, ein »Auserwählter [Künstler] aus dem Meer der Sterne« mit einem Netz aus vielzackigen Sternen und *gerehs* geschmückt hat.

Hier am Rande der Stadt, wo der Islam tatsächlich wieder gelebt wird, erhält man den Eindruck, als hätte es die 70 Jahre Sowjetmacht nicht gegeben: angehende Mullahs, die arabisch lernen und den Koran studieren, zum Gebet rufende Muezzins, um einen Imam sich scharende Gläubige, betende Muslime – »Es gibt kein Volk, das keinen Platz für ein Gebet hat.« (D. Kamalow)

Weitere Bauwerke und Museen

Die unter den Timuriden gewachsene Tradition der Pflege von Kunst und Wissenschaft erlebt heute, nach Zeiten der Unterdrückung und des Niedergangs, auch in Samarkand eine Renaissance. Zu erwähnen sind: eine Universität, sechs Forschungsinstitute (u. a. für Karakulzucht, Weinbau, Malaria), mehrere Hoch- und Fachschulen, Bibliotheken, drei Theater und sechs Museen.

Gleichsam als ein Symbol für die jahrhundertealte Wissenschaftstradition Samarkands kann das **Observatorium des Ulughbek** (12) – etwa 3,5 km nordöstlich vom Registan – angesehen werden. Bereits 1908 wurden hier von W. L. Wjatkin, einem russischen Archäologen, Teile eines gewaltigen, in einen Felsen getriebenen Sextanten

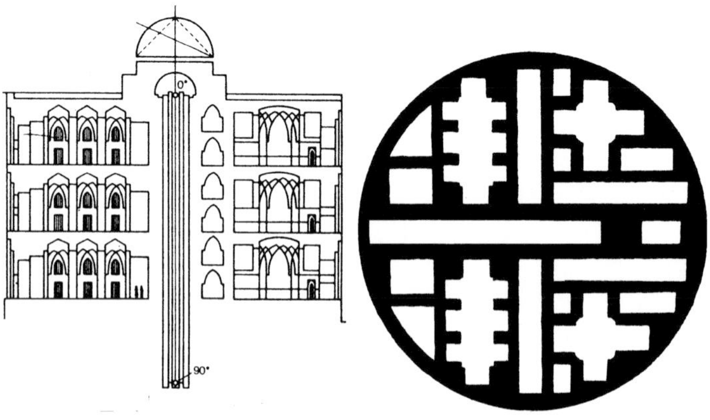

Im 15. Jh. entstand die Sternwarte und astronomische Schule des Ulughbek; zeichnerische Rekonstruktion des Gebäudes und Querschnitt des Erdgeschosses

gefunden – das Kernstück der berühmten Sternwarte des Ulughbek. Wenn auch aufgrund von Literaturhinweisen bekannt war, dass es bereits im 15. Jh. in Samarkand ein Observatorium gegeben hat, so gelang es doch erst Anfang des 20. Jahrhunderts, die verschollene Sternwarte zu orten und freizulegen. Diese Forschungsstätte war auf Anordnung von Ulughbek (1394–1449) geplant und vermutlich 1428/29 fertiggestellt worden und galt als die modernste der Welt. Auch ohne Fernrohr und Teleskop war es den hier tätigen Wissenschaftlern – neben Ulughbek: Kasi-sade Rumi, Ghijatheddin, Ali Kuschtschi, dem sogenannten Ptolemäus seiner Zeit – gelungen, Messungen und wissenschaftlich fundierte Untersuchungen durchzuführen und Sternpositionstabellen anzufertigen, die nicht nur bis in die Neuzeit von großem Wert waren, sondern unter Einsatz heutiger Technik auch weitestgehend bestätigt werden konnten.

Bei der Errichtung der Sternwarte erwies sich die Aufgabe, die eigentliche Messstelle erdbebensicher und damit unverrückbar zu machen, augenscheinlich als das größte Problem. Daher wurde in

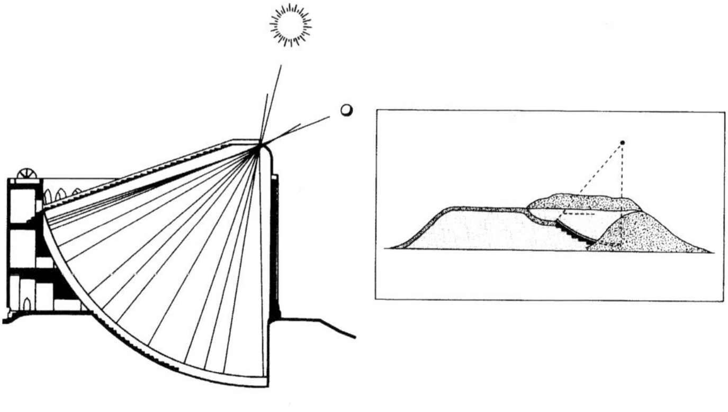

Schnitt des rekonstruierten Observatoriums und Querschnitt des Hügels

den gewachsenen Stein des Hügels Tall-e Rasad eine etwa 2,5 m breite Vertiefung gehauen, diese mit Ziegelsteinen ausgekleidet und in der so entstandenen Rinne das Segment eines Sextanten (der sechste Teil eines Kreises, hier mit dem Halbmesser R = 40,1 m) – unterteilt in Winkelgrade und Minuten – fixiert. Das über dem Sextanten angeordnete Gebäude war überkuppelt, rund, und hatte bei einem Durchmesser von etwa 40 m drei Stockwerke mit zahlreichen Haupt- und Nebenräumen. Einige gefundene Bruchstücke lassen vermuten, dass die Außenfassade der Sternwarte mit Fliesen verziert war. Hinsichtlich der Ausstattung im Innern berichtet Abdurrassak (15. Jh.) von einer Nachbildung – vermutlich handelt es sich um Wandgemälde – »der zehn Himmelssphären mit Graden, Minuten, Sekunden und Zehntelsekunden, der Rotationssphären, der sieben Wandelsterne, der Fixsterne, der Erdkugel mit ihrer Einteilung in Klimate, mit Bergen, Meeren, Wüsten usw.« (Barthold)

Das Sternbild Andromeda, Miniatur aus der 1437 in Samarkand für Ulughbek angefertigten Abschrift der Sternkunde der Sufis

Trotzdem soll das Observatorium nur wenige Jahre für wissenschaftliche Zwecke genutzt worden sein. Ulughbek selbst aber, der sich neben der Astronomie (und Astrologie?) auch seinen Regierungsgeschäften widmen musste, hatte aufgrund seiner intensiven Beschäftigung mit den exakten Wissenschaften binnen weniger Jahre nicht nur die ganze muslimische Geistlichkeit, sondern auch seine eigene Familie zum Feind. Schließlich wurde er unter mysteriösen Umständen hingerichtet, und »das Haupt des Mannes, der Samarkands geistige Berühmtheit im Morgenlande begründet, wurde wie zum Hohne über dem Pischtak der von ihm gegründeten Hochschule befestigt«. (Graff)

Unweit des von einer Empore aus zu besichtigenden Sextanten befindet sich ein kleines zweigeschossiges **Museum**, wo eine interessante Sammlung von astronomischen Geräten und Instrumenten gezeigt wird. Himmelskarten und -globen, Schrift- und Bildmaterial sowie Reproduktionen von Veröffentlichungen, auch aus der Zeit Ulughbeks, ergänzen den Bestand dieser thematisch zwar eng umrissenen, aber doch recht aufschlussreichen Ausstellung.

Obwohl etwas abseits gelegen – auf einem Hügel östlich von Afrasiab –, verdient noch ein anderes, ein verhältnismaßig kleines Baudenkmal (9 x 9 m^2) erwähnt zu werden: das **Mausoleum Tschupan Ata** (13). Dieser Anfang des 15. Jh. errichtete Masar, einst ein vielbesuchter Wallfahrtsort, wo Tschupan Ata, der Schutzpatron der Hirten, verehrt wurde, ist allein schon deshalb bemerkenswert, weil vermutlich hier zum ersten Mal die Konstruktion eines Kreuzgewölbes angewendet wurde.

Kehrt man auf der Taschkenter Straße wieder zurück in das Stadtzentrum, sollte man die Gelegenheit nutzen, das unmittelbar am Fluss Siab gelegene »**Grab Daniels**« (14) – des Propheten aus der Löwengrube – zu besuchen. Das Besondere an diesem Mausoleum sind seine Abmessungen. Der Grabstein, unter dem die von Timur aus Susa überführten sterblichen Überreste ›irgendwo‹ begraben worden sein sollen, hat nämlich eine Länge von 18 m. Dieses Mausoleum ist sicher nicht das imposanteste, aber vielleicht doch das interessanteste Mausoleum in Samarkand, dessen Geschichte weit in das 1. Jahrtausend v. Chr. zurück reicht. Heute ist das Grab Daniels ein weit über die Grenzen Usbekistans bekannter und von Juden, Christen und Muslimen in gleicher Weise aufgesuchter Wallfahrtsort.

Das **Museum der Stadtgeschichte von Samarkand** (15) auf dem Hügel von Afrasiab verfügt über eine Reihe von interessanten Funden, die einen hervorragenden Einblick in die Entstehungsgeschichte der Stadt sowie die erste hier bekannte Siedlung der Urbevölkerung aus der Steinzeit vermitteln (s. S. 139ff.).

Im **Akmal Ikramow-Museum** (16) für Geschichte, Kunst und Kultur Usbekistans verdienen neben interessanten Funden aus vorislamischer Zeit verschiedene Stickerei- und Ziselierarbeiten sowie Schnitzereien aus Holz und Marmor besondere Beachtung.

Das kleine **Sadriddin-Aini-Museum** (17) unweit des Rigestan widmet sich Lebensgeschichte und Werk des Begründers der tadschikischen Literatur, Sadriddin Aini.

Die Gräberstadt Schah-e Sende

Nicht nur ein Mausoleum, sondern eine ganze Straße von Grabbauten – eine Nekropole, eine Stadt der Toten – befindet sich im Norden von Samarkand mitten in einem riesigen, auch heute noch benutzten Friedhof am Abhang des Hügels von Afrasiab. **Schah-e Sende** (10), wörtlich: der lebende Schah. Als Wallfahrtsstätte, deren Betreten noch zu Beginn des 20. Jh. Andersgläubigen verboten war, ist diese Gräberstadt weit über die Grenzen Samarkands bekannt gewesen.

»Beim Anblick von Schah-e Sende haben die lasurblauen Himmel verzückt auf das Antlitz der Epoche geschaut – sie sahen bisher noch nie Bauwerke von solch außergewöhnlicher Schönheit – und die türkisblaue Himmelskuppel hat ihre Augen – Mond und Sonne – geöffnet und sich nicht an der Farbenpracht der Fliesen sattsehen können.«
Abu Tahir Hodscha, Kunsthistoriker, Anfang 19. Jh.

Schon in vormongolischer Zeit war das Grabmal des Kusam ibn Abbas eine geheiligte Stätte auf dem ansteigenden Hügel des Afrasiab. Heute gehört diese Grabanlage zu einem ganzen Komplex von Mausoleen und Moscheen, die, vornehmlich in der Timuridenzeit entstanden und aneinandergereiht, eine architektonische Einheit besonderer Art bilden: Den Namen verdankt Schah-e Sende eben diesem Kusam, der ein Vetter des Propheten Mohammed gewesen sein soll. Um die sündigen Feueranbeter zum Islam zu bekehren, war Kusam mit einem rechtgläubigen Araberheer nach Sogd gezogen. Seine Mannen wurden jedoch vernichtend geschlagen, und Kusam selbst blieb nur noch die Flucht. Er verbarg sich in einer Höhle auf den Hügeln des Afrasiab, bis ihm Allah eine unterirdische Höhle anweisen ließ, wo er noch heute betend und fastend leben soll.

Für Timur war diese Legende Grund genug, um diesen geheiligten Berg als Begräbnisstätte für seine Angehörigen und treuesten Freunde auszuwählen, sollte doch jeder muslimische Friedhof sein eigenes Heiligengrab besitzen, gleichsam als Pforte zum ewigen Paradies. Längst weiß man, dass Kusam nie in Samarkand gewesen ist, aber für den gläubigen Muslim ist Schah-e Sende auch heute noch mehr als ein architektonisches Museum: ein Beispiel großarti-

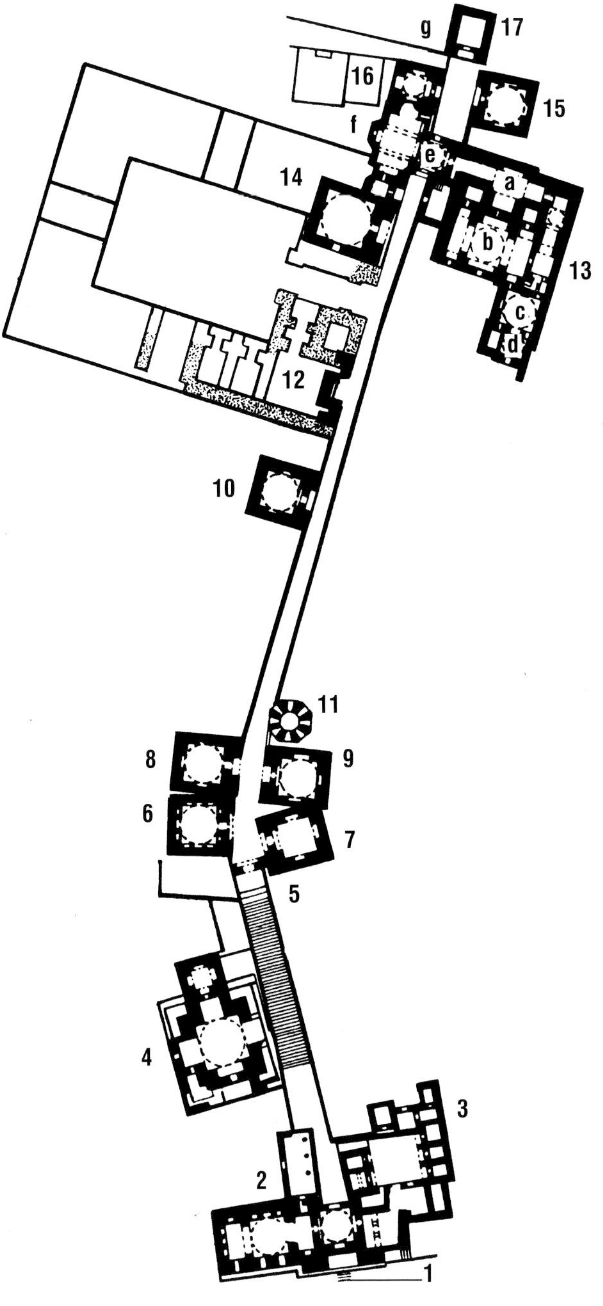

Schah-e Sende, Plan der Gräberstraße

1 Portal des Ulughbek
2 Wintermoschee und Sommermoschee des Usta Sadik
3 Medrese des Daulat Kusch-Begi
4 Mausoleum Kasisade Rumi
5 Freitreppe und zweiter Torbau
6 Mausoleum Amir-sade
7 Mausoleum Emir Husain
8 Mausoleum Schadi Mulk Aka (Turkan Aka)
9 Mausoleum Schirin Bika Aka
10 Mausoleum Usta Ali (?)
11 Sog. Achteck-Mausoleum (?)
12 Mausoleum einer unbekannten Person
13 Mausoleum Kusam ibn Abbas
a Korridore
b Grabmoschee
c Siarat-chane
d Mausoleum
e Dritter Torbau
14 Mausoleum Emir Burunduk (?)
15 Mausoleum Schah Arab (?)
16 Mausoleum Tuman Aka
f Moschee
g Mausoleum
17 Mausoleum Hodscha Ahmad

Besucher in der Gräberstadt

ger Baukunst seiner Vorfahren. Schah-e Sende ist Ziel seiner Pilgerfahrt, ist Vorahnung des ihm verheißenen Paradieses. Und für kulturell Interessierte ist die Gräberstadt eines der interessantesten Zeugnisse für die Vielfalt und Schönheit timuridischer Baukunst.

Das **Portal des Ulughbek** (10.1; s. Plan S. 223), das heute den Eingang zu Schah-e Sende bildet, steht im ehemaligen Stadtgraben von Afrasiab, dem alten Samarkand. Wenn auch eine Inschrift Abdulasis Bahadir, einen Sohn Ulughbeks, als Bauherren ausweist, so war es doch der Vater selbst, der dieses hohe Portal und den sich anschließenden Tschartak (= vier Bogen) in den Jahren 1434/35 errichten ließ. Die 13,2 m breite und 14 m hohe Fassade wird von einer 6 m breiten Nische unterbrochen, an deren äußeren Ecken schmale, reich verzierte Säulen angeordnet sind, über deren Kapitellen sich ein weiter Spitzbogen erhebt. Die verhältnismäßig kleine Eingangstür wird mit einem Kielbogen abgeschlossen. Die Vorderfront des Portals, durch übereinander angeordnete Blendnischen scheinbar in drei Etagen unterteilt, wird von einem großen, heute z. T. stark beschädigten Inschriftenfries eingerahmt. Der Schmuck des Portals – Ziegelmosaik – ist in dezenten Farben gehalten, und nur in den Giebelfeldern der Bogen (Tympana) und im Schriftfries herrschen grellere Farben vor.

Hinter dem Eingang befindet sich das eigentliche Torhaus, der Tschartak. Auffallend ist das Überkuppelungssystem, das hier zum ersten Mal in der Architektur Zentralasiens zur Anwendung kommt. Die zwölfeckige Kuppel des nach allen vier Seiten offenen Raumes ruht nämlich auf Gewölbebogen und -zwickeln, wobei die Gesamtlast der Kuppel, statisch gesehen, fast ausschließlich von den Eckzonen aufgefangen wird.

Unmittelbar neben dem Tschartak sieht man auf der linken Seite zwei Moscheen aus dem 19./20. Jh., die sogenannte **Wintermoschee** (10.2), ein recht unbedeutender, schmuckloser Raum, an dessen Nordseite sich eine etwa 10 m lange Bethalle, die **Sommermoschee** anschließt. 1910 wurde sie vom Samarkander Architekten Usta Sadik im bucharischen Stil errichtet. Auffallend sind die schlanken Holzsäulen, die eine bemalte Holzdecke tragen. Die Rückwand der offenen Halle, die Mihrabwand, ist einfach weiß gestrichen und nur mit Stuck verziert.

Auf der rechten Seite des Torhauses liegt die kleine **Medrese des Daulat Kusch-Begi** (10.3) aus dem Jahr 1813, mit einem quadratischen Innenhof von etwa 7 m Seitenlänge, um den mehrere fensterlose Wohnzellen angeordnet sind. Ein Badehaus jedoch, das sich unmittelbar an das Gebäude anschließt, lässt vermuten, dass der Architekt Daulat Kusch-Begi kein ›Studentenwohnheim‹, sondern eher eine Karawanserei oder sogar ein religiöses Rasthaus, ein *ribat*, errichten wollte.

Entgegen früheren Annahmen kann das **Mausoleum Kasi-sade Rumi** (10.4), das im Jahr 1435 im ehemaligen Stadtgraben von Samarkand errichtet wurde, nicht als Grabmal des einstigen Lehrers von Ulughbek, des berühmten Astronomen Kasi-sade Rumi angesehen werden. Bei diesem Baudenkmal handelt es sich nicht um einen einzelnen Grabraum, sondern um ein recht aufwendig angelegtes Gebäude mit verschiedenen Kammern, Nischen und Zellen. Über dem rechteckig angelegten Siarat-chane – einem Betraum – erhebt sich ein Achteck, das einen zylindrischen Tambour trägt, welchem eine spitz zulaufende, kielbogenförmige Doppelschalenkuppel aufgesetzt ist. Die gleiche Konstruktion – ein schlanker Tambour mit einer steilen Kuppel – ist auch über dem sich unmittelbar anschließenden Grabraum zu beobachten.

Interessant an dieser einerseits recht eigenartig, andererseits aber doch sehr harmonisch wirkenden Grabanlage ist, dass die größere Kuppel nicht weniger weit in den Himmel ragt als die anderen, jenseits des Stadtgrabens angeordneten Mausoleen. Schon von weitem fallen die beiden augenscheinlich aufeinander abgestimmten türkisfarbenen Kuppeln und die mit Segenssprüchen bzw. geometrischen Monogrammen in buntem Ziegelmosaik geschmückten Trommeln

Das Mausoleum Kasi-sade Rumi, ein spättimuridischer Grabbau, wurde 1435 errichtet

Der Aufgang zum zweiten Torbau

auf, die sich von dem schlichten Ziegelmauerwerk der Fassade elegant abheben. Gerade weil man auf eine aufwendige Ausschmückung im Innern des Mausoleums verzichtet hat – lediglich die flachen Wölbungen der Kuppeln sind mit einem Stalaktitendekor verziert –, kommt die Schönheit und Harmonie dieser spättimuridischen architektonischen Komposition besonders gut zum Ausdruck.

Unmittelbar neben dem Grabbau von Kasi-sade Rumi führt eine steile **Treppe** (10.5) über den alten Stadtgraben in den oberen Bereich von Schah-e Sende. Umfangreiche Ausgrabungen lassen vermuten, dass die hier beginnende, etwa 100 m lange Gräberstraße wesentlich älter ist als die zu ihren Seiten errichteten Totenhäuser und eigentlich nur einer vormongolischen Stadtgasse folgte, die aber am Hang endete, wo sich die Stadtmauer erhob. Heute befindet sich hier ein vermutlich erst später errichtetes Torhaus *(tschartak)*, von dem aus man einen prächtigen Blick auf eine ganze Gruppe von Mausoleen hat, die alle aus der Zeit Timurs stammen und deren

Fayenceschmuck einen Höhepunkt in der islamischen Baukunst darstellt.

Die folgenden vier einander gegenüberstehenden Mausoleen (10.6–10.9), sind in ihrem Aufbau sehr ähnlich, quadratische Einraum-Mausoleen mit großen, iwanartigen Nischen und stark verwitterten Kuppeldächern. Im Gegensatz zum schmucklosen, weißgetünchten Inneren ist die in strahlenden Türkisfarben leuchtende Fassade des **Mausoleums Amir-sade** (10.6) aus dem Jahr 1386 – Ruhestätte einer hochgestellten Persönlichkeit aus Timurs Gefolge (Sohn eines Emirs) – geradezu ein Musterbeispiel, wie eine streng gegliederte Fläche sinnvoll und kunstreich durch Schriftfriese, Flechtwerk, Arabesken, Ecksäulen mit reich verzierten Basen und Kapitellen ausgefüllt und belebt werden kann. Hinsichtlich der Thematik und Gestaltung ist die Fassade von Amir-sade zwar der von Schah Arab ähnlich, im Detail jedoch zeigt sich recht augenfällig, wie sehr sich Künstler und Handwerker weiterentwickelt und ihre Technik innerhalb weniger Jahre beachtlich verfeinert haben.

Vom **Mausoleum Emir Husain** (Tuglu Tekin; 10.7) aus dem Jahr 1376, das sich unmittelbar rechts neben dem Torhaus befindet, sieht man heute nur noch die Vorderfront, deren Verkleidung aus einer Vielzahl von Mustern – ausschließlich in geschnittener Fayence, in den Farben Lichtblau bis Tiefblau und Weiß – zusammengesetzt ist. Besondere Beachtung verdienen die in die äußeren Ecken der Portalnische gestellten Säulen mir ihren reliefierten Glockenkapitellen, die den Kielbogen der Nische tragen. Die in schwungvollen Zeichen geschriebenen Inschriften lassen vermuten, dass sich hier das Grab des im Jahr 1375 verstorbenen Emir Husain befindet: »Glücklicher Gebieter Emir Husain, Sohn des Kara Kutluk, über deinem Grab hat Gott seine Liebe ausgeschüttet. Du starbst den Märtyrertod im Jahre 777.« Und eine weitere Inschrift verkündet: »Sieh hin auf meinen Palast, Saturn kann sich nicht vergleichen mit ihm. Ja, man muss das Gift der Welt voll austrinken, um schließlich in dieses dunkle Grab ohne Freundschaft und Menschenvertrauen zu versinken. Gieße auf mich Deine Liebe, o Gott!«

»Glaube nicht an das gegenwärtige irdische Leben, gedenke des zukünftigen jenseits des Grabes.« Diese prophetischen Worte verkündet in kunstvoll gesetzten Lettern ein Inschriftenfries über dem Eingang zum **Mausoleum Schadi Mulk Aka** (10.8). Als eines der ältesten Mausoleen der Gräberstadt (1371) gehört Schadi Mulk Aka zu den schönsten und am besten erhaltenen von Schah-e Sende. Und aufgrund seiner besonderen Architektur und seiner hervorragenden Dekoration sollte dieses Mausoleum sogar beispielgebend für die Bautätigkeit der timuridischen Architekten werden. Schadi Mulk Aka – der Name der Grabherrin steht auf einem Fries unter dem Giebel – war eine Nichte Timurs und ist, laut einer Inschrift links vom Eingang, am 29. 12. 1371 gestorben und hier beigesetzt worden. Auch ihre Mutter Kutlug Turkan Aka († 1381) wurde hier bestattet. Es ist eine besondere Ausnahme, dass auch die Namen der

Das Mausoleum Schadi Mulk Aka

ausführenden Architekten bekannt sind: Bahreddin und Schamseddin sowie Saineddin aus Buchara. Als Inschriften befinden sich ihre Namen im Stalaktitengwölbe der Eingangsnische bzw. in der Basis einer Säule.

Überzeugend wirkt die einfache Form des Mausoleums. Der würfelförmige Unterbau trägt einen verhältnismäßig schmalen Tambour, auf den eine gerippte, schmucklose Melonenkuppel gesetzt ist. Den Übergang vom Quadrat des Unterbaus zum Rund der Kuppel bilden dabei ein Achteck und ein Sechzehneck, wobei zwischen je zwei Achteckseiten noch kleine Bogen eingeschoben sind. Das auffallendste Merkmal des Mausoleums ist aber seine Fassade. Sie kann hinsichtlich der klaren Gliederung und der feinen, kunstvollen ornamentalen Technik als eines der schönsten Beispiele in Zentralasien, wenn nicht sogar in der gesamten islamischen Baukunst angesehen werden. Dichte Fliesenverkleidungen aus geschnittener Fayence mit Weiß-Blau-Glasur, kleine und große Fliesen in dunklem und hellem Blau, bedecken das Backsteinmauerwerk vollständig. Trotzdem wirkt die hohe Fassade weder überladen noch eintönig, denn verhältnismäßig schmale Streifen und Felder – Ziegelmosaik, kleine Schmucktafeln mit Sternendekor, ein Inschriftenfries mit kunstvoll verschlungenen Lettern, Rosetten auf dichtem Rankengeflecht und wiederum ein Fries mit kufischen Schriftzeichen – unterteilen die hoch aufragende Wand wie Blumenbeete einen Ziergarten. Verstärkt wird dieser Eindruck noch durch schlanke Ecksäulen mit arabeskenförmigen Ornamenten und auffallend feinen und kunstvoll gearbeiteten Kapitellen und Sockeln.

Egon Erwin Kisch berichtet 1932 über seine Eindrücke in Schah-e Sende: »Wir erklimmen die Treppe von Schachi-Sinda, eine Treppe, deren Geländer aus Palästen besteht. ... Jeder der Paläste hat nur einen Bewohner und dieser Bewohner ist tot. Da liegt ... ein Heiliger, Prophete rechts, Prophete links. ... Wie ein geschwellter Teppich sieht in ihren bunten Chalaten diese Schar der Pilgrims aus, die sich in den Staub geworfen. Wer sind sie? Häuptlinge der Banden oder Mitglieder der Kollektivwirtschaften? ... Mullahs oder Mitglieder des Atheistenbundes, Beten sie für oder wider ...?«

Unterbrochen und zugleich betont wird die Portalwand durch einen reich gegliederten, hohen Iwan, der nicht, wie bisher üblich, mit einem Bogen, sondern mit einer Halbkuppel überdacht ist, die durch ein mehrstufiges, mit Fayencen überzogenes Stalaktitengewölbe ausgefüllt wird. Schmale, hellblau glasierte Bänder in geschnittener Fayence bilden den Rahmen für einen tiefblau glasierten Schriftfries, der um die schmale Tür in der 2,27 m breiten Eingangsnische angeordnet ist. Die Seitenwände der Nische sind ebenfalls in rechteckige Felder unterteilt, die prächtige Ornamente zieren: Schmucktafeln, weiß und blau glasiert, zeigen im oberen Bereich eine tief kobaltblau glasierte größere Scheibe in einem hellen Blauton. Die Tafel im unteren Feld darf als ein wahres Prunkstück angesehen werden, das in seinen Blau- und Türkistönen Zeugnis von großer handwerklicher und künstlerischer Meisterschaft gibt. Eine Schale mit Blüten – sicher ein Wunschbild für Bewohner von Wüsten und Steppen – und weitverzweigte Arabeskenranken, umgeben von einem geschwungenen Bogenornament, bilden das Thema dieser einzigartigen Bildtafel.

Im Innern des Mausoleums sind die Wände ebenfalls in rechteckige Tafelfelder aufgeteilt, die durch einen Rahmen aus Kufi-Schriftbändern besonders hervorgehoben werden: Buntglasierte Fliesen unterschiedlicher Form und Größe bilden geometrische Muster, sti-

Die mittlere Denkmälergruppe; links das sogenannte Achteckmausoleum, daneben die Mausoleen Schirin Bika Aka und Schadi Mulk Aka

lisierte Blüten oder kufische Schriftzeichen. Mit über Eck gestellten Zwergbogen wird das Quadrat des Grundrisses an das Rund der Kuppelwölbung angeglichen, die als Schmuck acht blau-weiße, zu einem Stern zusammengeführte Ziegelrippen trägt, deren Mittelpunkt – gleichsam als Schlussstein – eine Kreisrosette ziert. Schadi Mulk Aka ist sicher ein Mausoleum besonderer Art: Hier wird nämlich nicht nur der hohe Stand in der Entwicklung der islamischen Baukunst, sonden auch ein nicht zu übersehender Einfluss der chinesischen Architektur deutlich. In den Arabesken z. B. tritt neben die Gabelblüte als zweites Motiv jetzt auch die Flügelblüte; ein Beweis mehr, dass über die große Seidenstraße neben einem regen Warenaustausch auch ein intensiver Erfahrungsaustausch auf künstlerischer und handwerklicher Ebene stattgefunden haben muss.

Dieses wahrhaft verschwenderisch ausgestattete Mausoleum mit seiner blau leuchtenden Fassade (in China nannte man diesen im islamischen Raum berühmten Farbton Mohammedanerblau) sollte in seiner Schönheit offensichtlich nicht nur ehrendes Andenken bewahren, sondern vielmehr auch Ausdruck eines tief empfundenen Glaubens sein: die Erwartung der Freuden des Paradieses. Hier schließlich fand der fromme Pilger eine Antwort auf die eine, alles entscheidende Frage, dass nämlich »das irdische Leben keinen Nutzen bringt, sondern nur das zukünftige«, wie es auch die Inschrift am Eingang dieses Mausoleums verheißt.

Das **Mausoleum Schirin Bika Aka** (10.9), das im Jahr 1385 für eine Schwester von Timur, Schirin Bika Aka, errichtet worden ist, fällt gegenüber den anderen Bauten dieser Gruppe vor allem dadurch auf, dass sich über den würfelförmigen Grundkörper ein massiver sechszehneckiger Tambour erhebt, der eine konisch zulaufende, aber doch etwas gedrückte Kuppel trägt. Geschnittene, glasierte Fliesenmosaiken mit Blumenornamenten, großen Rankenmotiven, breiten Schriftfriesen in der Form des *thuluth* und immer wieder Arabesken in Kobalt-Ultramarin-Tönen beherrschen den Dekor der Außenfassade, die ebenfalls durch eine tiefe, stalaktitengewölbte Portalnische unterbrochen wird. Es ist sicher kein Zufall, dass gerade hier, mitten in einer grenzenlosen Wüste, der Fassade eines Totenhauses eine so große Bedeutung beigemessen wird, im Gegenteil: Es ist »immer wieder ein Ziel islamischer Kunst, schon auf Erden den Vorgeschmack eines solchen Paradieses zu geben«, wie es von Allah verheißen worden ist (Renz). Dieses Bild der Hoffnung – die alles belebende Gartenoase – wird beim Mausoleum Schirin Bika Aka jedoch nicht nur in der Außenfassade, sondern auch im Innern in ganz hervorragender Weise zum Ausdruck gebracht: Blumen, Büsche, Bäume, Bäche, Vögel und fliegende Reiher; meisterhaft gefertigte Mosaikpaneele mit feinen, in Gold gearbeiteten Wandmalereien. Pugatschenkowa glaubt, dass am Bau dieses Mausoleums »ein Meister aus der Gruppe derer beteiligt war, die Timur nach dem Feldzug der Jahre 1385 und 1386 in das Gebiet Aserbaidschan und nach der Eroberung Täbris' in ›seine‹ Stadt Samarkand kommen ließ«. Den Übergang von den farbig gestalteten Wandflächen zu der ebenfalls ausgemalten Kuppelwölbung – wiederum eine Doppelschalenkuppel – bildet ein Kranz von 32 mit Stalaktitendekor geschmückten Wandnischen. Trotz der Tatsache, dass manche Feinheit im Dekor dem Zahn der Zeit zum Opfer gefallen ist, stellt dieses Mausoleum hinsichtlich seiner Proportionen und Ausstattung ein besonders harmonisch wirkendes Denkmal timuridischer Baukunst dar.

Etwa 50 Schritte nördlich von Schirin Bika Aka befindet sich auf der linken Seite der Gräberstraße das **Mausoleum Usta Ali** (?; 10.10), das laut einer Inschrift von Usta Ali Nasafi – dem Meister Ali aus der Stadt Nasaf (Karschi) im Gebiet des Flusses Kaschka Darja – gebaut worden ist. Wer der Auftraggeber war, und für wen diese vermutlich Ende des 14. Jh. errichtete Grabstätte gedacht war, ist nicht bekannt. Es handelt sich um ein recht monumentales Mausoleum, das besonders durch seinen eigenartigen Dekor zu beiden Seiten der durch einen Spitzbogen abgeschlossenen Portalnische auffällt: Große, plastisch geformte Bänder mit Kufi-Inschriften formieren sich wiederholt zu Sternen und Vielecken und umrahmen rechteckige, mit Koranversen beschriebene Platten. Vorherrschender Farbton dieses Majolikaornaments ist ein kräftiges Hellblau, das von zarten Pflanzen- und Schriftmotiven in undurchsichtigen Engobefarben – in Gelb, Weiß, Grün – zusätzlich aufgehellt und belebt wird.

Reich verziert waren einst auch die Seitenwände der Portalnische, die Türumrahmung sowie das Innere des Mausoleums, doch leider ist heute der einst fantasievoll gestaltete Dekor – Blütenmuster und

Rosetten in bunter Glasur, symmetrische Gabelblüten, goldene Schmucktafeln mit geometrischen Motiven – z. T. stark beschädigt oder sogar vollständig vernichtet. Besonders imponierend ist die architektonische Gliederung der flachen Kuppelschale, die sich über einem polygonalen Tambour erhebt: Das vom Dekor der Außenfassade schon bekannte Bändermotiv mit Kufi-Inschriften findet nämlich auch im Innern des Mausoleums als weitverzweigtes Flechtwerk Verwendung, um das ganze Gefüge der ›aufgespannten‹ Kuppel scheinbar zuammenzuhalten.

Besonders auffallend – weil seine ungewöhnliche Pavillonform eher an ein Schlösschen als an ein Totenhaus erinnert – ist das sogenannte **Achteck-Mausoleum** (?; 10.11), das sich auf der rechten Seite direkt neben Schirin Bika Aka befindet und vermutlich Anfang des 15. Jh. (1409?) während der Regierungszeit von Ulughbek gebaut wurde. Dieser Grabbau hat keine Kuppel, sondern nur eine flach gewölbte Abdeckung, die auf einem Zylindersockel ruht. Vielleicht erhob sich hier früher einmal eine hoch aufragende und mit bunten Kacheln verzierte oder auch kannelierte Kuppelschale. Die einzelnen Wandflächen, die durch Fensteröffnungen unterbrochen sind, tragen bunt glasierten Ziegelschmuck. Im Innern finden sich unterhalb der mit Stuck verkleideten Kuppelschale lediglich einige in blauen Farben ausgeführte Wandmalereien, die Pflanzenmotive zeigen. Während im eigentlichen Mausoleum keine Gräber gefunden wurden, konnten neben dem Achteckraum mehrere, mit bunten Kacheln verzierte Steinsärge freigelegt werden.

Man weiß nicht, von wem und für wen das **Mausoleum einer unbekannten Person** (10.12) Ende des 14. Jh. (1380?) errichtet wurde, von dem heute nur noch das Portal erhalten ist. Neuere Ausgrabungen haben jedoch ergeben, dass sich dieser Grabbau auf dem Gelände eines einst großzügig angelegten Grabmoschee-Medresen-Komplexes befindet. Es handelt sich hier um eine karakhanidische Hofmedrese von 45 × 55 m, die zu Beginn des 11. Jh. errichtet worden war. Sowohl das Baujahr (1066) als auch der Bauherr (Tamgatsch Bogra Khan) konnten anhand schriftlicher Quellen ermittelt werden. Im Gegensatz zu den Mausoleen der Mittelgruppe (10.6–10.9) wirken die Farben im Dekor der stark beschädigten Fassade bei weitem nicht so belebend, sondern eher etwas streng. Verhältnismäßig gut erhalten sind die Seitenwände der Portalnische, wo dunkelgetönte Kacheln, die noch Spuren einer feinen Goldbemalung erkennen lassen, zu einem großen Sternennetz zusammengefügt sind.

Grabmal des Kussam ibn Abbas: Mihrab in der Moschee

Von außen ist die ›Urzelle‹ der Nekropole Schah-e Sende, das **Grabmal des Kusam ibn Abbas** aus dem Jahr 1335 (10.13), ein schmuckloser Ziegelbau, der von mehreren, unterschiedlich hohen Kuppeln überdacht wird, von denen die mit einer Laterne gekrönte Kuppel über dem Siarat-chane besonders auffällt. Es handelt sich um eine weiträumige Anlage, zu der neben dem eigentlichen Mausoleum auch eine Moschee, Opfer- und Gebetsräume gehören. Wenn auch

Ein schmuckloser Ziegelbau ist das Mausoleum des Kusam ibn Abbas, der erste Grabbau der Nekropole

einige Gebäudereste aus vormongolischer Zeit stammen – z. B. das Mauerwerk eines kleinen Minaretts aus dem 11./12. Jh. –, so entstanden die meisten der heute noch erhaltenen, z. T. hervorragend restaurierten Räume im Lauf des 14. und 15. Jh.

Durch eine mit prächtigem Schnitzwerk verzierte Tür (1405) findet man Zugang zu dem als heilig geltenden Ort und gelangt zuerst in einen schmalen Korridor, der sich an einigen Stellen zu quadratischen Räumen mit flachen Kuppeln erweiter. Von hier aus führt der Weg in die Grabmoschee, einen rechteckig angelegten Raum mit parallel verlaufenden Gewölbebögen, die ein Dreikuppeldach tragen. Die weiß getünchten, mit Alabastergipsstuck verzierten Wandflächen dieses an sich recht nüchtern, aber doch feierlich wirkenden Raumes sind nur im unteren Bereich mit einem Paneel in hellblauer Fayence verkleidet. Mittelpunkt und Blickfang zugleich ist der an der Westwand angelegte Mihrab, die mit geschnittenen, in leuchtendem Blau erstrahlenden Mosaiken bedeckte und durch weiße Schriftornamente (Koranverse) verzierte Gebetsnische. Reste eines alten, mit tiefen Schnitzarbeiten verzierten Iwan, die unmittelbar neben der heutigen Grabmoschee gefunden wurden, gehörten vermutlich zu einer Moschee aus vormongolischer Zeit (11./12. Jh.).

Nach Verlassen der Moschee gelangt man wiederum in einen engen Korridor, an dessen Ende eine Treppe in das Tschilla-chane hinabführt, wo sich früher gläubige Muslime während des Fastenmonats bei Opfer und Gebet aufhielten, und wo sich – wie man lange glaubte – die sterblichen Überreste des heiligen Kusam befanden.

Der dem Mausoleum vorgelagerte Gebetsraum, das Siarat-chane, wurde im Jahr 1334 neu verkleidet, wenn nicht sogar erst errichtet. Die Wände sind mit flächenfüllenden Ornamenten bemalt – vornehmlich Pflanzenmotive – und gleichen in ihrem Aussehen einem reich bestickten Stoff. Erst vor wenigen Jahren konnten diese fantasievoll ausgeführten Wandmalereien, die wiederholt übertüncht worden waren, freigelegt werden. Sowohl im Dekor der Kuppelschale – geschnittene glasierte Terrakotta, die sich über einer mit Stalaktiten gefüllten Trompenzone erhebt – als auch in der Fayence des Wandpaneels ist wiederum Blau die vorherrschende Farbe. Hier im Vorraum des Mausoleums stand noch vor wenigen Jahrzehnten ein »rauchgeschwärzter Opferaltar, worin Kerzen gebrannt und Opfergelder niedergelegt werden. Darüber hinweg erheben sich malerisch angeordnet eine Anzahl Buntschuks (rossschweiftragende Stangen), die mit Tuch- und bunten Leinenfetzen behangen sind, Opfer darstellend, durch die der Heilige bewogen werden soll, die vorgebrachte Bitte zu erfüllen«. (Smolik)

Nur durch ein kleines vergittertes Fenster kann man einen Blick in das eigentliche Mausoleum werfen, wo ein mehrstufiger Kenotaph als die Ruhestätte des Schah-e Sende, des ›lebenden Schah‹, verehrt wird. Früher war dieser Sarkophag mit wertvollen Teppichen und kostbaren Geweben vollständig bedeckt, »welche die reichen und mächtigen Bekenner des Islam, die hierher gepilgert kamen, als Geschenke zurückließen. Es kamen aber auch viele Kranke, um Heilung von ihren Leiden, und dichtverschleierte Mohammedanerinnen, um wahrscheinlich Kindersegen zu erflehen.« (Schubert v. Soldern) Während die Fliesen der unteren Stufe des Kenotaphs ein teppichartiges buntes Muster mit Pflanzenornamenten zeigen, tragen die der darüber angeordneten Stufen Arabesken und reliefartig ausgebildete goldene Schriftzeichen auf blauem Grund oder auch runde und tropfenförmige, große Schmuckmedaillons; eine in der zweiten Hälfte des 14. Jh. kunstvoll ausgeführte Arbeit.

Um diesen heiligen Ort entstand unter Timur und seinen Nachfolgern die einzigartige Gräberstadt Schah-e Sende, in der vornehmlich timuridische Familienmitglieder und hochgestellte Persönlichkeiten bestattet wurden, um in unmittelbarer Nachbarschaft des heiligen Kusam den Tag der Auferstehung zu erwarten. – Nach Verlassen der heiligen Stätte gelangt man unter den dritten Torbau, der mit den angrenzenden Mausoleen fest verbunden ist. Zur Linken sieht man die Fassade eines der größten Mausoleen von Schah-e Sende, während auf der rechten Seite drei einen Innenhof bildende Grabdenkmäler die Nekropole abschließen.

Das **Mausoleum Emir Burunduk** (?; 10.14), ein verhältnismäßig schlichtes Gebäude (um 1380?), wird Burunduk zugeschrieben, einem der größten Feldherren unter Timur. Von der Anlage her handelt es sich bei diesem Mausoleum um die nicht unbekannte Komposition: Über einem würfelförmigen Unterbau erhebt sich ein Tambour, der eine Kuppel trägt. Jedoch sind sowohl die Kuppel als auch der Torbogen des Pischtaks nicht mehr erhalten. Einfaches Ziegelmauerwerk, von dem sich bunte Ziegelverbände abheben, bildet die Fassade dieses augenscheinlich einst bedeutenden Grabdenkmals.

Der dritte Torbau von Schah-e Sende

Zu den ältesten erhaltenen Mausoleen gehört das vermutlich von Fachr Ali, einem Baumeister aus Samarkand, im Jahr 1360 errichtete **Mausoleum Schah Arab** (vielleicht auch das Mausoleum einer Unbekannten; 10.15). Es ist ein würfelförmiges Gebäude mit einer auf Trompen ruhenden Kuppel und einem hochgezogenen Portal, dessen Bogenlauf auf zwei runden Dreiviertelsäulen mit lyraähnlichen Kapitellen ruht. Das Innere der Nische schmückt ein prächtiges Stalaktitengewölbe. Geschnittene, in hellem Blau glasierte Terrakotten bilden eine die ganze Fassade füllende Verkleidung, deren Ornamente geometrische Muster sowie meisterhaft gestaltete Pflanzen- und Schriftmotive zeigen. Welche Ausstrahlungskraft die bei der Ausschmückung dieses Mausoleums verwendeten Formen und Farben, Muster und Motive auf die Besucher ausgeübt haben müssen, wird besonders dadurch deutlich, dass sie wiederholt nachgebildet und sogar kopiert wurden.

Unmittelbar neben dem bereits erwähnten dritten Torbau, dessen Gewölbezwickel mit Stalaktiten verziert und dessen Außenfassaden mit Mosaiken geschmückt sind, befindet sich das **Mausoleum Tuman Aka** (10.16), das im Jahr 1405 gebaut wurde. Schon von weitem fällt der hohe Tambour auf, der sich über dem würfelförmigen Grundbau erhebt und von einer flachen, konisch geformten Kuppel gekrönt wird. Die mit vielen Mosaiken in violettem Dunkelblau geschmückte Außenfassade des Portals zeichnet sich besonders durch klare Farben und eine feine Linienführung in der Darstellung der Ornamente aus: Pflanzenmotive und kunstvoll gestaltete, ineinander verschlungene Schriftzeichen *(thuluth)*, die zu einem herausragenden Merkmal in der Baukunst Zentralasiens werden sollten.

Sowohl in technischer Hinsicht als auch in der Farbgebung stellt aber der Dekor der Außenfassade einen nicht zu übersehenden Widerspruch zu dem des Innenraumes dar, wo Weiß der vorherrschende Grundton ist. Farbe erhält der Raum durch ein aus hellgrünen Fliesen gebildetes Paneel, durch einfache Ornamente in hellblauer und roter Farbe sowie durch kleine idealisierte Landschaftsmalereien: Gräser, Blumen, Sträucher und Bäume, die in den rechteckigen Feldern unterhalb der Kuppel zu entdecken sind – irreale Bilder paradiesischer Gefilde, wie Allah sie verheißen hat.

Die zum Grabmal Tuman Aka gehörende **Moschee** schließt sich direkt an das Mausoleum an und kann durch eine Tür vom *tschartak* aus erreicht werden. Es ist ein verhältnismäßig kleiner Raum, der von drei kleinen Kuppeln überdacht wird. Eine Aufschrift im Innern des Raumes verkündet lakonische Worte des Propheten: »Beeilet Euch, früher das Gebet zu verrichten, damit Ihr die Zeit nicht versäumt, beeilet Euch, früher Reue zu tun, bevor der Tod kommt.«

Hinsichtlich Form, Größe und Ausstattung ist das wohl ebenfalls 1360 von Fachr Ali gebaute **Mausoleum Hodscha Ahmad** (10.17) am Ende der Gräberstraße dem Grabmal Schah Arab sehr ähnlich. Auffallende Unterschiede zeigen sich jedoch in einem Fries der Außenfassade, der aus einem Streifen von tiefdunkelblau glasierten und mit schwarzen Ornamenten verzierten Fliesen besteht – eine Technik, die nach Cohn-Wiener für Zentralasien einmalig ist. Vergleicht man den Dekor dieses Mausoleums etwas eingehender mit dem der anderen Grabdenkmäler, dann zeigt sich doch recht deutlich, wie systematisch im Lauf der Jahre die Technik verfeinert und der Formenreichtum der Ornamente ständig erweitert wurde.

»Frauen, die an Gott und den Jüngsten Tag glauben, sollen nicht länger als drei Tage um einen Toten trauern, es sei denn, er war ihr Ehemann. In diesem Fall beträgt die Trauerzeit vier Monate und zehn Tage.«
Hadith – ein Ausspruch des Propheten

Hodscha Ismail

Besondere Beachtung verdient aber auch noch ein ganz anderes Mausoleum, das sich etwa 30 km nordwestlich von Samarkand befindet. Es ist die 1998 fertiggestellte Gedenkstätte für Imam al Buchari. Zu dieser sich über eine Fläche von 10 ha erstreckenden und völlig neu konzipierten Anlage gehören neben dem mit glasierten Kacheln, Marmor, Alabaster, Onyx und Granit verzierten Mausoleum eine über 200 m² große Moschee, eine Medrese, eine Bibliothek, mehrere Empfangsräume sowie ein den Innenhof begrenzender Laubengang, dessen farbig gefasste Kassettendecke von einer Vielzahl geschnitzter Holzsäulen getragen wird.

Muhammad ibn Ismail al Buchari (810–870) gehörte zweifelsohne zu den bedeutendsten islamischen Theologen seiner Zeit. Von den mehr als 800 000 überlieferten, angeblich auf den Propheten Mohammed zurückgehenden Aussprüchen (›Hadithe‹) – Verhaltensregeln für die Gläubigen – soll er lediglich 7397 (!) für vertrauenswürdig und notwendig erachtet haben (s. a. S. 153). Neben dem Koran bildet die Sunna (›Gewohnheit‹) mit ihren Hadithen die Hauptquelle für die Glaubenslehre des Islam.

Hodscha Ismail: Mausoleum für Imam al Buchari

Schahr-e Sabs (Shahrisabz)

Schahr-e Sabs ☆☆
Besonders sehenswert:
Der Palast Ak Sarai
Die Moschee Malik Adschar
Die Moschee Hodscha Mirchamida
Die Bäder
Der überkuppelte Basar
Die Gök Gumbas-Moschee
Das Mausoleum Schamseddin Kulal
Das Mausoleum Gumbas Saineddin
Der Komplex Dar us Saadat
Die Hasrati-Imam-Moschee
Timurs Gruft

Die Stadt (58 000 Ew., usbek. Shaxrisabz) liegt im Tal des Kaschka Darja, 658 m ü. M. Von Samarkand führt der direkte Weg (etwa 80 km) dem Lauf der Großen Seidenstraße folgend über das Serafschan-Gebirge. Nach etwa einer halbstündigen Autofahrt, vorbei an Akazien, Maulbeer- und Walnussbäumen, Kiefern und Platanen, Baumwollfeldern, Obst- und Weingärten beginnt die Straße zu steigen. Man überquert den Kanal Dargom, der bereits im 5.–4. Jh. v. Chr. angelegt worden sein soll, und erreicht schließlich Aman Kutan, Fundstätte einer Neandertaler-Behausung (40 000–30 000 v. Chr.). Auf der Höhe von 1675 m überquert man den Tachta-Karatscha-Pass und fährt talabwärts über Kitab, wo das Ulughbek-Observatorium besichtigt werden kann, nach Schahr-e Sabs.

Die meist eben verlaufende Straße (175 km) führt von Samarkand zunächst in Richtung Westen bis Dschuma, biegt hier nach Süden ab, erreicht nach 26 km Sarykul und wendet sich nach 53 km wieder nach Osten. Ab hier sind es noch 60 km bis Schahr-e Sabs.

Gegründet wurde die ›grüne Stadt‹, die an der für alle Eroberer so wichtigen Nord-Süd-Route lag, vermutlich bereits im 3. Jh. v. Chr. Hier und nicht in Samarkand sollte nach Timurs Willen die Hauptstadt seines riesigen Reiches entstehen. Die zahlreichen von Timur selbst geplanten und auch ausgeführten Bauwerke von z. T. monumentalen Abmessungen lassen vermuten, dass der Mongolenfürst seine ehrgeizigen Pläne über Jahre hinaus verfolgt haben muss. Sowohl Clavijo, der spanische Gesandte am Hofe von Timur, der Schahr-e Sabs im Jahr 1404 besuchte, als auch – etwa hundert Jahre später – Babur, der Mogulherrscher von Indien, erwähnen in ihren Beschreibungen die Besonderheiten dieser Stadt, die schon 1378 mit einer 11 m hohen und 5 m dicken Stadtmauer befestigt war. Clavijo meint sogar, »dass alles so staunenswert herrlich gearbeitet war, dass selbst die Kunsthandwerker von Paris, die wegen ihres Könnens so berühmt sind, beipflichten würden, dass das hier Geschaffene von ganz hervorragender Handwerkskunst sei.« Der eigentliche Geburtsort Timurs **Hodscha Ilgar** befindet sich 13 km südlich von Schahr-e Sabs.

Besichtigung

Schahr-e Sabs – Welterbe seit 2000

Sechs Tore (1–6) ermöglichten den Zugang zur Stadt, die man heute in der Regel von Norden her betritt. Der Rigestan, auf dem Timur 1380 seinen prächtigen **Palast Ak Sarai** (›Weißes Schloss‹; 7) errichten ließ, lag im Nordosten. Allein die Ruinen dieses großartig angelegten Palastes vermitteln noch heute einen überwältigenden Eindruck. Verhältnismäßig gut erhalten sind die 38 m hoch aufragenden Pylone des riesigen Portals, dessen Gewölbe einst eine Spannweite von mehr als 22 m aufwies. Großflächig angeordnete Ziegelmuster aus glasierten und stumpfen Ziegeln in ihrer natürlichen gelbbraunen Farbe, aber auch in dunklem und hellem Blau bilden geometrische Ornamente, und ein Schriftband mit weiß ausgelegten Buchstaben verkündet weithin sichtbar: »Gott verlängere die Tage des Sultans.« Nicht mehr erhalten ist das Tympanon des Portals, das einst, wie Clavijo berichtet, ein Bild der Sonne und eines Löwen –

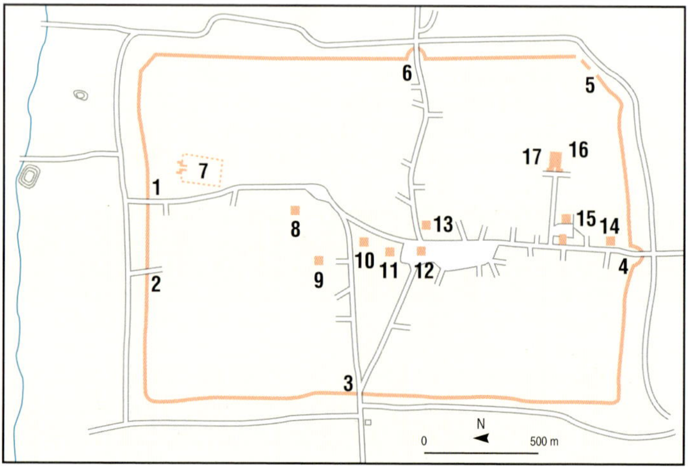

Schahr-e Sabs Grundriss der Altstadt
1–6 Tore der alten Stadt
7 Ak Sarai (1380)
8 Hotel Schahr-e Sabs
9 Moschee Malik Adschar (1904)
10 Moschee Hodscha Mirchamida (1914)
11 Bäder (16./17. Jh.)
12 Überkuppelter Basar (15./17.Jh)
13 Markt
14 Gök Gumbas-Moschee (1436)
15 Mausoleen Schamseddin Kulal (1373) und Gumbas Sai neddin (1438)
16 Dar us Saadat (1380)
17 Mausoleum Hasrati Imam (1380)

Zu den bedeutenden Baudenkmälern von Schahr-e Sabs gehört auch der Palast Ak Sarai mit seinen 38 m hoch aufragenden Pylonen

Symbole für den hier residierenden Herrscher – schmückte. Im Innern des Schlosses befanden sich ein steingepflasterter, von Arkaden umsäumter Hof und ein großes Wasserbecken. Dahinter lagen kleinere und größere Gebäude (eins war angeblich sechs Stockwerke hoch) mit zahllosen in Gold und Blau gekachelten oder vielfarbig ausgemalten Räumen – ein augenscheinlich riesiger Palast, der nach Cohn-Wiener »fraglos der wichtigste islamische Schlossbau in Asien seit Mschatta« (Jordanien) gewesen ist.

Der Weg führt nun weiter nach Süden, Richtung Zentrum. Unterwegs passiert man das **Hotel** (8) und in einiger Entfernung die **Moschee Malik Adschar** (1904; 9), die in den Jahren 1903/04 entstand, sowie die **Moschee Hodscha Mirchamida** (1914; 10). Im Zentrum von Schahr-e Sabs gab es einst **Bäder** (16./17. Jh.; 11), einen überkuppelten **Basar** (15./17. Jh.; 12) und einen **Markt** (13).

200 m weiter südlich liegt links die unter Ulughbek im Jahr 1436 errichtete **Gök Gumbas-Moschee** (14). Das Bauwerk, dessen Name übersetzt ›blaue Kuppel‹ bedeutet, hat sein Vorbild in der Palastmoschee Bibi Hanim in Samarkand. Mit dem hohen – hervorragend restaurierten – Eingangspischtak und der wiederhergestellten 25 m hohen Innenkuppel gehört diese Moschee zu den bedeutendsten Baudenkmälern von Schahr-e Sabs. Den Grundriss der Moschee bildet ein Quadrat mit über Kreuz eingeschobenen Nischen. Gekrönt wurde das Gebäude, an das sich in nördlicher und südlicher Richtung überkuppelte Galerien anschließen, durch eine Doppelschalenkuppel: die innere eine Pendentifkuppel, die äußere eine Melonen-

»Gerechtigkeit ist Stärke«, Wahlspruch Timurs. Oben sein Denkmal in Schahr-e Sabs.

kuppel, die wieder mit türkisfarbigen Kacheln verziert ist. In leuchtenden Farben aufgetragene Wandmalereien, die in ihrer Feinheit chinesischen Einfluss verraten, vermögen den hier Betenden ein Abbild des zu erwartenden Paradieses zu vermitteln.

Der Moschee Gök-Gumbas unmittelbar gegenüber liegt das **Mausoleum Schamseddin Kulal** (15), dem geistlichen Lehrer von Timur und seinem Vater Taragay, ein rechteckig (12,1 × 10,6 m) angelegter Grabraum aus dem Jahr 1373, und direkt daneben das **Mausoleum Gumbas Saineddin** (1438), ein quadratisches (9,5 × 9,5 m) Bauwerk, dessen blau geflieste Kuppel auf einem zylindrischen Tambour ruht. Diese Mausoleen, wiederholt verfallen und wieder aufgebaut, die mit der Gök-Gumbas-Moschee und der nicht mehr vorhandenen Medrese Dar ut Tilawat (›Haus des Nachdenkens‹) einmal eine geschlossene Einheit bildeten, sind heute erneut Ziel frommer Pilger, die an den Gräbern ihrer großen Toten Trost und Hilfe erbitten.

Wenige Schritte in östlicher Richtung befinden sich verschiedene Moscheen sowie Grabbauten, die unter Timur und seinen Nachfolgern errichtet wurden. Der im Jahr 1379/80 erbaute Komplex **Dar us Saadat** (›Wohnstatt der Macht‹; 16) ist eine 70 × 50 m große Anlage mit einer ganz besonderen Atmosphäre. Durch ein kleines Tor gelangt man in einen weiten, von einer tausend Jahre alten Platane überschatteten Hof, der von mehreren Gebäuden umgrenzt wird.

Hier versammeln sich die gläubigen Muslime – vornehmlich Usbeken und Tadschiken – in ihren nationalen Trachten zur Stunde des Gebets, nachdem sie im rückwärtigen Teil des Hofes ihre Waschungen vollzogen haben. Während der zum Gebet rufende Muezzin seinen Platz im Säuleniwan der in der 2. Hälfte des 14. Jh. errichteten **Hasrati Imam-Moschee** (17), einem überkuppelten, schlichten Betraum, gefunden hat, erschallt seine Stimme verstärkt aus den in die Laterne eines bescheidenen Minaretts installierten Lautsprechern.

Unmittelbar neben der Moschee befindet sich ein Mausoleum, das Timur für seine Familie hatte errichten lassen, wo aber augenscheinlich nur sein Sohn Dschahangir begraben wurde. Dieses Mausoleum, das später nach einem im 8. Jh. in Persien bekannten Heiligen ›Hasrati Imam‹ benannt wurde, ist schon wegen seiner Abmessungen erwähnenswert. Über dem quadratisch angelegten und durch Nischen erweiterten Innenraum (Seitenlänge 6,3 m) erhebt sich eine 16seitige Trommel mit einem 27 m hohen, spitz zulaufenden Zeltdach. Diese Konstruktion lässt vermuten, dass auch in Schahr-e Sabs choresmische Baumeister tätig waren.

Farbig gefasst waren die weiß verputzten Innenwände des Mausoleums, aber auch die Stalaktiten, die die harten Übergänge vom Vieleck des Tambours zum Kreis der Kuppel elegant überspielen; es handelt sich um fein herausgearbeitete Ornamente auf ultramarinfarbigem Grund. Für Timurs Grab war ein Platz in der verlängerten Hauptachse gegenüber dem Eingang vorgesehen. Daran erinnern heute nur noch eine mit einer Steinplatte verschlossene Gruft sowie ein Sarkophag aus Marmor.

Unweit von Dar us Saadat – in südlicher Richtung – befindet sich **Timurs Gruft,** eine ganz bescheiden ausgeführte Anlage, wo Timur bestattet werden wollte, falls er während des Feldzuges nach Persien fallen sollte. Entdeckt wurde die Gruft rein zufällig am Vorabend des Zweiten Weltkrieges. Über eine schmale Treppe gelangt man in einen 4 m tief gelegenen, fensterlosen, feuchten Raum, wo sich ein mächtiger Grabstein für eine noch unbekannte Person befindet.

Taschkent (Tashkent)

Besonders sehenswert:
Die islamischen Stätten der Altstadt
Die Altstadt generell
Die Medrese Kukaldasch
Museen und Theater
Die Basare
Die modernen Repräsentationsbauten
Die Metro

Taschkent, Hauptstadt der Republik Usbekistan (etwa 2 Mio. Ew., Flächenausdehnung 220 km^2) liegt in den Ausläufern des Tienschan 60 km östlich des Syr Darja in einer vom Tschirtschik (Chirtshik) bewässerten Oase 455 m ü. M. Taschkent, usbekisch Toshkent, ist ein wichtiger Bahnknotenpunkt mit Anschlüssen nach Moskau (3360 km), Nowosibirsk (2630 km), Turkmenbaschi (Krasnowodsk) am Kaspischen Meer (1864 km) und Duschanbe (1068 km) und besitzt einen internationalen Flughafen.

Wer mit dem Flugzeug nach Usbekistan anreist, wird in der Regel in Taschkent landen, um von hier aus in das Landesinnere aufzubrechen. Längst eine Großstadt modernen Zuschnitts, bietet Taschkent einen hervorragenden Einstieg, um sich mit der neuen Welt, dem Orient zwischen Europa und Asien, vertraut zu machen. Hier sollte sich jeder Besucher hinreichend Zeit nehmen, um erste Eindrücke und Erfahrungen zu sammeln sowie Land und Leute aus der Nähe kennenzulernen.

Geschichte: Im Jahre 2008 konnte Taschkent bereits sein 2200. Stadtjubiläum feiern. Obwohl diese heute von vielen Kanälen mit fließendem Wasser und langen Baumreihen durchzogene Oasenstadt seit ihrer Gründung immer nur aus Lehmbauten bestand, wird der Name, den es nachweislich seit dem 11. Jh. trägt, stets mit ›steinerne Stadt‹ übersetzt – eine Wortschöpfung aus dem türkischen *tasch* (Stein) und dem persischen *kent* (Stadt). Andere Quellen leiten den Namen von *schasch* (sansk.: sechs) ab und glauben, dass Schaschkent als Sechsstadt im Verbund mit fünf anderen Städten (u. a. Turkestan, Schimkent, Otrar) einst dieselbe Bedeutung hatte wie das griechische Hexapolis. Nach neuesten Forschungsergebnissen (Kand. M. I. Filanowitsch) wird *tasch* auf das sogdische *tschatsch* (hügelige Stelle) zurückgeführt – die augenscheinlich zutreffendste Erklärung.

Unter dem Namen Juni wird Taschkent in chinesischen Quellen schon Ende des 1. Jh. v. Chr. erwähnt. Bis die Araber die Stadt im Jahre 714 besetzten, stand sie weitgehend unter türkischer Herrschaft. Im 11./12. Jh. dem Reich der Ilkhane unterstellt, war Taschkent als ein bedeutendes Handwerker- und Handelszentrum weit über seine Grenzen bekannt. 1220 eroberte Dschingis Khan Taschkent, Ende des 14. Jh. Timur und im 15./16. Jh. wurde die Stadt zum Streitobjekt zwischen usbekischen, bucharischen und kasachischen Khanen. Erst unter den Schaibaniden (1500–98) konnte sich wieder ein reges kulturelles Leben entwickeln. In dieser Zeit erfuhr das Handwerk einen beachtlichen Aufschwung, und ein regelrechter Bauboom setzte ein. Die gleichzeitig sich ausweitenden internationalen Handelsbeziehungen verhalfen der Stadt zu Wohlstand und Ansehen. Doch trotz des weitreichenden Handels, der sich von China über Sibirien bis nach Byzanz erstreckte, konnte Taschkent keine führende Rolle unter den zentralasiatischen Städten einnehmen. Herausragende Repräsentativbauten entstanden nach wie vor in Buchara oder Samarkand.

Nach dem Sturz der Schaibaniden-Dynastie geriet Taschkent Anfang des 17. Jh. in den Einflussbereich kasachischer Khane. 1796 konnte sich die Stadt von der Herrschaft der Dsungaren, die sie 1723 besetzt hatten, befreien und wurde Hauptstadt eines Taschkenter Staates. Dieser verfügte über ein eigenes Heer, prägte eigene Münzen und war in seiner Innen- und Außenpolitik souverän. 1814 verlor Taschkent seine politische Unabhängigkeit wieder und wurde dem Khan von Kokand unterstellt. Doch bereits am 30. Juni 1865 überreichten die Stadtältesten von Taschkent dem russischen Militärgouverneur von Turkestan, General Tschernjajew, die Schlüssel der zwölf Stadttore, und 1867 wurde Taschkent Hauptstadt des Generalgouvernements Turkestan.

Von nun an bestand die Stadt, in der auf einer Fläche von etwa 16 km^2 80 000 Einwohner lebten, praktisch aus zwei Bezirken: aus der orientalischen Altstadt mit ihrem unregelmäßigen Grundriss und der nach Osten sich anschließenden, in regelmäßige Quadrate gegliederten russischen Kolonialstadt. Mit der Einweihung der Transkaspischen Eisenbahnlinie Krasnowodsk (heute Turkmenbaschi) – Taschkent im Jahr 1899 erhielt die Stadt einen unmittelbaren Anschluss an das westliche Europa. Von 1919–24 war Taschkent Hauptstadt der Turkestanischen ASSR und löste 1930 Samarkand als Hauptstadt der Usbekischen SSR ab. Seit dem 1. September 1991 ist Taschkent Hauptstadt der unabhängigen Republik Usbekistan und administratives Zentrum des Gebiets Taschkent.

»Da die Straßen hauptsächlich von Reit- und Wagenpferden und von Kamelen passiert werden, die alle die Gewohnheit haben, immer in die Fußstapfen ihrer Vorgänger zu treten, so haben sich in den Straßen förmliche, quer über den Weg laufende Staffeln gebildet, welche lebhaft an einen Kartoffelacker erinnern. Mehr als einmal habe ich mitangesehen, wie Reiter bis an die Brust in dem aufgeweichten Boden versanken.« Noch in den 1890er-Jahren, als Franz von Schwarz, Leiter des Turkestanischen Meteorologischen Instituts, in Taschkent lebte, musste das von ihm beschriebene Straßenbild als normal angesehen werden. Nach einem ersten, 1938 erstellten Generalbebauungsplan konnte 1956 mit der Erneuerung der orientalischen Altstadt begonnen werden, doch am 26. 4. 1966 erschütterten mehr als tausend Erdstöße insbesondere den westlichen Teil der Stadt; 36 000 Gebäude – hauptsächlich in der Altstadt – wurden zerstört, 75 000 Familien obdachlos.

Seit 1966 schließlich erfolgt sukzessiv der Wiederaufbau und zugleich Neubau des Stadtzentrums und ganzer Satellitenstädte.

Das engmaschige Straßennetz des neuen Taschkent – die Gesamtlänge seiner gut asphaltierten, vielfach von Bäumen gesäumten Straßen beträgt etwa 1500 km – entspricht den Anforderungen, die heute an eine moderne Großstadt gestellt werden. Trotzdem darf man Taschkent auch als eine Stadt im Grünen bezeichnen, in der sorgfältig gepflegte

Taschkent 1 Medrese Kukaldasch 2 Altstadtbasar (Chorsu-Basar) 3 Medrese Barak Khan (1 km) 4 Mausoleum Kaffal Schaschi (1 km) 5 Denkmal Amir Timur 6 Museum für Geschichte der Völker Usbekistans 7 Turkestan Palast 8 Ausstellung des Verbands bildender Künstler 9 Opern- u. Ballett-Theater 10 Akad. Russisches Dramentheater 11 Café Blue Dome 12 Uhrturm, Stadtparlament 13 Sangi Ata (6 km) 14 Museum für dekorative u. angewandte Kunst 15 Staatliches Museum der bildenden Kunst 16 Literaturmuseum Ali Schir Navoi 17 Mausoleum Saineddin Baba (2,5 km) 18 Grabmoschee Janus Khan 19 Medrese Abdulkasim, (südl. v. Parlament der Republik Usbekistan) 20 Deutsche ev.-luth. Kirche 21 Polnische kath. Kirche 22 Schauspielhaus Chamsa 23 Fußgängerzone (›Broadway‹) 24 Museum Amir Timur 25 Zirkus 26 Romanov-Palast 27 Türkisches Bad 28 Erdbeben-Denkmal 29 Deutsche Botschaft 30 Schamachmudow-Denkmal 31 Ali Schir Navoi-Denkmal 32 Russ.-orthodoxe Kathedrale 33 Goethe-Institut
Hotels: 34 Dedeman Silkroad 35 Grand Orzu 36 Poytaht 37 Shodlik Palace 38 Uzbekistan 39 Tashkent Palace

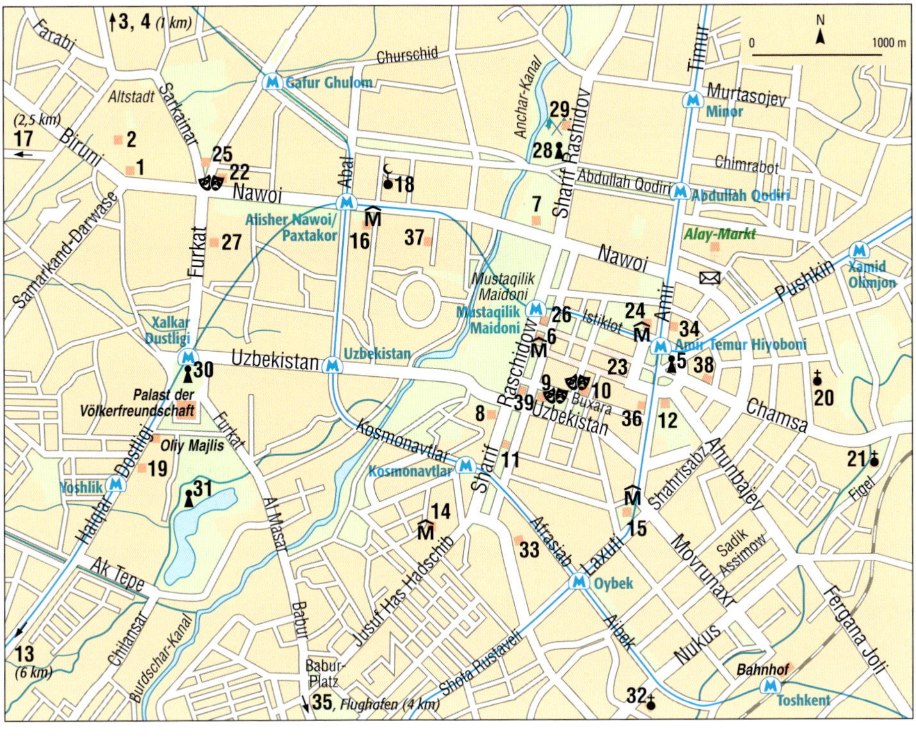

Anlagen mit Springbrunnen, Blumenrabatten und schattenspendenden Bäumen zum Verweilen einladen. Nachdem aber der Personenverkehr auf den Straßen der Stadt Dimensionen erreicht hatte, die augenscheinlich nicht mehr zu bewältigen waren, ging man unter die Erde und begann ein weitläufiges U-Bahn-Netz auszubauen. 1977 wurde die erste Teilstrecke eingeweiht; heute sind es bereits drei einander kreuzende Linien mit einer Betriebslänge von 38 km.

Was Taschkents **wirtschaftliche Bedeutung** betrifft, so war die Stadt eigentlich schon immer – dank ihrer bevorzugten Lage an der Grenze zwischen dem Lebensraum der Nomadenvölker und dem der sesshaften Bewohner – mit der wichtigste Handelsplatz in Zentralasien. Aber erst nach der ›industriellen Revolution‹ Stalins wurde auch hier die Industrie zum Motor für die Umgestaltung der Stadt. Im Vordergrund steht der Maschinenbau (etwa 50 %), gefolgt von der Leichtindustrie (Stoffe, Lederwaren), der Nahrungsmittel-, der chemischen und der Elektroindustrie. Die erforderliche elektrische Energie erhält Taschkent über das weitmaschige Verbundnetz oder auch unmittelbar aus eigenen Wärmekraft- (Buchara-Methan) und Wasserkraftwerken (Tschirtschik-Kaskade).

Als erste Stadt in Zentralasien gründete Taschkent 1920 eine **Universität**; heute verfügt sie über mehr als 15 Universitäten und Hochschulen, 30 Forschungsinstitute (auch eine Akademie der Wissenschaften), 200 Bibliotheken und seit 1999 eine islamische Universität (u. a. Jura, Wirtschaftswissenschaften, orientalische und europäische Sprachen). Daneben besitzt die Stadt eine Reihe hochinteressanter Museen, Galerien und Ausstellungen, elf Theater, eine Philharmonie, drei Konzertsäle, ein Filmstudio und ein Fernsehzentrum, aber auch einen Zoo und einen botanischen Garten sowie im Kreuzungspunkt alter Karawanenstraßen einen Zirkus, dessen äußere Form einer aufbrechenden Baumwollkapsel ähnelt. Zu den sportlichen Einrichtungen zählen zwei Stadien, eine Pferderennbahn, ein Tennis-Club, ein Aqua-Park, ein Wassersportzentrum und schließlich der ›Tashkent Lake Side Golf Club‹ im Südosten der Stadt (40).

Die Altstadt

Auf dem Weg zur Altstadt kommt man an der **Medrese Kukaldasch** (1) vorbei. Auch in Taschkent gibt es eine Reihe interessanter islamischer Baudenkmäler, die zwar einem Vergleich mit denen von Samarkand nicht standhalten, aber sicher auch einen Besuch wert sind. Nachdem über einen Zeitraum von 70 Jahren alle religiösen Aktivitäten weitestgehend verboten waren, stehen heute schon wieder drei Medresen und mehr als zehn Moscheen den Muslimen zur Verfügung. Die Medrese Kukaldasch, errichtet im Jahr 1420, steht auf einer kleinen Anhöhe oberhalb der verkehrsreichen Navoi-Avenue (gegenüber dem turmartigen Hotel Chorsu). Die mit Fayencen geschmückte Hauptfassade erinnert in ihrer Form und Dekoration stark an ihre

Fayencen schmücken die Hauptfassade der Medrese Kukaldasch, rechts die Kuppeln der wieder aufgebauten Dschuma-Moschee

großen Vorbilder in Buchara oder Samarkand. Neben der Medrese (heute ein Museum) befindet sich eine Dschuma-Moschee (16. Jh.), die in den 1990er-Jahren von Grund auf restauriert wurde.

Ein Museum besonderer Art – ein von Leben erfülltes Freilichtmuseum – ist die **Altstadt von Taschkent,** die ihr Aussehen fast unverändert beibehalten hat: enge und gewundene Gassen, zu beiden Seiten Flachdachhäuser aus Stampflehm, deren Fenster nicht auf die Straße gehen, und hohe, weiß verputzte Mauern, hinter denen sich geräumige, schattige Hofgärten verbergen.

Mitten in diesem Gewirr von Häusern, staubigen Wegen und Wassergräben liegt der sehenswert-orientalische **Chorsu-Basar** (2). Hier unter mehreren riesigen Kuppeln, dort unter freiem Himmel warten unvorstellbare Mengen von Melonen, Berge von Salzgurken und voll ausgereiften Tomaten, Granatäpfel, Nüsse, Mandeln, frischer Dill und Schnittlauch, zuckersüße grüne und blaue Trauben, Rosinen, Knoblauch, Kräuter und Gewürze, aber auch laut gackernde, an den Füßen zusammengebundene Hühner auf ihre Käufer! Und zwischen all ihren Schätzen, bald laut gestikulierend, bald in sich versunken abwartend: Usbeken, Tadschiken, Kirgisen, Turkmenen, Russen – die einen in ihren malerischen Trachten, die anderen ›modern‹ gekleidet. Auf der anderen Seite des Basars haben Handwerker ihre Werkstätten und Verkaufsstände, wo man fast alles kaufen kann: Samoware, alte Schlösser, neue Öfen, mit Brandmalerei verzierte Holztruhen usw. – eine wahrhaft andere Welt als die jenseits des Flusses mit ihren Hoch- und Warenhäusern, breit angelegten Straßen und dem unvermeidbaren Großstadtlärm.

Von Grund auf restauriert und nach alten Plänen wiederaufgebaut wurde 2007 der Komplex **Hasrati Imam.** Im Zentrum dieses ›heiligen Ortes‹ – ein »wahres Symbol des usbekischen Volkes in der Entwicklung der islamischen Zivilisation« – befindet sich die mit zwei

Denkmal des Taschkenter Schmieds Schamachmudow, der im Zweiten Weltkrieg 15 Kinder adoptierte, die ihre Eltern beim Angriff der deutschen Wehrmacht verloren hatten. Im Hintergrund das Hochhaus der Nationalbank mit seiner ›Mongolenmütze‹.

türkisblauen Kuppeln geschmückte **Moschee Hasrati Imam.** Flankiert wird diese Hallenmoschee, die 2500 Muslimen Platz bietet, von zwei 52 m hohen Minaretten. Besondere Erwähnung verdienen die **Medrese Barak Khan** (3) aus der zweiten Hälfte des 16. Jh. und die große **Bibliothek,** die eine beachtenswerte Sammlung alter und wertvoller Bücher – vornehmlich religiöse Literatur, Meisterwerke islamischer Kalligraphie – beherbergt. Den Mittelpunkt der Ausstellung bildet der Koran des Uthman († 656), des 3. Kalifen.

Das **Mausoleum Kaffal Schaschi** (4), das in der ersten Hälfte des 16. Jh. errichtet und wiederholt umgebaut wurde, gehört mit seinem auffallend großen Schmuckiwan zu den bedeutendsten Kuppelmausoleen aus der Zeit der Schaibaniden und Dschaniden. Integriert wurden in den Komplex Hasrati Imam zwei weitere Gebäude im traditionellen Stil: Die Verwaltung der (sunnitischen) Muslime Usbekistans sowie das Mahalla-Center Istiqlol.

Zum religiösen Zentrum von Taschkent gehört auch die islamische **Hochschule Imam al Buchari,** an der muslimische Geistliche ausgebildet werden. Nach einem siebenjährigen Grundstudium an der Medrese Mir-e Arab in Buchara, für deren Besuch eine abgeschlossene Oberschulausbildung Voraussetzung ist, werden die Studenten hier vier Jahre in den islamischen Wissenschaften unterrichtet. Neben den religiösen Disziplinen gibt es Lehrveranstaltungen über Literatur, Geschichte und Geographie der arabischen Länder sowie Kurse in Arabisch, Persisch und Englisch.

Das moderne Zentrum

Ein Rundgang oder eine Rundfahrt im Zentrum der Stadt könnte am **Denkmal von Amir Timur** (5) beginnen (Metrostation Amir Temur Hiyoboni), an einem Platz, von dem sternförmig mehrere Straßen ausgehen. Eine, die Saelgah-Straße, führt in westlicher Richtung durch eine mitunter sehr lebendige **Fußgängerzone** (23) mit zahlreichen Restaurants, die gern auch Broadway genannt wird. Weiter geht es dann zur Sharif Rashidov Avenue und zum Mustaqilik-Platz, wo nach einem Bebauungsplan aus dem Jahr 1967 repräsentative öffentliche Gebäude errichtet wurden: das Haus der Presse und das **Museum für Geschichte** (6, s. S. 246), verschiedene Regierungsgebäude, die **Konzerthalle Turkestan-Palast** (7) – im Norden, und das **Ausstellungsgebäude des Künstlerverbandes** (8, s. S. 247) – im Süden des Mustaqilik-Platzes.

Östlich des Denkmals von Amir Timur befindet sich das 1996 errichtete Amir-Timur-Museum (24). Sehenswert sind neben der Räumlichkeiten die zahlreichen Exponate – u. a. mehrere Miniaturen, die über das Leben Timurs erzählen sowie Modelle von verschiedenen timuridischen Baudenkmälern.

Im ältesten Teil von Taschkent, dort, wo sich einst die großen Handelsstraßen kreuzten, liegt heute ein freier, von Bäumen umgebener Platz, der Theaterplatz. Hier befinden sich das **Hotel Tashkent Palace** (39) und das **Opern- und Ballett-Theater** (9), das nach den Plänen von Schtschusew im Jahr 1947 fertiggestellt wurde. Die sechs Foyers sind mit wunderbaren Alabaster- und Holzschnitzereien verziert – im Stil von Buchara, Chiwa, Kokand, Samarkand, Termes und Taschkent. Nach einem Spaziergang in südwestlicher Richtung durch den Kok Gumbazlar-Garten zum **Café Blue Dome** (11) und einem Besuch der Teestube, die direkt nebenan liegt, fährt man mit der Metro (Station Kosmonavtlar – in Richtung Alisher Navoi – hier umsteigen!) zum Ausgangspunkt, der Station Amir Temur Hiyoboni, zurück, um vielleicht noch den Mehrdschan-Erholungspark zu besuchen, bis vom alten **Uhrturm** (12) helle Glockenschläge zum Aufbruch rufen.

Zum Bild der modernen Stadt Taschkent gehören natürlich auch die zahlreichen (international geführten) Restaurants, einladende (Straßen-) Cafés, gemütliche Bars oder auch die westlich orientierten Nachtlokale mit ihren vielversprechenden Programmen.

Auf dem Basar an der Amir-Timur-Straße

Weitere Sehenswürdigkeiten und Museen

Der **Komplex Sangi Ata** (13), eine weiträumige Anlage mit Mausoleum Medrese, Moschee, Minarett sowie verschiedenen Wohngebäuden, befindet sich etwa 8 km von der Stadtmitte entfernt auf dem Weg von Taschkent nach Samarkand. Zentrum dieser klosterähnlichen Anlage ist das Mausoleum Sangi Ata (wörtl.: schwarzer Vater), das auf Anordnung von Timur im 14. Jh. zur Bestattung des Scheichs Ai-Hodscha, genannt Sangi, gebaut wurde. Das bereits unter Ulughbek umgebaute Mausoleum ist verhältnismäßig klein und besteht aus zwei überkuppelten Räumen: Siarat-chane und Gur-chane, wo sich ein mit schönen Schnitzereien verzierter Grabstein befindet.

Von der einst so reichen Ausstattung sind nur wenige Mosaik-Fragmente erhalten. Beeindruckend jedoch ist der mit vielfarbigen Mosaiken geschmückte große Pischtak, der den Weg zu den Mausoleen öffnet. Im Jahr 1870 wurde neben dem Mausoleum eine Namasgah-Moschee errichtet; vor dieser befindet sich ein im Stil der ›zentralasiatischen Moderne‹ ausgeführtes Minarett aus dem Jahr 1915. In den aus gebrannten Ziegeln erstellten Wohnzellen *(hudschra)*, die mit der Moschee und dem Mausoleum einen großen Hof bilden, finden auswärtige Studenten eine Bleibe und fromme Pilger Unterkunft. Sangi Ata ist kein Baudenkmal, an das man hohe kunsthistorische Ansprüche stellen sollte; Sangi Ata ist vielmehr eine in sich geschlossene Welt, wo islamisches Leben noch erfahrbar ist

Das **Museum für Geschichte der Völker Usbekistans** (6) wurde 1876 eröffnet und gilt als die älteste Institution der Verbreitung von Wissenschaft und Kultur in Zentralasien. Sehr übersichtlich und chronologisch geordnet wird die geschichtliche Entwicklung Usbekistans dargestellt. Man beginnt den (recht lohnenden) Rundgang in der Abteilung für Frühgeschichte (Steinzeit und Periode der Sklavenhalterei), wird im weiteren über die frühen Kulturen von Sogd, Baktrien und Choresm unterrichtet und erhält interessante Informationen über die Zeit der Kuschan und des Frühislam, über Timur und die Timuriden bis zu den Ergebnissen der jüngeren Vergangenheit.

In der ehemaligen Residenz des von Nikolaus II. nach Taschkent verbannten russischen Diplomaten A. A. Polowzew befindet sich das im Jahr 1938 eröffnete – ebenfalls sehr sehenswerte – **Museum für dekorative und angewandte Kunst** (14). Das Gebäude, zu dem ein kleiner, zum Verweilen einladender Vorgarten gehört, wurde im Jahr 1907 ganz im Stil usbekischer Traditionen errichtet und stellt ein Meisterwerk der damals u. a. aus Buchara, Chiwa und Samarkand verpflichteten Künstler dar. Die Wände der einzelnen Räume sind reich mit bemaltem Stuck verziert und zeigen mehr als 200 verschiedene Motive. Die von schlanken Säulen getragene Laternendecke des als Moschee angelegten Empfangssaales ist aus Holz geschnitzt und bunt ausgemalt. Zu den nahezu 4500 Ausstellungsstücken – Erzeugnissen des usbekischen Kunsthandwerks vornehmlich aus dem 19. und 20. Jh. – gehören geschnitzte und bemalte Holzgegenstände, keramische Erzeugnisse, Schmuck, Stoffe, Goldstickereien, Teppiche, Kleinmöbel, Musikinstrumente.

Bestickter Stoff; Exponat des Museums für dekorative und angewandte Kunst

Das **Staatliche Museum der bildenden Kunst** (15), 1928 auf der Grundlage einer privaten Sammlung gegründet, ist heute eine Schatzkammer von Werken der vorrevolutionären russischen Kunst des 15.–20. Jh. (einschließlich Ikonen aus der Nowgoroder Schule) sowie von sowjetischen, aber auch westeuropäischen Gemälden. Bemerkenswert sind auch Exponate der bildenden und dekorativen Volkskunst aus Usbekistan sowie aus China, Japan und verschiedenen Ländern des Orients. Einen besonderen Schwerpunkt des Museums bildet die Abteilung Alte usbekische Kunst, in der u. a. geschnitzte Türen aus Chiwa, Keramik aus Samarkand sowie Ton-

Zum Verweilen lädt der Vorgarten des Museums für dekorative und angewandte Kunst ein

skulpturen und Wandmalereien aus Chaltschajan und Warachscha gezeigt werden.

Im **Literaturmuseum Ali Schir Navoi** (16) wird die Entwicklung der usbekischen Literatur vom 14. Jh. bis zur Gegenwart anhand wertvoller Handschriften und weiterführender Literatur dokumentiert.

Im Süden des Mustaqilik-Platzes befindet sich das **Ausstellungsgebäude** (8) des Verbandes bildender Künstler der Republik Usbekistan, wo vorwiegend zeitlich begrenzte Ausstellungen von Arbeiten usbekischer Künstler gezeigt werden. Im Gebäude gibt es auch einen gut sortierten Kunstgewerbeladen.

Zu den ebenfalls erwähnenswerten **islamischen Stätten** des 15./16. Jh. gehören das Mausoleum Saineddin Baba (17), die Grabmoschee Janus Khan (18) aus der Zeit der Timuriden, die restaurierte Medrese Abdulkasim (19), die Namasgah-Moschee (unweit 4) sowie

Ein neues, vom türkischen Bauunternehmen Aysel errichtetes Museum – die »Galerie für bildende Kunst der Nationalbank Usbekistans« – konnte im Jahr 2004, am Tag der Unabhängigkeit, feierlich eröffnet werden (2 Buyuk Turon – parallel zur Sharif Rashidov). Dort finden auch immer wieder kulturelle Veranstaltungen statt, z. T. in Zusammenarbeit mit dem Goetheinstitut in Taschkent.

das Mausoleum Scheich Chowendi Tachur (unweit 18). Darüber hinaus gibt es in Taschkent mehrere **Kirchen und Klöster** anderer Religionsgemeinschaften, die zum Besuch und Gebet offenstehen: eine deutsche evangelisch-lutherische Kirche (20), eine polnische katholische Kirche (21) oder auch eine russisch-orthodoxe Kathedrale (32).

Es gibt in Taschkent noch viele **andere** Anlagen, die zwar nicht in unsere tradierte Vorstellung vom Orient passen, aber ebenfalls beachtenswert sind, etwa das Akademische Russische Dramentheater Usbekistans (10), das Schauspielhaus Chamsa (22), das Museum Amir Timur (24), den Zirkus (25), den ehemaligen Romanov-Palast, erbaut von einem Onkel des letzten Zaren (26), das türkische Bad (27), das Denkmal zur Erinnerung an das Erdbeben von 1966 (28) – in der Nähe befindet sich die Deutsche Botschaft (29) –; das Denkmal, das die Familie des Taschkenter Schmiedes Schachmed Schamachmudow und seine Frau Bachri Agramowa darstellt (s. S. 244), die während des Großen Vaterländischen Krieges 15 verwaiste Kinder adoptierten (30), das Denkmal für Al Schir Navoi (31) sowie einige kunstreich gestaltete Metrostationen (z. B. Kosmonavtlar, Paxtakor, Alisher Navoi) und schließlich auch noch das Goethe-Institut (33).

Termes (Termiz)

Termes ☆☆
Besonders sehenswert:
Der Palast Kirk Kis
Der Palast des Herrschers von Termes
Das Mausoleum Hakim at Tirmidhi
Der Surmala-Turm
Der Komplex Sultan Saadat

In der Umgebung:
Kara Tepe
Fajas Tepe

Die Hauptstadt (144 000 Ew.) des Gebiets Surchan Darja liegt am rechten Ufer des Amu Darja, unweit der Mündung des Surchan Darja. Sie verfügt über Bahnstation (Grenzstation nach Afghanistan) und Flughafen. Die gut ausgebaute Autostraße von Afghanistan nach Taschkent führt bei Termes über die 1979 errichtete Auto- und Eisenbahnbücke, eine 800 m lange Konstruktion aus Stahl und Eisen. Die Stadt wird vor allem wegen der herausragenden Bedeutung ihrer buddhistischen und frühislamischen Baudenkmäler besucht.

Anhand buddhistischer Texte und zahlreicher Funde (u. a. Münzen) konnte nachgewiesen werden, dass Termes – der Name wird i. a. von Demetrius, dem gräko-baktrischen König und Gründer der Stadt abgeleitet – bereits im 3. Jh. v. Chr. als eine große befestigte Siedlung bestanden hat. Auch nach dem Untergang des Kuschanreichs war das nördliche Baktrien jahrhundertelang ein reiches Handelszentrum, wo neben regem Warenaustausch auch ein fruchtbarer Wissenstransfer zwischen Okzident und Orient stattfand. In Termes entstanden auch die ersten Übersetzungen buddhistischer Texte in das Baktrische – eine wesentliche Voraussetzung für die Verbreitung des Buddhismus im zentralasiatischen Raum.

Nach Dschingis Khan, der Termes im Jahr 1222 zerstört hatte, kam es im 15. Jh. zur Gründung der Siedlung Pattakessar (an der Übergangsstelle über den Amu Darja), die schließlich Stadt wurde und den Namen Termes übernahm.

Frühislamische Baudenkmäler

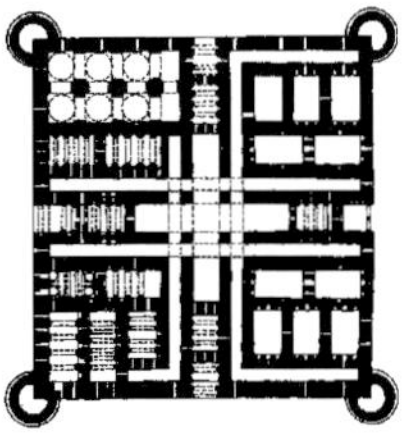

Palast Kirk Kis Kis (9./10.Jh.), Grundriss

Zu den wenigen, in Termes noch erhaltenen frühislamischen Baudenkmälern gehören u. a. der Palast Kirk Kis, die Nekropole Sultan Saadat sowie das Mausoleum Kokil Dora in der nördlichen Vorstadt (etwa 6 km östlich der Straße Termes – Schero-bod). Der Palast **Kirk Kis**, ein aus Ziegeln errichtetes zweigeschossiges, quadratisch angelegtes Gebäude (Seitenlänge 54 m), erinnert in seinem äußeren Erscheinungsbild an die *kuschk* genannten Burgen oder Schlösser des 6. und 7. Jh. Das sich als geschlossene Einheit präsentierende Gebäude besteht eigentlich aus vier durch Korridore voneinander getrennten Baukomplexen mit zahlreichen unterschiedlich großen Räumen – u. a. eine mit sechs Kuppeln bekrönte Moschee –, die um einen im Schnittpunkt der Korridore liegenden Kuppelsaal angeordnet sind.

Gewölbe verschiedener Konstruktionen, die sich in Kirk Kis bis heute erhalten haben, vermitteln einen guten Eindruck von der Entwicklung der Architektur und künstlerischen Ausdruckskraft in den ersten Jahrhunderten nach Inbesitznahme des Landes durch die Araber.

Eine in sich geschlossene Nekropole von 92 m Länge und 40 m Breite bildet der **Komplex Sultan Saadat,** zu dem mehrere hinsichtlich ihres Aufbaus und des Zeitpunkts ihrer Errichtung verschiedene Mausoleen gehören (etwa 8 km nordöstlich der Stadtmitte). Das älteste Gebäude (1, Grundriss 10 × 10 m) befindet sich in der westlichen Gruppe (Grundfläche 34 × 14 m) und stammt vermutlich aus dem 11. Jh. Form und Dekoration sind von schlichter Eleganz. Der Innenraum wird durch einen Spitzbogendekor gegliedert – gegeneinander versetzte unglasierte monochrome Ziegel.

In das gegenüberliegende (südliche) Mausoleum (2) gelangt man durch eine kleine mit einer Doppelkuppel überwölbte Moschee (3), deren Portal heute die eigentliche Fassade der Anlage bildet. Im 15. Jh. wurden nämlich vor den dreifach gegliederten Zentralbau zwei weitere kleinere Mausoleen (4) gestellt, deren Portale einander gegenüberstehen. Nachdem im Lauf der Jahrhunderte die Gräberstraße immer wieder einmal durch ein neues Mausoleum ergänzt wurde, fand die Bautätigkeit an der Nekropole mit der Errichtung eines Doppelmausoleums (5, Grundfläche 30 × 12 m) mit Beginn des 17. Jh. schließlich ihren Abschluss.

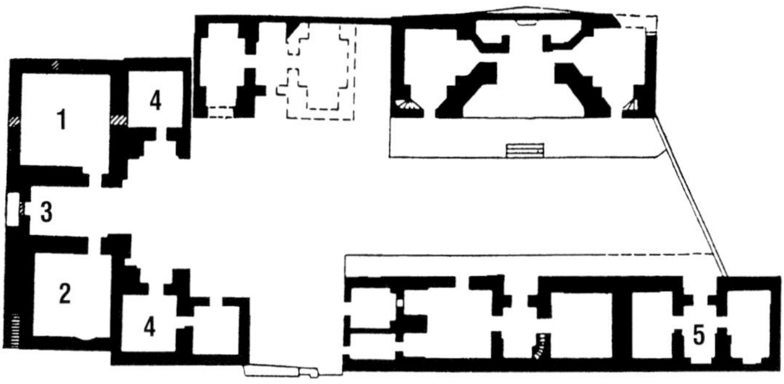

Komplex Sultan Saadet, Grundriss

Unweit dieser Nekropole befindet sich noch eine Grabmoschee aus dem 12. Jh.: das **Mausoleum Kokil Dora,** mit einem hoch aufragenden Pischtak, einer überkuppelten Halle im Zentrum *(siaratchane)* und mehreren Nebenräumen.

Eine ganze Gruppe von Gebäuden, die zum größten Teil aus Marmor oder auch Kalkstein errichtet und um das Mausoleum des Abu Abdullah Muhammad ibn Ali at Tirmidhi (* 748) – genannt **Hakim at Tirmidhi** – angeordnet waren, zählen wohl zu den besterhaltenen Baudenkmälern von Termes (etwa 6 km nordwestlich der Stadtmitte). Nach Knobloch ist das aus ungebrannten Ziegeln errichtete und mit gebrannten Ziegeln verkleidete Mausoleum aus dem Jahr 1151 das älteste Bauwerk in dieser Gruppe. Inschriften und Ornamente, die Medaillons und geometrische Muster bilden, machen den Hauptschmuck im Innern des Mausoleums aus.

Eine **Moschee,** die im 11. Jh. nur aus einer Mauer und einem Mihrab bestanden haben soll, befindet sich direkt neben dem Mausoleum. Ursprünglich war auch sie nur mit Ziegeln verkleidet, wurde aber später nach einem gründlichen Umbau architektonisch neu gestaltet und wesentlich feiner und reichhaltiger ausgeschmückt. – Ein besonders interessantes Beispiel für die Profanarchitektur des

Der Innenraum des Mausoleums Hakim at Tirmidhi

11./12. Jh. war der **Palast des Herrschers von Termes,** einst eine aus mehreren Gebäuden bestehende Anlage, die aber wiederholt – endgültig im 15. Jh. – zerstört wurde, sodass nur einige wenige, unter dem Schutt der Jahrhunderte erhaltene Schmucktafeln etwas von der Schönheit des Palastes verraten. Gegenüber dem Eingang stand ein sich in Richtung eines weitläufigen Hofes öffnender Iwan, ein Prunksaal, dessen Wände, Gewölbe und Pylone mit dekorativen Ziertafeln (in Alabaster geschnitzte Reliefs), z. T. aber auch mit Wandmalereien geschmückt waren. Ihre Ornamente bestanden aus verschiedenen Medaillonarten, ›geknüpften‹ *gerehs*, fantastischen Bildern von Fabeltieren sowie realen Tierdarstellungen. Pflanzenmotive hingegen spielten hier, wie überhaupt in der zentralasiatischen Ornamentik des 11. und 12. Jh., eine untergeordnete Rolle.

Buddhistische Baudenkmäler

Im südlichsten Transoxanien gelang es sowjetischen Archäologen im Lauf der 1930er-Jahre, buddhistische Heiligtümer freizulegen, die während der Kuschanzeit (1./3. Jh.) in Baktrien errichtet worden waren. Es sind Stupen und in ihren Fundamenten freigelegte buddhistische Kultbauten, die einen interessanten Einblick in die vorislamische Kunst Zentralasiens erlauben. Von den zahlreichen Stationen, deren Funde z. T. in den Museen Usbekistans ausgestellt sind, sollen wenigstens einige besonders charakteristische aus der näheren Umgebung von Termes vorgestellt werden.

Fajas Tepe

Im Nordwesten von Termes unweit des Amu Darja (etwa 2 km nördlich des Mausoleums Hakim at Tirmidhi) befindet sich Fajas Tepe, ein buddhistischer Kultkomplex aus der Zeit der Kuschan. Die Klosteranlage besteht aus drei Teilen, Höfe, um die verschiedene Räume angeordnet waren. In der Mitte befand sich das kultische Zentrum, seinen Hof umgaben Säulenhallen – Stützen aus Holz, die eine flache Balkendecke trugen. Unweit der im Nordosten liegenden Wohnräume (Kloster) erhob sich ein Stupa, über den ein zweiter gemauert worden war, dessen Oberfläche aus weißem Stuck bestand, auf dem Lotosblüten abgebildet waren. Beeindruckend sind die großflächigen Wandmalereien – buddhistische Bilder in der Tradition Gandharas, Reste von Statuen aus Stuck und Ton, steinerne Reliefs und Terrakotten, plastische Darstellungen von Buddhas, Bodhisattvas, Mönchen und Gabenbringern – besonders wertvolle Beispiele für eine gelungene Verbindung und Weiterentwicklung baktrischer Traditionen mit buddhistischer Kunst und Kultur zur Zeit der Kuschan.

Kara Tepe

Nur ein Kilometer südwestlich von Fajas Tepe konnte in den 60er-Jahren des 20. Jh. auf einem leicht ansteigenden Hügel ein aus mehreren Baugruppen bestehendes buddhistische Höhlenkloster ausgegraben werden – Kara Tepe (›schwarzer Hügel‹). In seinem Aufbau und seiner Ausstattung stellt Kara Tepe – gleichsam ein in sich geschlossenes Museum – ein Musterbeispiel für die Entwicklung der Kunst der Kuschan dar, eine geglückte Synthese sowohl traditioneller als auch über die Große Seidenstraße importierter Stilelemente.

Aufgrund der bislang durchgeführten Grabungen ist zu erwarten, dass neben den bereits entdeckten Räumen, Höfen und Heiligtümern noch weitaus mehr derartige Anlagen darauf warten, entschlüsselt zu werden. In seiner Gesamtheit stellt Kara Tepe ein buddhistisches Kloster dar, in dem sowohl baktrische als auch fremdländische Mönche (Missionare?) im Geiste Buddhas lebten und wirkten. Eine Fülle von Indizien – die Grundrisse der Anlagen, vielfarbige Wandmalereien, Stuckfragmente, Steinreliefs, Herd- und Wasserstellen, Tonleuchter, Kultgegenstände, Stupen, Buddhafiguren – zeigt, dass der Buddhismus hier im Süden Usbekistans nicht unreflektiert übernommen wurde, sondern dass sich der neue Glaube und der mit ihm verbundene Kult zusammen mit den hier bekannten Traditionen weiterentwickelt haben.

Auf halbem Wege von der Vorstadt in die Innenstadt von Termes ist auf der linken Seite eine turmähnliche Erhebung zu beobachten – der **Surmala-Turm.** Hierbei handelt es sich um einen gemauerten Reliquienschrein, einen Stupa (Durchmesser etwa 15 m), der auf einem 16 × 22 m großen und 1,5 m hohen Sockel ruht. Nach Pugatschenkowa sollen für diesen Kultbau etwa 1,2 Mio. Ziegel verwendet worden sein. Während der Unterbau ursprünglich mit Steinplatten verkleidet war, bedeckten gebrannte Ziegelplatten das 13 m hoch aufragende Heiligtum.

Airtam

Die Funde von Airtam am Oberlauf des Amu Darja, 13 km von Termes entfernt, lieferten der Wissenschaft erstmals Erkenntnisse über die buddhistische Architektur in Zentralasien. Neben dem berühmten Musikantenfries (s. S. 34), acht Steinreliefs aus Mergelkalkstein, die das Eingangstor schmückten, stieß man auf die Überreste eines buddhistischen Heiligtums, dessen Wände aus Pachsa und ungebrannten Ziegeln errichtet und teilweise mit Steinplatten verkleidet waren. Besondere Erwähnung verdient die Plattenmontage, da (nach B. J. Stawiskij) die einzelnen Platten ohne Verwendung von Mörtel, sondern nur mit Hilfe von Klammern zusammengehalten wurden – ein auch bei den Griechen nicht unbekanntes Verfahren. In den folgenden Ausgrabungen konnten noch weitere Gebäude sowie ein Stupa (Durchmesser etwa 5,2 m) nachgewiesen werden, die augenscheinlich zu einem größeren Kultkomplex gehörten.

Der Stupa in Airtam, Schnitt und Grundriss

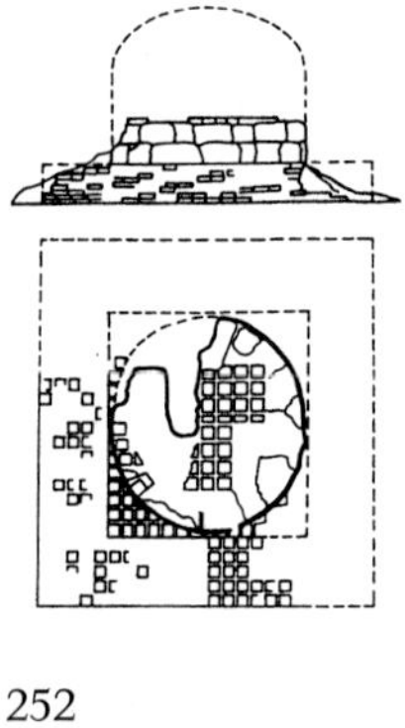

Sowohl in der näheren Umgebung von Termes als auch im Tal des Surchan Darja, auf dem Weg nach Duschanbe (Tadschikistan), befinden sich noch weitere z. T. gut erhaltene Zeugnisse der frühmittelalterlichen islamischen Architektur, aber auch sehr interessante Beispiele einer buddhistisch geprägten Baukunst. Oft sind es Baudenkmäler, über deren Existenz in der Fachliteratur wiederholt und ausführlich berichtet wird, die aber über viele Jahre ausländischen Besuchern nicht zugänglich waren.

Tim

Tim ☆
Ein besonders frühes Stalaktitengewölbe

Etwa 50 km südwestlich von Kattakurgan liegt abseits der großen Touristenstraßen der Ort Tim, eine Kleinstadt in der Steppe, wo erst vor wenigen Jahrzehnten eine Begräbnisstätte entdeckt wurde, die einer örtlichen Überlieferung zufolge für einen arabischen Eroberer errichtet worden sein soll: das **Mausoleum Arab Ata.** Als Baujahr nennt eine Inschrift das Jahr 977/78. Es ist – wie das Grabmal der Samaniden in Buchara – ein Viereckbau mit vier polygonalen, in die Ecken eingestellten Säulen. Der Dekor besteht im Wesentlichen aus Ziegeln, deren Fugen mit Stuck ausgefüllt sind. Im Gegensatz zum bucharischen Grabmal besitzt dieses Mausoleum jedoch nur einen – wenn auch monumentalen – Eingang: einen hohen Pischtak mit einem flachen Iwan und drei rechteckigen, abgestuften Blendnischen.

Mausoleum Arab Ata, Schnitt

Interessant und im Zusammenhang mit der Architekturentwicklung in Zentralasien besonders erwähnenswert ist die im Inneren der Grabkammer ausgeführte dekorative Gestaltung des Übergangs vom Quadrat des Grundkörpers zum Rund der Kuppel, der durch einen dreiteiligen Zwickel – eine kleine Trompe mit zwei halben Trompenbogen – unterhalb der Ecktrompe gebildet wird. Möglicherweise handelt es sich hier um die ›Keimzelle‹ des Stalaktitengewölbes (Mukarnas), das mit zu den bedeutendsten Schmuckelementen in der Baukunst des Islam avancieren sollte.

Toprak Kale

Toprak Kale ☆
Die bedeutendste Stätte der Kuschanzeit im alten Choresm

Etwa 30 km nordöstlich von Biruni, auf der rechten Seite des Amu Darja, liegt Toprak Kale, eine in ihrem Grundriss (500 × 350 m) rechtwinklig angelegte Stadt (1.–5. Jh.), das bedeutendste Denkmal in Choresm aus der Kuschanzeit. Die Stadt, deren Königspalast den eigentlichen Schwerpunkt der Siedlung bildete, war von einer 10 bis 15 m hohen Mauer aus luftgetrockneten Ziegeln umgeben, in der sich pfeilförmige Schießscharten befanden. Verstärkt wurde die Festung, in deren Wällen gewölbte Gänge eingebaut waren, durch zahlreiche quadratisch angelegte Türme.

Im Nordwesten der Stadt stand der **Palast des Herrschers,** ein massiver, klar gegliederter Baukörper, der auf einem etwa 15 m hohen Sockel ruhte und alle Bauten der Stadt überragte. Der Innen-

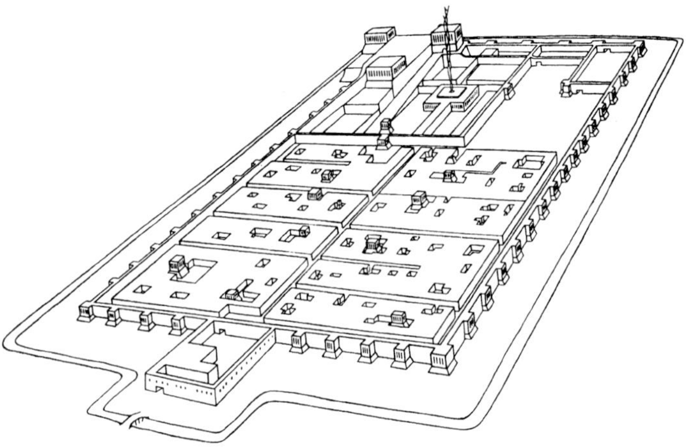

Toprak Kale, zeichnerische Rekonstruktion der Anlage

hof wurde von drei gewaltigen, asymmetrisch angeordneten Türmen begrenzt, die bis zu einer Höhe von mehr als 25 m noch erhalten sind. Vor dem Palast befanden sich der Tempelbezirk mit dem heiligen Feuer und daran anschließend ein Paradeplatz. Die eigentliche Stadt war durch Straßen und Gassen in mehrere Bezirke aufgeteilt, in denen sich noch – im Gegensatz zu Ajas Kale – Wohnblöcke mit 150–200 Räumen befanden. Der Lebensstandard dieser Stadt, die vom 1. bis zum 6. Jh. n. Chr. bewohnt war, dürfte – wie die zahlreichen Funde vermuten lassen – ungewöhnlich hoch gewesen sein.

Im Inneren der Burg befanden sich weit über 100 z. T. zweigeschossige Räume – Gemächer, Kult- und Prunkräume – deren Wände aus Lehmziegeln bestanden und deren Decken meist als Gewölbe ausgeführt waren. Nur bei großen Spannweiten gab es Balkendecken, die von Holzsäulen getragen wurden: Die Halle der Könige z. B. erstreckte sich über eine Fläche von 280 m^2. Zwei weitere Repräsentationsräume waren die Siegeshalle und die Halle der Krieger. Die monumentalen Wandmalereien und Tonskulpturen, die die Wände dieser Festräume schmückten, waren augenscheinlich das Werk einer eigenen Kunstschule, die im Einflussbereich der gräko-buddhistischen Kunst doch ihren eigenen, original choresmischen Stil entwickeln konnte. Die Bilder und Reliefs zeigen Darstellungen menschlicher Figuren: Götter, Könige, Prinzen, Krieger im Wechsel mit großen ornamentalen Motiven.

Fast alle Gemächer des Palastes waren farbig ausgemalt: Auf weißem Untergrund wurden die Farben (Mineralfarben) mit Pinselstrichen unterschiedlicher Dicke aufgetragen, wobei schwarze Umrisslinien die einzelnen Darstellungen deutlich begrenzten. In einem besonders großen Raum, dessen flache Decke von vier Säulen getragen wurde, waren die Wände mit einem Ornament von sich kreuzenden Streifen in schwarzgelber Tönung ausgemalt, deren von Roset-

»Rote Dame«. Detail eines Wandgemäldes aus Toprak Kale, 2.–3. Jh. n. Chr.

ten, Akanthusblättern und kleinen Herzen geschmückte Felder Musikanten zieren, von denen das Bild einer Harfenspielerin – ein Idealbild menschlicher Schönheit – als ein Gegenstück zur Harfenspielerin im Airtam-Fries angesehen werden könnte. Gerade die Darstellung des Mädchens zeigt in ihrer Linienführung jene Eleganz, die der Kuschan- und Gandharakunst besonders eigen ist.

Nicht weniger eindrucksvoll sind die zahlreichen Fresken, die, wenn auch nur bruchstückhaft erhalten, einen hervorragenden Einblick in den Reichtum und die Vielfalt ornamentaler Motive vermitteln: Blumen, Blätter, Rosetten, Girlanden, Kreise, Spiralen, Wellen und gerade Linien. Diese recht eigenartig wirkenden Motive werden auch heute noch zu Dekorationszwecken verwendet und finden sich in usbekischen und tadschikischen Stickereien oder auch als Muster in bedruckten Kleiderstoffen wieder.

In den Ruinen von Toprak Kale fand man aber auch große Mengen Münzen der Kuschan und Choresmier aus dem 2.–5. Jh. sowie kleine Kupferscheiben mit choresmischen Prägezeichen und Herrscherporträts.

Die ältesten Dokumente altchoresmischer Schrift wurden ebenfalls in der einstigen Hauptstadt Choresms gefunden. Es waren Urkunden und schriftliche Aufzeichnungen auf Holztäfelchen oder Tierhäuten. Warum aber die unter König Vasamar (um 250) so prächtig ausgebaute Hauptstadt Choresms ihre Vormachtstellung unter den Afrigen Anfang des 4. Jh. an Al-Fir (Kath – heute Biruni) abtreten musste – möglicherweise aus Prestigegründen oder vielleicht wegen Baufälligkeit – konnte bislang nicht eindeutig geklärt werden.

Knapp 20 km nordöstlich von Toprak-Kale können auch noch die Ausgrabungen von **Ajas Kale** besichtigt werden, eine im 1. Jh. v. Chr. errichtete Siedlung, die ein besonders beachtenswertes Zeugnis für den gesellschaftspolitischen Wandel während der Kuschanzeit darstellt: den Zerfall des Sippensystems in Einzelfamilien. Zu Füßen einer auf einem hohem Felsen errichteten Burg mit einer steil aufragenden Mauer und zahlreichen halbrunden Türmen befanden sich mehrere unbefestigte Bauernhöfe, zu denen jeweils ein Wohnhaus mit 10–15 Räumen gehörte, in dem nur noch eine Familie ihre Unterkunft hatte. Auch war der Tempel, das ›Haus des Feuers‹, nicht mehr der zentrale Bezugspunkt einer Siedlung, sondern die Burg des Herrschers als Zeichen der Macht einer Zentralregierung.

Tschar Bakr (Char Bakr)

Tschar Bakr ☆☆ Monumentaler Begräbniskomplex des 16. Jh. für die Scheichs der Dschuibari

In dem kleinen Dorf Sumitan, 5 km westlich von Buchara, befindet sich Tschar Bakr, eine aus mehreren Kultbauten – Klöstern, Moscheen, Medresen, Grabbauten – bestehende Anlage, die in den Jahren 1560–63, also zur Zeit der Schaibaniden, errichtet wurde. Es ist eigentlich eine Familien-Begräbnisstätte, die Abdullah Khan für die Dschuibari-Scheichs, die geistlichen Machthaber in seinem Staat, anlegen ließ. Im Zentrum dieses Komplexes, zu dem auch noch andere Gebäude sowie Höfe, Gärten und Bewässerungsgräben gehörten, stehen drei mächtige, miteinander verbundene Bauwerke, die ein U-förmiges Ensemble bilden:

Im Süden ein Chanaka, im Norden eine Kreuzkuppelmoschee und im Westen – als verbindendes Element – eine Moschee, die mit den zweigeschossigen Loggien der Seitengebäude (ein ganz ungewöhnliches Abweichen von der traditionellen Bauweise!) eine Medrese bildet.

Östlich des etwa 20 m breiten und 18 m tiefen Hofes erhebt sich auf der Hauptachse der recht eigenartigen Baugruppe ein Minarett.

An die Hauptgebäude, deren Innenräume mit Gips- und Ziegelkonstruktionen kunstvoll ausgestattet sind, schließen sich die zahlreichen Grabstätten der Dschuibari-Familie an.

Entsprechend seiner Zweckbestimmung ist Tschar Bakr ebenso eine Nekropole wie Schah-e Sende in Samarkand, aber hinsichtlich ihres Aufbaus stellt diese Gräberstadt etwas grundsätzlich anderes,

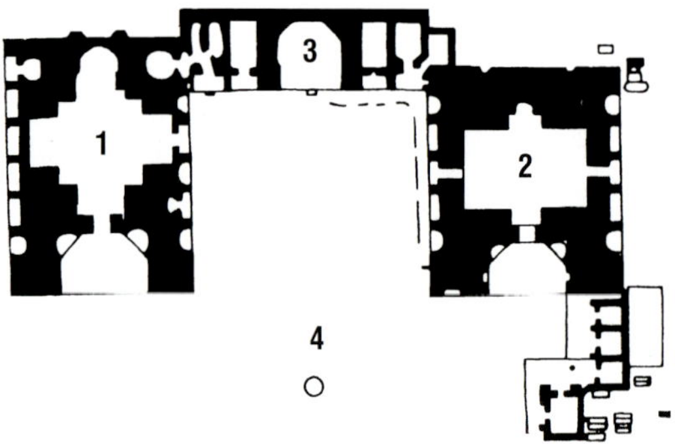

Der Klosterkomplex Tschar Bakr bei Buchara
1 Chanaka
2 Moschee
3 Hofmoschee
4 Minarett

neues dar. Dort: verhältnismäßig kleine Mausoleen und Moscheen, hier: ein monumentaler Baukomplex, der aber so geschickt in die umgebende Landschaft integriert wurde, dass er als eine geschlossene, natürlich wirkende Einheit den Besucher beeindruckt.

Blick auf den Klosterkomplex Tschar Bakr mit Chanaka, Hofmoschee und vorgelagertem Minarett, Moschee (v. li. n. re.)

Urgentsch (Urgench)

Urgentsch (150 000 Ew.; nicht zu verwechseln mit Kohne Urgentsch!), Hauptstadt des Gebiets Choresm, liegt in einer Oase am unteren Amu Darja. Als Stadt mit eigenem Bahnhof und Flughafen ist Urgentsch, dessen Bevölkerung zu 93 % aus Usbeken besteht, Anlaufstation für alle Touristen, die die alte Hauptstadt von Choresm, Chiwa, 30 km südwestlich besichtigen wollen. 1999 wurde im Zentrum der Stadt ein 35 m hoch aufragendes Denkmal errichtet, das an den großen »General und Patrioten« Dschalaeddin Manguberdi – den letzten Choresm-Schah – erinnern soll, der 1231 im Kampf gegen die Mongolen in Choresm gefallen ist.

Wabkent (Vabkent)

Wabkent ☆ Minarett aus der Zeit der Karakhaniden

In Wabkent, 30 km nordöstlich von Buchara, steht ein für die Baukunst der Karakhaniden recht bemerkenswertes Zeugnis: ein in den

Jahren 1197–99 gebautes, 38,7 m hohes Minarett, das dem Minarett Kalan (1127) in Buchara sehr ähnlich ist. In seinen Proportionen wirkt es jedoch nicht so elegant und ausgewogen, in den Ornamenten bietet es weniger Abwechslung, und in der praktischen Ausführung wird die flächige Darstellung stärker bevorzugt als das Relief. Augenscheinlich entstammen die mit einfachen Backstein-Ornamenten verzierten Minarette – wie z. B. die von Wabkent und Buchara – derselben Schule. Sie verbreiteten sich schnell und tauchten wenig später sogar in Delhi und Chorasan auf.

Warachscha (Varakhsha)

Etwa 30 km nordwestlich von Buchara wurde Mitte des 20. Jh. unter Professor Schischkin eine Festung ausgegraben, die offensichtlich im 5./6. Jh. eine Residenz hephtalischer Könige war: Warachscha. Unter den letzten Samaniden jedoch wurde dieser Palast im 10. Jh geschleift und als Baumaterial für einen neuen Palast in Buchara verwendet. Und heute ist das weite Areal von Warachscha (etwa 550 km^2), das vermutlich schon lange vor Buchara dicht besiedelt worden war, unter dem Sand der Kysyl Kum begraben.

Besondere Erwähnung unter den Ausgrabungen von Warachscha verdienen die mit Gipsstuck verzierten Wandmalereien, die in mehreren Räumen des ehemaligen Palastes gefunden wurden. Im so genannten ›Roten Saal‹ des Palastes zum Beispiel kann man den Kampf eines auf einem weißen Elefanten in indischer Tracht reitenden Fürsten (?) gegen Tiger, Leoparden und Fabeltiere (geflügelte Greifen) verfolgen. Die recht unrealistisch wirkende Darstellung dieser Szene lässt vermuten, dass es sich hier um eine Schmuckkomposition handelt. Dafür sprechen die fast übertrieben kostbar ausgeführten Accessoires – Schmuck und Schals. Gerade in diesen scheinbaren Kleinigkeiten lässt sich eine enge Verbindung zur Kunst der Sassaniden beobachten: in Metallgegenständen, Textilien oder auch in den flatternden Haarbändern eines Diadems. Erwähnenswert ist schließlich auch noch die hervorragende Wiedergabe eines sassanidischen Seidenmusters, das beispielsweise einen Vogel zeigt, der eine Perlenkette trägt – ein Motiv, das auch in der Malerei von Bamijan auftritt.

Nicht uninteressant ist schließlich auch ein Bilderfries in einen anderen Saal – dem Thronsaal (?) –, der einen ›Staatsempfang‹ zeigt: eine von vielen Personen beherrschte Szene, in deren Mitte sich ein hoher Thron befindet. Während ein geflügeltes Kamel als Träger des Throns ein traditionell sogdisches Element ist, deuten Kulthandlungen vor einem Feueraltar auf einem zoroastrischen Kult hin.

Zweifelsohne stellen die Malereinen von Warachscha, deren Stil denen von Afrasiab und Pendschikent oder auch denen von Balalik-Tepe sehr ähnlich ist, in ihrem Inhalt und in ihrer Ausfertigung ein beachtenswertes Zeugnis für den hohen Stand sogdischer Kultur am Vorabend der Araberinvasion dar.

»Leopardenjagd«. Sogdisches Wandgemälde im Roten Saal des Palasts von Warachscha (Detail)

Zeitreise in das Bergland des Surchan Darja

Aufnahme zentralasiatischen Kulturguts in die Liste ›Meisterwerke des mündlichen und nichtmateriellen Welterbes‹:

2005: Die traditionelle Volkskultur von Baisun

Um neben Sogd (Buchara und Samarkand) und Choresm (Chiwa) auch noch ein ›anderes‹ Usbekistan, das historische Baktrien, kennenzulernen, sollte man sich auf dem Wege von Buchara oder Samarkand in Richtung Termes hinreichend Zeit für lohnende Umwege und empfehlenswerte Abstecher im **Surchan Darja-Gebiet** nehmen.

Wie auf einer Perlenschnur aufgereiht liegen hier die Ruinen von zahllosen Siedlungen, Dörfern und mit wuchtigen Mauern umwehrten Städten, deren Gründung sich irgendwann in ›grauer Vorzeit‹ verliert und deren Namen oft niemand mehr kennt. Trotzdem ist es den Archäologen immer wieder gelungen, wie in einem Geschichtsbuch zu blättern und alte Kulturen lebendig werden zu lassen. Zum Beispiel: Airtam, Balalik Tepe, Chaltschajan, Dscharkurgan, Dalversin Tepe, Denau, Termes oder die Höhle von Teschik Tasch (unweit Yukari Machay). Ziel dieser ungewöhnlichen Zeitreise soll aber eine Stadt und Region sein, wo Jahrhunderte alte Traditionen und Religionen auch heute noch lebendig sind: **Baisun**.

Unser Weg verläuft auf der Trasse der Großen Seidenstraße über Ghusar bis zum sogenannten **Eisernen Tor**, durch das schon Alexander der Große, Dschingis-Khan, Timur und unzählige Handelskarawanen zogen. Sie alle haben ihre Spuren hinterlassen. Die hier lebenden Menschen aber, immer wieder konfrontiert mit neuen Kulturen und Religionen machten sich diese nicht selten zu Eigen.

Als wahre Erben der Seidenstraße leben sie heute – abgeschirmt von den Bergkämmen des bis auf über 4000 m ü. M. ansteigenden Hissargebirges – in einer Welt, in der die Zeit scheinbar stehen geblieben ist. Hier finden wir Häuser, die mit bunt bestickten Decken (*Susani*) und selbst geknüpften Teppichen geschmückt sind. In jedem Hof steht immer noch der Tonofen (*tandir*), in dem Tag für Tag das traditionelle Fladenbrot (*obi non*) gebacken wird. Hier hat das Handwerk augenscheinlich noch seinen sprichwörtlich ›goldenen Boden‹: Die Schmiede, die die verschiedensten Werkzeuge für die einheimische Bevölkerung herstellen, die Tischler, die Truhen und Wiegen anfertigen oder die Bauern, die auf ihrem von Pferden gezogenen Pflug stehend Furche um Furche in den Ackerboden graben. Noch genießen Familie und *Mahalla* (Nachbarschaftsviertel und -hilfe) höchste Wertschätzung und jedes Dorf ist sich der ureigenen Tradition und Identität bewusst.

Gemeinsam feiern sie in ihren bunten Trachten und mit Liedern und Tänzen ihre privaten und öffentlichen Festtage – die Geburt eines Kindes ebenso, wie eine Hochzeit oder das Frühlingsfest »Boysun Bahori«. Und entsprechend ihrem Glauben begleiten sie schließlich – ihrem Erbe verpflichtet – ihre Toten zur letzten Ruhestätte. Noch dürfen wir die von der Tradition geprägte Welt von Bayun als eine Realität und nicht als einen Mythos oder ein gespieltes Folklorefestival erfahren. Vielleicht ist es aber nur eine Frage der Zeit, dass sich auch hier die Folgen der weltweiten Globalisierung bemerkbar machen werden. Die ersten Internet-Cafés jedenfalls sind schon einmal da.

Kirgistan

Kirgistan (oft auch Kirgisistan oder Kyrgyzstan) ist ein ausgesprochenes Gebirgsland, denn etwa 80 % des 198 500 km^2 großen Territoriums (etwa doppelt so groß wie Portugal) liegt höher als 1500 m ü. M, fast die Hälfte über 3000 m. Zu dieser Republik, in der etwa 5 Mio. Menschen leben, gehört nahezu der gesamte Westteil des Tienschan (mit dem 7439 m hohen Pik Pobedy, »Berg des Sieges«, kirgiesisch Dschengisch Tschokusu) und der nordwestliche Teil des Pamir-Alai-Systems. Die am dichtesten besiedelten Gebiete sind daher die Täler des Tschu und Talas sowie die Issyk-Kul-Senke (30–50 Ew. pro km^2). Zahlenmäßig am stärksten vertreten sind in der Bevölkerung Kirgistans die Kirgisen selbst (66 %), die erstmals 201 v. Chr. erwähnt werden, gefolgt von Russen (11 %), Usbeken (14 %), Deutschen, Tataren, Tadschiken; insgesamt 80 Nationalitäten.

Sehr vielfältig sind Flora und Fauna Kirgistans. Über 4000 verschiedene Arten von Pflanzen sind hier zu Hause: Pistazien, Mandelbäume, Sanddorn, Schwarze Johannisbeere, Heckenrosen; und was die kirgisischen Nussbaumwälder (allein im Gebiet von Dschalalabad etwa 600 000 ha) betrifft, so dürften sie hinsichtlich ihrer Größe und ihres Alters in der Welt einmalig sein. In den Bergen kann man Bären, Füchsen, Wölfen, Dachsen, Luchsen und vielen anderen Tierarten begegnen, die weitgehend unter Naturschutz stehen.

Entsprechend der geographischen Struktur liegt der Schwerpunkt der Landwirtschaft in der Viehhaltung (85 % der landwirtschaftlichen Nutzfläche sind Gras- und Weideland), wobei der Schafzucht eine besondere Bedeutung zukommt. Schon vor Jahrhunderten wanderten die Kirgisen mit ihren unzähligen Pferde- und Schafherden durch die Täler und über das Gebirge auf der Suche nach guten Weideplätzen. Bis heute stellen sie an ihren Rastplätzen ihre Jurten auf – die runden gitterförmigen, zusammenlegbaren Holzgestelle mit einem kuppelförmigen Oberteil, über die wasserabweisende Filzdecken gezogen werden. Links neben dem Eingang hängen Sattel- und Zaumzeug, rechts findet man Geschirr, Hausrat und natürlich Schläuche mit *kumis,* der vergorenen Stutenmilch. Nach wie vor sind die Jurten als Sommerbehausung sehr beliebt, während in den kalten Wintermonaten die Hirten und Bauern die ländlichen Siedlungen aufsuchen, von denen es in Kirgistan mehr als 5000 gibt, wo vorzugsweise Tabak, Baumwolle, Obst (Melonen!) und Gemüse angebaut werden.

Reich ist diese Republik an Bodenschätzen – Kohle, Erdgas, Erdöl, NE-Metalle. In der Industrieproduktion stehen wertmäßig die Nahrungs- und Genussmittelindustrie an erster Stelle, an zweiter Stelle die Textilindustrie und an dritter der Maschinenbau. Eine wesentliche Grundlage der Industrie bildet die Energiewirtschaft, wobei durch den Stau verschiedener Gebirgsflüsse nicht nur ein beachtliches Potential an elektrischer Energie erzeugt wird (z. B. Bau einer Kaskade von Wasserkraftwerken am Naryn), sondern ›nebenbei‹ auch gewaltige Flächen von bislang ungenutzten Halbwüsten ausreichend bewässert werden können. Mit einer Leistung von 1200 MW und einem Staubecken von 20 km^3 Inhalt nimmt das Kraftwerk Toktogul eine Spitzenstellung ein.

◁ **Im Naturschutzgebiet Ala Artscha bei Bischkek**

Der Gast ist Bote von Gott gesandt. Er bleibt nicht lang, doch sieht er allerhand.
Kirgisische Spruchweisheit

Auf dem Weg zur Marktwirtschaft bildet die Sicherung der wirtschaftlichen Unabhängigkeit sowohl durch eine erhöhte Erzeugung von Agrarprodukten als auch durch eine Stabilisierung des Energiebedarfs eine unabdingbare Voraussetzung. Einen weiteren Angelpunkt in der auf die Zukunft ausgerichteten Arbeit bildet der Bereich Forschung und Lehre. Neben der Akademie der Wissenschaften mit 18 Forschungsinstituten gibt es neun Hochschulen und über 150 (höhere) Fachschulen sowie 2000 allgemeinbildende Schulen. Zur Durchführung seiner demokratischen und wirtschaftlichen Reformen erwartet und erhält Kirgistan andererseits auch die Unterstützung mehrerer westlicher Staaten.

Weil die ehemalige Außenministerin Rosa Otunbajewa, die ›Lokomotive der Opposition‹, von den Parlamentswahlen in März 2005 ausgeschlossen worden war, gingen ihre Anhänger auf die Straße. Diese Demonstration wurde von russischen Medien schon zu Beginn der Ereignisse als Tulpenrevolution bezeichnet – nach dem Logo der Opposition, der Gebirgstulpe.

Ebenfalls durch Kirgistan führte einst die Große Seidenstraße, und auch hier haben Dschingis Khan und seine Nachfolger ihre Spuren hinterlassen. Immer wieder als Spielball zwischen rivalisierenden Staaten missbraucht, unterstellten sich die Kirgisen schließlich 1862 der Oberhoheit Russlands. Seit 1991 aber ist Kirgistan eine unabhängige Republik – eine Präsidialdemokratie –, die in sieben Gebiete und einen Hauptstadtbezirk gegliedert ist: Bischkek und der Norden mit dem Tschu-Tal, der Bereich um den Issyk-Kul-See, der Süden mit dem Gebiet um Osch und Dschalalabad, das Talas-Tal und Naryn im kirigisischen Pamir sowie im Westen die Region um Batken nördlich des Turkestan-Gebirges. Seit der Verfassungsänderung 2003 fungiert als Legislative ein Zwei-Kammer-Parlament. Staatssprache ist Kirgisisch.

Im Vergleich zur Nachbarrepublik Usbekistan gibt es in Kirgistan, das über Jahrhunderte vornehmlich von Nomaden bevölkert war, nur wenige architektonische Baudenkmäler. Hier ist das Denkmal die Poesie, die Erzählkunst, die schon von alters her einen hervorragenden Platz bei den Kirgisen einnimmt. Einmalig dürfte das große Volksepos ›Manas‹ sein, dessen tausendster ›Geburtstag‹ im Jahr 1995 gefeiert wurde. In mehreren tausend Strophen besingt es die Geschichte des kirgisischen Volkes und verherrlicht »Heldenmut, Freiheitsliebe und Beharrlichkeit«, die zum Erreichen eines großen Ziels erforderlich sind.

> Manas – wie aus Gold und Silber gegossen,
> gebildet aus dem Gewölbe des Himmels und der Erde,
> wie aus der Sonne und dem Mond geschaffen,
> geboren von den Wellen des Meeres
> unter der Sichel des Mondes …

Auch heute gibt es in Kirgistan kaum ein Dorf oder eine Siedlung, die nicht eigene Sänger *(akyn),* Musiker oder Tänzer haben, welche bewusst und mit Hingabe die von den Ahnen übernommene Kunst pflegen und bereichern.

Eine **Reise** nach Kirgistan ist insbesondere dann empfehlenswert, wenn das Erleben einer einzigartigen Gebirgswelt und einer unvergleichlichen Flora und Fauna im Vordergrund stehen soll. Hier befinden sich nicht nur einer der höchsten Berge (Pik Pobedy, 7439 m) sondern auch einer der höchstgelegenen (1600 m) und tiefsten (über 700 m) Gebirgsseen der Welt – der **Issyk-Kul**. Die Anreise nach Bischkek könnte mit dem Flugzeug oder mit der Bahn erfolgen. Mit Bus/PKW wären im Landesinneren zu erreichen: der Issyk-Kul (5–6 Stunden), die Stadt Osch (etwa 12 Stunden).

Issyk-Kul-See – Weltnaturerbegebiet 2001

Bischkek (Bishkek)

Bischkek (843 000 Ew.), Hauptstadt der Kirgisischen Republik, im Tschu-Tal am Fuße des Kirgisischen Alatau, 650–800 m ü. M.; Flächenausdehnung Nord–Süd: 23 km; Ost–West: 17 km; Industrie-, Verkehrs-, Kultur- und Touristenzentrum; zwei Bahnhöfe (Nebenstrecke der Turksib), Zugverbindungen nach Taschkent, Almaty und Irkutsk; seit 1980 ein Flughafen (›Manas‹). Bischkek gefällt, weil es unkompliziert und doch nicht langweilig ist: eine relativ junge Stadt, die sich ihrer Führungsrolle bewusst ist und sich als wichtige Anlaufstelle für Touristen aus aller Welt anbietet.

Bischkek
Besonders sehenswert:
Das Zentrum
Die Museen und Theater
Die Denkmäler und Gedenkstätten
Die reizvolle Umgebung

Obwohl es bereits im 6./7. Jh. Siedlungen im Bereich der heutigen Stadt gab, wurde erst im 19. Jh. eine Festung als militärischer Vorposten des Khanats Kokand errichtet: Pischpek. 1862 kam Pischpek unter russische Oberhoheit und wurde 1878 zur Stadt erklärt. 1926 erhielt es den Namen Frunse zu Ehren des sowjetischen Heerführers und Politikers. 1936 wurde es Hauptstadt der Kirgisischen SSR und ist als Bischkek seit 1991 Hauptstadt der Republik Kirgistan.

Wenn auch hinter grünen Blättermauern verborgen, so stellt die Industrieproduktion von Bischkek doch einen wichtigen Faktor im Leben dieser Stadt dar. Neben der Nahrungs- und Genussmittelindustrie, den Textil- und Bekleidungsfabriken spielt der Maschinenbau eine entscheidende Rolle – von einfachen Werkzeugmaschinen bis zu fahrbaren Kleinkraftwerken. Als ein bedeutendes Kulturzentrum ist Bischkek Sitz der Kirgisischen Akademie der Wissenschaften. Weiterhin beherbergt die Stadt mehrere Hochschulen einschließlich einer Volluniversität, und auf den Bergen von Bischkek entsteht eine ›Stadt der Wissenschaft‹. Gefördert und weiterentwickelt werden natürlich die jahrhundertealten Kulturtraditionen des kirgisischen Volkes, aber auch das europäische Kunstschaffen hat gerade in Bischkek einen hohen Stellenwert.

Märchenerzähler in Bischkek

Bischkek – eine liebenswerte Großstadt

Mit etwa 100 m² Grünfläche pro Einwohner ist Bischkek augenscheinlich eine der grünsten Städte der Welt. In den Parkanlagen und Wäldern, auf den Straßen und Plätzen wachsen viele tausend

Bischkek
1 Erkindik-(Freiheits-)Statue
2 Russisches Dramentheater
3 Opern- und Ballett-Theater
4 Kirgisisches Dramentheater
5 Zirkus
6 Museum für bildende Künste
7 Historisches Staatsmuseum
8 Gedenkstätte M. Frunse
9 ›Weißes Haus‹ (Parlament)
10 Philharmonie
11 Universität
12 Russisch-orthodoxe-Kirche

Hotels
13 Hotel Hyatt Regency Bishkek
14 Hotel Dostyk (100 m)
15 Silk Road Lodge

Obst- und Zierbäume, u. a. Feldulmen (Karagatsch), Eichen, Birken, Pappeln, Kastanien, sodass – wie z. B. auf dem vom **Bahnhof** zur Stadtmitte führenden Boulevard – die ineinandergreifenden Baumkronen über den Gehsteigen ein schattenspendendes Dach bilden. Besonders reizvoll ist die Stadt natürlich im Frühjahr, wenn überall die Apfel-, Kirsch-, Pfirsich- und Aprikosenbäume blühen und die Stadt wie mit einem rosaweißen Schleier überzogen erscheint.

Im Norden von Bischkek, deren Bezirke in große Rechtecke untergliedert sind, befindet sich ein schon im Jahr 1883 angelegter 230 ha großer Korkulmenhain mit zwei künstlichen Seen – ein beliebtes Erholungsgebiet für die Stadtbevölkerung, deren Durchschnittsalter bei 33 Jahren liegen soll. Ebenfalls hoch in der Gunst der Einwohner von Bischkek steht das westlich vom **Botanischen Garten** gelegene **Hippodrom,** ein weit über die Grenzen der Stadt und der Republik bekannter Austragungsort von Reiterspielen und Pferderennen: sind doch gerade die Kirgisen wegen ihrer verwegenen Reitkünste berühmt. Besonders spannend sind der Ringkampf zu Pferde *(sodarysche)* und das Jagdspiel ›Fang das Mädchen‹ *(kiskummai),* wobei der junge Reiter ein vor ihm reitendes Mädchen einholen muss. Als Lohn winkt ein Kuss, verliert er aber, dann erhält er – so will es die Tradition – einen Peitschenhieb.

Die rasche Entwicklung von Bischkek seit den 1920er-Jahren machte nicht nur den Bau von größeren Wohnsiedlungen erforderlich, sondern verlangte auch die Errichtung verschiedener öffentlicher Gebäude, die nahezu optimal in das Bild der Stadt integriert werden konnten: das **Russische Dramentheater** (2), das **Opern- und Ballett-Theater** (3), das **Kirgisische Dramentheater** (4), der **Zirkus** (5), die **Philharmonie** (10), das **Präsidium der Akademie der Wissenschaften**, die **Universität** (11) u. a.

Unter den in der Stadt aufgestellten Denkmälern, die der Geschichte oder herausragenden Persönlichkeiten Kirgistans gewidmet sind, sollte man sich vielleicht einmal die Denkmalkomposition an der Philharmonie mit legendären Figuren aus dem **Volksepos Manas** genauer anschauen.

Im **Museum für bildende Künste** (6) werden neben Gemälden und Skulpturen kirgisischer Künstler auch Arbeiten russischer Maler ausgestellt (u. a. Serow, Repin, Rerich, Wrubel, Lewitan). Aufmerksamkeit in diesem Museum, das 1935 eröffnet wurde, verdienen aber auch die Werke der angewandten Kunst des kirgisischen Kulturbereichs. Unter den gezeigten Ausstellungsstücken findet besonders eine Jurte, die traditionelle Behausung der Kirgisen, großes Interesse: wie sie aufgebaut und ausgestattet ist, wie sich ihre Bewohner unter dem einen Dach zu verhalten haben und was wo seinen Platz hat. Recht farbenprächtig und vielfältig sind die verschiedenen Unterlagen, Matten, Vorhänge und Teppiche aus Filz, Leder, Samt oder Wolle.

Das im Jahr 1927 gegründete **Historische Staatsmuseum** (7) vermittelt anhand interessanter Exponate – u. a. Funde aus der Umge-

Die Philharmonie; im Vordergrund eine Denkmalkomposition mit Figuren aus dem Volksepos ›Manas‹

Bischkek, Steinskulptur des Historischen Museums, sogenannter Balbal

bung von Bischkek – einen Einblick in die bewegte Geschichte Kirgistans, in die Kultur und Lebensweise der hier siedelnden Stämme und Nationen von der Urzeit bis in die Gegenwart. Recht ungewöhnlich in ihrem Aussehen wirken die hier gezeigten Steinskulpturen *(balbal)* aus dem 6./8. Jh., die zum Teil stark schematisierte menschliche Figuren darstellen.

Informativ ist auch das **Zoologische Museum** (Puschkin-Straße 78), das mit einer reichen Sammlung ausgestopfter Tiere den Besucher über die Tierwelt Kirgistans informiert. In einer Serie von Bildern werden die Charakteristika der kirgisischen Landschaften herausgestellt.

Die **Gedenkstätte Michael Frunse** (8) ist heute ein Museum. Es ist das Haus, in dem Frunse (1885–1925) seine Kindheit verbracht hat, war zur Zeit der Sowjets ein vielbesuchtes Museum, in dem die Verdienste des sowjetischen Feldherrn besonders gewürdigt werden.

Nicht unerwähnt bleiben sollen aber auch die folgenden Museen und Ausstellungen: das Archäologische Museum im Gebäude der AdW, das Mineralogische Museum im Institut für Gold- und Bergbau, das Geologische Museum, das Aitijew-Stadtmuseum und die-Toktogul-Satylganow-Ausstellungshalle.

Weit im Westen der Stadt liegt der **Osch-Basar,** wo zwischen Gewürzen und allen Düften des Orients, zwischen Obst und Gemüse, das aus den privaten Gärten mühsam herangekarrt wurde, zwischen Geräten und Werkzeugen, die man nicht mehr oder aber wieder brauchen kann, geschäftstüchtige Verkäufer und Käufer um jeden Som feilschen. Der Weg zum Basar ist die Mühe wert!

Karakol

Karakol (66 000 Ew.), Hauptstadt des Gebiets Issyk-Kul, im südöstlichen Teil des Issyk-Kul-Talkessels, 1750 m ü. M., 12 km vom Ostufer des mehr als 6000 km² großen Gebirgssees entfernt, wurde 1869 als russische Garnisonsstadt gegründet und nach dem Fluss, an dem sich der militärische Stützpunkt befand, Karakol genannt. 1889 erhielt die Stadt, die wie Bischkek schachbrettartig angelegt ist, den Namen des berühmten russischen Generals und Asienforschers Nikolai Prschewalsk (1839–88), dessen Grab sich am Ufer des Issyk-Kul befindet. Karakol, dessen Altstadt den Flair seiner Gründerzeit bis heute nicht verloren hat, ist Standort mehrerer Betriebe der Nahrungsmittel-, Bekleidungs- und Bauindustrie sowie der Elektrotechnik. An Bildungseinrichtungen gibt es unter anderem eine pädagogische Hochschule sowie eine medizinische und eine landwirtschaftliche Fachschule.

Die Stadt zeichnet sich aber auch durch ihre einzigartige Umgebung aus: im Osten die herbe Schönheit der schneebedeckten Berge und der tiefen Fichtenwälder, im Westen in einer Höhe von 1607 m ü. M. der etwa 200 km lange und bis zu 700 m tiefe **Issyk-Kul** (›warmer See‹), dessen mildes Klima zahllose Urlauber anlockt. Nicht zu übersehen sind aber auch die ausgedehnten Mohnfelder der Stadt, die für die Opiumgewinnung von eminenter Bedeutung sind. Angeblich waren es die Dunganen, die im 19. Jh. von China kommend sich hier niedergelassen und den Anbau von Mohn eingeführt haben. Eine sogenannte Dunganen-Moschee, in der sich islamische und buddhistische Züge mischen, ist bis heute erhalten geblieben.

Naryn

Naryn (40 000 Ew.), Gebietshauptstadt am linken Ufer des Naryn, 2037 m ü. M., mitten im Tienschan, wurde 1868/69 als Festung an der Handelsstraße Rybatschje (heute: Issyk-Kul) – Naryn – Kaschgar gegründet und 1927 zur Stadt erklärt. Der stark im Wachstum begriffene Ort unterhält ein Musiktheater sowie eine pädagogische und eine medizinische Lehranstalt. Von hier führen gut angelegte Straßen in die herrlich gelegenen Winter- und Sommerweiden des Bergmassivs (Kotschkor-Tal, Arpa und Son-Kul). Naryn ist von Bischkek (350 km) bequem mit dem Auto zu erreichen: durch das Tschu-Tal nach Issyk-Kul am gleichnamigen See, und von dort nach Südwesten in das Bergmassiv des Tienschan.

Osch (Osh)

Osch (207 000 Ew.), am südöstlichen Rand des Ferghana-Beckens gelegen (870–1110 m ü. M.), gehört zu den ältesten Städten Zentralasiens. Bereits im ersten vorchristlichen Jahrhundert befand sich hier eine größere Siedlung, und zur Zeit der Araber hatte die Stadt eine Zitadelle mit einem Palast und einem Gefängnis, mehrere Vororte und eine Stadtmauer mit drei Toren. Im 10. Jh. verlief hier die Handelsstraße, die die Städte des Mittelmeerraumes mit China und Indien verband. Obwohl von den Truppen Dschingis Khans erobert und zerstört, entwickelte sich Osch zu einer typisch zentralasiatisch-orientalischen Stadt und wurde auch als Wallfahrtsort bekannt. Zahlreiche Pilger kamen und kommen auch heute noch zu dem etwa 150 m hohen Kalksteinberg, der als Thron Suleimans verehrt wird, auf dem – wie die Legende erzählt – schon der Prophet gebetet haben soll. Auch Babur kam Ende des 15. Jh. als Pilger nach Osch und erwähnt die Stadt lobend in seinem Baburname. Heute ist Osch nicht nur das Industriegebiet von Südkirgistan, sondern mit seinem weit über die Landesgrenzen bekannten Basar auch ein wichtiger Treffpunkt für die hier lebenden Kirgisen, Usbeken, Tadschiken …, für Sesshafte und Nomaden.

Von Osch aus bieten sich Ausflüge in das 54 km nordöstlich gelegene Usgen (s. S. 268) oder auch – etwa 60 km westlich – nach Kuwa in Usbekistan (s. S. 190) an.

Usgen

Usgen ☆
Die Mausoleen der alten Karakhanidenstadt wirkten stilbildend für die Grabarchitektur Zentralasiens

Am Ostrand des Ferghana-Beckens (54 km nordöslich von Osch) an einer Stelle, von der aus das Tal des oberen Syr Darja und damit die nach Osten führende Seidenstraße leicht überwacht werden konnte, lag die alte Stadt Usgen (Üskent), im 11. Jh. ein Machtzentrum der Karakhaniden, die – in der Nachfolge der Samaniden – bis zum verhängnisvollen Mongoleneinfall – über weite Teile Transoxaniens regierten.

Heute, rund 1000 Jahre später, ist Usgen jedoch ›nur noch‹ eine moderne Kleinstadt. mit Schulen, Bibliotheken, einem Theater – mit allem, was eben zu einer Stadt gehört.

Besonders wertvoll sind ein aus drei Mausoleen bestehender Grabbau und ein (dazugehörendes?) Minarett. Die großen Säulenvorhallen – in der Architektur der damaligen Zeit etwas ganz Ungewöhnliches –, die vor jedem der drei Grabmale errichtet wurden, sind leider nicht mehr erhalten. Das **mittlere Mausoleum,** das älteste, wurde für einen der ersten Karakhanidenherrscher, Nasr ibn Ali (1012–31), gebaut. Spuren einer einfachen Terrakottaverzierung zeigen u. a. vorislamische Motive und die ersten *gereh*-Muster. Heute ist das Mausoleum, ein quadratisch angelegter, überkuppelter *masar* von 15 × 15 m Grundfläche, bedauerlicherweise eine Ruine.

Das **nördliche Mausoleum** (links; 11 × 12 m) stammt aus dem Jahr 1152 und ist Grabstätte von Schelaleddin al Husain. Dank seines gut erhaltenen Zustandes ist es ein wichtiges Zeugnis frühislamischer Baukunst, weil hier die Fassade – vermutlich zum ersten Mal in der zentralasiatischen Architektur – besonders betont wurde. Zuvor waren die islamischen Bauten stets nach innen orientiert, und die Fassade spielte nur eine untergeordnete Rolle. Hier in den harmonisch ausgewogenen, die ganze Wand überziehenden Flächenornamenten lassen sich die Vorbilder erkennen, die in den timuridischen Baudenkmälern (z. B. in Samarkand: Schah-e Sende) zur höchsten Entfaltung gebracht werden sollten. Inschriften in der verspielten Naskhi-Schrift oder im strengen Kufi, eingraviert in Terrakottaplatten, schmücken das Portal, während über dem spitzen Bogen und in den runden (heute leeren) Feldern glasierte Kacheln in hellem Blau erstrahlten.

Noch verschwenderischer erscheint der Schmuck des südlichen, ebenfalls überkuppelten, 8 × 10 m großen **Mausoleums eines Unbekannten** aus dem Jahr 1186/87. Eine Vielfalt von Motiven – Gitter- und Flechtornamente, Arabesken mit Blumen und Schriftfriese, getrennt durch schmale Backsteinverbände und reliefierte Platten aus Terrakotta – lässt vergessen, dass es sich hier um eine Begräbnisstätte handelt.

Der Turm von Burana (Türk. Murana = Minarett) stammt ebenfalls aus dem 11. Jh. und erreichte ursprünglich eine Höhe von 45 m. Über einem oktogonalen Fundament erhebt sich der konisch zulaufende Turm (heute noch 21 m) der mit ziselierten Ziegelsteinen verziert ist.

Das **Minarett von Usgen,** das vor der neuen Moschee nördlich der Grabbaugruppe steht, wurde ebenfalls im 11. Jh. errichtet und soll bei einem Durchmesser von 9,4 m einmal eine Höhe von über 40 m erreicht haben. Die Ornamente des heute noch 17 m hohen Turmes werden aus kleinen und größeren Backsteinen gebildet und zeigen in Gürtelform angeordnete geometrische Figuren. Vermutlich war dieses Menar Vorbild für die ebenfalls unter den Karakhaniden gebauten riesigen Minarette von Buchara und Wabkent, die auch heute noch zu den bekanntesten und wertvollsten Denkmälern zentralasiatischer, islamisch geprägter Architektur gehören.

Sie kennt ihren Weg. Auf der Suche nach reichen Futterplätzen lebt ihre Familie während der Sommermonate in einer Jurte im Ala-Artscha-Gebirge. Ihren Lebensunterhalt finden die Nomaden auch heute noch in der Viehzucht.

Tadschikistan

Tadschikistan (143 100 km²) ist ein nur schwer zugängliches, überwiegend unbewaldetes, schroffes Gebirgsland, in dem allein der Pamir – mit seinem höchsten Berg Pik Samaniden (7495 m) – etwa die Hälfte des Territoriums einnimmt. Insgesamt umfasst das Gebirge über neun Zehntel des Landes, und nur wenige Prozent sind den äußerst fruchtbaren, dichtbesiedelten Flusstälern vorbehalten: Karfirnigan, Wachsch, Pjandsch und Amu Darja. Seit der politischen Neugliederung Zentralasiens 1929 grenzt Tadschikistan im Norden an Kirgistan, im Osten an China, im Süden an Afghanistan und im Westen an Usbekistan. Daher befinden sich jetzt Zentren wie Buchara und Samarkand, die ebenfalls mit der Geschichte und Kultur Tadschikistans eng verbunden sind, außerhalb des Territoriums.

Mit der Errichtung einer eigenen Republik Tadschikistan sollte für die Tadschikisch (Farsi) sprechende Bevölkerung Sowjet-Mittelasiens ein eigener, nicht turksprachiger (wenn auch künstlicher) Staat geschaffen werden. Heute ist Tadschikistan nach wiederholter Änderung der Verfassung (letztmalig 22. 6. 2003) eine Präsidialrepublik mit Zweikammerparlament: Unterhaus (63 Abgeordnete), Oberhaus (33 Mitglieder). Gewählt wird alle fünf Jahre. Amtssprache ist Tadschikisch, eine zur iranischen Gruppe gehörende Sprache. Altiranische Dialekte werden heute aber auch noch von den im Pamir lebenden Bergtadschiken gesprochen. Die Bevölkerung dieses Landes (nahezu 8 Mio.), die sich aus mehreren Nationen und Völkerschaften zusammensetzt – Tadschiken (80 %), Usbeken (15 %), Russen, Tataren, Kirgisen, Deutschen (weniger als 1 %) u. a. – verteilt sich äußerst ungleichmäßig über das Gebiet der Republik: im Norden sind es 50–100 Ew./km² und mehr, im Pamir z. T. weniger als 2 Ew./km². Der größte Teil der Bevölkerung lebt in ländlichen Gegenden, in Siedlungen, die im Flachland meist 200–700 Gehöfte umfassen, im Gebirge jedoch nur 15–20.

Bei der gegebenen Landesnatur, aber auch aufgrund der sich verändernden Infrastruktur als Folge der kriegerischen Auseinandersetzungen Anfang der 1990er-Jahre steht Tadschikistan vor großen wirtschaftlichen Problemen und ist auf Hilfe aus dem Ausland angewiesen. Zu den wichtigsten Industriezweigen gehören: Textilindustrie (Baumwolle, Seide), Aluminiumerzeugung und -verarbeitung, chemische Industrie, Bergbau (Silber, Uran). Wenn auch zur Zeit der größere Anteil (etwa zwei Drittel) der industriellen Produktion noch auf die Leichtindustrie entfällt, könnte sich dieses Verhältnis nach Errichtung von weiteren Wasserkraftwerken mehr zugunsten der Großindustrie (Aluminium, Stickstoffdünger) verschieben.

Zu den wichtigsten landwirtschaftlichen Produkten gehören Getreide, Baumwolle, Gemüse und Obst. Berühmt sind vor allem die getrockneten Aprikosen (mit Stein *urjuk* und ohne Stein *kuraga*) und die kleinen kernlosen Weintrauben (*kischmisch*). Wein wird in Tadschikistan schon seit Menschengedenken angebaut, aber auch der Seidenbau hat hier eine tausendjährige Tradition. Intensives Sonnenlicht über Monate hinaus und ein dichtes Netz von Bewässe-

◁ *Tadschikische Touristinnen am Nurek-Staudamm*

rungskanälen ermöglichen auch den Anbau von subtropischen Kulturen. In den Hochgebirgszonen ist jedoch die Viehzucht (Karakulschafe, Jak) der wichtigste Landwirtschaftszweig.

Aber auch im Bereich von Wissenschaft und Bildung haben die Tadschiken Beachtliches geleistet. Hier entstanden unter der Regie der Akademie der Wissenschaften 18 Forschungsinstitute, und an den Hoch- und Fachschulen des Landes studieren einige Zehntausend – nicht nur junge – Studenten. Ihrer großen Tradition verpflichtet, pflegen die Tadschiken Dichtkunst, Tanz und Gesang. Besonderer Beliebtheit erfreuen sich die Werke der alten Vokalmusik, die einstimmigen, meist aus zwei Teilen bestehenden Tanzlieder *(makomy)*, die einen vergessen lassen können, dass sich die Welt der Tadschiken gründlich verändert hat.

Nach Tadschikistan gelangt man auf dem Luftweg, mit der Bahn – über eine Nebenstrecke der Transkaspischen Eisenbahn – oder mit dem Auto. Besonders letzteres ist sehr empfehlenswert, führt doch die Straße gleich über drei hohe Gebirgsketten. Zuerst ist im Norden der Scharestan-Pass im Turkestan-Gebirge zu überwinden, dann geht es durch eine Schlucht weiter über das Sarafschan-Gebirge und schließlich zum Ansob-Pass in der Hissar-Kette, bis die Straße in die Warsob-Schlucht einmündet und den Weg nach Duschanbe, der Hauptstadt Tadschikistans, freigibt.

Reisetips: Obwohl das Straßennetz von Tadschikistan ganz ordentlich ist, dürften Fahrten mit Bus/PKW, vornehmlich im Winter, Probleme bereiten. Flugverbindungen gibt es zwischen der Hauptstadt Duschanbe nach Chorog (Berg-Badachschan), sowie nach Chodschand (Ferghana-Gebiet). Pendschikent hingegen erreicht man am einfachsten von Samarkand aus. (Reisepass/Visum erforderlich!) Tadschikistan erweist sich in zunehmendem Maße als eine besonders gute Adresse für Bergsteiger und -wanderer.

Chodschand (Khojand)

Die Gebietshauptstadt Chodschand (144 000 Ew.), von 1936–91 Leninabad genannt, liegt unmittelbar am Eingang des Ferghana-Beckens, am Ufer des Syr Darja. Die Stadt wurde von Alexander dem Großen im Jahr 329 v. Chr. als Alexandreia Eschata gegründet. Im Mittelalter hatte Chodschand – mit einer Zitadelle, der Innenstadt (Schahrestan) und Vororten (Rabat), einem Palast sowie einer Dschuma-Moschee – dank seiner günstigen geographischen Lage an der von China in die Mittelmeerländer führenden Seidenstraße eine große strategische Bedeutung. Wegen der damals schon hohen Bevölkerungsdichte jedoch war die Stadt angeblich nicht in der Lage, sich selbst zu versorgen und gezwungen, die zum Lebensunterhalt notwendigen Lebensmittel aus dem Umland zu importieren. 1866 kam Chodschand zu Russland, wurde 1929 in die tadschikische SSR eingegliedert und entwickelte sich zu einer bedeutenden Industriemetropole.

Im Süden der Stadt, unweit des Panchschanbe Basars, befindet sich das alte/neue islamische Zentrum von Chodschand: eine Moschee, die über viele Jahre als Museum diente, sowie das völlig restaurierte Mausoleum Scheich Massaleddin aus dem 19. Jh. (?); direkt gegenüber wurde erst 1991 eine Medrese als Koranschule errichtet.

Chorog (Khorog)

Chorog (33 000 Ew.), Hauptstadt des autonomen Gebiets Berg-Badachschan, liegt im westlichen Pamir (2200 m ü.M.), unweit des Pjandsch und unmittelbar an der Grenze zu Afghanistan. Die hier lebende Stammbevölkerung – die Bergtadschiken, die zu den ältesten Bewohnern Zentralasiens gehören – unterscheidet sich hinsichtlich ihrer Sprache, ihrer Sitten und Gebräuche von den übrigen Tadschiken. Die junge Stadt hat ihr eigenes Kraftwerk, eine der örtlichen Versorgung dienende Industrie sowie Fachschulen, eine Musikschule und ein kleines Museum. Erwähnenswert ist diese Kleinstadt aber auch deshalb, weil hier die ›University of Central Asia‹, eine sich im Aufbau befindene länderübergreifende Hochschule für ganz Zentralasien, ihren Sitz gefunden hat.

Neben Tekel (Kasachstan) und Naryn (Kirgistan) ist Chorog der dritte Standort der University of Central Asia (UCA), wo unter anderem besonders zukunftsorientierte Studiengänge – Wirtschafts- und Sozialwissenschaften, Ökotourismus – angeboten werden. Initiator dieses einmaligen Projekts ist das Aga Khan Development Network (AKDN)

Duschanbe (Dushanbe)

Duschanbe (538 000 Ew.), Hauptstadt der Republik Tadschikistan, liegt am Warsob, 882 m ü. M. Die Stadt verfügt über einen Großflughafen und ist ein wichtiger Bahn- und Straßenknotenpunkt. Zwar kann die jüngste unter den zentralasiatischen Großstädten keine historischen Baudenkmäler bieten, dennoch ist sie architektonisch attraktiv und liegt überdies in einer wahren Bilderbuchumgebung.

Duschanbe
Besonders sehenswert:
Die Ferdausi-Bibliothek
Das Behsad-Museum
Der Sadriddin-Aini-Park
Das Teehaus Rochat

Bis 1917 waren im Bereich des heutigen Stadtgebiets lediglich einige ländliche Siedlungen bekannt, wo jeden Montag *(duschanbe)* der Wochenmarkt stattfand. 1923 etablierte sich in Tadschikistan die Sowjetmacht; zwei Jahre später wurde Duschanbe zur Stadt erklärt. 1929 bestimmte man sie zur Hauptstadt der tadschikischen SSR. Bis 1961 hieß der Ort Stalinabad. Seit 1991 ist Duschanbe Hauptstadt der unabhängigen Republik Tadschikistan. Zu den wichtigsten Wirtschaftsbetrieben gehören ein großes Baumwollkombinat, Seiden-, Schuh-, Lebensmittelfabriken, eine Maschinenfabrik für automatische Webstühle, eine Zementfabrik und ein Elektrogerätewerk.

Seit Gründung der Stadt sind gewaltige Anstrengungen unternommen worden, das weitverbreitete Analphabetentum zu überwinden. Mit durchschlagendem Erfolg – Duschanbe hat sich innerhalb weniger Jahrzehnte zu einer Stadt der Wissenschaften, der Hoch- und Fachschulen, aber auch zu einem Zentrum einer stark expandieren-

Duschanbe
1 Rudaki-Denkmal
2 Präsidentenpalast
3 Haji Yakoub-Moschee
4 Synagoge
5 Russisch-orthodoxe Kirche
6 Lahuti-Theater
7 Russisches Mayakovski-Theater
8 Ajni-Opern- und Ballett-Theater
9 Haus der Dichter
10 Akademie der Wissenschaften
11 Ajni-Denkmal
12 Ismail Samani-Monument
13 Basar Barakat
14 Basar Schah Mansur
15 Teehaus Rokhat
16 Kunstgalerie
17 ZUM-Kaufhaus
18 Ferdausi-Bibliothek
19 Behsad-(Bekhzod-) Museum
20 Nationales Antiken-Museum
21 Ethnographisches Museum

Hotels
22 Dushanbe
23 Marian's Guesthouse
24 Mercury
25 Tajikistan

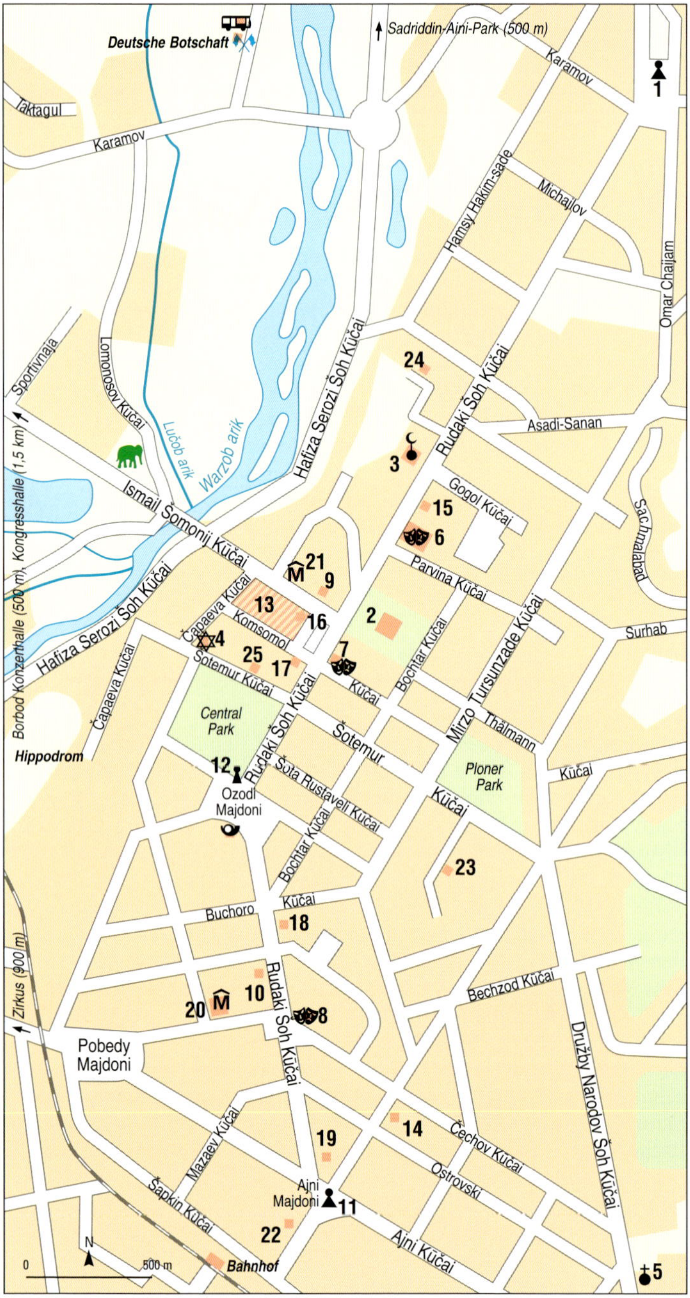

den Industrie entwickelt. Heute gibt es hier die Akademie der Wissenschaften (10) mit mehreren Forschungsinstituten und Labors, Hochschulen für Medizin, Pädagogik und Landwirtschaft sowie diverse Fachschulen.

Besichtigung

Vom städtebaulichen Standpunkt her wirkt Duschanbe interessant und ansprechend: breite, von Scheinakazien, Ahornbäumen, Pappeln und Platanen – z. T. in acht Reihen nebeneinander – beschattete Straßen sowie die architektonisch geschickt gestalteten Neubauten zwischen üppigem Grün, bunten Blumenrabatten und hohen Springbrunnen prägen diese moderne Stadt des 20. Jahrhunderts. Aufgrund der politischen Umwälzungen Anfang der 1990er-Jahre jedoch hat sich das Bild der Hauptstadt Tadschikistans nachhaltig verändert. Die Umbenennung von Straßen und Plätzen oder auch die Umwidmung von Gebäuden spielen dabei sicher eine nur untergeordnete, aber nicht unwichtige Rolle. So trägt z. B. die von Nord nach Süden verlaufende, mehrere Kilometer lange Magistrale nicht mehr den Namen Lenins, sondern den des großen tadschikischen Dichters und Philosophen Rudaki († 941). Das im Jahr 1963 errichtete **Rudaki-Denkmal** (1) steht im Norden der Stadt am Anfang des Rudaki-Prospekts, über den man im Rahmen einer Stadtbesichtigung wenigstens einmal gelaufen sein sollte, finden sich doch hier oder in unmittelbarer Nähe die wichtigsten Sehenswürdigkeiten von Duschanbe. Bedeutende reliöse Bauten sind die allgemein zugängliche **Moschee Haji Yakoub** (Hadschi Jacob, 3) mit ihrer Medrese, die ab 1990 mit Spenden aus Iran, Saudi-Arabien und Pakistan errichtet

Das Opern- und Ballett-Theater

Als geruhsames Plätzchen nach der Besichtigung empfiehlt sich das Teehaus Rokhat

wurde und filigran im alten Stil verziert ist. Dazu kommen eine Ende des 19. Jh. errichtete **Synagoge** (4), die man auch von innen besichtigen kann, und südlich vom Ajni-Platz eine **russisch-orthodoxe Kirche** (5). Auch heute noch bespielt werden das tadschikische **Lahuti-Theater** (6), das russische **Mayakovski-Theater** (7) und das **Ajni-Opern- und Ballett-Theater** (8). Auf dem Ajni-Platz steht das 16 m hohe **Standbild von Sadriddin Ajni** (11), dem Begründer der tadschikischen Literatur (1878–1954); am Ozodi-Platz das 1999 gebaute **Monument für Ismail Samani** (Somoni; 12), den Gründer der Samaniden-Dynastie. Allein dessen Statue ragt 11 m hoch, im Untergeschoss ist eine Ausstellung zum Samaniden-Reich zu sehen.

Wie überall im Orient, laden auch in Duschanbe Basare zum Einkaufen ein: der **Basar Barakat** (13) in der Stadtmitte mit Kleidung, Kunsthandwerk etc. und der **Basar Schah Mansur** (14) unweit des Ajni-Platzes, ein Obst- und Gemüse-Markt. Das im Internationalen Stil errichtete **Teehaus Rokhat** (15), ebenfalls mitten im Zentrum, ist nach einer Stadtbesichtigung ein erholsames und beliebtes Plätzchen. Westliche Snacks gibt es im Café Merve gleich nebenan.

Ein ausgedehnter Erholungspark liegt im Norden der Stadt, auf dem Weg zur Warsob-Schlucht: der **Sadriddin Ajni-Park**. Hier, unweit der von ihm besungenen Berge, befindet sich in einem kleinen Mausoleum auch das Grab des Dichters. Der 1960 angelegte Park ist ein Ausflugsziel für in- und ausländische Gäste.

Museen

Die **Ferdausi-Bibliothek** (18) verfügt über 2 Millionen Bände und etwa 2000 Handschriften, von denen einige 900 Jahre alt und sehr fein ausgemalt sind (Werke von Tabati, Ferdausi und ein Koran aus dem 18. Jh.). Zum Betrachten dieser Schätze islamischer Literatur sollte man gut zwei Stunden Zeit einklakulieren.

Das **Behsad-(Bekhzod-)Museum** (19) informiert über die Natur und Geschichte Tadschikistans von der frühen Hissar-Kultur bis in die Gegenwart. Interessant sind die Ausstellungsstücke aus dem Bereich der angewandten Kunst: fein gemusterte Textilien, Stickereien mit nationalen Motiven, Filigran-Schmuck, Schnitzarbeiten, alte Geräte u.a.m. – 30 000 Exponate in 47 Sälen.

Das **Nationale Antiken-Museum** (20) nahe dem Sipar-Platz zeigt zumeist graeco-baktrische und sogdische Exponate. Besonders erwähnenswert der liegende Buddha von Adschina Tepe aus der Kuschanzeit (s. S. 42). Das kleine **Ethnografische Museum** (21) nahe dem Barakat-Basar dokumentiert mit Kunsthandwerk wie Stickereien Keramik und Musikinstrumenten die alte tadschikische Kultur.

Der 13 m lange, liegende Buddha von Adschina Tepe gehört neben dem 88 m hohen Buddha in Wuxi (China) und einem großen, liegenden Buddha in Thailand zu den größten Buddha-Darstellungen Asiens

Ausflug zur Hissar-Festung

Geschichte zum Anfassen findet der Besucher von Duschanbe erst in den Ausläufern des Hissar-Gebirges, etwa 30 km von der Stadt entfernt. Die Fahrt führt in eine Region, die in der frühen Jungsteinzeit besiedelt war und eine eigene Zivilisation entwickelt hatte (die sogenannte Hissar-Kultur). Ziel des Ausflugs ist aber die Hissar-Festung, Sommersitz der Emire von Buchara, die im 18. Jh. errichtet und im 19. Jh. weiter ausgebaut wurde. Zu der noch gut erhaltenen Anlage gehören die eigentliche Festung mit einem großen Tor und zylinderförmigen Türmen, einem Gebäude für die Wache sowie einem Gefängnis.

Ebenfalls zur Festung gehören zwei Medresen – eine einstöckige (die Alte Medrese) und eine zweistöckige (die Neue, jüngere) sowie der Masar Machdum-e Asam, eine aus drei überkuppelten Räumen bestehende Anlage: einer quadratischen Gruft, einem großen Betsaal (Siarat-chane) und einem Mausoleum mit mehreren Grabmälern aus Alabaster. Machdum-e Asam war ein Ehrentitel des Scheichs Ahmat

Landschaft am Großen Tschimgan (3309 m) ▷

(16. Jh.), dem aus dem Ferghana-Becken stammenden Haupt des Derwisch-Ordens der Nakschbandi.

Gardani Hissar

Nur 12 km vom Berg Mug entfernt und nahe dem Dorf Madm befinden sich an zwei verschiedenen Stellen die freigelegten Gebäudereste von Gardani Hissar: auf einer Hochebene eine dörfliche Siedlung und darüber auf einem Berggipfel ein in zwei Ebenen angelegter Repräsentationsbau aus dem 6.–8. Jh.; ein hinsichtlich seiner Anlage in Zentralasien einmaliges Bauwerk. Dass die Architekten des **Palasts** ihr Wissen und ihre Erfahrung zu nutzen verstanden, zeigen die Übereinstimmungen wesentlicher Bauelemente mit anderen sogdischen Gebäuden, z. B. in Pendschikent. Andererseits haben sie in ihrem Entwurf auch neue, zuvor in Sogd unbekannte Stilmittel eingesetzt, sodass sich die Residenz nach Lage, Größe und Grundriss grundlegend von den bekannten Baudenkmälern dieser Region unterscheidet. Auf einer Ebene beispielsweise befanden sich das Eingangstor, ein Empfangsgebäude und die Räume für die Wache, während die eigentlichen Fest- und Repräsentationssäle sowie Dienst- und Wirtschaftsräume auf einer etwa drei Meter höheren Plattform lagen.

Hier gab es u. a. einen großen Saal (7,7 × 7,5 m), offensichtlich der **Thronsaal,** den eine flache Holzdecke, die von vier mit hervorragenden Schnitzarbeiten versehenen Holzsäulen getragen wurde, abschloss. Die Wände bestanden aus Stampflehm und im oberen Teil aus roten Ziegeln, die mit Lehmstuck verkleidet waren. Entlang der Wände zog sich eine stufenförmige Erhöhung hin *(sufa)*, auf der bei feierlichen Anlässen der Hofstaat seinen Platz hatte. Eine solche *sufa* befand sich aber auch im 4,8 × 3,4 m großen **Tempel** des Palastes, wo eine beachtenswerte Anlage eines Altars in Form einer flachen, aus ungebrannten Ziegeln errichteten Nische – mit einem kleinen Vorbau für das heilige Feuer – freigelegt werden konnte. Zahlreiche Brandspuren lassen vermuten, dass der Palast im Jahr 772 in Flammen aufgegangen ist und unter Zurücklassung allen

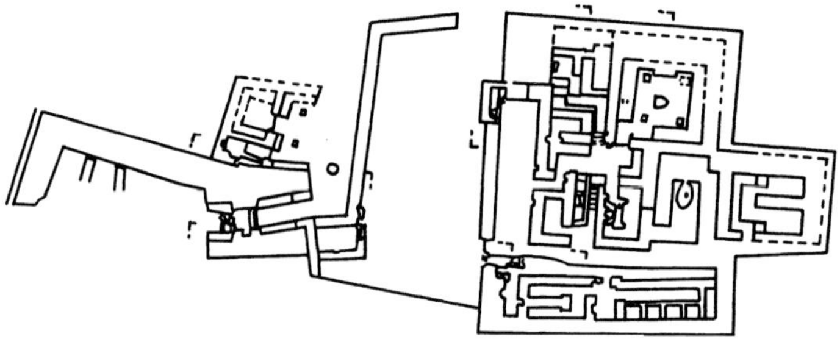

Gardani Hissar, Grundriss der Anlage

Altarnische und Feuerstelle in einem Wohnhaus; gezeichnete Rekonstruktion von V. L. Voronina

Inventars – im Thronsaal wurden Reste eines angekohlten Teppichs gefunden – fluchtartig verlassen wurde, als die Araber Diwastitsch verfolgten, den letzten Herrscher von Pendschikent.

Nurek

Nurek (wörtl.: Feuerchen, Licht), eine 18 000-Einwohner-Stadt am rechten Ufer des Wachsch, 600 m ü. M., wurde 1960 als Basislager unterhalb des geplanten Staudamms und Wasserkraftwerks gegründet. Dort, wo das Bett des Wachsch, der in den Gletschern des Pamir entspringt, in der engen Pullis-sangin-Schlucht auf eine Breite von nur 8 m zusammengedrückt wird, begann man 1963 mit den Bauarbeiten. Der 300 m hohe und 704 m lange **Staudamm** (s. Abb. S. 270) hat ein Volumen von 56 Mio. m^3 und besteht aus einem Lehmkern, umgeben von Schotter und Kies. Er soll dank seiner Elastizität weitestgehend erdbebensicher sein und auch einem Beben der Stärke 9 widerstehen können. Bei einer Länge von 70 km und einer Breite von 2–5 km hat der aufgestaute See ein Fassungsvermögen von etwa 10 Mrd. m^3. Durch den künstlichen Stau des Wachsch (›der Unbezähmbare‹) erreicht man zusätzlich die Bewässerung von mehr als 1 Mio ha Neuland und eine annähernd konstante Wasserführung des Amu Darja.

Mit einer Leistung von 3000 MW (9 Franzis-Turbinen von 300 MW) gehört das **Wasserkraftwerk** seit 1979 mit zu den größten des Landes. Durch die Errichtung weiterer Kraftwerke oberhalb von Nurek könnten neue Industrieanlagen entstehen – Großabnehmer von elektrischer Energie, z. B. Aluminiumwerke oder elektrochemische Fabriken. Bei einer Länge von 525 km und einem Gefälle von 850 m speichert nämlich der Wachsch mehr Energie als der wasserreiche, 4000 km lange Jenissei und wäre für den Bau einer ganzen Kraftwerkskaskade optimal geeignet.

Pendschikent (Penjikent)

Pendschikent ☆
Fast vollständig ergrabene Ruinenstadt der Sogder mit Zitadelle und Tempeln sowie mit kostbaren Wandgemälden, die der Stadt in unserer Zeit den Beinamen ›Pompeji Zentralasiens‹ eingetragen haben

Pendschikent (35 000 Ew.), 70 km östlich von Samarkand, im Tal des Sarafschan, ist eine neue Siedlung (seit 1953 Stadt) im Nordwesten des alten sogdischen Pendschikent, das im 8. Jh. zerstört und verlassen wurde. Die neue Stadt besitzt eine pädagogische Fachschule, ein Rudaki-Heimatmuseum und wenig Industrie, aber einen eigenen Flughafen mit einem Hotel.

Das **Historische Rudaki-Museum** wurde 1958 eröffnet und trägt den Namen des großen Begründers der tadschikisch-persischen Literatur – Abu Abdullah Dschafar Rudaki, der in einer Siedlung unweit von Pendschikent (Ende des 9. Jh.) geboren wurde. Der Besucher dieses didaktisch geschickt aufgebauten Museums erhält einen guten Überblick über die Tier- und Pflanzenwelt im Sarafschan-Tal sowie über die Entwicklung der neuen Stadt. Besondere Beachtung verdienen aber die in Alt-Pendschikent ausgegrabenen Funde und Fragmente der berühmten Wandmalereien.

In der näheren Umgebung von Pendschikent sind zwei Baudenkmäler erwähnenswert: das **Mausoleum des Hodscha Muhammad Bachschar** (1341–42), das interessante Parallelen mit dem Kusam ibn Abbas-Komplex in Samarkand aufweist, und die **Moschee Alim Dodcho** aus dem 18./19. Jh.

Pendschikent, Plan der sogdischen Stadt

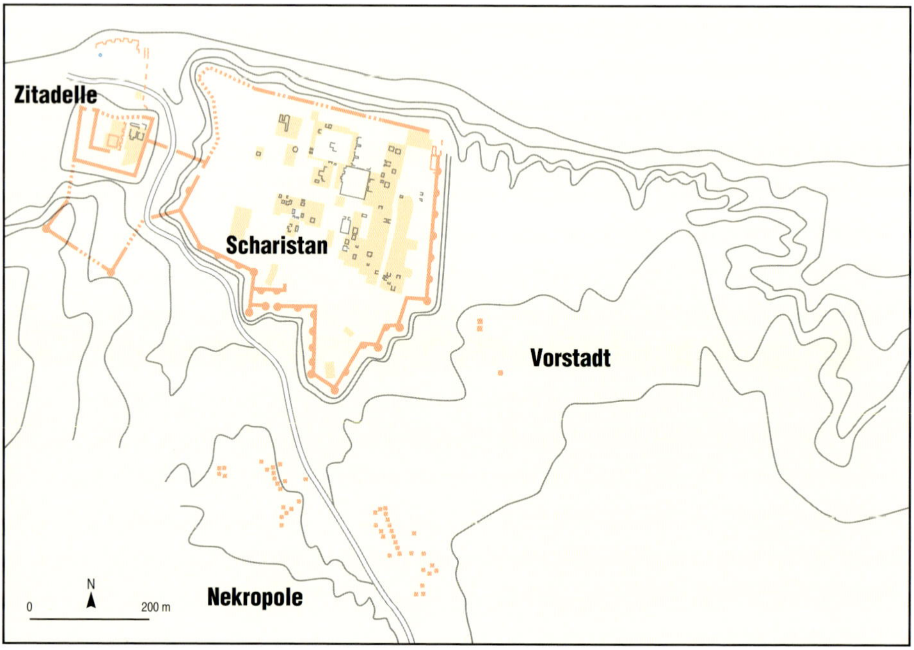

Eines der wichtigsten Zeugnisse sogdischer Zivilisation ist das alte **Pendschikent**, eine Ruinenstadt am Ufer des Sarafschan im Schatten des Turkestan-Gebirges. Die ersten Hinweise, die zur Entdeckung von Pendschikent führten, erhielten die Archäologen über die im Jahr 1933 rein zufällig in einer Höhle auf dem Berg Mug gefundenen Dokumente, die in sogdischer Sprache abgefasst waren und dem letzten Herrscher dieses kleinen Fürstentums gehörten: Diwastitsch. Es ist anzunehmen, dass der Ort Pendschikent bereits im 4. Jh. existierte. Er erreichte aber erst im 6. Jh. den Höhepunkt seiner Entwicklung und wurde im Jahr 610 unter einem *afschin* ein unabhängiges Machtzentrum, dessen letzter Fürst im Jahr 722 von den Arabern abgesetzt, gefangen genommen und schließlich gekreuzigt wurde. Ende der 70er-Jahre des 8. Jh. hatte auch Pendschikent aufgehört zu bestehen, vermutlich in Zusammenhang mit dem niedergeschlagenen Aufstand der persischen Provinz Chorasan gegen die Araber. Mit dem Untergang der einst so bedeutenden Hauptstadt hatte aber auch die vorislamische Kultur des alten Sogd ihr jähes Ende gefunden.

Dank der umfangreichen und systematisch durchgeführten Ausgrabungen durch sowjetische Archäologen ist es gelungen, das gesamte Areal – etwa 20 ha – von Alt-Pendschikent so weit freizulegen, dass es heute mit Recht das Pompeji Zentralasiens genannt werden darf. Die Ruinen lassen sich in vier klar umrissene Bezirke ein-

Blick auf die Zitadelle von Pendschikent

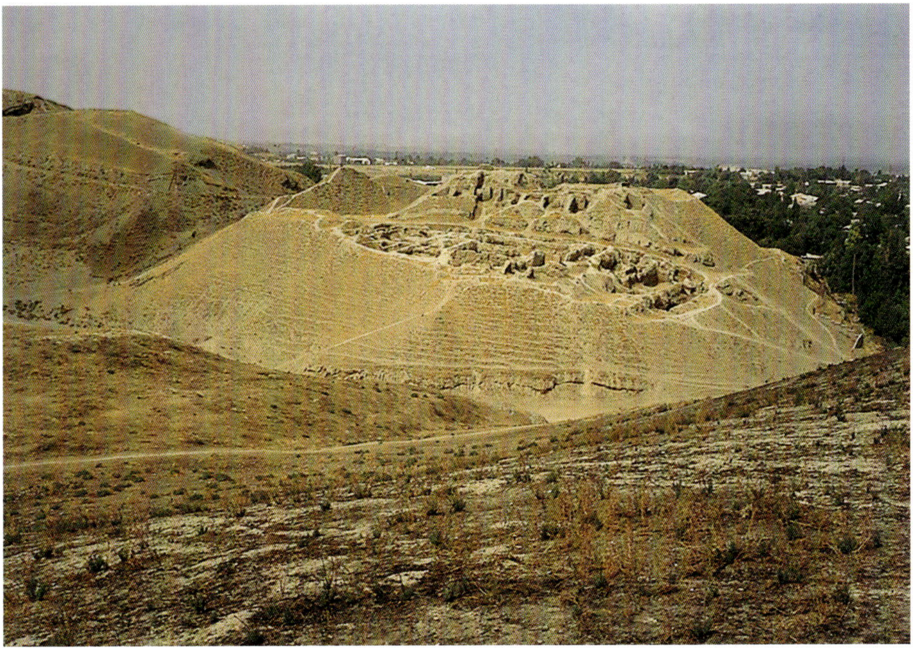

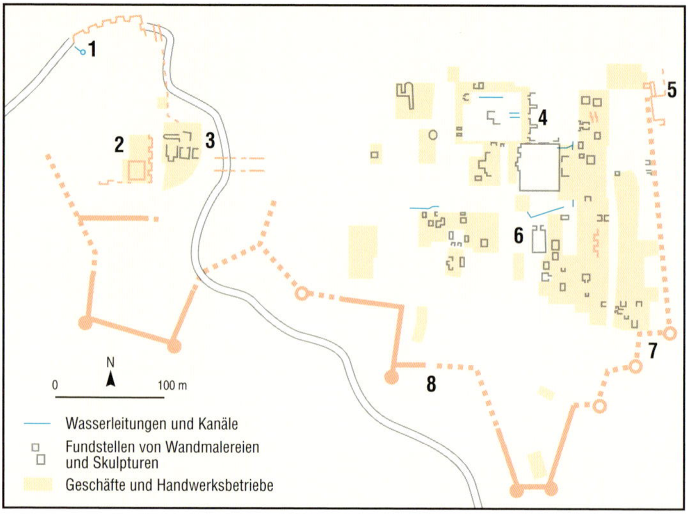

Der Scharestan von Pendschikent
1 Quelle
2 Zitadelle
3 Palast
4 Tempel I und II
5 Osttor
6 Basar
7 Heutiger Eingang
8 Südtor

teilen: die Zitadelle des Herrschers, die eigentliche Stadt (Scharestan) sowie außerhalb der etwa 1800 m langen und bis zu 8 m dicken Stadtmauer eine Vorstadt (Rabat) und ein Friedhof (Nekropole). Schon durch die Vielfalt der hier errichteten Bauwerke und ihrer vorbildlichen Baukonstruktion ist die Architektur dieser Stadt bemerkenswert.

Das am häufigsten verwendete Baumaterial bildeten luftgetrocknete Ziegel und Blöcke aus Stampflehm. Gebrannte Flachziegel fanden als Wandverkleidung oder Bodenbelag (insbesondere bei Fußbodenheizung), selten jedoch als Dachbedeckung Verwendung: Die Dächer waren gemauert oder als Sparrendach (nach Voroninas Rekonstruktion auch als Laternendach bekannt) ausgeführt, das von Holzsäulen getragen wurde.

Die Wohnhäuser waren im Allgemeinen zweigeschossig und unterschieden sich in Größe, Anlage und Ausstattung der Räume z. T. ganz beachtlich, sie lassen trotz des relativ hohen Lebensstandards der Bevölkerung ein starkes soziales Gefälle erkennen. Die Häuser der Oberschicht hatten zum Beispiel viersäulige Empfangshallen (bis zu 80 m^2) mit Bänken an den Wänden, die ganzflächig von kunstvoll ausgeführten Malereien bedeckt waren, nicht selten auch eine eigene Hauskapelle mit einer Altarnische und einen Platz für die Feuerstelle sowie größere, ebenfalls mit Malereien geschmückte Räume, die vielleicht für Tanz- und Theatervorstellungen genutzt wurden. Vornehme Häuser hob man durch Fassaden in Form von Iwanen auf Säulen oder von Loggien mit einer halbkugelförmigen Überdachung besonders hervor. Aber auch die einfachen Häuser der unteren Klasse waren zweigeschossig, freistehend und von der Anlage her unterschiedlich. Ihre Fassaden jedoch wirkten bescheidener – sie hatten beispielsweise keinen Iwan –, und ihre Innenausstattung war weniger anspruchsvoll.

Das in den Ruinen von Pendschikent gefundene Material – Keramik, Glas, Perlen, Halbedelsteine, Gegenstände aus Eisen und Bronze (selten aus Edelmetall), Holzskulpturen und Schnitzereien sowie großflächige, vielfarbige Wandmalereien – ist so umfangreich und vielfältig, dass im Folgenden nur anhand einiger weniger ausgesuchter Beispiele gezeigt werden kann, wie sich verschiedene Einflüsse – z. B. Kontakte mit dem Iran, Indien und der westlichen Welt oder die große Zahl religiöser Glaubensbekenntnisse (Zoroastrismus, Buddhismus, Manichäismus u. a.) – auf das Kunstschaffen in Pendschikent ausgewirkt haben, und welche künstlerische Ausstrahlung in die nähere und weitere Umgebung von Pendschikent gedrungen ist. Die Töpfereien – Küchen- und Tafelgeschirre in den verschiedensten Formen und Größen – sind von bestechender Eleganz und zeichnen sich besonders durch die Mannigfaltigkeit ihrer Verzierungen aus. Schmuck und Toilettenartikel – wie Spiegel, Gürtel, Armbänder, Ringe mit Gemmen aus Türkis, Lapislazuli oder Achat – und schließlich Werkzeuge, Pferdegeschirre und Waffen, Erzeugnisse aus einheimischen Werkstätten, sind ein wichtiger Beweis für die Kunstfertigkeit und den hohen Lebensstandard der Bevölkerung.

Entsprechend dem Umfang und der Art der in einigen Häuserruinen gefundenen Gegenstände war es sogar möglich, den Ort ihrer Herstellung zu lokalisieren, z. B. eine Schmiede oder Töpferwerkstatt. Artikel aus Holz oder Leder sowie Textilien wurden in Pendschikent kaum gefunden, da das meiste entweder verbrannt oder im aggressiven Lößboden zerstört worden war. Dafür aber können die zum Teil hervorragend erhaltenen Wandmalereien hinreichend Aus-

Fundamente der Eingangshalle eines Wohnhauses

kunft über die damals gebräuchliche Kleidung, die verwendeten Stoffe und Muster sowie die dekorative Ausstattung der Wohnhäuser und Tempel geben. Wie hoch der Bildungsstand der in Pendschikent lebenden Bevölkerung war, zeigen nicht nur die bereits erwähnten, auf dem Berg Mug gefundenen Dokumente – Urkunden, Verträge, Berichte, Briefe, Kalender (?) etc. –, sondern auch die zahlreichen eingeritzten oder aufgemalten Inschriften auf Tonscherben, Wänden und Steinen.

Die Tempel von Pendschikent unterscheiden sich wesentlich von den bislang bekannten Kultstätten der Buddhisten, Christen oder auch Zoroastrier. Sie bestanden im Wesentlichen aus mehreren Gebäuden, die durch Höfe miteinander verbunden waren, in deren Zentrum sich das auf einem Stylobat errichtete Heiligtum befand: eine nach Osten offene viersäulige Halle, die auf drei Seiten von offenen Galerien umgeben war. Vermutlich waren diese Tempel, die sich im Zentrum der Stadt befanden, ursprünglich dem Buddhismus vorbehalten und erst später einem neuen, einem Mischkult (Buddhismus + Zoroastrismus + ?) gewidmet worden. In ihnen fanden (nach Schkoda) nicht nur religiöse Kulthandlungen statt, sondern sie erfüllten auch soziale Funktionen.

Aber auch andere, nicht eindeutig zu definierende religiöse Vorstellungen, Glaubensrichtungen und Kulte scheinen in Pendschikent nicht nur bekannt, sondern auch toleriert und sogar gefördert worden zu sein – eine Entwicklung, die in Malereien, Holzschnitzarbeiten und Plastiken wiederholt ihren Niederschlag gefunden hat. So zeigten sich die Sogder offensichtlich nicht nur für die Lehre Buddhas empfänglich, sondern auch für die eines Mani, jenes Religionsstifters, der aus iranischen (zoroastrischen), christlichen und gnosti-

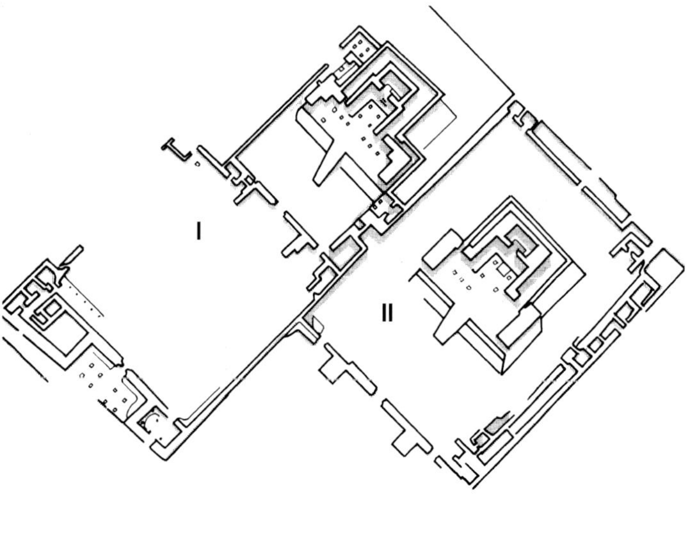

Zeichnerische Rekonstruktion der Tempel I und II von Pendschikent

schen Ideen seine Lichtreligion entwickelt und verkündet hatte. Gerade diese Vielfalt von Religionen und Kulturen, die über Jahrhunderte in Pendschikent gepflegt wurden, macht es den Historikern von heute nicht einfach, die zeitliche Abfolge der Stile und Strömungen zu verfolgen.

Die bis heute freigelegten Wandmalereien lassen sich (nach M. M. Diakonow) in zwei große Stilgruppen untergliedern: Zu den ersten zählen die Kompositionen, in denen versucht wird, etwas betont räumlich darzustellen, während die Abbildungen der zweiten Gruppe mehr als Flächendekoration wirken. Auch hinsichtlich der Themen gibt es zwei Komplexe: Bilder religiösen Inhalts (z. B. Darstellungen von Kulthandlungen wie Verehrung des Feuers, Totenklage) und weltliche Themen (Sagen und Märchen, aber auch Szenen aus dem Alltag). Dass es in einer verhältnismäßig kleinen Stadt wie Pendschikent möglich war, mehr oder weniger gleichzeitig verschiedene Stilrichtungen aufzugreifen, könnte dadurch erklärt werden, dass die für Tempel und Paläste oder Wohnhäuser zu erstellenden Kunstwerke von größeren Malerwerkstätten geschaffen wurden, die alle ihre eigene Tradition, Vor- und Ausbildung hatten.

Was aus dem großen Sagenschatz der Sogder in den Wandmalereien von Pendschikent zum Ausdruck gebracht wird, wurde Jahrhunderte später im berühmten Epos › Schah-name‹ (Abb. S. 115) von Ferdausi nacherzählt: die ruhmreichen Taten des legendären Helden Rustam (des sogdischen Sijawusch). Gerade diese der Rustam-Legende gewidmete Bilderreihe ist ein charakteristisches Beispiel für den Stil, der sich in den Jahrhunderten vor der Araber-Invasion in den eigenständigen Fürstentümern Zentralasiens entwickelt und durchgesetzt hatte. Besonders eindrucksvoll sind z. B. die Szenen, in denen Rustam auf seinem gewaltigen Streitross sitzend den Ritter Avlod mit seinem Wurfseil fängt (Abb. S. 289), und wie er im Kampf gegen einen Schlangendrachen den Sieg erringt – ein Gemälde, das in seiner außerordentlich feinen Darstellung wie ein großer aufgespannter Wandteppich wirkt.

Wie schon in Toprak Kale und Airtam gehört auch in Pendschikent das Bild einer Harfenspielerin zu den schönsten und besonders kostbaren Zeugnissen zentralasiatischer Kunst. In seiner flachen Darstellung und Farbkomposition ist dieses Bild dem Rustam-Fries ähnlich, in ihrer grazilen Schlankheit jedoch gleicht die Figur auch den ebenfalls in Pendschikent gefundenen Holzstatuen.

Unter den zahlreichen Erzählungen, die zur Illustration herangezogen wurden, ist auch eine Parabel von Interesse: Die Geschichte des Mannes, dessen Gans goldene Eier legen kann, und der sie aus lauter Gier schlachtet. Denn ebenso wie die Bilder vom sagenumwobenen Helden ihren Sinn als Vorbild hatten, sollten diese scheinbar naiven Bildergeschichten dem Betrachter die Unsinnigkeit menschlicher Habsucht vor Augen führen.

Zu den vornehmsten Aufgaben der Pendschikenter Malschulen gehörten sicherlich die Ausschmückung ihrer Tempel. Von beson-

Die Harfenspielerin; nachgezeichnetes Fragment eines Wandgemäldes

ders starker Ausstrahlungskraft ist das Fragment eines Bildes, in dem die Sitte der Totenklage zum Ausdruck gebracht wird. Auf dem Wandbild ist der oder die Tote von strahlend schöner Gestalt wie in einem Mausoleum unter einer flach gerippten Kuppel auf einem reich verzierten Katafalk ruhend dargestellt. Davor haben sich Trauergäste versammelt, Personen unterschiedlicher Hautfarbe und Herkunft. Gerade weil das Rad (der Lehre) – hier als Verzierung am Katafalk – gleichsam symbolhaft auch eine Bindung des Toten an den Buddhismus zum Ausdruck bringt, ist ein Hinweis auf den bei den Skythen (etwa 500 v. Chr.) üblichen Bestattungsritus, wie ihn Herodot beschreibt (471), von besonderem Interesse: »Und alle, die den Toten auf dieser Fahrt bei sich aufnehmen, machen es wie die königlichen Skythen. Sie schneiden sich ein Stück vom Ohr ab, scheren sich das Haupthaar ringsum und machen einen Einschnitt um den Arm, ritzen sich Stirn und Nase und stoßen sich Pfeile durch die linke Hand.«

In Pendschikent sind mehrere lebensgroße Holzfiguren des 7. und 8. Jh. erhalten geblieben; hier Fragment einer Tänzerin

Unter den Tonskulpturen, die, nach dem Umfang des Fundmaterials zu urteilen, in Pendschikent nicht sehr beliebt waren und augenscheinlich nur für die Tempel gefertigt wurden, ist ein 9 m langer und 1 m breiter Stuckfries mit Abbildungen von Fluss-(Sarafschan-)Gottheiten aus dem Iwan eines Tempels besonders hervorzuheben, da hier eine Rückbesinnung auf die hellenistische Kunst ihren besonderen Ausdruck findet. – Die ebenfalls aus dem 7. und 8. Jh. stammenden und offensichtlich nur zufällig erhaltenen holzgeschnitzten, nahezu lebensgroßen Figuren zeigen die gleiche Eleganz und Feinheit, wie wir sie von den erwähnten Wandgemälden her kennen. Die bis zur Hüfte entblößten Figuren sind von schlankem Wuchs und lassen deutlich die für eine Tänzerin charakteristische Pose erkennen. Da die Holzschnitzereien während der Feuersbrunst in Pendschikent nicht verbrannten, sondern lediglich verkohlten, konnten sich diese Fragmente im Lößboden nicht zersetzen.

In ihrer Gesamtheit sind die Funde von Pendschikent so umfangreich und komplex, dass sie im Rahmen eines Kunst-Reiseführers auch nicht annähernd erschöpfend dargestellt werden können. Eine Vielfalt verschiedener religiöser Vorstellungen und die damit zusammenhängenden Kulte und Gebräuche, unterschiedlich stark ausgeprägte Kontakte zu benachbarten Kulturen sowie der eigene, gewachsene lokale Stil haben ihren Niederschlag in der Malerei, den Schnitzarbeiten und den Tonplastiken Pendschikents gefunden – und erschweren das Herauslesen bestimmter Stile, Formen und Motive. Aber ebenso wie die Kunst von Pendschikent das Eindringen fremder Kulturen bestätigt, entwickelte sie im Lauf der Jahrhunderte eigenständige Züge und machte ihren Einfluss in benachbarten sowie in weiter entfernten Gebieten geltend. So haben die in Sogd gesammelten künstlerischen Erfahrungen sogar in den islamischen Miniaturen ihren Niederschlag gefunden: die gestreckte Darstellung, die zweidimensionale Raumaufteilung und schließlich die Farbkomposition sind sichtbare Belege dieses Einflusses.

Auf seinem Streitross sitzend, fängt der Held Rustam mit dem Wurfseil den Ritter Avlod; Detail eines Wandgemäldes in Pendschikent zur Legende von Rustam (dem sogdischen Sijawusch)

Die Entdeckungen von Pendschikent, aber auch jene von Afrasiab und Gardani Hissar, haben einerseits unser Wissen über die Geschichte, Kunst und Kultur im Sarafschan-Tal im Wesentlichen bestätigen können, andererseits zeigen sie aber auch, dass das entlegene Bergland am oberen Sarafschan in der Kulturgeschichte des mittelalterlichen Zentralasiens ebenfalls eine entscheidende Rolle gespielt haben muss, hier, wo im 10. Jh. der ›Sultan der Dichter‹ und Begründer der tadschikisch-persischen Poesie, Rudaki, seine Heimat hatte.

Turkmenistan

Turkmenistan könnte die Sonnenrepublik Zentralasiens genannt werden, denn fast neun Zehntel des 488 100 km^2 großen Territoriums, das von etwa 5,1 Mio. Menschen bewohnt wird, gehören zur großen Sandwüste Karakum. An Turkmenistan grenzen Kasachstan im Norden, der Amu Darja im Osten, das Kopet-Dagh-Gebirge im Süden und das Kaspische Meer im Westen. – Ohne den Zug verlassen zu müssen, kann ein Reisender von Westeuropa über Baku – mit der Fähre über das Meer – nach Turkmenbaschi (Krasnowodsk) und weiter über Aschgabat und Mary bis nach Turkmenabat am Amu Darja an die Grenze zu Usbekistan fahren. Der tiefste Punkt (81 m ü. M.) der Republik Turkmenistan liegt in der Aktschakaja-Senke, der höchste Berg ist der Große Balchan (1880 m); Kuschka, die Stadt an der afghanischen Grenze, ist der südlichste Punkt des Landes.

Wie grüne Punkte erscheinen die blühenden Oasen, die an den Flüssen Amu Darja, Murgab, Tedschen und im Bereich von Aschgabat sowie seit einigen Jahren vermehrt auch entlang des **Karakum-Kanals** entstanden sind. Diese bereits über 1400 km lange, seit 1954 künstlich angelegte Wasserstraße darf sicher als eine außergewöhnliche Pionierleistung angesehen werden, durchquert doch der am Amu Darja beginnende Kanal praktisch den ganzen Südteil der Karakum, verzweigt sich in unzählige, mit gewaltigen Pumpenstationen ausgerüstete Nebenarme, durchbricht Wanderdünen von 20 m Höhe und ergießt sich in riesige Stauseen. Endziel des Kanals ist Turkmenbaschi am Kaspischen Meer. Erst die Bewässerung der weiten Wüstenzonen, in denen nur spärlich weißer und schwarzer Saxaul, Tamarisken und Salzkraut wachsen, schufen die Voraussetzung für einen lohnenden Anbau von Baumwolle. Dass sich Graskarpfen gleichsam als wahre ›Rasenmäher‹ des Kanals bewährt haben, sei nur am Rande vermerkt. Trotz aller für Turkmenistan sicher positiven Ergebnisse darf jedoch nicht vergessen werden, dass ein Grund für die dramatische Austrocknung des Aralsees auch in der ständig zunehmenden Wasserentnahme aus dem Amu Darja und seinen Nebenflüssen zu sehen ist.

Neben der Baumwolle ist die Viehzucht der bedeutendste Zweig der turkmenischen Landwirtschaft. Hier steht die Gewinnung der wertvollen Karakul-Felle an erster Stelle, die i. a. unter dem Namen Astrachan oder Persianer bekannt sind. Gute Erträge bringen vor allem die grobwolligen Schafe, insbesondere die Pelze der Araber (schwarze), Kamba (braune), Schirsai (silbrige) und Sur (goldfarbene). Daneben gehören Fettschwanzschafe, Ziegen, Rinder, Pferde und Kamele zum Reichtum der auch heute noch nomadisierenden Viehzüchter, die irgendwo in der Karakum ein bescheidenes und von alten Traditionen geprägtes Leben führen. Nur dort nämlich, wo sie wie ihre Vorfahren mit Ledereimern aus einem der 20 000 Brunnen Wasser schöpfen können, machen sie halt und bauen ihre mit bunten Teppichen geschmückten Jurten auf. Aus dem an die Jurte gebundenen Nomadendasein entwickelte sich aber auch eine Kunst – heute eine beeindruckende Industrie -, für die Turkmenistan in der ganzen Welt berühmt werden sollte: das Teppichknüpfen.

◁ *Die Ruinen von Nisa; im Hintergrund Gebirgszug des Kopet-Dagh*

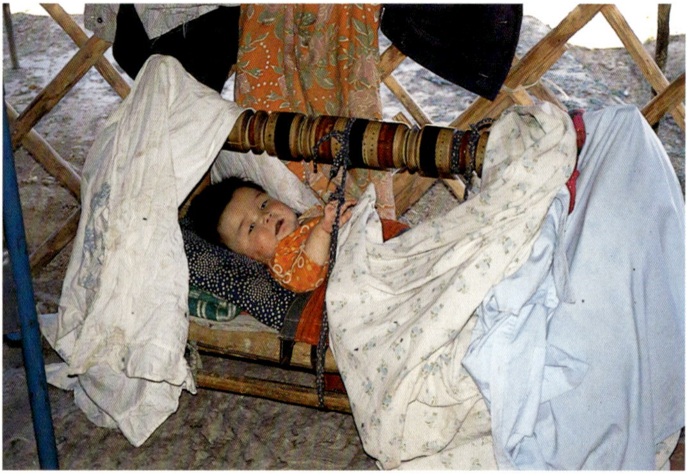

Noch heute ist das Leben der Viehzüchter in der Karakum sehr traditionell und hat die Jurte als Mittelpunkt: Kinderwiege

Trotz seiner unendlichen Wüstenflächen gehört Turkmenistan auch zu den subtropischen Ländern, wachsen doch in den Schluchten des Kopet-Dagh Granatäpfel, Mandeln, Oliven und Feigen, und sogar Dattelpalmen, eingeführt aus Arabien, beginnen sich hier zu akklimatisieren. – An Bodenschätzen gibt es vornehmlich Erdöl und Erdgas – Basis für die mehr und mehr expandierende Industrie des Landes. So verdanken auch elf der 15 turkmenischen Städte ihre Existenz gerade der fortschreitenden Industrialisierung. Turkmenistan arbeitet, ebenso wie seine Nachbarn, an einer stabilen Zukunft und betrachtet die Entwicklung der Wirtschaft – auch in Kooperation mit ausländischen Unternehmen – als das derzeit wichtigste Problem. Aufgrund seiner immensen Vorräte an Öl und Gas erwartet Turkmenistan schon für die nahe Zukunft ein kontinuierliches Wirtschaftswachstum. Nicht weniger wichtig ist deshalb aber auch der Bau neuer, hinreichend sicherer Öl- und Gaspipelines.

Mit Annahme einer neuen Verfassung im Mai 1992 wurde Turkmenistan eine unabhängige Republik, eine Präsidialrepublik mit einem Parlament *(halk medschlisi)* und einem unter dem Vorsitz des Präsidenten stehenden Ministerkabinett. Das höchste Gremium ist jedoch der Volksrat *(halk maslahati)*, dem Mitglieder der Exekutive und Legislative angehören. Gegliedert ist Turkmenistan in fünf Verwaltungsbezirke *(wilajete)*: Achal (Gebietshauptstadt Aschgabat); Balkan (Balkanabat); Daschhawus (Daschhawus); Lebar (Turkmenabat); Mary (Mary).

Auch hier in Turkmenistan, dem »Land der tausend Städte«, wie V. M. Masson das antike Zentralasien nennt, finden sich noch viele Spuren, die an die Blütezeit der Großen Seidenstraße erinnern, als Merw einer der wichtigsten Warenumschlagplätze in Zentralasien war. Von Baktra, dem heutigen Balch, in Afghanistan kommend, teilte sich hier die Südroute der Seidenstraße und führte über Samarkand und Ferghana nach Kaschgar bzw. über Hamadan und Palmyra zur östlichen Mittelmeerküste.

Die wichtigsten Sehenswürdigkeiten von Turkmenistan verteilen sich über drei Zentren, die in der Regel jeweils eine **Reise** für sich darstellen: Aschgabat mit Nisa und Anau, Merw und im Norden Kohne Urgentsch. Während Merw und das Wüstenreservat Repetek auf dem Wege Aschgabat – Buchara – Samarkand – Taschkent liegen, ist Kohne Urgentsch am einfachsten von Daschhawus aus zu erreichen.

Altin Tepe

Altin Tepe, etwa auf halbem Wege zwischen Aschgabat und Merw, heute ein Ruinenfeld auf einem 22 m hohen Hügel, hatte als Siedlung im 5. Jahrtausend v. Chr. eine Ausdehnung von etwa 46 ha. Die Ausgrabungen von Altin Tepe, zu deutsch goldener Hügel, zeigen deutlich die Entwicklung einer sesshaften, Ackerbau und Viehzucht treibenden Gesellschaft zu einer städtischen Zivilisation altorientalischer Prägung, die in der Lage war, Erfahrungen und Leistungen auch benachbarter Kulturen (Mesopotamien) aufzunehmen und weiterzugeben. Die wichtigsten Zeugnisse von Altin Tepe stammen jedoch aus der Zeit um 2000 v. Chr. Sie dokumentieren, dass dieses Gebiet durch eine intensive Bewässerung über ein relativ weit verzweigtes Kanalsystem eine beachtenswerte Vegetation aufzuweisen hatte: Sträucher und Bäume – wie Ahorn, Pappel und Esche – sowie ausgedehnte Felder, auf denen vor allem Gerste angebaut wurde. Wichtigstes Transportmittel war das Kamel, das aber auch als Zugtier vor schwere vierrädrige Wagen gespannt wurde.

Die Stadt war, gemäß den unterschiedlichen sozialen Schichten der Handwerker, wohlhabenden Bürger und Adligen, in verschiedene Viertel mit ausgeprägtem Wohlstandsgefälle unterteilt und wies auch einen besonderen Kultplatz auf. Im **Handwerkerviertel** standen zahlreiche, zum Teil schon zweietagige Töpferöfen, wo bei Temperaturen bis 1200 °C jährlich einige tausend Schüsseln, Teller etc. in Serie gebrannt werden konnten. Daneben gab es augenscheinlich auch einige Gießereien und Schmieden, in denen Siegel, Schmuck und Waffen angefertigt wurden.

Der **Kultbereich** bot wie das Adelsviertel ein Bild ausgeprägten Wohlstandes. Das zentrale Gebäude bildete ein 12 m hoher Vierstufenturm, an den sich das ›Haus des Opferpriesters‹, Höfe mit Herdstellen für Brandopfer sowie Begräbnisstätten – die Gruft für die Priesterschaft – anschlossen. Von den hier gefundenen Kultgegenständen verdienen eine mit Metallplättchen verzierte Steinplakette mit der Darstellung eines Kreuzes und eines Halbmondes sowie der goldene Kopf eines Stieres besondere Beachtung, lassen sie doch die Vermutung zu, dass auch der Tempel von Altin Tepe der Mondgöttin geweiht war – eine interessante Parallele zu den Gottheiten in Mesopotamien, Ägypten oder auch Griechenland. Aber auch die zahlreichen Terrakottafigürchen – eine sitzende Frau als Abbild der Gottheit und Beschützerin der Fruchtbarkeit –, die hier weite Verbreitung gefunden hatten, bestätigen den Einfluss benachbarter Kulturen. Noch ungeklärt sind die auf den Figuren eingeritzten Zeichen, doch V. M. Masson hält es nicht für ausgeschlossen, dass die sich wiederholenden Zeichen auf das Vorhandensein eines Schriftsystems in Altin Tepe hindeuten.

Warum dieses wohlhabende und augenscheinlich auch funktionierende Gemeinwesen im 18.–17. Jh. v. Chr. auseinandergebrochen ist, konnte bis heute nicht geklärt werden. Es wäre aber denkbar, dass es innere soziale und wirtschaftliche Schwierigkeiten waren, die das Volk dem Untergang preisgaben.

Anau

Anau ☆
Ruinen der Timuridenzeit; das Grab des Dschamaleddin ist Pilgerstätte

Anau (28 000 Ew.) liegt 15 km südöstlich von Aschgabat nahe der Transkaspischen Eisenbahn im Vorgebirge des Kopet-Dagh. Die seit Anfang des 20. Jahrhunderts durchgeführten Untersuchungen haben den Nachweis erbracht, dass das Gebiet von Anau bereits im 4. Jahrtausend v. Chr. besiedelt war. Zur Zeit der Timuriden präsentierte sich Anau als größere Stadt mit eigener Zitadelle und zeichnete sich durch hervorragende Bauwerke und technisch interessante Einrichtungen aus. So war hier z. B. bereits im Jahr 1456 ein etwa 200 m³ fassendes **Wasserreservoir** angelegt worden, ein unterirdischer, überkuppelter, aus Ziegeln gemauerter Behälter (Innendurchmesser 6,5 m), dessen Gewölbe noch heute zu besichtigen ist.

Ein für die spättimuridische Zeit ungewöhnlicher Kultbau, eine sogenannte Festungsmoschee, war die unter Abdulkasim Babur (1446–57 Herrscher von Chorasan) in den Jahren 1455/56 errichtete zweigeschossige **Kuppelmoschee**, die angeblich Scheich Dschamal-

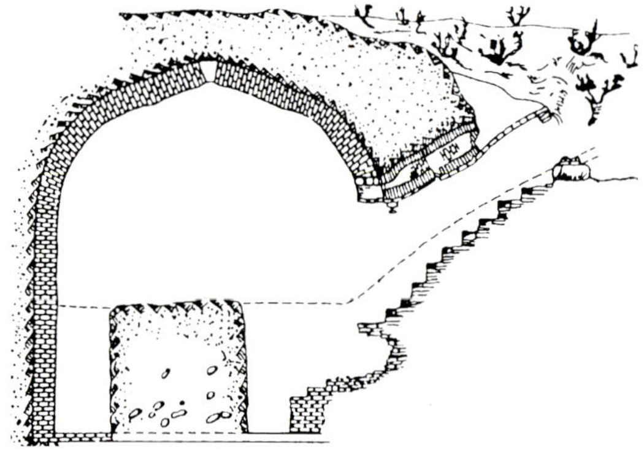

Der Wasserspeicher von Anau wurde 1456 gebaut; er fasst etwa 200 m³ Wasser

Portal der Moschee von Anau

eddin geweiht war. Im Jahr 1948 fiel dieses monumentale Baudenkmal einem Erdbeben zum Opfer. Seine Hauptfassade bildete ein 21 m hoher Pischtak, den zwei schlanke Minarette krönten. Besonders auffallend war der Dekor in den Tympana über dem Portal: zwei schwarzweiß stilisierte Drachen auf blauem Grund, darüber in einem rechteckigen Feld eine Koran-Inschrift in Naskhi, weiße Buchstaben auf blauem Untergrund. Die Drachen sind verschwunden, aber in der Legende, die sie als Stifter der Anlage ausweist,

Ruinen der Festungsmoschee von Anau

leben sie fort. Hinter dem Portal befand sich ein quadratischer Saal (10,5 m Seitenlänge), der mit einer flachen Kuppel überdacht und von einer dreiteiligen Säulenhalle umgeben war.

Zu dieser Anlage gehörten auch ein **Mausoleum** und ein **Chanaka**, die ebenfalls zerstört wurden. Jedoch kommen, wie schon vor Hunderten von Jahren, immer wieder gläubige Pilger zum Grab von Dschamaleddin. Betend umschreiten sie es dreimal, dann legen sie ihre Opfergaben nieder und binden nach Urväter Sitte, im Vertrauen, dass ihre Gebete erhört werden, einen Stoffetzen am Eingang zum Mausoleum fest.

Aschgabat (Ashgabat)

Besonders sehenswert:
Das Teppichmuseum
Die anderen Museen
Die Parkanlagen und Denkmäler
Das Theater
Die ›Neustadt‹

Aschgabat (823 000 Ew.), Hauptstadt der unabhängigen Republik Turkmenistan, liegt in einer Höhe von etwa 250 m ü. M. am Fuß des Kopet Dagh, 40 km nördlich der iranischen Grenze in einer von Gebirgsflüssen bewässerten Oase, etwa 10 km vom Turkmenbaschi-Kanal entfernt. Die Stadt, die jeden Sommer unter extremen Temperaturen um 45 °C leidet, ist das wichtigste Wissenschafts- und Kulturzentrum der Republik und ein bedeutender Verkehrsknotenpunkt an der Transkaspischen Eisenbahn mit Zugverbindungen Moskau – Aschgabat (3405 km) und Taschkent – Aschgabat (1309 km).

Geschichte: 1881 errichteten russische Truppen neben einem Dorf, das den Namen Askabad (arab. Stadt der Liebe) trug, eine Festung als Vorposten im äußersten Süden des Zarenreiches. Nachdem sich Buchara und Chiwa bereits 1868 bzw. 1873 der Oberhoheit Russlands unterstellt hatten, gehörte nun auch das Territorium von Turkmenistan zum Transkaspischen Bezirk. Nach Fertigstellung der Eisenbahnlinie vom Kaspischen Meer nach Askabad 1885 konnte 1899 die gesamte Strecke der Transkaspischen Eisenbahn Krasnowodsk (heute Turkmenbaschi) – Taschkent in Betrieb genommen werden. Bereits 1917 wurde Turkmenistan sowjetisch, 1921 erhielt die Stadt den Namen Poltoratsk (zu Ehren eines 1918 in Merw erschossenen Sowjetkommissars). Unter dem Namen Aschchabad wurde der Ort 1924 Hauptstadt der Turkmenischen SSR. Am 6. 10. 1948 zerstörte ein Erdbeben der Stärke 9 auf der Richter-Skala weite Gebiete der Stadt, die in den folgenden Jahrzehnten nach einem modernen Bebauungsplan wieder aufgebaut wurde. Seit Anfang der 90er-Jahre trägt die Stadt den Namen Aschgabat.

Teppichknüpferin in Aschgabat

Was **Wirtschaft und Handel** betrifft, so gewinnen neben den traditionellen Schwerpunkten Baumwolle und Viehzucht sowie einer breit gefächerten Leichtindustrie (Teppich-, Textil-, Bekleidungs-, Schuh-, Nahrungsmittel-, Getränke-, Filmindustrie u. a.) die auf Erdöl und Erdgas basierende Großindustrie sowie Maschinenbau und Elektrotechnik auch hier mehr und mehr an Bedeutung.

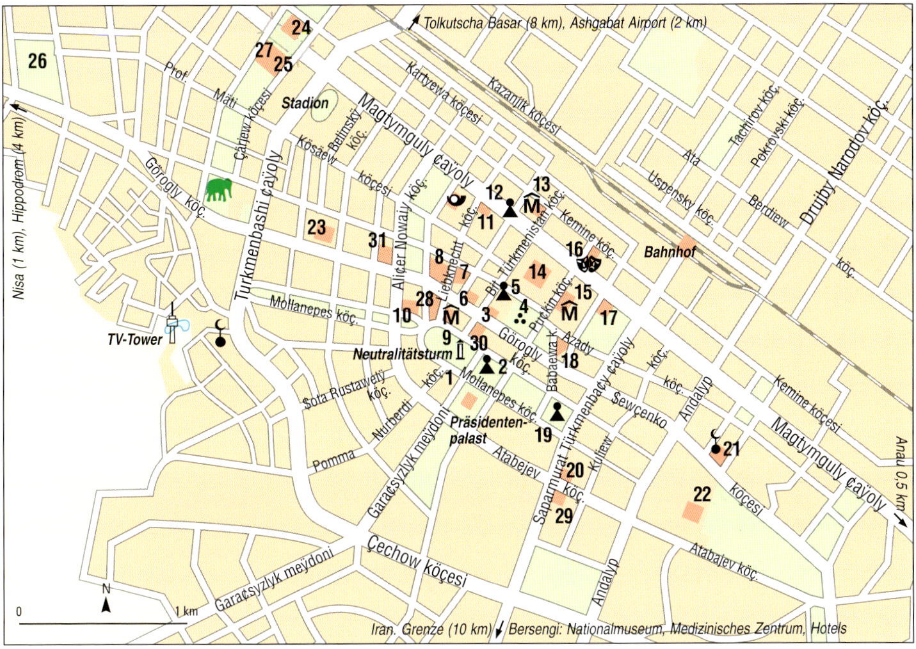

Aschgabat 1 Regierungsviertel 2 Denkmal für die Erdbebenopfer 3 Neues Nationaltheater 4 Archäologische Ausgrabungen 5 Leninstatue 6 Ausstellung des Verbandes der Künstler Turkmenistans 7 Merkesi-Basar 8 Magtymguli Opern- und Ballett-Theater 9 Teppichmuseum 10 Russisches Dramentheater 11 Teppichfabrik 12 Denkmal für Magtymguli 13 Museum für bildende Künste 14 Akademie der Wissenschaften 15 Museum für angewandte Kunst 16 Mollanepes-Dramentheater 17 Philharmonie 18 Kerbabajew-Literaturmuseum 19 Gedenkstätte für die Opfer des Großen Vaterländischen Krieges 20 Universität 21 Azadi-Moschee 22 Ausstellungszentrum der IHK 23 Tikinski-Basar 24 Zirkus 25 Deutsche Botschaft 26 Botanischer Garten

Hotels: 27 Ak-Altin 28 Grand Turkmen 29 Nisa 30 Turkmenistan 31 Dayhan

Fundament der **wissenschaftlichen** Ausbildung in Aschgabat sind die vier großen Hochschulen (Technik, Medizin, Pädagogik, Landwirtschaft) und die Akademie der Wissenschaften (gegründet 1951), die hier 16 Forschungsinstitute unterhält (u.a. Physik, Geophysik, Chemie, Archäologie, Zoologie). Besondere Bedeutung für den weiteren Auf- und Ausbau der Republik wird den Arbeiten der Institute für Wüstenkunde, für erdbebensicheres Bauen sowie für Nutzung der Sonnenenergie beigemessen. Beachtenswert ist aber auch die Entwicklung im Bereich der bildenden Künste und der Literatur, deren Anfänge vermutlich bis in das 13./14. Jh. zurückreichen. Das erste bekannte turkmenische Literaturdenkmal, ›Rownak ul-islam‹, stammt jedoch erst aus dem 15. Jh.

Aschgabat – die Stadt in der Wüste

Die von vielen Erdbeben (1893, 1895, 1929, 1948) heimgesuchte Stadt gehört heute zu den modernsten in Zentralasien. Seit Anfang der 1990er-Jahre erhielt die Stadt durch zahlreiche Neubauten aus Stahlbeton und Glas, weitgehend gegen Erdbeben gesichert, ein ganz neues Gesicht. Schattige Alleen, Parklandschaften mit dichten Blumenrabatten und Springbrunnen lassen einen vergessen, wie trostlos die Umgebung von Aschgabat ist: im Süden die nahezu vegetationslosen Ausläufer des Kopet-Dagh, im Norden die Wüste Karakum.

Einen Rundgang zu den Sehenswürdigkeiten dieser relativ jungen Stadt beginnt man am besten am Aussichtsturm im neuen **Regierungsviertel** (1) von Aschgabat mit seinen – vornehmlich von französischen Architekten gebauten – Ministerien, dem Parlament und dem Palast des Turkmenbaschi. Nur wenige Schritte sind es – in nördlicher Richtung – bis zu den **archäologischen Ausgrabungen** (4) mit Funden aus der Zeit der Parther. Sehenswert sind aber auch das **Mollanepes-Dramentheater** (16), das **Magtymguli Opern- und Ballett-Theater** (8), das **Russische Dramentheater** (10) sowie die von türkischen Architekten errichtete **Azadi-Moschee** (21).

Auch der **Botanische Garten** (26) mit seiner einzigartigen Sammlung einheimischer und exotischer Pflanzen, die **Ausstellungszentren** (6, 22), die **Akademie der Wissenschaften** (14), die **Universität** (20) und verschiedene öffentliche Verwaltungsgebäude geben der Stadt ihr unverwechselbares Aussehen. Herausragende architektonische Zeugnisse einer großen Vergangenheit oder die typisch orientalischen Altstadtviertel wird man in Aschgabat vergeblich suchen.

Am Stadtrand von Aschgabat gibt es ebenfalls Sehenswürdigkeiten, die man nicht übergehen sollte. Ein Erlebnis besonderer Art ist der große **Tolkutscha-Basar,** ein riesiger, wahrhaft typisch orientalischer Markt 8 km nördlich der Stadt, wo man den Angehörigen der großen Turkmenenstämme und -sippen (Tekke, Yomud, Ersari, Saryk, Tschaudor) begegnet, die als Käufer oder Verkäufer um günstige Preise feilschen. Angeboten wird hier (fast) alles. Überwiegend sind es neben wertvollem Silberschmuck die alten kostbaren Teppiche, die das besondere Augenmerk ausländischer Besucher auf sich ziehen.

Im Hippodrom finden im Frühjahr (März/Mai) und im Herbst (Sept./Nov.) verschiedene Veranstaltungen und Vorführungen mit Achal Tekkinern statt. Darüber hinaus gibt es verschiedene (private und/oder staatliche) Einrichtungen (z. B. in Geok Tepe das Alaja Gestüt, 40 km), wo diese einmaligen Pferde gezüchtet werden. Es besteht sogar die Möglichkeit, selbst zu reiten.

Interessant ist auch der Besuch des **Staatlichen Gestüts** (Hippodrom), wo Achal-Tekkiner – die älteste Pferderasse der Welt – gezüchtet werden. Es sind hervorragende Zuchtpferde von unverwechselbarer Schönheit und Schnelligkeit sowie Treue und Genügsamkeit. Nach Voranmeldung kann man das Gestüt besichtigen, um dieses einzigartige, »schützenswerte Naturerbe Turkmenistans« kennenzulernen.

Ein ›Muss‹ ist natürlich das **Teppichmuseum** (9) im Stadtzentrum, das den echten Orientteppichen, den weltbekannten Erzeugnissen der fünf turkmenischen Hauptstämme, gewidmet ist. Die Grundfarbe aller turkmenischen Teppiche ist ein warmes Dunkelrot, von dem sich die für die einzelnen Stämme charakteristischen Ornamente in bis zu sechs oder sieben verschiedenen Farben abheben: strenge geometrische Fi-

Teppichmarkt auf dem Tolkutscha-Basar

guren und verschlungene Arabesken und/oder stilisierte Pflanzenmotive. Hier kann man in aller Ruhe die Hauptornamente im Innenfeld turkmenischer Teppiche studieren – die Göls, die ›Rose der Saloren‹ oder das ›Buchara-Muster‹. Bald sind es flauschige dicke, dann wieder glatte, verhältnismäßig dünne Teppiche, wobei die untere Grenze bei 1500 Knoten/dm^2 liegen dürfte. Auch der seinerzeit größte Teppich der Welt (865 kg, 193,5 m^2), der von turkmenischen Frauen in den 1940er-Jahren für das Bolschoi-Theater in Moskau geknüpft wurde, ist hier zu bewundern. Um auch den ›Präsidententeppich‹ (1105 kg, 14 × 21 m) ausstellen zu können, wurde unmittelbar neben dem Museum ein zusätzlicher Seitentrakt errichtet. Empfehlenswert ist auch der Besuch der kleinen **Teppichfabrik** (11).

Das 1939 eröffnete **Museum für bildende Künste** (13) zeigt mehr als 6000 Gemälde, Plastiken und Graphiken: Werke altrussischer Meister aus dem 18. und 19. Jh. und neuzeitliche turkmenische Malerei. Unbedingt sehenswert ist auch die äußerst wertvolle Teppichsammlung des Museums. Die Exponate im **Kerbabajew-Literaturmuseum** (18) sind dem Literaturschaffen der großen orientalischen Dichter und Schriftsteller gewidmet: Magtymguli (†1782), Taschnasao, Kerbabajew, Kurbannepsow, Achirow u.v.a.

Das **Nationalmuseum von Turkmenistan** befindet sich im südlichen Neubaugebiet Bersengi und wurde im Oktober 1998 eröffnet. Es ist ein imponierender, großzügig gestalteter Komplex (30 000 m^2), in dem auf mehreren Etagen die Geschichte Turkmenistans besichtigt werden kann. 200 000 Jahre alte Steinwerkzeuge, Funde aus Altin Tepe, Amam Kutan, Merw, Nisa, Kohne Urgentsch u.a. vermitteln einen hervorragenden Einblick in das Wachsen und Werden einer von vielen Völkern, Ethnien und Religionen geprägten Kultur. Besondere Aufmerksamkeit verdienen neben verschiedenen Gerätschaften aus

Edelmetall und Elfenbein 17 Trinkhörner *(rhyta)* aus der ehemaligen Schatzkammer von Nisa (2. Jh. v. Chr.).

Daschhawus (Dashoguz)

Die 600 km nordöstlich von Aschgabat gelegene Stadt im Norden der Wüste Karakum, an der Bahnlinie: Aschgabat – Turkmenabat – Kungrat – Atyrau (Kasachstan) – Wolgograd (Russland) – Moskau, wurde 1861 gegründet und gehörte zum Khanat Chiwa. 1920 wurde sie sowjetisch und hieß bis Anfang der 90er-Jahre Taschaus. Tore, die nach allen Himmelsrichtungen ausgerichtet sind, umgeben die in mehrere Bezirke eingeteilte Stadt (205 000 Ew.), die heutzutage wieder ihre eigenen Moscheen haben.

Kohne Urgentsch (Konye Urgench)

Kohne Urgentsch ☆
Besonders sehenswert:
Die Grabmoschee der Sufi-Dynastie
Das Minarett Kutlug Timur
Die Mausoleen von Sultan Tekesch, Fachreddin Rasi, Nadschmeddin Kubra und Sultan Ali

Die Stadt Kohne Urgentsch (32 000 Ew.), die früher Gurgandsch hieß, liegt im Norden von Turkmenistan, etwa 50 km südwestlich von Nukus und 100 km nordwestlich von Daschhawus.

Bereits im 1. Jh. n. Chr. zählte die Stadt zu den bedeutenden Handelszentren. Über mehrere Jahrhunderte war Gurgandsch – neben Kath (heute Biruni) – Hauptstadt von Choresm, wo ein Emir über den Norden des Landes regierte. Nach der Eroberung durch die Araber im Jahr 712 konnte die Stadt ihre Vormachtstellung weiter ausbauen, und 995 machte Emir Mahmum Gurgandsch zur Hauptstadt von ganz Choresm.

Innerhalb weniger Jahre entstanden hier die prächtigsten Paläste, Karawansereien, Moscheen und Mausoleen; berühmte Gelehrte wie Al Biruni und Avicenna wirkten am Hof des Emirs. 1221 jedoch eroberte Dschingis Khan die Stadt und ließ die Bevölkerung umbringen oder verschleppen. Jahre später besiedelten wieder Handwerker und Händler sowie Reste der nach Norden abgezogenen Mongolenheere das Land und die Stadt, die nun Kohne Urgentsch hieß. Bereits in der zweiten Hälfte des 14. Jh. war sie erneut Hauptstadt und stieg unter der Sufi-Dynastie zu einem Zentrum der Macht auf. Zu jener Zeit besuchte Ibn Battuta, der große arabische Reisende, die Stadt und hielt sie mit ihren breiten Straßen, den prächtigen Basaren und zahlreichen Gebäuden für die größte unter den Türkenstädten. »Einmal«, so schreibt er, »kam ich auf den Markt und näherte mich dem Zentrum … ich konnte mich weder vorwärts noch rückwärts bewegen.« Nur wenige Jahre später war Kohne Urgentsch ausgelöscht: 1379 belagerte Timur die Stadt. Neun Jahre später machte er sie dem Erdboden gleich und befahl, an der Stelle Gerste auszusäen.

Nach Jahrhunderten der Bedeutungslosigkeit wurde Kohne Urgentsch im 19. Jh. neugegründet. Von den einst zahlreichen Palästen, Moscheen und Mausoleen sind es heute nur wenige, über ein weites Areal verstreute Baudenkmäler, die noch etwas von der Pracht und dem Reichtum vergangener Dynastien erahnen lassen.

Besichtigung

Zu den schönsten Mausoleen von Kohne Urgentsch zählt die **Grabmoschee der Sufi-Dynastie**, die ein Statthalter von Usbek Khan in den Jahren 1320–30 nach türkischem Brauch für seine Lieblingsfrau Turabek Hanim erbauen und aufs Prächtigste ausschmücken ließ. Beherrscht wird der Bau von einem 21 m hohen und 14 m breiten Portal, an das sich ein mit einem Stalaktitengewölbe verzierter Vorraum anschließt. Dahinter erhebt sich das eigentliche Hauptgebäude. Sein steil aufragendes Kegeldach war einst mit blauen Fliesen verkleidet. Durch Bogen, die abwechselnd mit Stalaktiten und Fliesenmosaiken geschmückt sind, wird der sechseckig angelegte Raum in ein 24seitiges Vieleck aufgefächert, über das sich eine mit einem Netzmuster kunstvoll dekorierte, 20 m hohe Innenkuppel erhebt, die – gleichsam als Symbol des ewigen Paradieses – an einen Sternenhimmel erinnert. Das eigentliche Grabmal jedoch ist fast vollständig zerstört und durch einen kleinen überkuppelten Raum ersetzt worden. Die an und in der Moschee so meisterhaft ausgeführten Arbeiten lassen vermuten, dass ihre Schöpfer im Zuge des Leiturgie-Systems von Timur nach Schahr-e Sabs und Samarkand verschleppt wurden, um dort in dem neuen Zentrum der Macht, Kunst und Wissenschaft noch gewagtere Konstruktionen zu errichten und noch schönere und feinere Ornamente zu komponieren.

Kohne Urgentsch – Welterbe seit 2005

Die Grabmoschee der Sufi-Dynastie, Schnitt

Das Mausoleum des Sultans Tekesch, im Hintergrund das Minarett Kutlug Timur

Zwischen dem Mausoleum der Sufi-Dynastie und dem des Sultans Tekesch steht das **Minarett Kutlug Timur**, das mit 62 m höchste Minarett Zentralasiens, das während der Regierungszeit des Emirs Kutlug Timur (1321–36) im Jahr 1326 errichtet wurde. Geschmückt ist es mit geschliffenen Backsteinen, die, gegeneinander versetzt, komplizierte Muster bilden. Über 143 Stufen gelangt man zur Spitze des Minaretts, dessen oberster Teil augenscheinlich früher einmal mit einer Laterne – ähnlich wie in Buchara – abgeschlossen war, heute jedoch wie abgebrochen wirkt.

Von den zahlreichen Bauwerken aus vormongolischer Zeit haben erstaunlicherweise zwei die Stürme der Geschichte relativ gut überdauert. Sie wurden vermutlich um die Wende des 12. zum 13. Jh. errichtet: das **Mausoleum des Sultans Tekesch** (1193–1200) sowie ein Grabbau, der (irrtümlich?) dem Gelehrten Fachreddin Rasi zugeschrieben wird. Das für Sultan Tekesch errichtete Mausoleum ist ein durch 24 Nischen gegliederter Rundbau, den eine mit türkisblauen Kacheln verkleidete kegelförmige Kuppel abschließt. Diese konische Kuppel erhebt sich über einer von außen nicht sichtbaren Trompenkuppel auf quadratischem Unterbau. Die äußere Fassade des Mausoleums wird durch ein Portal betont, dessen Bogen gemauerte Stalaktiten verzieren. Bei der Konstruktion der Doppelschalen-Kuppel handelt es sich um ein Verfahren, das etwa 200 Jahre später auch von den timuridischen Baumeistern wiederholt angewendet werden sollte.

Etwa 500 m südöstlich vom Mausoleum Sultan Tekesch befindet sich das mit einer zwölfseitigen Kuppel – einem spitz zulaufenden Zeltdach über einer flachen Innenkuppel – geschmückte **Mausoleum des Fachreddin Rasi** aus der Wende vom 12. zum 13. Jh. Die zum Teil noch erhaltene, dreifach gegliederte Fassade ist nahezu flächendeckend mit geschnitzter Terrakotta verziert. Mit 7 × 7 m ist es eine verhältnismäßig kleine Grabkammer, die aber – wie man vermutet – nicht für Fachreddin, der nur kurze Zeit als Religionswissenschaftler in Gurgandsch gelebt hat und 1208 in Herat gestorben ist, angelegt wurde, sondern für Tekeschs Vater, den Choresm-Schah Il-Arslan (1156–72). Ebenso wie das Mausoleum des Sultans Tekesch beweist auch dieser Bau, dass bereits in vormongolischer Zeit Kunst und Kultur in Kohne Urgentsch ein ganz beachtliches Niveau erreicht hatten.

Mausoleum Fachreddin Rasi, Schnitt

Zu den bedeutenden Baudenkmälern der nachmongolischen Epoche gehört die Gruppe der **Mausoleen des Predigers Nadschmeddin Kubra**, erbaut in den Jahren 1321–33, und des **Sultans Ali** (1340–42), das vermutlich erst im 15. oder 16. Jh. errichtet wurde. Der Weg zur Grabstätte des Predigers, einem Raum von 9 × 9 m, führt durch ein hohes, mit blauen, grünen und weißen Kacheln geschmücktes Portal und einen Vorraum mit zwei 6 × 6 m großen überkuppelten Nebenräumen. Das eigentliche Grabmal, ein mit Majolika verzierter Kenotaph, befindet sich im Hauptraum. Das Mausoleum des Sultans, ein schmuckloses, mit einer Kuppel überdachtes Backsteingebäude, steht dem des Predigers – entsprechend dem Kosch-Prinzip – gegenüber und ist ebenfalls in einem verhältnismäßig guten Zustand erhalten geblieben.

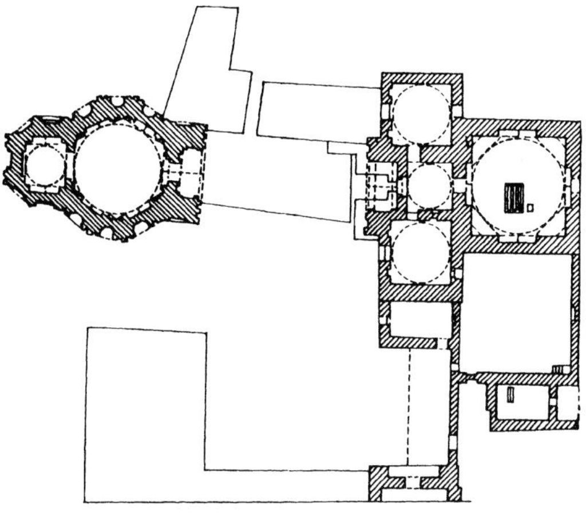

Mausoleen für Nadschmeddin Kubra (rechts) und Sultan Ali, Grundriss

Merw (Merv)

Merw ☆☆
Besonders sehenswert:
Erk Kale
Giaur Kale
Das Mausoleum Sultan Sandschar
Das Mausoleum Muhammad ibn Said
Kis Kale
Sultan Kale/Ark
Die Grabmoschee des Jusuf Hamadani
Museum der Stadt Mary

30 km östlich von Mary (115 000 Ew.), einer modernen Stadt am Fluss Murgab in einer Oase der Karakum, an der Bahnlinie Aschgabat-Buchara, 363 Bahnkilometer südwestlich von Buchara, liegt eine der ältesten und bekanntesten Städte Zentralasiens – Merw, einst neben Baktra ein wichtiger Warenumschlagplatz an der Großen Seidenstraße. Die Ruinen von Merw wurden hauptsächlich um die Mitte des 20. Jahrhunderts ergraben und bilden ohne Zweifel wichtige Zeugnisse einer Entwicklung, die für die Kunst des Islam von herausragender Bedeutung war.

Während sich durch Grabungen Siedlungen bis in das 6. Jh. v. Chr. zurückverfolgen lassen, gibt es die ersten schriftlichen Zeugnisse über Merw – unter den Achämeniden als Margiane bekannt – erst aus dem 4./3. Jh. v. Chr. In der Zeit vom 2. Jh. v. Chr. bis in das 3. Jh. n. Chr. gehörte die von einer Mauer umgebene Stadt zum Partherreich und stand im 4. Jh. unter der Herrschaft der Sassaniden. 651 eroberten die Araber die Stadt, die im 7. Jh. wegen Schwierigkeiten in der Wasserversorgung mehr und mehr nach Westen verlegt wurde. Im 11./12. Jh. war Merw die Hauptstadt des Seldschukenreichs und neben Bagdad die größte Stadt des Islam. Die durch Kanäle bewässerte Stadt erlebte einen wirtschaftlichen Aufschwung (Baumwolle, Seide), und umfasste nach dem Zusammenwachsen mit mehreren Orten der Umgebung, die aus verschiedenen historisch bedeutsamen Epochen stammten, ein Gebiet von über 120 km^2. Als ›Perle des Ostens‹ war Merw das wichtigste Kulturzentrum westlich des Oxus. 1221 wurde die Stadt von den Mongolen erobert und zerstört. In den Jahren von 1510–24 sowie von 1601–1742 stand Merw unter persischer Verwaltung. Die aufgrund wiederholter Invasionen mehrfach zerstörte und wiederaufgebaute Stadt verlor Mitte des 18. Jh. ihre Vormachtstellung und war als Stadt nicht mehr lebensfähig, da die Provinz Chorasan, zu der Merw – politisch gesehen – über Jahrhunderte gehört hatte, zwischen Persien und Afghanistan aufgeteilt wurde. Nach der Zerstörung des Murgab-Staudamms durch den Emir von Buchara im Jahr 1795 verlor die Stadt immer weiter an Bedeutung und wurde schließlich 1884 russisch. Von 1925 bis zum Zerfall der Sowjetunion gehörte Merw zur Turkmenischen SSR.

Besichtigung

Merw – Welterbe seit 1999

Wegen der Größe des Ruinenfeldes, das 120 km^2 umfasst, ist es ratsam, einen Bus oder PKW zu benutzen, damit man wenigstens einige der teilweise gut erhaltenen bzw. restaurierten Baudenkmäler aufsuchen kann. Wenn man die Besichtigung im ältesten Teil von Merw, in Erk Kale und Giaur Kale beginnt, wird die Geschichte der alten Metropole in ihrer organischen Entwicklung erfahrbar.

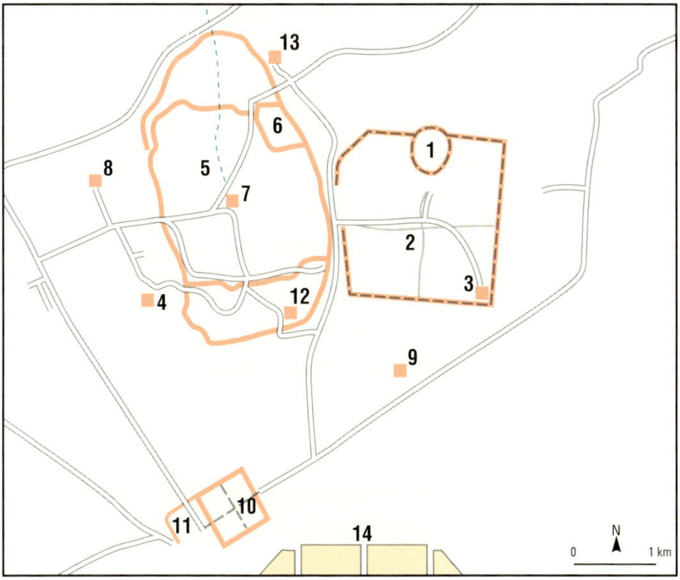

Merw
1 Erk Kale
2 Giaur Kale
3 Buddhistisches Kloster
4 Kis Kale
5 Sultan Kale
6 Ark
7 Mausoleum Sultan Sandschar
8 Mausoleum Muhammad ibn Said
9 Schneereservoire
10 Abdullah Khan Kale
11 Bairam Ali Khan Kale
12 Iwane der Timuriden
13 Grabmoschee Jusuf Hamadani
14 Stadt Bairam Ali

Lange bevor Alexander in das Gebiet der Margiane eindrang und vermutlich nördlich von Erk Kale ein befestigtes Heerlager – Iskander Kale – errichtete, war im Flusstal des Murgab eine neue Hauptstadt – gleichsam in der Nachfolge von Jas Tepe – entstanden: **Erk Kale** (1). Es handelt sich um eine 12 ha große, mit einer Mauer umgebene Wohnsiedlung des 6./4. Jh. v. Chr., in deren Zentrum sich ein etwa 1 ha großer Hügel befand: die Akropolis, die Residenz des damaligen Statthalters, eine Burg mit einer 16 m hohen und an der Basis 20 m breiten Festungsmauer. Das rasche Aufblühen der Oasenstadt machte sehr bald ihre Ausdehnung über die bestehenden Mauern hinweg erforderlich, und Erk Kale wurde Teil – nämlich Zitadelle – einer neuen Stadt: von Giaur Kale.

Die Gründung der »ältesten wirklichen Stadt von Merw« wird Antiochos, dem Sohn des Sekeukos, zugeschrieben. **Giaur Kale** (2), die ›Stadt der Ungläubigen‹, das Merw der Sassanidenzeit und der ersten Jahrhunderte des Islam, über viele Jahrhunderte auch als Antiocheia Margiane weltbekannt, entstand im 3. Jh. v. Chr. als quadratisch angelegte Wohnstadt (Seitenlänge etwa 2 km) mit vier Stadttoren innerhalb einer mächtigen, aus Stampflehmblöcken aufgebauten Schutzmauer, deren Breite auch heute noch mehr als 20 m beträgt. Zur Verteidigung der Stadt hatte man zusätzlich ein aus mehreren Mauerringen bestehendes Verteidigungssystem angelegt. Ausgrabungen und Funde (u. a. Keramik, Münzen, aber auch 80 cm große Hochöfen zur Stahlerzeugung) bestätigen immer wieder, dass Merw schon in der Antike ein weit über die Grenzen der Margiane bekann-

tes Handwerker- und Handelszentrum gewesen sein muss, wo neben Waren natürlich auch Informationen ›umgeschlagen‹ wurden, die die Karawanen über die Große Seidenstraße ›transportierten‹.

Ein aus dem 2. Jh. stammendes, etwa 140 m^2 großes **buddhistisches Kloster** (3), das noch im 8. Jh. von Mönchen bewohnt wurde, konnte in der Südostecke von Gjaur Kale freigelegt werden. Besondere Erwähnung verdienen die hier gemachten Funde: Ein über 7 m

hoher roter Stupa, der Kopf einer gewaltigen Buddha-Statue, reich verzierte Bodhisattvas, Fragmente von großen Tonfiguren sowie zahlreiche mit Namen beschriftete Ostraka und schließlich die berühmte ›Merw Vase‹ – heute im Nationalmuseum von Aschgabat.

Im Westen, in der ehemaligen Vorstadt, erheben sich unweit eines alten, aber auch heute noch genutzten Kanals, die beiden mächtigen Ruinen **Kis Kale** (4): die große Kis Kale (42 x 37 m) und weiter süd-

Dort, wo einst die Stadt die Festung umgab, grasen heute Kamele

Im Westen des alten Merw liegt die Ruine Kis Kale, die Jungfrauenfestung

lich die schon stark erodierte kleine Kis-Kale (22 x 22 m). Es handelt sich hier um festungsähnliche Anlagen, vermutlich Schlösser, die aufgrund neuer Forschungsergebnisse bereits im 6. Jh. errichtet worden sein sollen. Wuchtige, mit Halbsäulen geschmückte, fensterlose Mauern ragen noch heute bis zu einer Höhe von 15 m auf und vermitteln einen interessanten Eindruck von Macht und Wohlstand der einstigen Hauptstadt. Der Eingang zum Schloss führte augenscheinlich über eine Rampe unmittelbar in das zweite Stockwerk. Das Erdgeschoss jedoch war nur über eine innerhalb der Festung verlaufende Treppe zu erreichen. Auch wenn das Innere des Gebäudes, in denen es eine Vielzahl von Wohn- und Lagerräumen gegeben haben muss, weitgehend zerstört und verschüttet ist, gewinnt man doch einen guten Einblick in die Baukunst der einst hier residierenden Machthaber.

Nach der arabischen Eroberung hatten die Invasoren von Giaur Kale Besitz ergriffen und eigene Residenzen sowie eine Freitagsmoschee errichtet. Im Lauf des 8. Jh. jedoch begann sich der Siedlungsraum mehr und mehr nach Westen zu verschieben, bis schließlich unter Abu Muslim die Vorstadt **Sultan Kale** (5) die Funktion der alten Hauptstadt übernahm, mit der Folge, dass sich Giaur Kale sukzessiv entvölkerte und verfiel. Sultan Kale jedoch entwickelte sich in nördlicher und südlicher Richtung weiter und hatte Ende des 11. Jh. das typische Aussehen einer islamisch-orientalischen Stadt mit Scharestan, Ark, Moscheen, überkuppelten Basaren und einem *haus* im Zentrum der Wohnstadt. In der zweiten Hälfte des 12. Jh. schließlich avancierte Merw zur Metropole des Seldschukenreichs, als Sultan Sandschar seinen Regierungssitz von Isfahan in die Oase am Murgab verlegt hatte. Ihr jähes Ende fand die aufstrebende Stadt, die nach Bagdad die größte des Orients gewesen sein soll, als sie 1221 von den Mongolen ausgelöscht wurde.

Durch hohe und breite Mauern vom Scharestan, der Wohnstadt, getrennt, bildet der **Ark** (6), die Zitadelle aus dem 11. Jh., gleichsam eine Stadt in der Stadt. Hier befanden sich Paläste, Kasernen und Verwaltungsgebäude. Als einer der größten Repräsentationsbauten Zentralasiens galt der Seldschukenpalast, der im 11./12. Jh. errichtet worden war: ein 45 × 39 m großes, rechteckiges Gebäude mit einem quadratischen Innenhof (Seitenlänge 16 m) – eine typische Vier-Iwan-Anlage, also eine Bauform, die über Jahrhunderte vor allem bei der Errichtung von Medresen Vorbild gewesen ist.

Besondere Beachtung verdient ein ebenfalls in der Zitadelle gelegenes großes, langgestrecktes Bauwerk, dessen Außenmauern mit eingestellten Halbsäulen geschmückt sind. Diese 22 x 4 m große Anlage soll die Funktion einer Brieftauben-Leitstelle gehabt haben. Von den berühmten Bibliotheken jedoch ist in Merw keine mehr erhalten. Jakut, Verfasser einer geographischen Enzyklopädie, der bis zum Mongoleneinfall in der Stadt weilte, spricht von neun Bibliotheken, die der Bevölkerung zur Verfügung gestanden hätten. Während der Mongoleninvasion (1221) gingen jedoch alle kostbaren Handschriften in Flammen auf, unter ihnen sicherlich auch die Werke eines Omar Chaijam († 1123), des nicht nur unter den Seldschuken bekannten Dichters und Naturwissenschaftlers.

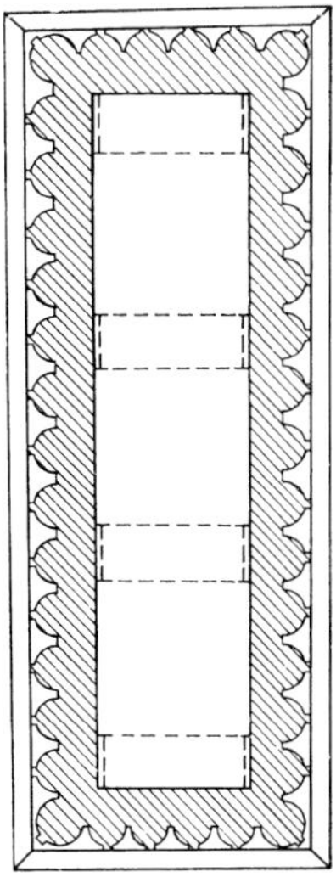

Brieftauben-Leitstelle zur Nachrichtenübermittlung innerhalb der Zitadelle

Das Mausoleum des **Sultan Sandschar** (7), der von 1117–57 regierte, entstand im Jahr 1152 und gehörte mit Sicherheit schon damals, als Merw noch die bekannte Metropole des Ostens war, zu den bedeutendsten Baudenkmälern der Stadt. Es ist ein zweigeschossig angelegtes, würfelförmiges Gebäude (Seitenlänge 27 m), über dem sich einmal eine 17 m hohe, mit blauen Kacheln verzierte Kuppel erhob. Das Mausoleum, das als klassisches Beispiel des überkuppelten Masars gilt, ist vor allem deshalb bemerkenswert, weil hier erstmals in Zentralasien eine zweischalige Kuppelkonstruktion ausgeführt worden ist, für die buddhistische Vorbilder richtungsweisend gewesen sein könnten. Getragen werden die beiden Kuppeln allein von den 5 m starken Fundamenten, denn das im Inneren sichtbare Rippenwerk dient ausschließlich der Dekoration. Der Übergang vom Quadrat des Unterbaus zum Kreis der Trommel, auf der die Kuppel ruht, erfolgt nicht – wie beim Grabmal der Sa-maniden in Buchara – über Trompen mit runden Nischen, sondern ganz elegant über einfache und gerade Wände, in die recht dekorativ ›Kleeblattfenster‹ eingesetzt sind. Der auf die Trommel ausgeübte statische Druck wird außen von einer umlaufenden Galerie aufgefangen und mit in das Grundmauerwerk abgeleitet. Allein die Arkaden sind mit Ziegelornamenten, die geometrische Muster bilden, und Lehmterrakotta geschmückt, sodass sich ein wirkungsvoller Kontrast zu den hohen unverputzten Außenmauern ergibt. Dieses Mausoleum – das letzte Beispiel seldschukischer Baukunst – gehört zu den schönsten Architekturdenkmälern der Epoche.

Im Westen von Sultan Kale, unweit einer durch das Ruinenfeld führenden Straße, liegt versteckt hinter Büschen und Bäumen ein

Das Mausoleum Muhammad ibn Said beherbergt der Legende nach einen direkten Nachfahren des Propheten Mohammed

vormongolisches Bauwerk, der Legende nach die letzte Ruhestätte eines direkten Nachfahren des Propheten Mohammed – das Mausoleum des **Muhammad ibn Said** (8), der von 1112–14 regierte. Das würfelförmige Gebäude (Seitenlänge etwa 6 m), integriert in eine größere L-förmige Anlage, darf aufgrund seines schlichten Dekors sicher zu den schönsten Kuppelmausoleen der alten Provinz Chorasan gerechnet werden. Die durch Bögen, Nischen und Felder untergliederte Fassade beeindruckt vornehmlich durch ihren monochromen Ziegelschmuck: Unterschiedlich geformte und sorgfältig geschliffene Ziegel bilden geometrische Ornamente, die in ihrer Vielfalt unbegrenzt scheinen. Aber auch das Innere des Mausoleums zeichnet sich durch einen bescheidenen Dekor aus: Ziegel sowie verputztes, mit feinen Malereien verziertes Mauerwerk. Unweit des Mausoleums befinden sich noch Reste einer mittelalterlichen **Zisterne** – eines Sardoba. Während viele der über die Wüste verteilten Brunnen oft nur wenige Liter Wasser pro Tag liefern, spenden diese künstlich angelegten Wasserreservoire – mit Steinen ausgemauerte, meist überkuppelte, tiefe Löcher – den ganzen Sommer hindurch genügend Trinkwasser. Aufgefüllt werden die Sardobas während des kurzen Winters mit Schnee oder auch mit Wasser, das man in wasserundurchlässigen Lehmkuhlen auffängt.

Als unverzichtbar müssen sich in diesem Wüstenklima aber auch die sogenannten **Schneereservoire** (9) – ›Eishäuser‹ – erwiesen haben, die von den Seldschuken ebenso wie später von den Timuriden – auch und gerade – zur ›Überwinterung‹ der für ihre Qualität berühmten Melonen genutzt wurden.

Zwei Jahrhunderte nach der Zerstörung von Merw durch Dschingis Khan blieb die Stadt unbewohnt, bis unter Schahruch (1407–47), einem Sohn Timurs, eine neue Anlage entstand: **Abdullah Khan Kale** (10), wiederum eine rechteckige Wohnsiedlung (695 × 630 m, etwa 3 km südwestlich des Zentrums von Sultan Kale), die im ausgehenden 15. Jh. durch die zweiteilige Anlage **Bairam Ali Khan Kale** (11) erweitert wurde. Aber schon 1740 lag auch diese mit einer etwa 3 m starken Mauer befestigte Stadt samt Palästen, Moscheen und Medresen in Trümmern.

Ebenfalls aus dem 15. Jh. stammen die **Iwane der Timuriden** (12), vor denen sich die Gräber von al-Hakim und Buraida al-Islami, der Askhaben – Begleiter des Propheten Mohammed – befinden. Heute bilden die Mausoleen das Zentrum einer vielbesuchten Pilgerstätte.

Nordwestlich von Giaur Kale liegt die **Grabmoschee des Jusuf Hamadani** (13) aus dem 16. Jh., eines aus dem Iran stammenden Sufi-Lehrers († 1140). Es handelt sich um einen quadratisch angelegten Grabbau (Seitenlänge 8 m) vor einer offenen Moschee mit einem 7 m hohen und 5 m tiefen Iwan und zwei symmetrisch ausgeführten Anbauten.

Bairam Ali (14) im Süden der ehemaligen Metropole Sultan Sandschars ist eine verhältnismäßig junge Stadt – gegründet 1887 als russische Siedlung, die als heilklimatischer Kurort weit über die Grenzen Turkmenistans bekannt geworden ist.

Nisa

Nisa ☆
Alte Königsstadt der Parther

Die alte Stadt Nisa, etwa 12 km westlich von Aschgabat, war einst eine königliche Residenz, bis sie Ende des 3. Jh. n. Chr. verlassen

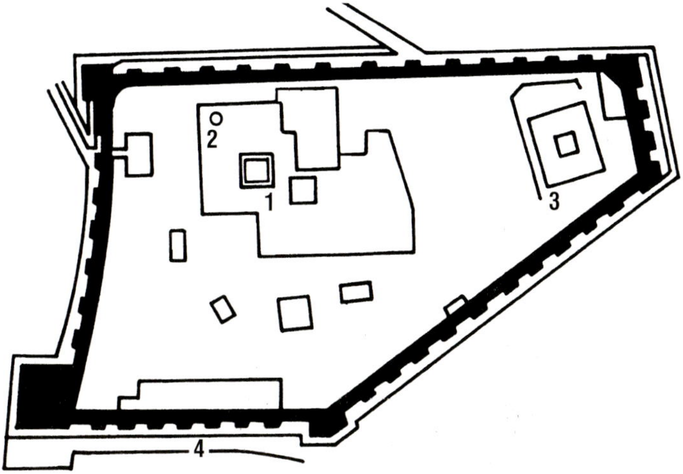

Alt Nisa, zeichnerische Rekonstruktion des Grundrisses
1 Quadratische Ruine
2 Runder Raum
3 Quadratischer Raum
4 Heutiger Eingang

wurde. Auch wenn es nur Ruinen sind, die einen Besucher von Nisa im Schatten des Kopet-Dagh-Gebirges erwarten, so ist eine Besichtigung doch in jedem Fall zu empfehlen. Besonders angenehm ist es, die einst so mächtige Königsburg, deren Silhouette nahezu 50 m hoch aufragt, am Spätnachmittag aufzusuchen, um im Licht der untergehenden Sonne durch die ehemaligen Hallen und Räume der parthischen Festung zu wandern. Einige der hier gemachten Funde – z. B. 17 Rhyta, Skulpturen – werden im historischen Museum von Aschgabat ausgestellt, wo sie ergänzend einen besonders guten Einblick in das Leben einer königlichen Residenz vor rund 2000 Jahren vermitteln.

Nisa – Welterbe seit 2007

Ursprünglich hieß die Stadt Mithridatkart. Schon durch ihren ungewöhnlichen, fünfeckigen Grundriss unterschied sie sich von den anderen, ebenfalls hellenistisch geprägten Siedlungen in Zentralasien. Die Wälle aus Stampflehm *(pachsa)*, mit Türmen befestigt und außen mit Ziegeln verkleidet, hatten eine Dicke von 8–9 m. Sie dienten der Bevölkerung zum Schutz ihrer Tempel und Paläste, die damals allein wegen der gewaltigen Abmessungen eine Besonderheit dargestellt haben müssen: Der ›quadratische Raum‹ hatte eine Grundfläche von 20 × 20 m und der ›runde Raum‹ einen Durchmesser von 17 m. Zur Ausschmückung dieser Räume verwendete man überlebensgroße Tonstatuen von menschlichen Gestalten, daneben aber auch Skulpturen aus weißem und gelbem Marmor, die eine stilistische Verbindung mit Pergamon und Alexandria erkennen lassen. Es handelt sich um die ersten Skulpturen dieser Art, die man in Zentralasien gefunden hat. Über den Königspalast schreibt der griechische Gelehrte Flavios Philostratos (170 bis etwa 245 n. Chr.): »Einer der Räume für Männer hatte eine Kuppeldecke, die das Himmelsge-

Grabungsarbeiten in Alt-Nisa

wölbe nachahmte. Die Kuppel war völlig mit blauen Kacheln ausgekleidet, deren Farbe und Strahlenglanz an den Himmel gemahnte.« Diese Baubeschreibung hätte ebenso gut für die mehr als tausend Jahre später im Stil des Islam errichteten Moscheen oder Medresen verfasst werden können.

Elfenbein-Trinkhorn, sogenanntes Rhyton, aus Alt-Nisa

Die Wohnhäuser von Nisa hatten eigene Vorratsräume und besondere Weinkeller, wo in großen, in den Boden vergrabenen Tonkrügen *(chum)* der Wein gelagert wurde. Unter genauer Angabe des Datums (es entspricht der Zeit des 2.–1. Jh. v. Chr.) bestätigen 2500 aramäisch beschriftete Scherben (Ostraka) aus Parthien die Lieferung von Wein und anderen Waren aus verschiedenen Gebieten. Diese ehemalige Sammlung antiker Lieferscheine stellt bis heute das »älteste Literaturdenkmal Zentralasiens dar und findet quantitativ gesehen in der orientalischen Epigraphie nicht ihresgleichen. Sie ist eine Quelle von außerordentlichem Wert für die Erhellung vieler Seiten der gesellschaftlichen, wirtschaftlichen und kulturellen Situation Parthiens in der hellenistischen Zeit.« (A. Belenitzky)

Als nicht weniger bedeutungsvoll erwiesen sich unter den in Nisa entdeckten Fundstücken die aus Elfenbein geschnitzten *rhyta* (Trinkhörner), die teilweise in hellenistischem Stil (Darstellungen von Szenen aus dem Dionysos-Kult, Götter und Göttinnen aus dem Olymp u. a.), teilweise aber auch in einem an achämenidische Vorbilder und an die Steppenkunst erinnernden Stil (Tiermenschen und Fabelwesen) verziert waren. Etwa 40 konnten bis heute restauriert werden. Sehr wertvoll sind aber auch die Statuetten aus Bronze und Silber sowie eine ganze Sammlung von Siegelabdrücken parthischer Hofbeamter aus dem 2.–1. Jh. v. Chr. Die Bilder zeigen recht deutlich das Zusammenspiel verschiedener Stile und Formelemente: nomadische, hellenistische, parthische, persische. Nach Brentjes ist dieser Fund parthischer Siegelabdrücke der bedeutendste dieser Art.

Repetek

Repetek ☆ Naturschutzgebiet in der Wüste Karakum mit gewaltigen Wanderdünen

Etwa 70 km südwestlich von Turkmenabat, am Amu Darja, befindet sich ein Naturpark besonderer Art, das im Jahr 1928 gegründete Naturschutzgebiet der Sandwüstenbiosphäre in Repetek (Bahnstation), 200 m ü. M. Auf diesem etwa 35 000 ha großen, naturbelassenen Gebiet der Karakum werden nicht nur Flora und Fauna beobachtet und geschützt, sondern auch die Wüste selbst wird auf wissenschaftlicher Basis intensiv erforscht. Dazu gehören u. a. Untersuchungen über die Eigendynamik der Sandwüste: das Verhalten von Wanderdünen *(barchane)*, die sinnvolle Nutzung der gegebenen Tier- und Pflanzenwelt sowie die Entwicklung von besonders widerstandsfähigen Pflanzenarten.

Hier in Repetek bildet der weiße Saxaul richtige Wälder, hier gibt es Sträucher, deren Wurzeln sich bis in eine Tiefe von 8 m ausbreiten, aber auch Rhabarber, Iris und Sandakazien. Sehr vielfältig ist die

Tierwelt: 20 Arten von Kriechtieren, ebenso viele Arten von Säugetieren und Vögeln, auch Spinnen und Insekten, und natürlich Schlangen – die Sand-Boa, die Pfeilschlange, die quergestreifte und die gefleckte Boa. Zu der Forschungsstation von Repetek gehören auch ein Herbarium, ein Dendrarium mit mehr als 70 verschiedenen Baum- und Sträucherarten sowie ein Museum mit interessanten Sammlungen von Käfern, Schmetterlingen und Vögeln. Einige archäologische Funde (Tongeschirr, Ziegel) erinnern an die Zeit (9./10. Jh.), als es hier in Repetek – am Rande der Großen Seidenstraße zwischen Merw und Turkmenabat– noch die große Karawanserei al Achsa gab. Eine Besichtigung des Instituts ist nach Anmeldung möglich.

Turkmenabat

Die zweitgrößte Stadt der Republik (238 000 Ew.), Hauptstadt des Gebiets Lebar am linken Ufer des Amu Darja, dort, wo einst die Seidenstraße den Fluss überquerte und heute eine Eisenbahnbrücke beide Ufer verbindet, ist wie Aschgabat eine grüne Stadt. Erstmalig unter dem Namen Amul im 3. Jh. v. Chr. erwähnt, wurde Turkmenabat als kleine Festung in den 80er-Jahren des 19. Jh. neugegründet. Dank einer stark expandierenden Industrie (Chemie) bildet die Stadt, die einmal ein bekannter Sammel- und Handelsplatz für turkmenische Teppiche gewesen ist, einen wichtigen wirtschaftlichen Schwerpunkt am Rande der Wüste mit einem interessanten Angebot an Kultur- und Bildungseinrichtungen. Bis Ende der 1990er-Jahre hieß die Stadt Tschardschou.

Turkmenbaschi (Turkmenbashi)

Die 70 000-Einwohner-Stadt am Kaspischen Meer, 15 m ü. M., hat einen Hafen mit Eisenbahnfähre und ist Ausgangspunkt der Transkaspischen Eisenbahn, außerdem wichtiger Umschlagplatz für Erdölprodukte, Holz, Getreide und Fisch. 1869 unter dem Namen Krasnowodsk als militärischer Stützpunkt gegründet, entwickelte sich die Siedlung zu einer modernen Stadt mit mehreren Fachschulen und Industrieanlagen. Seit Anfang der 1990er-Jahre trägt der Ort den Namen Turkmenbaschi (›Vater aller Turkmenen‹).

Nördlich der Stadt liegt 4 m unterhalb der Oberfläche des Kaspischen Meeres die Kara-Bogas-Bucht, zu deutsch: Schwarzer Schlund, in die, heute über einen Staudamm gesteuert, Unmengen von Meerwasser einströmen. Durch Verdunstung bildet sich in dieser Bucht eine gesättigte Lösung verschiedener Salze (u. a. Glaubersalz), die im Winter auskristallisieren und als Natriumsulfat angeschwemmt werden.

Kasachstan

Kasachstan ist die nördlichste Republik Zentralasiens und mit 2 717 000 km² auch die größte (zum Vergleich: Westeuropa mit etwa 3,5 Mio. km²). Die Ost-West-Ausdehnung beträgt rund 3000 km, die Nord-Süd-Achse etwa 1600 km. Die Grenzen Kasachstans – Gesamtlänge mehr als 15 000 km – stoßen im Norden und Nordwesten an Russland, im Süden an Turkmenistan, Usbekistan und Kirgistan und im Südosten an China.

Auf dem Weg aus den südlichen Gebieten der Hungersteppe in Richtung Norden zeigt sich bald deutlich, wie der typisch zentralasiatische Charakter mehr und mehr von dem sibirischen Landschaftsbild abgelöst wird. Und bevor die turksibirische Eisenbahn in die unendlichen Weiten Sibiriens einschwenkt, erreicht man im Dsungarischen Alatau den kontinentalsten Punkt der Erde, der mit 3000 km Luftlinie am weitesten von jeder Meeresküste entfernt liegt.

Gegliedert wird das Land in 14 Regionen und drei Städte: Almaty, Astana und Baikonur. Hauptstadt der Republik ist (seit 1994) in der Nachfolge von Almaty die Stadt Astana (bis 1992 Zelinograd, von 1994 bis 1998 Akmola), etwa 1200 Bahnkilometer nordwestlich von Almaty. Seit 1992 ist Kasachstan als Präsidialrepublik souverän. Staatsoberhaupt ist der Präsident, die Legislative repräsentiert das Parlament: Unterhaus *(madschlis)* mit 67 Abgeordneten und Oberhaus (Senat) mit 43 Mitgliedern. Staatssprache ist Kasachisch. Die Bevölkerung umfasst ca. 15 Mio. Menschen aus über 120 Nationen: Kasachen (57 %), Russen (27 %), Ukrainer (knapp 3 %) sowie Deutsche (früher 2 %, die meisten inzwischen nach D ausgewandert), dazu Usbeken, Tataren, Uiguren, Türken, Weißrussen, Koreaner u. a.

Während der größte Teil des Landes als eben oder leicht hügelig angesehen werden kann, liegen etwa 10 % des Territoriums im Bereich der Ausläufer des Tienschan, wo die Bergketten des Alatau 5000–6000 m hoch aufsteigen. Im Gegensatz zu den anderen Republiken verfügt Kasachstan über immense Wasservorräte: 2724 Gletscher sowie viele tausend Flüsse und Seen. Reich und vielfältig sind Flora und Fauna Kasachstans; mehr als 6000 verschiedene Pflanzen sind hier heimisch, und in der Tierwelt zählt man unter den Säugetieren über 170 Arten, nahezu 500 Vogelarten und 50 verschiedene Kriechtiere.

Ebenso wie für die anderen Republiken Zentralasiens gilt auch für Kasachstan, dass weite Gebiete, die früher unberührtes Land waren, heute das Fundament für eine aufstrebende Industrie oder – als Neuland urbar gemacht – für eine ertragreiche Landwirtschaft bilden. Jahrzehnte sind inzwischen vergangen, seit dieses Land unter den Pflug genommen wurde, und heute sind es schon mehrere Siedlungen und Städte, die – sukzessive bevölkert – den Kampf gegen die Erosion des Bodens, gegen wild wuchernden Pflanzenwuchs und schwere Staubstürme, vor allem aber gegen die Verursacher von schweren Umweltschäden aufgenommen und das neugewonnene Land unter Berücksichtigung der örtlich differierenden Gegebenheiten zu nutzen gelernt haben.

◁ *Schafhirten in der kasachischen Steppe*

Im Gegensatz zur Landwirtschaft hat die Viehzucht in Kasachstan ihre eigene Tradition, denn bekanntlich trieben schon vor Jahrhunderten Nomaden ihre Herden (Schafe, Pferde, Kamele) durch die Steppen des Landes und legten auf der Suche nach günstigen Futterplätzen nicht selten fast 1000 km im Jahr zurück. Auch heute gibt es noch die großen Viehherden, die jedoch aufgrund der veränderten Umwelt- und Arbeitsbedingungen nicht von Nomaden, sondern von mehr oder weniger ortsgebundenen Hirten begleitet werden. Aber noch immer lautet die Begrüßungsformel nach Väterart: »Wie geht es dem Vieh und deiner Familie?«

Weite Gebiete Kasachstans, die landwirtschaftlich nicht zu nutzen sind, bergen wertvolle Bodenschätze: Eisenerz, Kohle, Erdöl, Erdgas sowie reiche Vorräte an NE-Metallen. Man vermutet, dass schon in der Antike diese Schätze bekannt waren und dass große Mengen Kupfererz gefördert und als Kasachische Bronze in alle Länder der Welt verkauft wurden. Heute umfasst die Wirtschaft Kasachstans praktisch alle wichtigen Bereiche der Leicht- und Schwerindustrie sowie der Landwirtschaft. Die Zahl der Stadtgründungen nimmt immer noch zu, ein Vorgang, der primär auf die Erschließung neuer Energie- und Rohstoffquellen sowie auf die Errichtung großer Industrieanlagen zurückzuführen ist. Unter den GUS-Staaten wäre Kasachstan am ehesten in der Lage, sich aufgrund eigener Energie- und Rohstoffreserven zu einem interessanten Partner auf dem Weltmarkt zu entwickeln. Das Land steht vor der Aufgabe, seine Wirtschaft neu zu strukturieren, die Produktivität beachtenswert zu erhöhen, die Privatisierung zügig voranzutreiben und neue Märkte im Ausland zu erschließen.

Für die Ausbildung des wissenschaftlichen Nachwuchses stehen in Kasachstan fast 50 Universitäten und Hochschulen zur Verfügung, und im Bereich der Forschung und Entwicklung unterhält die Akademie der Wissenschaften mehr als 200 Institute. Die größten wissenschaftlichen Zentren befinden sich in Almaty, Astana (Zelinograd, Akmola), Karaghandy, Öskemen und Schimkent. Und auf dem Gebiet der Weltraum-Forschung und -Technologie kooperiert die im Jahr 1992 gegründete nationale Raumfahrtbehörde mit vielen Staaten der Welt. Der weltweit größte Weltraumbahnhof befindet sich ebenfalls in Kasachstan – in Baikonur.

Kasachstan ist aber auch hinsichtlich seiner Geschichte und Entwicklung ein nicht uninteressantes Land, lassen doch verschiedene Funde den Schluss zu, dass auch der Norden Zentralasiens schon in der Steinzeit besiedelt war. Hier befand sich auch das erste große Aufmarschgebiet der Mongolen Dschingis Khans, der nach dem Massaker von Otrar am Syr Darja im Jahr 1218 binnen weniger Jahre den verheerendsten Kriegszug in der Geschichte Zentralasiens führen sollte. Wie in Transoxanien entstanden auch jenseits des Syr Darja im Lauf der Jahrhunderte beachtenswerte, islamisch geprägte Bauwerke, die z. T. noch gut erhalten sind und Zeugnis ablegen von der Größe und Bedeutung der einst hier in Kasachstan gegründeten Städte und ihrer hochentwickelten Kultur.

Seit ihrer Gründung im Jahre 1999 genießt die Deutsch-Kasachische Universität (DKU) in Almaty hohes Ansehen. Mit ihrem breit gefächerten Studienangebot in den Ingenieur-, Wirtschafts- und Sozialwissenschaften ist sie die erste mit Deutschland verbundene Hochschule in Zentralasien.

Fast Food auf Kasachisch

Um Kasachstan, ein Land, das etwa fünfmal so groß ist wie Frankreich, kennenzulernen, wird man sinnvollerweise im Voraus einige Schwerpunkte setzen müssen, zum Beispiel künstlerisch relevante. Zu empfehlen wäre, eine **Reise** nach Kasachstan mit dem Besuch einer zweiten (dritten) zentralasiatischen Republik zu verknüpfen. Damit würde sich beispielsweise folgende Route anbieten: Anreise nach Almaty – Weiterflug oder auch Fahrt nach Taras – Schimkent – Turkestan – Schimkent – Taschkent (Rückreise). Eine andere Möglichkeit wäre, den Süden Kasachstans (Almaty, Turkestan) und das angrenzende Kirgistan (Bischkek, Karakol) kennenzulernen. Je weiter man jedoch in den Norden Kasachstans (Semej, Karaghandy, Astana) reist, um so mehr verliert sich der typisch orientalische Charakter und man spürt die Nähe Russlands.

Astana

Astana (400 000 Ew.), Hauptstadt (seit 1994) der Republik Kasachstan sowie des Gebiets Akmolinsk im Bereich der Kasachischen Schwelle am Esil (Ischim), 343 m ü. M., ist Zentrum des Neulandgewinnungsgebietes im Norden Kasachstans. Gegründet wurde der Ort unter dem Namen Akmolinsk 1834 als Kosakenvorposten an der alten, von Zentralasien nach Westsibirien verlaufenden Karawanenstraße. Über Jahrzehnte war die Stadt ein wichtiges Handelszentrum, bis ihr 1961 unter dem russischen Namen Zelinograd (grüne Stadt) im Neuland von Kasachstan neue Funktionen und Aufgaben übertragen wurden. Heute ist Astana (kas. ›Hauptstadt‹) eine Stadt mit ›zwei Geschwindigkeiten‹, eine einzige Großbaustelle in der Steppe, die – nach den Plänen des japanischen Stadtplaners Kisho Kurokawa – im Jahre 2030 zur perfekten Ökostadt ausgebaut sein wird (Phillipp Meuser). Durch die Wahl von Astana zur Hauptstadt Kasachstans sollte augenscheinlich auch ein äußeres Zeichen für das ›neue‹ Kasachstan sowie für die ›neue‹ Identität dieses Vielvölkerstaates gesetzt werden.

Stadtbesichtigung

Fayencegeschmückte Baudenkmäler aus der Zeit der Timuriden, wie beispielsweise in Samarkand oder Turkestan, werden Besucher in Astana vergeblich suchen. Dafür erhalten sie einen einmaligen Überblick über eine imponierende, scheinbar aus dem Boden schießende Architektur der Moderne. Immer noch sehenswert sind aber auch die ›Errungenschaften aus der sowjetischen Periode‹ – beispielsweise Theater oder Museen, stellen sie doch ein beredtes Zeugnis für den Zeitgeist in der ehemaligen kasachischen sozialistischen Sowjetrepublik dar.

Eine Stadtbesichtigung könnte oder sollte man am alten/neuen Bahnhof im Norden der (Alt-)Stadt beginnen. Den Architekten der postsowjetischen Epoche ist es nämlich hervorragend gelungen zu zeigen, dass für die Kasachen Zelinograd zwar eine Realität, aber keineswegs eine ›Endstation‹ war. Aufgrund ihrer in den 1990er-Jahren errungenen Unabhängigkeit bauten die Kasachen sehr bald einen neuen Bahnhof mit scheinbar unzähligen Verbindungen in alle Welt. Heute sehen wir noch den typisch sowjetischen ›Volkspalast‹ mit den bekannten ›sozialistischen Ikonen‹, und direkt daneben – gleichsam nahtlos – die gläserne, Licht durchflutete Fassade des neuen Bahnhofs.

Vom Bahnhof kommend biegt man am **Nationalen Theater für Oper und Ballett** in den etwa drei Kilometer langen Prospekt Pobedy ein. Nach einem Fußmarsch von etwa einer halben Stunde (oder mit einem Bus) erreicht man das eigentliche Stadtzentrum: den **Präsidentenpalast** sowie das **Kasachische Nationale Dramentheater** und das **Sayfulin-Museum ›Kunst der Saken‹**. Südlich des Palastes sind noch das **Staatliche Russische Dramentheater**, das **Shopping-Center ›Sine Tempore‹** und die **Kongresshalle** einen Abstecher wert.

Über den Prospekt Respubliki kommt man (in südlicher Richtung gehend) zum **Museum für moderne bildende Kunst**, zum **Nationalen Kulturzentrum** mit der **Nationalbibliothek** und – nach Überquerung des Ischim (kas. ›Esil‹) – zum **Empfangspalast** der Regierung **›Saltanat‹**.

Nur wenige Schritte weiter liegt auf der rechten Seite der Uliza Kabanbaj Batyra der **Ethno-Park ›Atameken‹** (ein Freilichtmuseum) und das auf einem künstlich aufgeschütteten Hügel errichtete **›Denkmal für die Opfer 70 Jahre Sowjetherrschaft‹**. Und schließlich – weiter südlich im neuen Regierungsviertel, unübersehbar – ein 105 m hoch aufragender Turm mit einer golden glänzenden Kugel (Architekt: Norman Foster) das **›Monument Bajteker‹**, der ›Baum des Lebens‹, das neue Wahrzeichen Astanas.

Almaty

Die Hauptstadt (1,4 Mio. Ew.) des Gebiets Almaty am Nordhang des Kungei-Alatau (700–900 m ü. M.), einst eine kleine Siedlung an der Großen Seidenstraße, liegt an der Fernstraße Taschkent – Semipalatinsk und an der Bahnlinie der Turksib; außerdem verfügt sie über einen Flughafen. Die Stadt, ein bedeutendes kasachisches Industrie- und Wissenschaftszentrum, ist schon dank ihrer einzigartigen Umgebung – eine gewaltige Bergkette mit schneebedeckten Gipfeln, ein sanft ansteigendes Vorgebirge, auf dessen Hängen unzählige Apfelbäume stehen – einen Besuch wert.

Almaty
Besonders sehenswert:
Die Senkow-Kathedrale
Die Museen
Die Theater
Das Hotel Kasachstan mit Panoramablick
Die Anlage der Stadt
Die Straßencafés
Das Eislaufzentrum Medeo in der Nähe

Die 1854 als Grenzfestung Werny an der Großen Seidenstraße gegründete Stadt sah mit ihren rechtwinklig angelegten Straßen wie eine typisch russische Kolonialstadt aus. 1867 wurde sie Verwaltungssitz eines Militärgouvernements. Nach zwei Erdbeben (1887

Die Türme der Auferstehungskathedrale vor dem Panorama des Kungei-Alatau

und 1911) baute man die teilweise zerstörte Stadt großzügig wieder auf. 1921 erhielt Werny den Namen Alma-Ata (›Vater der Äpfel‹) und löste 1929 Kisil-Orda als Hauptstadt der Kasachischen SSR ab. Am 7. 7. 1963 führte eine aus den Bergen herabstürzende Schlammlawine zu beträchtlichen Überschwemmungen. Seit Bestehen der unabhängigen Republik Kasachstan wird der Name der Stadt wieder ›Almaty‹ geschrieben, was der Aussprache im Kasachischen eher gerecht wird. 1994 trat Astana (Akmola) die Nachfolge von Almaty als Hauptstadt von Kasachstan an.

Almaty – nicht nur die ›Stadt der Äpfel‹

Die Stadt selbst ist terrassenförmig angelegt und wirkt wie ein großer Park, in dem sich hinter Pyramidenpappeln, Birken, Scheinakazien und Linden die Wohnsiedlungen der Stadt – alte Häuschen mit schweren hölzernen Fensterläden, weniger schöne Häuserblocks und die heute mehr bevorzugten Kleinbezirke – verbergen. Kilometerlange Kanäle, die neben den Straßen verlaufen, bewässern die ausgedehnten Grünflächen und sorgen für eine angenehme Frische in der Stadt.

Unter den verhältnismäßig jungen Baudenkmälern Almatys verdienen die folgenden besondere Erwähnung: die neue **Zentrale Moschee** (3) im Norden der Stadt; die **Auferstehungskathedrale** (7), ein Anfang des 20. Jh. in eklektizistischer Form errichteter Fünfkuppelbau, eine 56 m hoch aufragende Konstruktion aus Holz, die selbst das schwere Erdbeben von 1911 nahezu unbeschädigt überstanden hat; das **Opern- und Ballett-Theater Abai Kunanbajew** (13), das **Russische Dramentheater** (14), das **Hotel Kasachstan** (20), von dessen Dachterrasse man einen sehr schönen Blick über die Stadt und das nahe Gebirge hat, die **Regierungsgebäude am Neuen Platz** (23) und schließlich das **Kasachische Dramentheater** (28).

Als Sitz der **Akademie der Wissenschaften** (17) ist Almaty das Wissenschaftszentrum von Kasachstan, während die Universität und die Hochschulen, an denen Tausende von Natur- und Geisteswissenschaftlern – Physiker, Chemiker, Biologen, Philologen u. a. – ausgebildet werden, den geistigen Mittelpunkt der Stadt darstellen. Neben der berühmten **Puschkin-Bibliothek** (21) mit einem Bestand von mehr als 1 Mio. Büchern und wertvollen orientalischen Handschriften unterhält die Stadt noch 300 kleinere öffentliche Bibliotheken. Erwähnt seien außerdem noch das geophysikalische Observatorium, die Institute für Seismologie und Hydrologie sowie das weit über die Grenzen Kasachstans hinaus bekannte Herzzentrum.

Das **Ykylas-Museum der Instrumente Kasachischer Volksmusik** (6) zeigt in einem recht originellen Gebäude die wichtigsten traditionsreichen Musikinstrumente und stellt sie auch akustisch vor: Blas-, Zupf-, Streichinstrumente sowie Trommeln. Sie erinnern an die Zeit, als die bekannten und beliebten Volkssänger bald heitere, bald gefühlvolle Erzählungen und Lieder improvisierten und irgendwo in der Steppe den nomadisierenden Viehzüchtern zum Klang einer Dombra vortrugen.

Das **Auesow-Literaturmuseum** (15) befindet sich in dem Haus, in dem der kasachische Schriftsteller Muchtar Omarchanowitsch Auesow von 1938 bis zu seinem Tod 1951 wohnte. Auf der anderen Straßenseite befindet sich ein Denkmal Auesows.

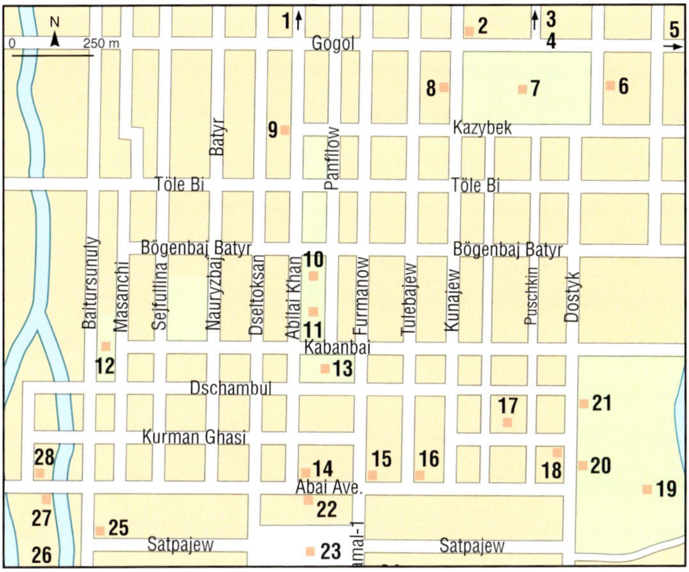

Almaty
1 Bahnhof (1,5 km)
2 Hotel Otrar
3 Zentrale Moschee (1999, 1 km)
4 Basar (500 m)
5 Zentraler Kultur- und Erholungspark (500 m)
6 Museum der Instrumente der kasachischen Volksmusik
7 Kathedrale
8 Orientalisches Bad Arassan
9 Philharmonie
10 Post
11 Hotel Almaty
12 St. Nikolaus-Kathedrale
13 Abai Opern- und Ballett-Theater
14 Russisches Dramentheater
15 Auesow-Literaturmuseum
16 Hotel Dostyk
17 Akademie der Wissenschaften
18 ›Pusteblumen‹-Brunnen (Oduwanchik)
19 Kulturpalast
20 Hotel Kasachstan
21 Ethnographisches Museum der AdW
22 Puschkin-Bibliothek
23 Neuer Platz
24 Zentrales Staatsmuseum
25 Kastejew-Kunstmuseum
26 Hotel Hyatt Rachat Palace
27 Zirkus
28 Kasachische Dramentheater

Und für eine Verschnaufpause im Grünen bieten der Zentrale Kultur- und Erholungspark, der Zoo sowie der über 100 ha große Botanische Garten hinreichend Entspannung.

Im **Ethnographischen Museum der kasachischen Akademie der Wissenschaften** (21) nehmen archäologisch bemerkenswerte Funde aus der Stein-, Bronze- und frühen Eisenzeit sowie dem Mittelalter den größten Raum ein. Diese Funde aus dem Grabhügel von Issyk, der zu den 45 größten aus Erde aufgeschütteten Königsgräbern gehört, vermitteln beispielsweise einen hervorragenden Einblick in den skythischen Tierstil.

Einen Überblick über die Entwicklung Kasachstans von der Antike bis zur Gegenwart zeigt das **Zentrale Staatsmuseum der Republik Kasachstan** (24). Unter den mehr als 100 000 Exponaten gibt es eine einzigartige Sammlung von Bronzekesseln aus der Zeit der Saken sowie Funde aus dem Issyk-Kurgan. Zu den interessantesten Ausstellungsstücken gehören jedoch Tracht und Rüstung eines Nomadenfürsten – des ›goldenen Sakenfürsten‹ – aus dem 5. Jh. v. Chr.

Das **Kastejew-Kunstmuseum** (25) zeigt hervorragende Arbeiten aus dem Bereich der bildenden Kunst Kasachstans, ausgesuchte russische und westeuropäische Kunstwerke sowie Beispiele der angewandten Kunst der Länder des Ostens (einschließlich Indiens, Chinas und Japans). Besondere Beachtung verdient die Abteilung der angewandten Kunst Kasachstans mit mehr als 2500 Ausstellungsstücken: Stoffe, Filz, Schmuck, Stickereien, Musikinstrumente.

Zum kulturellen Angebot von Almaty gehören außer den genannten Museen noch ein Museum für Gold und Edelmetalle, ein Buchmuseum, Museen für Archäologie, Geologie und Naturkunde sowie mehrere Theater, außerdem Tanz- und Gesangsgruppen, die vielfältigen Sportveranstaltungen sowie die auf alten Traditionen beruhenden Reiterspiele, *beiga*, *shorga*, *jarys*, *kykum*: z. T. recht verwegene Wettkämpfe um ein Mädchen oder – wenn es sein muss – auch nur um einen toten Bock.

Der ›Pusteblumen-Brunnen‹, eine Installation von Oduwanchik

Wenige Kilometer außerhalb von Almaty liegt das Hochgebirgs-Eisstadion Medeo

Nur 16 km außerhalb der Stadt Almaty liegt am Fuß des 1691 m hohen Mochnataja das Hochgebirgs-Eisstadion **Medeo**, eine Arena mit über 12000 Plätzen, einer 400 m langen Eisbahn und einem 112 × 40 m großen Spielfeld. Unweit des neben der Eisbahn errichteten Hotels Medeo befindet sich auf einem Berghang ein aus mehreren weißen Jurten bestehendes Sommerhotel. Von hier aus bieten sich eintägige Wanderungen zu den Wasserfällen von Gorelnik, zum Talgar-Pass oder zum Tujuksu-Gletscher an.

Nicht den kasachischen Volkssängern, sondern den Beatles wurde im Mai 2007 unweit von Almaty, auf dem Berg Kok-Tobe, ein Denkmal aus Bronze errichtet. Es sei das einzige auf der Welt, das alle vier Beatles vereine, so der Literaturwissenschaftler und Initiator des Denkmals, Sergej Koslow.

Aralsk (Aral)

Aralsk (35000 Ew.) am einstigen Nordostufer des Aralsees, im Gebiet von Kisil-Orda, wurde 1846 als russische Festung angelegt und ist seit 1978 Stadt. Die beliebte Dampferverbindung von Aralsk über den See zur Mündung des Amu Darja musste bereits vor Jahren eingestellt werden.

Balchasch (Balqash)

Balchasch (87000 Ew.), Stadt am Nordufer des Balchasch-Sees im Gebiet Karaghandy, 423 m ü. M., Flughafen, verdankt seine Gründung der Errichtung eines Kupferhüttenkombinats im Jahr 1937. Neben Fachschulen für Metallurgie und Medizin gibt es hier auch einen botanischen Garten der Akademie der Wissenschaften.

Der für seinen Fischreichtum bekannte Balchaschsee wird aufgrund einer starken Einschnürung etwa in der Mitte des über 500 km langen Sees zweigeteilt. Während der westliche Abschnitt ein großes Süßwasserreservoir für die Region darstellt, ist der östliche bereits salzhaltig (5 ‰). Gespeist wird der abflusslose See, dessen Fläche zwischen 17000 und 22000 km^2 schwankt, von mehreren in den Bergen des Alatau entspringenden Flüssen, darunter der Ili sowie Karatal und Aksu.

Tamgaly ☆
Im Tal des Ile (170 km nordwestlich von Almaty), in den Felsen von Tamgaly, wurden etwa 5000 vorgeschichtliche Felszeichnungen aus der zweiten Hälfte des zweiten vorchristlichen Jahrtausends gefunden. Seit 2004 gehören diese Petroglyphen zum UNESCO-Welterbe.

Karaghandy (Qaraghandy)

Karaghandy vormals Karaganda (430 000 Ew.) wurde 1934 gegründet, um die ausgedehnten Kohlevorräte des Karaghandy-Kohlebeckens zu erschließen. Noch vor wenigen Jahrzehnten war das Gebiet, auf dem sich das bedeutendste Industriezentrum Kasachstans erhebt, Halbwüste, in der nur hier und da Sträucher der gelben Akazie *(karagan)* wuchsen. Heute jedoch ist Karaghandy eine Stadt im Umbruch. Viele Bewohner haben den Fördertürmen und Hütten von Temirtrau den Rücken gekehrt und die Stadt und Region verlassen. Ob sich in Zukunft die größere Nähe (200 km) zur neuen Hauptstadt Astana positiv auf die Stadtentwicklung auswirken wird, bleibt abzuwarten.

Kisil-Orda (Qyzylorda)

Kisil-Orda (183 000 Ew.), Gebietshauptstadt am rechten Ufer des Syr Darja, wurde 1820 als Festung Ak Meschet gegründet, hieß von 1853–1916 Perowsk, war von 1925–29 Hauptstadt von Kasachstan und gehört heute zu den bedeutendsten Industriestädten der Republik (u. a. Papier- und Zellulose-Kombinate). Die hiesigen Reisschäl- und Reispolierfabriken werden sicher noch um ein Vielfaches ausgebaut werden müssen, wenn erst die unterirdischen Süßwasservorräte (das geschätzte Volumen entspricht dem 25fachen des Aralsees) genutzt und auf dem neugewonnenen Land riesige Reisfelder angelegt sein werden.

Öskemen

Öskemen – vormals Ust-Kamenogorsk (345 000 Ew.), Hauptstadt des Gebiets Ostkasachstan am Irtysch – wurde 1720 als russische Festung gegründet. Heute ist sie ein bedeutendes Zentrum der Metallverarbeitung, der Kerntechnik, Elektroindustrie, Seidenproduktion sowie der Verhüttung von Nichteisenmetallen, sie ist aber auch Sitz von Hochschulen (Pädagogik, Straßenbau) und weiterführenden Bildungseinrichtungen. Aufgrund seiner geographischen Lage im östlichen Grenzbereich Zentralasiens und an der Schwelle zu Sibirien stellt Öskemen das Tor zu den Bergen des Altai dar.

Schimkent (Shymkent)

Schimkent (455 000 Ew.), 512 m ü. M., eine der ältesten Städte Kasachstans (11./12. Jh.), heute Gebietshauptstadt, ist schon seit langem als Zentrum des Baumwollanbaugebiets am Arys bekannt. Im Lauf der 1940er-Jahre jedoch wurde die Stadt zu einem wichtigen

Industriezentrum ausgebaut: Maschinenbau, Baustoffe, Bleierzverhüttung, chemisch-pharmazeutische Fabriken. Sehenswert sind in der Stadt, die bis zur Eroberung durch die Russen im Jahr 1864 noch ein bedeutendes Karawanenzentrum war, u. a. eine **Moschee,** eine **Philharmonie, Museen für Archäologie, Heimatkunde und Geschichte** sowie ein **Karakul-Schafzucht-Museum,** in dem heute mehr als tausend verschiedene Felle zu bewundern sind.

Erholung und Abwechslung findet man in dem etwa 80 000 ha großen Biosphärenschutzgebiet **Aksu-Dschabagly** (100 km).

Semej (Semey)

Semej (310 000 Ew.), 207 m ü. M., Gebietshauptstadt am Irtysch, wurde 1718 unter Peter dem Großen als Festung mit dem Namen Semipalatka (wörtlich: Siebenzelt) 18 km stromabwärts vom jetzigen Standort gegründet und 1776 als Semipalatinsk an die heutige Stelle verlegt. Während die sich rasch entwickelnde Stadt Anfang des 20. Jh. noch als wohlhabende Einkaufsstadt bekannt war und 1930 an das Eisenbahnnetz der Turksib angeschlossen werden konnte, wurden bereits 1949 etwa 200 km südwestlich von Semipalatinsk die ersten Atombomben-Versuche durchgeführt, die erst 1990 eingestellt wurden.

Als Großstadt bietet Semej nicht nur den Standort für verschiedene Industriebetriebe, sondern auch für Hochschulen, Theater und Museen: u. a. das Museum für bildende Kunst; das Historische Museum sowie ein Anatomisches Museum und ein Miniaturpuppen-Museum, das Gedenkmuseum für den kasachischen Dichter Abaj Kunanbajev und die **Gedenkstätte F. M. Dostojewskij** – das zu einem Museum erweiterte Haus, in dem Dostojewskij von 1857–59 als Offizier der russischen Armee lebte. Während der Zarenzeit war Semej aber nicht nur als russischer Vorposten an der Grenze zu Asien bekannt, sondern auch als Ort der Verbannung berüchtigt. Hier in der Einöde der Steppe konnte Dostojewskij die Erfahrungen sammeln, die später in seinem Roman ›Verbrechen und Strafe‹ (Schuld und Sühne) ihren Niederschlag finden sollten.

Taras

Taras ☆
Alte Hauptstadt der Karakhaniden mit architektonisch interessanten Baudenkmälern

Taras (400 000 Ew.) – Hauptstadt des gleichnamigen Gebietes am Talas, westlich des kirgisischen Alatau – war bereits im 6. Jh. unter dem Namen Talas (auch Taras) als mächtiges Handelszentrum an der Großen Seidenstraße bekannt. Während Taras im 10./11. Jh. als Hauptstadt der Karakhaniden noch eine wahre Blütezeit erlebte, wurde die Stadt 1220 beim Einfall der Mongolen dem Erdboden gleichgemacht. Unter dem Namen Aulie-Ata wurde ein ›neues‹ Taras bereits 1864 Russland angegliedert und trug von 1936 bis 1992

Einen Ort gleichen Namens ›Talas‹ (Taras) gibt es ebenfalls – etwa 100 km flussaufwärts – in Kirgistan. Die als Stützpunkt von den Russen in den 70er-Jahren des 19. Jh. gegründete Siedlung erhielt den Namen ›Talas‹ jedoch erst 1931.

den Namen des kasachischen Volkssängers Dschubabajew Schambyl (Dschambul).

In der Altstadt wurden zahlreiche architektonisch interessante Baudenkmäler des Mittelalters wiederhergestellt. Besondere Beachtung verdienen das **Mausoleum des Schamsur**, eines Statthalters der Mongolen-Khane (auch Dawud Bek) sowie das **Mausoleum Aulie Ata Karakhan**, mit Funden aus der Zeit der alten Stadt Taras.

Zu den schönsten Grabstätten aus der Karakhanidenzeit (11./12. Jh.) zählen – 15 km außerhalb des Stadtzentrums – das **Mausoleum der Babadschi Hatun** mit einer 4,5 × 5,6 m großen Grabkammer sowie das mit Keramik reich verzierte **Grab der Aischa Bibi**.

Ein **Mausoleum aus der Mongolenzeit**, ein 7 m hoher Kuppelbau, ist noch südlich von Taras erhalten. Obwohl eine Portalinschrift dieses Mausoleum als das Grab der Kenisek-Hatun, einer Tochter des Mogulistan-Emirs Abuka, ausweist, verehren die Kirgisen hier das Grab ihres berühmten Helden Manas. Reste einer großen Zitadelle im Norden der rechtwinklig angelegten Stadt stammen ebenfalls aus der Zeit der Karakhaniden. Es konnte nachgewiesen werden, dass die Stadt, deren Straßen gepflastert waren, schon damals über eine eigene Wasserleitung verfügte.

Turkestan (Türkistan)

Turkestan ☆☆
Bekannt wegen der Grabmoschee für den Sufi Ahmad Jassawi

Turkestan – Welterbe seit 2003

Die 110 000-Einwohner-Stadt am Fuß des Karatau im Gebiet Schimkent liegt 325 km nordwestlich von Taschkent und 160 km nordwestlich von Schimkent. Sie ist Bahnstation an der Strecke Kisil-Orda -Taschkent und verfügt über einen Flughafen.

Erwähnt wurde die Stadt Turkestan erstmalig im 10. Jh. unter dem Namen Schawgar, später als Jassi oder auch Jassami; erst seit dem 14. Jh. ist die Stadt als Turkestan bekannt. Hier ließ Timur in den Jahren zwischen 1394 und 1397 eine **Grabmoschee** errichten, die heute

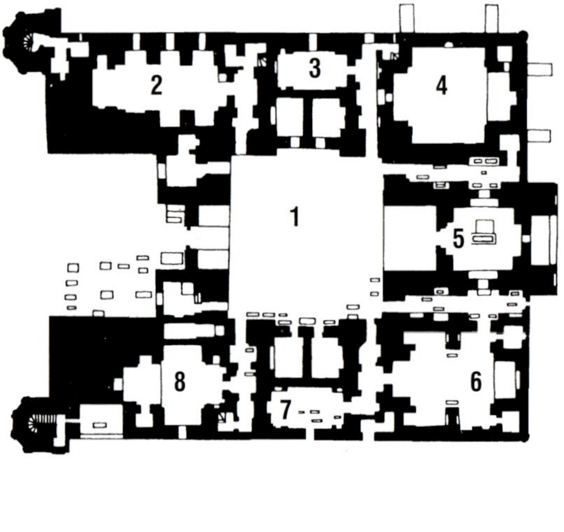

Turkestan, Grundriss der Grabmoschee des Hodscha Ahmad Jassawi
1 Kuppelsaal
2 Küche
3 Bibliothek
4 Moschee
5 Mausoleum
6 Großer weißer Saal
7 Kleiner weißer Saal
8 Brunnenhaus

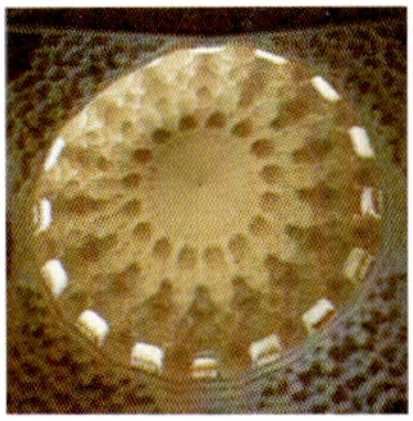

Grabmoschee des Hodscha Ahmad Jassawi, Gesamtanlage und Blick in die Kuppel

ohne Zweifel zu den bedeutendsten Bauwerken der timuridischen Architektur gerechnet werden muss. Gewidmet war sie dem berühmten Sufi Ahmad Jassawi, der hier im Jahr 1146 starb. Seine Lehre, die eine Verbindung zum vorislamischen Schamanismus erkennen lässt, bildete später sogar die Grundlage für den sufistischen Mystizismus der anatolischen Derwische. Die von berühmten persischen Architekten geplante und erbaute, 60 m lange und 50 m breite Moschee, die vermutlich nie ganz fertiggestellt wurde, zeichnet sich sowohl durch einen eigenwilligen Grundriss als auch durch monumentale Abmessungen aus.

Die Hauptfassade beherrscht ein 17 m breiter und 13 m tiefer Iwan mit zwei flankierenden polygonalen Ecktürmen. Durch einen weiteren, kleineren Iwan gelangt man in einen quadratischen, 400 m^2 großen Kuppelsaal, der – ohne Mihrab – offensichtlich nur als Versammlungsraum diente. Von hier aus führt der Weg wieder durch einen Iwan zu dem eigentlichen Grabraum, dessen hohe, auf einem mächtigen Tambour ruhende Außenkuppel mit Rippen – vermutlich erstmalig in Zentralasien – verziert worden war. Zu diesem Heiligtum gehören noch 35 weitere Räume, darunter eine Moschee, Gebetsräume, Bibliotheken und ein Chanaka. Bekannt wurde die Stadt aber auch durch ihre Sammlung von kunstvoll hergestellten Geräten, Werkzeugen und Türen. Besonders hervorzuheben sind ein im Jahr 1399 gegossenes, etwa 2 t schweres Bronzebecken sowie zwei Kerzenständer von ungewöhnlich großen Abmessungen; Arbeiten, die Timur selbst in Auftrag gegeben haben soll.

Unweit der Grabmoschee befinden sich weitere Baudenkmäler aus dem 16. Jh.; das **Mausoleum Rabija Sultan Begim**, einer Enkelin des Ulughbek, das **Mausoleum Esem Khan** sowie ein geräumiges überkuppeltes **Badehaus**.

Erläuterung der Fachbegriffe

Akanthusformen

Abbasiden arabische Kalifendynastie, die ihre Abstammung auf den Onkel Mohammeds (Abbas) zurückführt (750–1258)

Adoben luftgetrocknete Ziegel

Afrigiden Dynastie in Choresm (4./10. Jh.)

Afschin sogdischer Fürstentitel

Aiwan s. Iwan

Akanthus Distelart des Mittelmeerraums; in der Kunst das den großen, gezackten Blättern nachgebildete Pflanzenornament

Aksakal ›der Weißbärtige‹, Ältester in einem Dorf oder Wohnviertel

Ak Sarai wörtlich: weißer Palast; Schloss

Alabaster weicher und leicht zu bearbeitender, durchscheinender Marmor (Kalkstein), auch Gipsart von weißgelber bis rötlicher Färbung

Apadana königlicher Empfangspalast

Arabe zweirädriger Karren

Arabesken streng stilisierte Pflanzenformen (Gabelblattranke) als eine Schöpfung arabischen Geistes

Archivolte Stirn eines Rundbogens (meist bandartig)

Arik Bewässerungskanal

Ark Zitadelle oder Stadtbefestigung; in Zentralasien Sitz des Herrschers

Astrachaniden s. Dschaniden

Aul (türk. ›Siedlung‹) Gruppe von Nomadenzelten

Awesta die Bibel der Zoroastrier

Bai Bezeichnung für Großbauern in Zentralasien

Baktrien die zur Stadt Baktra gehörende Landschaft (keine Bezeichnung für ein Volk oder eine Sprache)

Balbal (türk.) Steinskulpturen, die z. T. recht schematisiert menschliche Figuren darstellen (bei den Westtürken, 6./8. Jh.)

Barchan Düne, speziell Wanderdüne in der Form einer gedrungenen Sichel

Basar (pers.) ein überdachtes Einkaufszentrum (arab.: Suk)

Basmatschen (turk-mongolisch ›basmak‹ = überfallen, rauben) Widerstandsbewegung, die versuchte den Sieg der Russischen Revolution in Zentralasien zu verhindern (1918–36)

Begi (Bek), türkischer Fürstentitel

Bodhisattvas ›Erleuchtungswesen‹ im buddhistischen Weltbild, die auf die Buddhaschaft verzichten und unter den Menschen bleiben, um ihnen zu helfen

Buntschuk rossschweiftragende Stange (ritueller Bestandteil des Grabkults der Nomaden)

Chakan (arab.) Übersetzung des alttürkischen Herrschertitels Qaghan

Chanaka auch Chaniga, Wohnheim für Derwische, Pilgerherberge, Kloster

Chorasan historische Region beiderseits des Kopet-Dagh Gebirges. Ein Gebiet, das heute den Staaten Iran, Afghanistan, Tadschikistan, Turkmenistan und Usbekistan zuzurechnen ist.

Choresm (engl. Khorezm) urspr. von iranischer Bevölkerung besiedelte Region am unteren Amu Darja südlich des Aralsees, Hauptstadt Chiva
Chutba Freitagsgebet
Dar (arab.) Haus
Dar al-Islam (arab.) Gebiet, in denen das Gesetz des Islam gilt
Darja (pers.) Fluss, See
Dars-chane Unterrichtsraum (einer Medrese)
Darwase Tor oder Portal eines Hauses
Dechkan bis in das 11. Jh. Vertreter der herrschenden Klasse in Zentralasien
Derwisch (pers.: Bettler), Angehöriger eines islamischen Ordens
Dirhem im 14. Jh. auch in Zentralasien gültige Währung (1 Dinar = 6 Dirhem, ca. 9 g Silber)
Diwan-Begi Großkanzler
Donjon (franz.) Wohnturm in einer Burg oder Festung
Dschadidismus islamische Reformbestrebung Ende 19. Jh.
Dschaniden (Astrachaniden) usbekische Dynastie in Buchara (1599–1785)
Dschuma-Moschee Freitagsmoschee
Dsungaren mongolischer (zu den Oiraten gehörender) Nomadenstamm, buddhistisch-lamaistisch, der östlich des Siebenstromlandes lagerte
Eklektizismus Übernahme von Stilmitteln vergangener Epochen
Emir (arab. *amir* ›derjenige, der befiehlt‹) anstelle von ›Khan‹ unter den Mangiten im 18. Jh. eingeführter Titel
Engobe Überzug von Tonwaren mit Tonfarben, wobei auch Einfärbungen mit Metalloxiden möglich sind
Fayence vorgebrannte, meist bemalte Tonware, deren Farben bei einem zweiten Brand (1100 °C) zu einem glänzenden Überzug verschmelzen
Gandharakunst auf griechische und/oder römische Einflüsse zurückgehende Stilrichtung in der Region von Gandhara (Nordwestpakistan) im 2.–5. Jh., eine frühe Schule buddhistischer Bildhauerei
Gereh (arab.) Knoten, in sich verschlungenes geometrisches Muster; geometrische Arabeske
Ghasnawiden eine aus den Samaniden hervorgegangene Dynastie in Transoxanien und Afghanistan (999–1186)
Giaur Andersgläubiger
Gir (osttürk.) Plateau, hohes Ufer, Bergrücken
Göl ankerförmige Figuren, Pflanzen- und Tiermotive, als Muster im Mittelfeld turkmenischer Teppiche
Guldasta kleine, der Verzierung dienende Türmchen
Gumbad Mausoleum, Grabturm
Gur-chane Grabraum im Mausoleum
Gusar-Moschee Stadtviertel-Moschee
Hadith ›Überlieferung‹, eine im 8. Jh. zusammengestellte Sammlung von Worten des Propheten Mohammed mit wichtigen Verhaltensregeln für die Gläubigen
Hadsch Pilgerfahrt nach Mekka
Hauli Langhaus
Haus Bassin oder Wasserbecken (vorwiegend zur Trinkwasserversorgung)

Gereh eines Blendfelds von Gur-e Amir, Samarkand

Hedschra ›Auszug‹, Mohammed flieht aus Mekka nach Medina; Beginn der islam. Zeitrechnung (16. 7. 622)

Hephthaliten ›Weiße Hunnen‹, turkmongolischer/indoeuropäischer Nomadenstamm, der im 5./6. Jh. Zentralasien beherrschte

Hissar Festungsmauer

Hudschra Zelle in Medrese

Il-Khane mongolische Dynastie (13./14. Jh.), deren Herrschaftsbereich sich von Persien bis Anatolien erstreckte

Imam meist Oberhaupt einer islamischen Gemeinde; zuweilen auch Vorbeter

Islam ›Ergebung‹ in den Willen Allahs; von Mohammed gestiftete Religion

Islimi-Ornament Grundmotiv sind symmetrisch angeordnete Pflanzenstengel

Iwan (auch Aiwan, Liwan) zum Hof geöffnete überwölbte Halle des altarabischen Hauses; unter den Sassaniden Portal mit einer großen gewölbten Nische, vielfältig gegliedert und reich verziert

Jurte (jurt: Vaterland, Heimat, Heim, Unterkunft) Nomadenzelt

Kaabe turmartiges Gebäude, in dem zur Zeit der Achämeniden gemäß der Lehre Zarathustras das heilige Feuer aufbewahrt wurde

Kale Festung, Fort

Kalif ›Stellvertreter‹, islamischer Herrschertitel, bezeichnet den Vertreter Mohammeds innerhalb eines Herrschaftsgebiets

Kalligraphie Schönschreibkunst, eine im Islam wichtige Ausdrucksform der bildenden Kunst

Kannelierung die besondere Verzierung von Kuppeln oder Säulen durch Rillen, Rippen oder Wülste

Kanneluren vertikale konkave Ausarbeitung eines Säulenschaftes

Karakalpaken ›Schwarzmützen‹; vermutlich Nachkommen der ›Weißen Horde‹; turksprachiges Volk am Aralsee

Karakhaniden türkische Dynastie in Transoxanien (11./13. Jh.)

Kara-Kitai mongolischer Nomadenstamm im Siebenstromland (12./13. Jh.)

Karluken türkische Stammesgruppe

Karyatiden Statuen bekleideter weiblicher Gestalten als Gebälkträger

Kasachen Sammelname für die turktatarischen Nomadenvölker zwischen Altai und Ural

Kaschi ›aus Kaschan (in Persien) kommend‹; glasierte Tonplatten

Kenotaph Grabstein, Denkmal, Scheingrab

Ketab-chane Bibliothek

Khan Herrschertitel bei Tataren, Türken und Persern

Kibla Gebetsrichtung nach Mekka

Kiosk Gartenhäuschen

Kiptschaken Stamm der Turkmenen

Kirgisen turktatarischer Nomadenstamm, der erst an der Lena und später im Siebenstromland siedelt

Kischlak (usb.) Dorf

Kosch für Zentralasien repräsentative Anordnung von zwei meist gleich großen, mit ihren Prunkfassaden auf derselben Achse einander gegenüberstehenden Gebäude (z. B. Medresen, Moscheen)

Kufi besondere Schreibart der arabischen Schrift, eine eckige Steilschrift

Kumis alkoholarmes Getränk aus der Molke vergorener Stutenmilch

Kundal bes. Vergoldungstechnik auf mehrfarbigen Ornamenten in Reliefdarstellungen

Kungrat Dynastie in Chiwa (1804–1920)

Kurgan Hügelgrab im eurasischen Raum

Kuriltai Fürstenversammlung der Mongolen

Kürsü Koranständer

Kuschan Sippe der Yüe-tschi, später Großreich in Zentralasien, Afghanistan und Indien (1. Jh. v. Chr. bis Anfang 3. Jh. n. Chr.)

Kuschk sogdische Burg

Lauh Koranständer

Leiturgie (griech.) Die oft zwangsweise Gestellung von Material und Arbeitern aus allen Teilen des Reiches zu neuen Aufgaben (vgl. Liturgie: Dienst am Volk)

Liwan s. Iwan

Lüsterkeramik metallisch glänzende Glasur, die aus unterschiedlichen Farben (feine Metalloxide) hergestellt wird

Madochile sich wiederholendes Ornament in einem großflächigen Muster

Mahalla (arab. Ort) Zusammenschluss der Bewohner eines Stadtviertels, gleichsam Bindeglied zw. Staat und Familie

Maksura Kuppelbau vor bzw. einschl. der Gebetsnische

Mangiten Dynastie in Buchara (1785–1920)

Manichäismus Lehre des Mani (*277 n. Chr.), die eine Verbindung der zoroastrischen Ideen mit denen des Buddhismus und Christentums zum Inhalt hat

Masar Grab, Friedhof, Wallfahrtsort

Masdschid (arab.) der Ort, wo man sich (vor Gott) niederwirft

Massageten auch Geten; ein Nomadenstamm skythischer Herkunft (1. Jt. v. Chr.), ein Stammesbund, dem (nach Tolstow) auch die Choresmier angehörten

Mawarannahr (arab. ›das, was jenseits des Flusses‹) = Transoxanien

Mazdaismus (Mazda – Gott des Lichts) der spätere Zoroastrismus (nach Zarathustra, 7. Jh. v. Chr.); altiranische Religion, deren Lehre und Vorschriften für den Gottesdienst im Awesta überliefert sind

Medrese auch Medresse, Medersa; (theologische) Hochschule, bestehend aus einem offenen viereckigen Hof, (i. a.) vier kreuzförmig angelegten Iwanen und zweigeschossigen Wohnzellen

Mehman-chane Empfangssaal

Menar ›Leuchtturm‹; Moscheeturm

Mihrab Gebetsnische, die in Richtung Mekka zeigt, bekannt seit dem frühen 8. Jh. (Neubau der Moschee in Medina)

Minarett Moscheeturm, von dem zum Gebet gerufen wird

Minbar ›Erhöhung‹; Predigtstuhl, Kanzel in einer Moschee

Mogulistan ehemaliges Tschagatai-Khanat, heute das Siebenstromland (Semiretschije), die Ili-Steppe, das Tienschan-Gebiet und Kaschgar

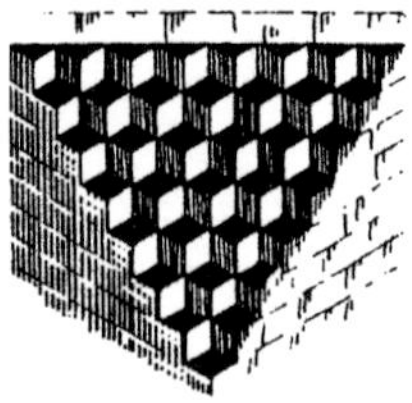

Zwickeldreiecke aus würfelförmigen Mukarnas

Alabaster-Ossuarium aus Teschik Kale in Choresm (ca. 6./7. Jh.)

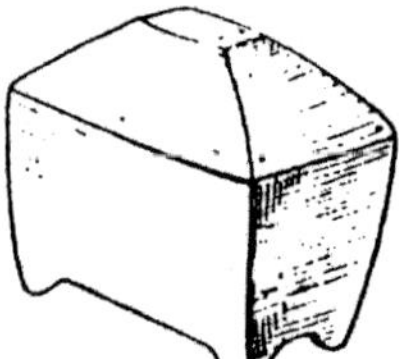

Moschee Islamisches Bethaus für das öffentliche wie für das stille Gebet

Muezzin Gebetsrufer im Islam

Mufti Rechtsgelehrter

Mukarnas (arab. ›das Erstarrte, Gefrorene‹) abstraktes, rein dekoratives Gebilde zur Ausfüllung einer Trompennische o. ä.; siehe auch Stalaktiten

Mulk Herrschaft, Königtum

Mullah Lehrer an Koranschulen

Musalla (arab.) Gebetsplatz im Freien, besonders für Gebet an Feiertagen; (z. T. mit festem Mihrab, pers. ›Namasgah‹)

Nakschbandi Derwischorden, vorwiegend in Zentralasien

Namas rituelles Gebet

Naskhi Schreibart der arabischen Schrift (Rundschrift mit besonderen Buchstabenverschlingungen)

Nekropole Gräberstadt außerhalb der Stadt

Nestorianer asiatische Richtung des Christentums (Nestorius, * 451), unterscheidet zwischen göttlicher und menschlicher Natur Christi

Nisam Ordnung, System

Noria (arab.) Schöpfrad

Oghusen (türk. ›tapfer‹) eines der großen asiatischen Turkvölker (1. Jh. n. Chr.)

Omaijaden arabische Kalifen-Dynastie (661–750), die auf den Stammvater Umaija (5./6. Jh.) zurückgeführt wird

Ossuarium Gebeinurne

Ostraka antike beschriftete Tonscherben

Pachsa (osttürk.) Kompakte Masse aus Stampflehm, z. T. mit Stroh vermischt

Panneau Tür- oder Wandfüllung, Feld

Papiererzeugung dieses aus China stammende Verfahren gelangte nach der Schlacht am Talas (751) über chinesische Kriegsgefangene nach Samarkand, wo noch in der zweiten Hälfte des 8. Jh. die erste Papierfabrik eröffnet wurde

Parther altiranischer Name für ein Reitervolk aus dem Stamm der Parner, die den Iran beherrschten (3. Jh. v. Chr.–3. Jh. n. Chr.)

Pendentif sphärische Dreieckskonstruktion, Hängezwickel, zur Überleitung eines quadratischen Grundrisses zum Fußkreis einer Kuppel

Pilaster Wandpfeiler

Pischtak Portikus oder Portal, rechteckiger Mauerteil, der sich über die Dachlinie erhebt und ein Portal (oder einen Iwan) bekrönt

Rabat Vorstadt

Rhyton Trinkhorn

Ribat befestigtes Kloster, Rathaus

Rubai Vierzeiler (Reimschema: a, a, b, a)

Rubor Kinderwiege

Safawiden Herrschergeschlecht des Iran (1502–1722/36)

Saken Nomadenstamm indogermanischer Herkunft in den eurasischen Steppen (1. Jahrtausend v. Chr.)

Samaniden persisch-islamische Dynastie in Zentralasien (9./10. Jh.)

Sanskrit altindische Sprache, die im 4. Jh. v. Chr. entstand

Sarai Palast

Sardoba überkuppelter Wasserspeicher

Sarkophag (griech. ›Fleischfresser‹) Sarg aus Holz oder Stein, oft verziert

Sarte (sogdisch: Kaufmann) sprachlich turkisierte Kaufleute meist iranischer Abstammung. Erst nach dem 11. Jh. erhält der Begriff eine ethnographische Bedeutung; heute nicht mehr üblich

Sassaniden persische Dynastie (226–651)

Saxaul Salzsteppenstrauch, ein bis zu 6 m hoher, krüppeliger Baum ohne Blätter

Schaibaniden Usbeken-Dynastie in Buchara, die auf Batu, einen Enkel Dschingis Khans, zurückgeht

Scharestan mit einer Mauer umgebener Kern einer mittelalterlichen Stadt

Schiiten (Schia = Partei) Anhänger Alis (Mohammeds Schwiegersohn), des 4. Kalifen, die die Rechtmäßigkeit der (gewählten) omaijadischen und abbasidischen Kalifate bestreiten und für das Erbkalifat eintreten

Seldschuken türkischer Volksstamm, Herrscher in Transoxanien (1038–1157), Stammesgenossen der Oghusen

Siarat-chane Kenotaphsaal, Raum, der oberhalb der Gräber liegt

Simorgh (pers. ›dreißig Vögel‹) sagenhaftes Wappentier in ZA

Skythen Sammelbezeichnung mehrerer Stämmesverbände indogermanischer Herkunft: Massageten, Saken u. a.

Slip dick aufgetragene Farben, insbesondere bei weniger kostbarer Keramik

Stalaktiten nischenartig ausgehöhlte, über Eck gestellte Prismen, die einen Übergang vom Viereck in das Achteck ergeben (s. a. Mukarnas)

Stuck ein formbares, schnell abbindendes Gemisch aus Gips, Kalk, Sand und Wasser beispielsweise zur Dekoration von Innenräumen

Stupa Buddhistischer Turmbau, Pagode; urspr.: Grabhügel

Stylobat Stufe eines Tempelunterbaus

Sufa stufenförmige Erhöhung

Sufi turkisierte Dynastie des mongolischen Kungrat-Stammes, die für eine Verbreitung des islamischen Pietismus eintraten (14. Jh.)

Sufismus (abgeleitet von Suf = Wolle) islamische Mystik

Sunniten (Sunna = Gewohnheit, der Weg, den man beschreitet) die orthodoxen Muslime, die neben dem Koran auch die schriftliche Überlieferung, die Sunna anerkennen

Synkretismus Mischreligion

Tadschiken (›den Arabern ähnlich‹) Volk iranischer Abstammumg in Zentralasien (Tadschikistan, Usbekistan und Afghanistan)

Tahiriden iranisches Herrschergeschlecht im Nordiran und in Südturkmenistan (9./10. Jh.)

Tak Kuppelbasar, Bogen

Talar eine in der Regel aus Holz bestehende Säulenvorhalle vorislamisch-persischen Ursprungs

Tambour der zylinderförmige (durchfensterte) Unterbau einer Kuppel

Tamga Sippenzeichen, Stammessiegel

Tarat-chane Raum für rituelle Waschungen in der Nähe einer Moschee

Tataren mongolischer Volksstamm (heute Sammelbegriff für turksprachige Volksgruppen vornehmlich in Osteuropa)

Reiter in tadschikischer Tracht, Wandgemälde aus Afrasiab, 7. Jh.

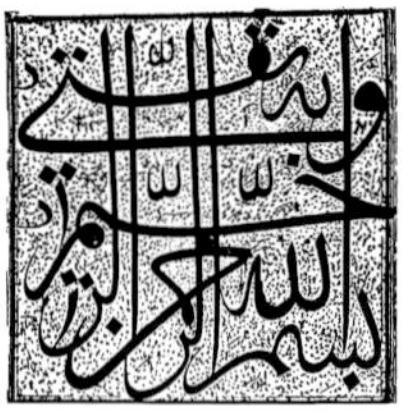

»Im Namen Gottes, des Barmherzigen, des Erbarmers« Kalligraphisches Schmuckblatt in Thuluth, 17. Jh.

Tell Hügel (vgl. Tepe)

Tepe (türk.) Hügel

Terrakotta gebrannte Tonerde, deren Farbe nach dem Brennen weiß, gelb, braun oder auch tiefrot wird. Im Rohzustand noch äußerst biegsam, nach dem Brennen dann sehr hart

Thuluth ›Drittel‹, Abwandlung der arabischen Schriftart Naskhi, die besonders wegen ihrer dekorativen Wirkung beliebt war

Tierstil künstlerische, abstrakte Darstellung von Tieren – gleichsam eine kodierte Nachricht über das Weltbild der Steppenvölker Eurasiens

Tim (Passage) steinernes Gebäude mit hohen gewölbten Arkaden

Timuriden auf Timur zurückgehende Dynastie in Zentralasien (15. Jh.)

Tjubeteika (türk. ›Spitze‹) flache, mit Gold-, Seidenfäden oder Glasperlen kunstvoll bestickte Kappe

Tocharer ein indogermanischer Volksstamm, Bewohner von Tocharistan, dem Gebiet beiderseits des Amu Darja, der antiken Landschaft Baktrien (2. Jh. v. Chr.)

Totemismus Glaube an die übernatürliche Kraft eines Totems (Lebewesen oder Ding)

Transoxanien (arab. Mawarannahr, pers. Turan) Kulturlandschaft im Becken des Amu Darja und Syr Darja

Trompe Bogen mit nischenartiger Wölbung zwischen zwei rechtwinklig aufeinanderstoßenden Mauern

Tschai-chane Teestube

Tschar Menar ›Vier Minarette‹; ein in Zentralasien und in Indien beliebtes Torbauschema

Tscharsu Basar über einer Straßenkreuzung; auch: Tak

Tschartak ›Schatten‹; Torhaus mit einer von vier Bogen getragenen Kuppel

Tschilla-chane unterirdischer Betraum

Tungusen mongolischer Nomadenstamm

Türbe (türk.) Kuppelgrab

Turan ›Land der Türken‹, im Sinne von Turkestan, ein seit dem 6. Jh. verwendeter Begriff

Turkmenen seit dem 10. Jh. zw. Kaspischem Meer und Aralsee siedelnde Oghusen

Tympanon Giebelfeld im griechischen Tempel; Feld zwischen Türsturz und Bogen

Usbeken turksprachiges Volk, das aus mehreren Nomadenstämmen zusammengewachsen ist (seit dem 14. Jh.)

Vihara buddhistisches Kloster, meist mit Lehrfunktion

Wahhabiten, usbekische spalteten sich 1995 vom traditionellen Islam hannafitischer Schule ab, bilden heute eine in Opposition zur Regierung stehende äußerst aktive ›Sekte‹

Weiße Hunnen s. Hephthaliten

Yüe-tschi auch: Wu-Sun; indogermanischer Volksstamm, der im 2. Jh. v. Chr. in den Bereich von Zentralasien einwanderte

Zentralasien Gebiet zwischen dem Kaspischen Meer im Westen, dem Pamir im Osten, der Wasserscheide zwischen Aralsee und Irtysch im Norden und dem Kopet-Dagh und Hindukusch im Süden

Zoroastrismus s. Mazdaismus

Von einem dreifachen Kielbogen eingefasste Trompe des 12. Jh.

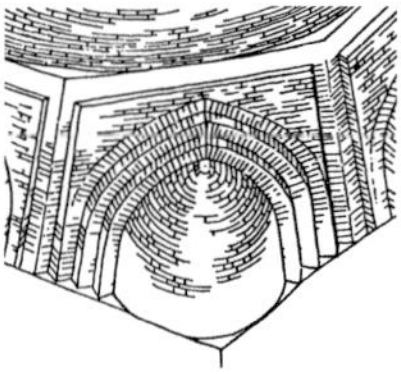

Literaturnachweis und -empfehlungen

Bei der Abfassung des vorliegenden Bandes hat sich der Autor vor allem auf die im Folgenden genannte Literatur gestützt. Die mit * gekennzeichneten Werke seien zur Vertiefung empfohlen.

*Albaum, L. I. und Brentjes, B.: Herren der Steppe. Berlin 1986

Belenitzky, A.: Kunst der Sogden. Leipzig 1980

Belenitzky, A.: Zentralasien. München 1968

Böhm, P.: Tamerlans Erben. Zentralasiatische Annäherungen. Wien 2005

Brandenburg, D.: Samarkand. Studien zur islamischen Baukunst. Berlin 1972

Brandenburg, D. und Büsehoff: Die Seldschuken. Graz 1986

*Brentjes, B.: Mittelasien. Eine Kulturgeschichte. Wien 1977

*Brentjes, B.: Mittelasien. Kunst des Islam. Leipzig 1979

Bronowski, H. und Maahs, R.: Mittelasien, Leipzig 1979

Cohn-Wiener, E.: Turan. Islamische Baukunst in Mittelasien. Berlin 1930

Diner, Dan: Versiegelte Zeit. Berlin 2006

Diez, E.: Die Kunst der islamischen Völker. 1915

*Diez, E.: So sahen sie Asien. Reiseberichte von Herodot bis Moltke. Berlin 1942

Drège, J. P.: Seidenstraße, Köln 1986

Fischer Weltalmanach 2004. Frankfurt 2003

Gosciniak, H.-T.: Kleine Geschichte der islamischen Kunst. Köln 1990

Grunebaum, G. E. von: Der Islam in seiner klassischen Epoche 622–1258. Zürich 1966

Gumppenberg v., u.a. : Zentralasien. Geschichte, Politik, Wirtschaft. München 2004

Hambly, G.: Zentralasien, Frankfurt/Main 1966

*Hattstein u. a.: Islam – Kunst und Architektur. Köln 2000

*Haussig, H. W.: Die Geschichte Zentralasiens und der Seidenstraße in vorislamischer Zeit. Darmstadt 1983

*Hayit, B.: Turkestan im Herzen Eurasiens. Köln 1980

*Hopkirk, K.: Central Asia – A Traveller's Companion. London 1993

*Hrbas, M. und Knobloch, E.: Die Kunst Mittelasiens. Prag 1965

Inoue Yasushi: Reise nach Samarkand. Frankfurt/Main 1998

Kausch, Anke: Reiseführer Seidenstraße. Ostfildern 2005

Kisch, E.: Asien gründlich verändert. Berlin 1932

*Knobloch, E.: Turkestan, Taschkent, Buchara und Samarkand. München 1973

*Luckow, B.: Turkmenistan entdecken. Berlin 2005

Maclean, F.: Durchs wilde Turkestan. Frankfurt/M. 1958

MacLeod, C. u. a.: Uzbekistan. London 1999

MacLeod, M. und Mayhew, B.: Uzbekistan. The Golden Road to Samarkand. Hongkong 1999

*Maillart E.: Turkestan Solo. TB München 1990

Masson, V. M.: Das Land der tausend Städte. München 1982
*Mayhew, Bradley: Central Asia – Lonely Planet Travel Guides. Melbourne 2007
*Meuser, P.: Ästhetik der Leere. Berlin 2002
Otto-Dorn, K.: Kunst des Islam. Baden-Baden 1964
Peltz, J.: Usbekistan entdecken. Berlin 2000
Pugatschenkowa, G. A.: Samarkand, Buchara. Berlin 1979
Renz, A.: Geschichte und Stätten des Islam von Spanien bis Indien. München 1977
Richter C. u. a: Die Seidenstraße. Hamburg 1999
Rowland, B.: Zentralasien. Baden-Baden 1970
*Scholl, Th.: Kirgistan entdecken. Berlin 2003
*Schreiber, D.: Kasachstan entdecken. Berlin 2003
Schwarz, F. von: Turkestan – die Wiege der indogermanischen Völker. Freiburg 1900
Spuler, B.: Geschichte Mittelasiens. In: Geschichte Asiens. München 1950
Stawiskij, B.: Die Völker Mittelasiens im Lichte ihrer Kunstdenkmäler. Bonn 1982
*Uhlig, H.: Die Seidenstraße, Bergisch Gladbach 1987
von George St. George: Rußland: Wüsten und Berge. Amsterdam 1974
*Vámbéry, H.: Mohammed in Asien. Verbotene Reise nach Buchara und Samarkand 1863–1864. Stuttgart 1983
Walther, W.: Die Frau im Islam. Leipzig–Stuttgart 1980
*Whittel, G.: Central Asia. London 1993
Wollenweber, B., Franke, P.: Usbekistan – Land zwischen Orient und Okzident. Berlin 2007
*Zipper, K.: Lexikon des Orientteppichs, München 1981

Schutz der zentralasiatischen Kulturgüter

Vielerorts gleicht Zentralasien tatsächlich einem großen Freilichtmuseum, in dem an unzähligen Beispielen deutlich wird, dass dieses Gebiet nicht nur politisch, sondern auch kulturell ein Schmelztiegel gewesen ist. Hier sind es Jahrtausende alte archäologische Ausgrabungen – Siedlungen und Festungen aus den verschiedensten Epochen –, dort herausragende Baudenkmäler islamischer Architektur – teils hervorragend restauriert, teils als imponierende Ruinen erhalten.

Während die Erben an der Großen Seidenstraße vor der großen Aufgabe stehen, diese faszinierenden Schätze des Orients nicht nur der Nachwelt zu erhalten, sondern auch einem immer größer werdenden Besucherkreis zu erschließen, obliegt es uns allen – den Besuchern dieser einzigartigen Region –, nicht nur einer mutwilligen Zerstörung dieser kulturellen Hinterlassenschaft, sondern auch dem Raub sowie dem unerlaubten Kauf und Verkauf wertvoller Funde entgegenzuwirken.

Tipps und Adressen

Alle wichtigen Informationen für Ihre Reiseplanung und für unterwegs

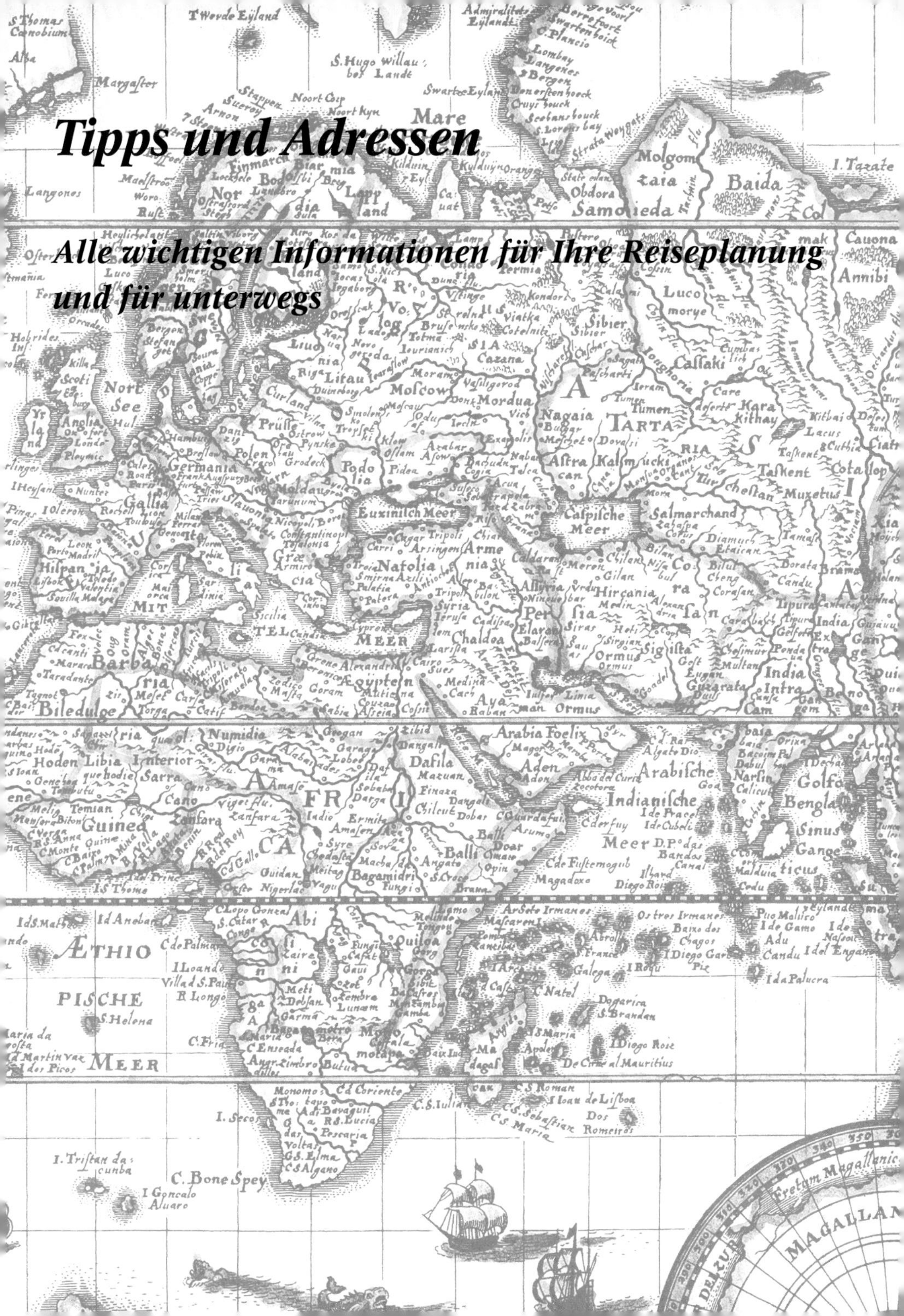

Tipps und Adressen

Hinweise für die Reiseplanung

Informationen für unterwegs – Von Land zu Land

Reiseinformationen von A bis Z

Hinweise für die Reiseplanung

Auskünfte für die Reiseplanung

Reiseveranstalter
... in Deutschland
Die Angebote umfassen Studien-, Gruppen- und Individualreisen in den Republiken Zentralasiens. Die jeweiligen Homepages sind über Google leicht zu finden.

ARR Natur- und Kulturreisen
Auf und davon Reisen
BaikalExpress
DERtour
Diamir Erlebnisreisen
Dr. Koch Reisen
Ecotour Ltd
Forum Anders Reisen
Ikarus
JHV Uzbektourism
Lernidee Erlebnisreisen
Marco Polo Reisen
Meier's Weltreisen
Nomad – Reisen zu den Menschen
Olympia Reisen
Paradeast Reisen
Studiosus Reisen
Takeoff Reisen
Travel Service Asia (TSA)
Safarea Reisen
Ventus Reisen
Windrose Fernreisen

... in Kasachstan
Tourismus-Büro von Kasachstan
33, Abai Ave.
010000 Astana
Tel. 007-7172-75 31 35
Fax 007-7172-75 32 83
akhmetova@komtur.kz

Central Asia Tourism Corporation
30, Republic Ave.
010000 Astana
Tel. 007-3172-32 78 44
Fax 007-3172-32 33 57
www.centralasiatourism.com

20 1/2 Kazybek Bi Str.
050100 Almaty
Tel. 007-3272-50 10 70
Fax 007-3272-50 17 07
info@centralasiatourism.com

Otrar Travel
73 Gogol Street
050002 Almaty
Tel. 007-727-258 82 02
Fax 007-727-258 82 15
maygul@mail.group.kz

KanTengri Expeditions
10 Kasteyev Str.
050010 Almaty
Tel. 007-727-291 02 00, 291 08 80, 291 60 06
Fax 007-727-291 20 10
info@kantengri.kz

... in Kirgistan
Central Asia Tourism
124, Chui Prospect
720040 Bishkek
Tel. 00996-312-66 36 64
Fax 00996-612-90 04 20
cat@cat.kg

Ak-Sai-Travel
65, Sovetskaya Str.
720005 Bishkek
Tel. 00996-312-59 17 59
Fax 00996-312-59 17 90
info@ak-sai.com

Ecotour Ltd
46-A, Donskoy pereulok
720040 Bishkek
Tel/Fax 00996-555-91 32 45
info@ecotour.kg

Kyrgyz Concept
Razzakovastr. 100
720001 Bishkek
Tel. 00996-661-331

New Destination
35, Logvinenko
720001 Bishkek
Tel. 00996-555-40 05 64

... in Tadschikistan
Sayoh State National Tourism Company
22 Shota Rustaveli
734025 Duschanbe
Tel. 00992-37-227 85 84
Fax 00992-37-221 90 72
sayho@qbk.ru

Committee of Sport and Tourism
12 Rudaki
734000 Duschanbe
Tel. 00992-37-224 55 28
mbegmatov@mail.ru

... in Turkmenistan
Achtung: im Land lautet die Vorwahl für Aschgabat 800-12

Akhal Siyakhat Travel
15a Turkmenbashi Ave.
744000 Aschgabat
Tel 00993-12-35 06 75
Fax 00993-12-39 17 27

Amado Tourism Com. Ltd.
69 Azadi Str., Hotel Dayhan

Tel. 00993-12-39 73 68
Fax 00993-12-51 11 76
744000 Aschgabat

DN Tours Culture & Adventure Travel
48/1 Magtumguly Ave.
744014 Aschgabat
Tel. 00993-12-27 04 38/9
Fax 00993-12-27 04 20
www.dntours.com

Tourist Center Tourism Ovadan
65 Asadi Str.
744000 Aschgabat
Tel. 00993-12-39 18 25
Fax 00993-12-35 48 60

Zehin Tourism Enterprise
29/1 Magtumguly Ave.
744005 Aschgabat
Tel./Fax 00993-12-27 46 48

... in Usbekistan
Sairam Tourism
13A Movarounnahr Str.
100060 Tashkent
Tel. 00998-71-233 74 11
Fax 00998-71-120 69 37
www.sairamtourism.com

Bukhara Tourist
8 Academic I. Muminov
705016 Buchara
Tel. 00998-65-223 22 76
Fax 00998-65-223 13 59
bukhtour@bcc.com.uz

Uzbektourism
47 Horezmskaya
100047 Tashkent
Tel. 00998-71-233 54 14
Fax 00998-71-233 80 68
www.uzbektourism.uz

Auswärtiges Amt
Im Internet geben die Auswärtigen Ämter unter dem Stichwort Länder- oder Reiseinformationen ausführlich Auskunft, vor allem zur aktuellen politischen Situation.
Deutschland:
www.auswaertiges-amt.de
Österreich:
www.bmaa.gv.at
Schweiz:
www.eda.admin.ch

Diplomatische Vertretungen

... in Deutschland

Botschaft der Republik Kasachstan
Nordendstr. 14–17
13156 Berlin
Tel. 030-47 00 71 11
Fax 030-47 00 71 25
www.botschaft-kasachstan.de

Botschaft der Kirgisistan Republik
Otto-Suhr-Allee 146
10585 Berlin
Tel. 030-34 78 13 38
Fax 030-34 78 13 62
www.botschaft-kirgisien.de

Botschaft der Republik Tadschikistan
Otto-Suhr-Allee 84

Transkriptionsprobleme

Auch im Rahmen dieses Buches konnte das Problem einer allgemein gültigen Transkription von Eigennamen und Fachausdrücken nicht gelöst werden, da deren Aussprache schon innerhalb Zentralasiens (in einer der vier Turksprachen, in Tadschikisch oder auch noch in Russisch) stark divergiert. Inzwischen sind in den unabhängigen Republiken auf dem Lateinischen basierende Turk-Alphabete eingeführt worden (Kirgistan folgt bis 2010, Tadschikistan schreibt Russisch und Farsi), doch haben diese Alphabete jeweils unterschiedliche Sonderzeichen. Darüber hinaus ist zu berücksichtigen, dass heute im Zuge der Globalisierung viele Begriffe und Namen in der internationalen anglisierenden Umschrift angegeben werden.

Allein für die Namen der zentralasiatischen Republiken gibt es im Deutschen, Englischen und landessprachlich unterschiedliche Schreibweisen. Vor allem beim Suchen im Internet sollte man immer auch die englische Version probieren.

deutsch	*englisch*	*landessprachlich*
Kasachstan	Kazakhstan	Qasaqstan
Kirgistan (Kirgisien, Kirgisistan)	Kirgizstan	Kyrgyz Republikasy
Tadschikistan	Tajikistan	Tojikistan
Turkmenistan	Turkmenistan	Türkmenistan
Usbekistan	Uzbekistan	Uzbekiston

10585 Berlin
Tel. 030-347 93 00
Fax 030-347 93 029
www.botschaft-tadschikistan.de

Botschaft der Republik Turkmenistan
Langobardenallee 14
14052 Berlin
Tel. 030-30 10 24 52
Fax 030-30 10 24 53
www.botschaft-turkmenistan.de

Botschaft der Republik Usbekistan
Perleberger Str. 62
10559 Berlin
Tel. 030-39 40 98 0
Fax 030-39 40 98 62
www.uzbekistan.de

... in Österreich

Botschaft der Republik Kasachstan
Felix-Mottl-Str. 23
1190 Wien
Tel. 01-367 66 57 11
Fax 01-367 91 75 33
www.kazakhstan.at

Botschaft der Kirgisistan Republik
Invalidenstr. 3/8
1030 Wien
Tel. 01-535 03 79
Fax 01-535 03 79 13
tajikembassy@chello.at

Botschaft der Republik Tadschikistan
Universitätsstr. 8/1
1090 Wien
Tel. 01-409 82 66
Fax 01-409 82 66 14
tajikembassy@chello.at

Botschaft der Republik Turkmenistan
Argentinierstr. 22/Stg. II/EG
1040 Wien
Tel. 01-503 64 70
Fax 01-503 64 73

Botschaft der Republik Usbekistan
Pötzleinsdorferstr. 49
1180 Wien
Tel. 01-315 39 94
Fax 01-315 39 93
botschaft.usbekistan@aon.at

... in der Schweiz

Botschaft der Republik Kasachstan
Alleeweg 15
3006 Bern
Tel. 031-351 79 69
Fax 031-351 79 75
kazakhstan.consul@smile.ch

Botschaft der Republik Kirgisistan
Rue Maunoir 26
1207 Genf
Tel. 022-707 92 20,
Fax 022-707 92 21
www.kyrgyzmission.net

Konsulat von Tadschikistan
Bahnhofplatz 14
8401 Winterthur
Tel. 052-202 42 84
Fax 079-430 48 31
f.trinkler@bluewin.ch

Gesundheitsvorsorge

Versicherungsschutz
Der Abschluss einer Reiseversicherung (Auslandskrankenschutz mit Rückführung ins Heimatland/Rettungsflug usw.) ist in jedem Falle sinnvoll und wichtig.

Impfempfehlungen
Ob es empfohlen wird oder ob es Vorschrift ist, sich vor einer Reise nach Zentralasien impfen zu lassen, klären Sie möglichst frühzeitig bei Ihrem Reiseveranstalter oder auch über die Internetseite des Auswärtigen Amts. In der Regel wird lediglich ein normaler Impfschutz vorausgesetzt (Tetanus, Diphterie, Polio etc., lassen Sie das von Ihrem Hausarzt prüfen!).

Medikamente
Reisende, die regelmäßig Medikamente einnehmen müssen, sollten ihren Bedarf für die gesamte Reise mit sich führen.

Persönliche Vorsorge
Durchfall ist eine häufige Erkrankung bei Zentralasien-Reisen. Zur Vorbeugung sollte man auf einwandfreie Hygiene achten: häufig die Hände waschen, kein Leitungswasser trinken, kein Obst essen, das nicht geschält werden kann. Hilfreich ist es auch, eiskalte Getränke zu vermeiden und Tee zu bevorzugen. Dennoch gehören Medikamente gegen Diarrhö in die Reiseapotheke.

In den Sommermonaten muss man auf ausreichenden Sonnenschutz achten (Cremes mit Schutzfaktor über 30, Sonnenkappe). Um Dehydrierung zu vermeiden, muss man ausreichend trinken, mindestens 2 Liter Wasser pro Tag. Die Qualität des Trinkwassers ist jedoch vielerorts nicht einwandfrei, Sie sollten nur in Flaschen abgefülltes Mineralwasser trinken. Ein optimaler Durstlöscher ist der grüne Tee – auch und gerade bei Durchfall, wenn man ohnehin viel Flüssigkeit zu sich nehmen muss, um den Wasserverlust auszugleichen.

Klima und Reisezeit

Das Klima Zentralasiens – und damit auch die Reisebedingungen – ist ganz entscheidend beeinflusst von den auf mehrere tausend Meter ansteigenden Bergketten und weit ausgedehnten Steppen. Die riesigen Wüstengebiete sind wegen ihrer geographischen Lage (um den 40. Grad nördlicher Breite – wie z. B. Süditalien) bei geringer Bewölkung und minimalen Niederschlägen einer sehr starken Sonneneinstrahlung ausgesetzt. Daher können die Temperaturen in den Sommermonaten auf extrem hohe Werte ansteigen (in Termes z. B. bis auf 50 °C).

Im Winter hingegen strömt die aus Sibirien einfließende arktische Kaltluft weit in das ungeschützte Landesinnere ein, so dass auch in den Gebieten südlich des Syr Darja während der Monate Dezember bis Februar sehr tiefe Temperaturen (im Durchschnitt zwischen –12 °C und –18 °C, in Kuschka, dem südlichsten Punkt Zentralasiens, sogar um –33 °C) auftreten.

Regen ist in der Regel im Frühjahr und im November zu erwarten.

Wenn auch wegen der Vielgestaltigkeit der Region (weites Flachland, große Seen und hohe Gebirgszüge) das Klima sehr unterschiedlich ist, überwiegt der kontinentale Charakter: heiße, trockene Sommer und kalte Winter (s. Klimatabellen).

Während sich für Hochgebirgswanderungen die Monate Juli und August als optimale Reisezeit anbieten, sollte man für Reisen quer durch die Wüste bzw. von Oase zu Oase eher dem Frühling und dem Herbst den Vorzug geben.

Klimatabellen

Station/Land **Almaty/Kasachstan**
Lage 43°14'N/76°56'E Höhe ü. M. 848 m

		J	F	M	A	M	J	J	A	S	O	N	D	Jahr
Absol. Max. d. Temperatur	in °C	11	15	27	33	38	40	42	41	37	33	24	13	42
Absol. Min. d. Temperatur	in °C	–43	–48	–31	–14	–9	–1	5	0	–5	–18	–40	–39	–48
Mittl. relative Feuchte	in %	74	74	73	59	55	51	45	44	45	55	70	74	60
Tage mit Niederschlag	> 0,1 mm	8	8	11	12	11	10	9	6	5	7	9	9	105
Sonnenscheindauer	in h	115	119	140	195	242	282	316	296	249	198	129	111	2392

Station/Land **Aschgabat/Turkmenistan**
Lage 37°58'N/58°20'E Höhe ü. M. 219 m

		J	F	M	A	M	J	J	A	S	O	N	D	Jahr
Absol. Max. d. Temperatur	in °C	29	33	38	39	46	46	47	46	44	40	33	31	47
Absol. Min. d. Temperatur	in °C	–23	–26	–21	–4	5	8	12	10	3	–5	–15	–22	–26
Mittl. relative Feuchte	in %	78	71	70	57	45	34	32	32	37	48	65	77	54
Tage mit Niederschlag	> 0,1 mm	10	9	10	9	7	2	1	1	1	4	6	9	69
Sonnenscheindauer	in h	111	112	150	195	289	327	358	353	293	244	159	111	2712

Station/Land **Duschanbe/Tadschikistan**
Lage 38°35'N/68°47'E Höhe ü. M. 824 m

		J	F	M	A	M	J	J	A	S	O	N	D	Jahr
Absol. Max. d. Temperatur	in °C	21	23	31	36	38	43	43	44	41	36	32	24	44
Absol. Min. d. Temperatur	in °C	–28	–22	–17	–8	2	8	12	9	3	–6	–15	23	–28
Mittl. relative Feuchte	in %	75	71	67	62	57	43	33	32	35	46	59	70	54
Tage mit Niederschlag	> 0,1 mm	13	14	13	12	10	3	1	< 1	< 1	3	8	12	90
Sonnenscheindauer	in h	112	120	146	213	287	332	363	342	295	229	158	116	2713

Station/Land **Taschkent/Usbekistan**
Lage 41°16'N/69°16'E Höhe ü. M. 479 m

		J	F	M	A	M	J	J	A	S	O	N	D	Jahr
Absol. Max. d. Temperatur	in °C	22	26	33	35	42	44	44	43	40	38	31	24	44
Absol. Min. d. Temperatur	in °C	–28	–26	–20	–6	0	4	8	7	0	–11	–22	–30	–30
Mittl. relative Feuchte	in %	74	69	67	60	55	44	40	44	46	56	67	75	58
Tage mit Niederschlag	> 0,1 mm	11	10	11	10	7	4	1	1	1	5	8	10	79
Sonnenscheindauer	in h	116	125	165	229	312	359	390	371	304	233	156	110	2820

Station/Land **Termes/Usbekistan**
Lage 37°17'N/67°19'E Höhe ü. M. 302 m

		J	F	M	A	M	J	J	A	S	O	N	D	Jahr
Absol. Max. d. Temperatur	in °C	24	30	32	41	46	50	50	50	41	40	36	27	50
Absol. Min. d. Temperatur	in °C	–24	–20	–14	–3	4	7	11	10	2	–9	–17	–25	–25
Mittl. relative Feuchte	in %	79	74	66	60	47	40	34	33	39	50	62	75	55
Tage mit Niederschlag	> 0,1 mm	8	7	8	5	3	< 1	0	0	0	1	3	7	42
Sonnenscheindauer	in h	140	148	176	235	326	373	388	362	312	361	184	138	3043

Station/Land **Trier/Deutschland – zum Vergleich**
Lage 49°45'N/6°40'E Höhe ü. M. 265 m

		J	F	M	A	M	J	J	A	S	O	N	D	Jahr
Absol. Max. d. Temperatur	in °C	13,6	19,3	23,4	29,6	32,8	34,8	37,4	37,6	32,7	25,3	19,4	17,7	37,6
Absol. Min. d. Temperatur	in °C	–20,5	–19,3	–11,3	–4	–1,6	0,9	4,3	4,4	–0,5	–5,4	–8,5	–16,5	–20,5
Mittl. relative Feuchte	in %	86	82	74	68	69	74	73	77	78	83	86	90	78
Tage mit Niederschlag	> 0,1 mm	17	14	12	13	12	13	13	13	12	14	15	15	163
Sonnenscheindauer	in h	41	73	133	187	219	203	207	184	157	102	42	26	1574

Quelle: Müller, M. Handbuch ausgewählter Klimastationen der Erde, Trier

Reisekleidung

Bei einer Reise durch Zentralasien sollten Sie weder zu leger (auf keinen Fall kurze Hosen bzw. Shorts) noch zu elegant gekleidet sein. Sportlich-praktisch wäre der richtige Stil. Dennoch sollte für einen Theaterbesuch oder das Abenddinner in guten Hotels ein Kleid bzw. ein Anzug nicht fehlen.

Für den heißen Süden sind leichte Sommerkleidung sowie eine Kopfbedeckung als Sonnenschutz, Badesachen und eine Sonnenbrille zu empfehlen.

Da während der Wintermonate mit ergiebigen Niederschlägen (auch als Schnee) sowie mit sehr niedrigen Temperaturen zu rechnen ist, sollten Pullover, warme Wäsche etc. sowie ein Taschenschirm bzw. eine Regenjacke zum Reisegepäck gehören.

Für Reisen ins Hochgebirge oder für sportliche Aktivitäten ist die Mitnahme der entsprechenden Ausrüstung unverzichtbar, da sie vor Ort nicht in der gewohnten Qualität zu haben ist.

Wichtige Hinweise

Nehmen Sie eine **Kopie des Reisepasses und des Visums** mit (im Koffer verwahren), dann ist die Wiederbeschaffung im Verlustfall einfacher.

Zollerklärungen werden im Verlustfall nicht erneuert! Dann kann es Schwierigkeiten geben, die aufgeführten Gegenstände, Wertsachen oder Devisen wieder auszuführen!

Einreise- und Zollbestimmungen

Reisepapiere
Für die Einreise sind ein gültiger Reisepass und ein Visum erforderlich. Man wende sich hierfür an die Botschaft oder an ein Konsulat des jeweiligen Landes. Die **Visabestimmungen** sind mittlerweile in den meisten Ländern für EU-Bürger gelockert worden, nur für Turkmenistan ist derzeit noch eine Einladung zur Visaerteilung erforderlich. Die Visa können mit unterschiedlicher Gültigkeitsdauer beantragt werden; Touristenvisa für 7 Tage sind am günstigsten.

Die Erteilung eines Visums an den Einreise-Flughäfen ist in manchen Fällen möglich, aber oft mit erheblichen Wartezeiten verbunden. Auch für die **Weiterreise** von einem Land ins andere muss das entsprechende Visum vorliegen, bei Einzelreisenden kann es dabei ebenfalls zu langen Wartezeiten kommen.

Bei **Gruppenreisen,** aber auch, wenn man sich eine Reise über ein spezialisiertes Reisebüro organisieren lässt (s. S. 339), wird der notwendige Papierkram vom Veranstalter erledigt. Ein solches Vorgehen ist in jedem Fall ratsam.

In jedem Land muss man sich nach der Einreise bei bestimmten Polizeistellen anmelden. In der Regel kann das vom lokalen Reiseveranstalter oder vom Hotel erledigt werden – was anzuraten ist, da es ebenfalls zu erheblichen Wartezeiten kommen kann.

Da die Einreisebestimmungen sich kurzfristig ändern können, sollte man sich aktuell im **Internet** informieren:
www.uzbekistan.de
www.botschaft-kasachstan.de
www.botschaft-kirgisien.de
www.botschaft-tadschi kistan.de
oder bei den Portalen der Auswärtigen Ämter (s. S. 340)

Zoll
Bei der Einreise und bei der Ausreise sind der Zollkontrolle der Pass, das Visum und eine Zollerklärung vorzulegen. Die bei der Einreise ausgefüllte und vom Zollamt bestätigte Zollerklärung bleibt während des Aufenthaltes beim Touristen und ist die Voraussetzung für die Ausfuhr von in der Erklärung angegebenen Wertsachen. Alle Unterlagen sind sorgfältig aufzubewahren und auf Anforderung, beispielsweise in den Hotels, vorzulegen.

Zollfrei einführen darf man in der Regel folgende Gegenstände:
– persönliche Gebrauchsgegenstände, wie sie für die Dauer des Aufenthaltes notwendig sind
– Reiseausrüstung sowie Sportutensilien

– billige Souvenirs in angemessenen Mengen
– Nahrungsmittel, Getränke und Tabakwaren in Mengen, die für den persönlichen Bedarf während der Reise erforderlich sind
– ausländische Währungen in unbegrenzter Höhe, sie müssen jedoch in jedem Fall in der Zollerklärung angegeben werden
– Antiquitäten, Kunstwerke, Edelmetalle, Edelsteine, Perlen bzw. Schmuck und andere Gebrauchsgegenstände daraus. Diese sind bei der Einreise unbedingt anzuzeigen.

Nicht eingeführt werden dürfen u. a. alle Arten von Waffen und dazugehörende Munition, Betäubungsmittel und für deren Gebrauch notwendige Instrumente.

Für die **Ausfuhr** von Gegenständen gelten die gleichen Bestimmungen wie für deren Einfuhr. Waren, die für frei konvertierbare Währungen erworben wurden, dürfen nur dann ausgeführt werden, wenn dem Zollamt die **Kaufquittungen** der jeweiligen Geschäfte vorgelegt werden können.

Die **Ausfuhr von Kunstgegenständen** wie Antiquitäten (vor 1918 hergestellte Gegenstände), aber auch von ›moderner‹ Kunst darf nur mit einer besonderen Genehmigung – in der Regel des Kultusministeriums – erfolgen.

Anreise

Um die Länder an der Großen Seidenstraße zu besuchen, bieten sich verschiedene Routen und mögliche Ziele an, die auf dem Luftweg, mit der Bahn und oder mit dem Auto/Bus erreicht werden können. In jedem Falle ist zu berücksichtigen, dass bei einer Reise über mehrere Landesgrenzen hinweg mit zusätzlichen Formalitäten an den Grenzübergängen (Visumspflicht!) zu rechnen ist. Das wird aber in der Regel von den organisierenden Reisebüros erledigt.

... mit dem Flugzeug
Direktflüge starten von Frankfurt/Main nach Almaty, Astana, Aschgabad oder Taschkent. Dazu gibt es, wie auch nach Bischkek und Duschanbe, günstigere Flugverbindungen von großen Regionalflughäfen mit ein oder zwei Stopps, oft über Moskau oder über Istanbul. Ein gutes Informationsportal zur Recherche ist www.idealo.de.

... mit der Bahn
Für eine Reise mit der Bahn beispielsweise von Berlin über Moskau (1880 km) bis nach Taschkent (4240 km) muss man etwa 100 Stunden veranschlagen, während ein Flug von Frankfurt/Main nach Taschkent nur knapp sechs Stunden dauert. Andererseits hat eine Zugreise durch die scheinbar endlosen Landschaften Osteuropas im Tempo von 80 km/h auch ihren Reiz.

... mit dem eigenen Wagen
Bei einer Anreise mit privatem Fahrzeug ist beim Grenzübertritt auch der internationale Zulassungsschein (in Verbindung mit dem nationalen) vorzulegen und eine Haftpflichtversicherung abzuschließen. Aus praktischen Gründen und aus Erwägungen für die eigene Sicherheit dürfte man sich in der Regel doch für eine Anreise mit dem Flugzeug entscheiden.

Reisemaxime

Machen Sie sich klar, dass Sie im Orient reisen, und tragen Sie unvermeidbare Unannehmlichkeiten mit orientalischer Gelassenheit.

Tipps für die Reisegestaltung

Die Republiken Zentralasiens kann man heute sowohl als Einzelreisende(r) als auch in einer Gruppe (z. B. im Rahmen einer Studienreise) kennenlernen. Bei den **Gruppenreisen** handelt es sich in der Regel um ausgearbeitete Pauschalarrangements, die eine komplette Betreuung mit Exkursionen, Besichtigungen und deutschsprachiger Reiseleitung beinhalten. Zeit zur freien Verfügung ist begrenzt, man kann aber schon mal durch die Gassen einer Altstadt schlendern, auf den Basar gehen oder vielleicht auch in einer Teestube das Gespräch mit Einheimischen suchen.

Einzelreisende können eine individuell zusammengestellte Reiseroute über ein Reisebüro in Europa oder aber auch über eine Reiseagentur in Zentralasien (s. S. 339) inkl. Hotels und Transfers buchen. Dann nämlich hätten Sie die Möglichkeit, völlig unabhängig mit einem **Taxi** oder mit einem **Mietwagen mit Fahrer** oder auch mit einen **Leihwagen**, den Sie selbst fahren (neben dem nationalen ist auch der internationale Führerschein vorzuweisen) kreuz und quer durch Zentralasien zu reisen. (Die Mietbedingungen sind bei der jeweiligen Autovermietung zu erfragen.) Natürlich können Sie auch als Einzelreisender – zumindest in allen größeren Städten – von örtlichen (Deutsch oder Englisch sprechenden) Reiseführern begleitet werden, die Sie über das Hotel oder über ein Reisebüro erfragen können.

Reisedauer

Bei Gruppenreisen werden in der Regel Programme angeboten, die zehn Tage und mehr – bis zu drei Wochen – in Anspruch nehmen. Falls Sie zusätzlich besondere Urlaubsaktivitäten wahrnehmen wollen, müssen Sie Ihren Aufenthalt entsprechend verlängern (Visum!).

Auch wenn man bei einer Individualreise nur einen ersten Eindruck von den Städten an der Großen Seidenstraße gewinnen will, sollte die Dauer der Reise mindestens acht Tage betragen. Einzelreisende sollten das Visum aber großzügiger beantragen, um bei evtl. Verzögerungen keine Probleme zu bekommen.

Reiseziele und Reisewege

Vorschläge für jeweils 14-tägige Reisen, die i. d. R. hinsichtlich der Zielrichtung und des Reiseverlaufs als auch der Dauer je nach Interesse organisiert bzw. gebucht werden können:

1. Die klassische Rundreise durch Usbekistan
(Flug-, Busreise)
Taschkent – Urgentsch (Chiwa) – Buchara – Rabat-e Malek – Samarkand – Taschkent

2. Die klassische Rundreise durch Turkmenistan
(Flug-, Zug-, Busreise)
Aschgabat – Daschhawus – Kohne Urgentsch – Chiwa – Aschgabat

3. Dreiländerfahrt Kasachstan – Usbekistan – Turkmenistan (Zugreise)
Almaty – Turkestan – Taschkent – Samarkand – Buchara – Urgentsch (Chiwa) – Merw – Aschgabad (im Vorlauf evtl. auch Kirgistan)

4. Komplette Seidenstraße
(Flug-, Busreise)
Aschgabad – Daschhawus – Kohne Urgentsch – Chiwa – Buchara – Samarkand – Taschkent – Bischkek – Naryn – Torugat Pass – Kaschgar – Turfan und weiter bis Shanghai (China)

Lohnende Umwege
1. Buchara – Nurata – Sarmisch-Schlucht – Wüsten-Camp – Aidarkulsee – Samarkand (Bus, Pkw)
2. Buchara – Karschi – Schahr-e Sabs – Samarkand (Bus, Pkw)

Ausflüge

Um ein Land kennenzulernen, muss man es ›er-fahren‹. In Städten sind für eine erste Orientierung immer organisierte Stadtrundfahrten zu empfehlen. Mit dem Besichtigungsprogramm sollte möglichst früh am Tag begonnen werden, um – insbesondere in den heißen Sommermonaten – eine längere Mittagspause einlegen zu können.

Bei Ausflügen in die weitere Umgebung oder bei längeren Bahn-, Bus- oder Autofahrten ist es ratsam, Lunchpakete mitzunehmen, um an einem schattigen Ort in freier Natur Rast machen zu können, anstatt viel Zeit in einem Restaurant bzw. auf der Suche nach einem solchen zu verlieren.

Kasachstan

... von Schimkent nach: Aksu-Dschabagly (Aksu-Jabagly, etwa 100 km östl.): Das etwa 850 km^2 große Naturschutzreservat ist schon wegen seiner einzigartigen Flora (unzählige Frühlungsblumen, Lilien, Pistazien und Mandelbäume) und ebenso bemerkenswerten Tierwelt (Steinadler und Bartgeier, Schneeleoparden, Bären, Luchse und Stachelschweine) ein Erlebnis. Für Hochgebirgswanderungen bis auf 3000 m Höhe, vorbei an alten hohen Wacholderbäumen und weiter über bunt blühende Bergwiesen, sollte man sich schon einige Tage Zeit nehmen.

... von Almaty nach:
Altyn Emel (170 km westl.) Nationalpark (600 000 ha): Siedlungen aus der Bronzezeit; Höhlen und Felsenmalereien; das dem Reisenden und Wissenschaftler des 19. Jh. gewidmete Tschokan-Walichanow-Museum.
Ili Delta und **Balchasch-See** (50 km): Ziel unzähliger Angler und Wassersportler (s. S. 323).
Malo-Alma, Atinskaja-Schlucht (20 km): Beliebter Ausflugsort in einer landschaftlich besonders reizvollen Region.
Medeo (20 km): In 1600–1750 m Höhe gelegenes Plateau im Transili-Alatau-Gebirge mit der weltbekannten Hochgebirgseisbahn. Unweit des Hotels Medeo liegt auf einem grünen Hang der Schlucht das aus mehreren Jurten bestehende Sommerhotel *Kazakhski Aul* – eine Touristenattraktion.
Scharkent (360 km); 1882 als russischer Vorposten unweit der chinesischen Grenze (37 km) gegründete Stadt mit einer bemerkenswerten, unter Verwendung chinesischer Elemente errichteten Moschee (war von 1942 bis 1991 als Panfilow bekannt). Hier endet die nördliche Route der durch Zentralasien verlaufenden ›Großen Seidenstraße‹.
Tamgaly (170 km nordwestl.): Felsenmalereigalerie mit Zeichnungen aus der Bronzezeit.
Tscharyn-Schlucht (200 km östlich): Ein einmaliges Naturdenkmal – ein sich selbst überlassenes, wild wachsendes Naturkunde-Museum mit bizarren Felsformationen, Höhlen und Grotten. Eine Region voller Kontraste. Lohnend sind auch noch Wanderungen zu einem 5000 ha großen Hain mit jahrhundertealten Bäumen sowie zu idyllisch gelegenen Bergseen.

Kirgistan

... von Bischkek nach:
Ak Beschim (80 km): Ausgrabungen aus dem 7./8. Jh. (s. S. 43, 80).
Ala Artscha-Alpinistenlager (45 km): Naturschutzgebiet (2100 m ü. M.) mit Wegen über Almen und hohe Pässe zu Gletschern, Gebirgsseen und Wasserfällen.
Issyk-Ata (78 km): Malerisch in einem Talkessel gelegener Kurort.
Tokmak (60 km): Ca. 10 km südlich von Tokmak befinden sich die ausgedehnten Ruinenfelder der mit Festungswällen umgebenen Siedlung **Balasaghum** aus dem 11./13. Jh. Zeitweise war sie Hauptstadt des Reiches der Kara-Kitai, die 1218 von Dschingis Khan zerstört wurde. Interessant der Burana-Turm (s. S. 268) und das kleine Museum, u. a. mit Steinskulpturen *(balbal)* aus dem 6.– 8. Jh.
Tschumisch (24 km): Historisch interessanter und landschaftlich reizvoller Ausflug. Nach 20 km Fahrt überquert man die Grenze Kirgistan – Kasachstan (Visum!), wo auf einem Hügel Reste einer Festung aus dem 9. Jh. erhalten sind. Am jenseitigen Ufer des Flusses Tschu (Chuj) liegt die kasachische Stadt **Georgiewka** mit Überresten alter Festungsanlagen.

Unweit von Tschumisch, im Tschumisch-Gebirge, sind noch viele Felszeichnungen aus dem 3. bis 1. Jahrtausend v. Chr. erhalten.

Sehenswert ist auch der Tschumisch-Staudamm, der das Wasser des Tschu staut und über Kanäle nach Kirgistan und Kasachstan verteilt. Darüber hinaus lohnt der Besuch der prähistorischen Festungsanlage Tut-Kul.
Tschu (Chuj) Tal (175 km): In westlicher Richtung über Kant, Tokmak – entlang der Grenze zu Kasachstan – nach **Balyktschi** an den Issyk-Kul-See mit seinem kristallklaren Wasser und seinen weiten Sandstränden. Mit 668 m ist der in einer Höhe von 1607 m liegende See einer der tiefsten Seen der Welt.

Auch sehenswert sind in **Tscholpan-Ata** (80 km weiter) das Issyk-Kul-Museum und in den Bergen oberhalb der Stadt Felsenzeichnungen aus der Zeit der Skythen.

... von Karakol nach:
Dscheti Ogus (15 km): Als die ›sieben wilden Ochsen‹ *(dscheti ogus)* werden die berühmten roten Sandsteinklippen bezeichnet.

Tadschikistan

... von Duschanbe nach:
Hissar (30 km): Die Fahrt führt in eine Region, die in der frühen Jungsteinzeit besiedelt war und eine eigene Zivilisation entwickelt hatte, die Hissar-Kultur. Ziel des Ausflugs ist die Hissar-Festung, Sommersitz der Emire von Buchara (s. S. 277).
Kurgan-Tjube (96 km): Adschina Tepe – Baudenkmal des Buddhismus, 17 km östl. von Kurgan-Tjube (s. S. 42).
Nurek (68 km): Die Fahrt mit dem Auto (Bus) erfolgt über den 1610 m hohen Tscharmasak-Pass, von wo zwei Wege in zahlreichen Windungen in das Tal von Nurek einmünden. Ein etwas anstrengender, aber in Hinsicht auf Natur und Technik lohnender Ausflug (s. S. 281)
Pendschikent (Penjikent, 255 km): Über das Gebirge (Ansob-Pass, 3372 m) zu den Ausgrabungen der Ruinenstadt der Sogder (s. S. 282).
Ramit-Schlucht (45 km): Ein besonders für Naturliebhaber lohnender Ausflug in nordöstlicher Richtung (etwa 22 km) zum Fluss Kafirnigan, den 387 km langen Nebenfluss des Amu Darja, und weiter zur Grenze des Rochat-Tales. Die Ramit-Schlucht ist ein wunderbares Naturschutz- und Naherholungsgebiet mit einer vielfältigen Flora (Mandelbäume, Wildkirschen, Wildreben, Wacholder) und Fauna (Bären, Murmeltiere, Steinhühner, Adler).
Warsob-Schlucht (55 km): Erholungsort nördlich von Duschanbe in der Schlucht des hoch im Gebirge entspringenden Warsob, einem Nebenfluss des Kafirnigan. Nach einer ausgedehnten Wanderung laden die *Teestube Tscha-Bed* (›Trauerweide‹) oder auch das *Restaurant Nasimi-Kuchsor* (›Kleiner Gebirgswind‹) zum Verweilen ein.

Turkmenistan

... von Aschgabat nach:
Altin Tepe (180 km) sehenswerte Ruinen einer hoch zivilisierten Stadt aus der Bronzezeit (s. S. 293).
Anau (15 km): Ruine der Festungsmoschee (s. S. 294), die 1456/57 als Kultbau errichtet wurde und deren Anlage heute noch gläubige Pilger anzieht.
Bacharden (98 km): Unterirdische Höhle Kou-Ata (›Vater der Höhlen‹; Größe: L x B x H = 230 x 57 x 20 m) und in etwa 60 m Tiefe ein See (2500 m^2, bis zu 13 m tief, 37 °C), der eine schöne Bademöglichkeit bietet.
Badchys (400 km über Tedschen): ›Das Reich des Wildesels‹ – ein 75 000 ha großes Naturschutzgebiet im Süden Turkmenistans.
Firiusa (29 km): Luftkurort in einer Bergschlucht des Kopet-Dagh-Gebirges mit jahrhundertealten Akazien, Platanen, Walnussbäumen und Eichen.
Geok Tepe (Gök Tepe, 40 km): Auf dem Wege nach Bacharden liegt Geok Tepe (›Grüner Hügel‹), einst eine parthische Festung. Im 19. Jh. Hauptfestung der Achal-Tekke, eines mächtigen Turkmenenstammes, die von den Russen am 24. Januar 1881 unter General Skobelew erobert wurde. Während 20 000 Tekke-Turkmenen beim Sturmangriff ums Leben kamen, fanden nochmals 8000 auf ihrer Flucht den Tod.

Besonders sehenswert ist die neue, mit vier Minaretten geschmückte Turkmenbaschi-Moschee unweit des Stadtzentrums.
Merw (352 km): Am günstigsten per Flugzeug nach Mary und von dort mit dem Pkw oder Bus weitere 25 km zu den Ruinen von Merw (s. S. 304).

Sehr lohnend auch ein Abstecher zum Karakum-Kanal.
Nisa (15 km): Ausgrabungen einer Siedlung mit Königspalast der Partherzeit (s. S. 311).
Nokhur (140 km auf der M37 über Bacharden und Artschman): Eine Kleinstadt (5000 Ew.) in den landschaftlich besonders reizvollen Ausläufern des Kopet Dagh-Gebirges, in dem die Zeit scheinbar schon vor Jahrhunderten stehen geblieben ist.

Erwähnenswert ist hier besonders der örtliche Friedhof mit seinen unzähligen Gräbern, die ausschließlich mit Gehörnen von Bergziegen geschmückt sind. Unweit dieses Friedhofes liegt Kis Bibi, eine vornehmlich von Frauen viel besuchte muslimische Pilgerstätte.
Repetek (516 km): Naturschutzgebiet in der Wüstenregion, mit gewaltigen Wanderdünen (s. S. 313).
Turkmenabat (586 km): Wirtschaftlich expandierende Stadt am Rande der Wüste (s. S. 314).

... von Daschhawus nach:
Chiwa (Usbekistan, 70 km): Altstadt mit originärem orientalischen Charakter (s. S. 172).
Kohne Urgentsch (100 km): beachtenswert das höchste Minarett Zentralasiens – Kutlug-Timur (s. S. 300).

Usbekistan

... von Buchara nach:
Afschana (35 km): s. S. 118.
Gischduvan (47 km): Hier befindet sich eine von Ulughbek im Jahr 1433 errichtete Medrese – ›ein heiliger Ort, ein Platz wie das Paradies‹. Seit vielen Jahrhunderten pilgern fromme Muslime zum Grab des Scheichs Abdulkhalik Gischduvani (1125–1220), dem geistigen Vater des Nakschbandi-Ordens. Auch die bereits in der fünften Generation geführte Keramik-Manufaktur in der Nawai-Straße lohnt einen Besuch.
Kagan (10 km): Chanaka Bahaeddin Nakschbandi (s. S. 191), sehenswerte Klosteranlage des Derwischordens der Nakschbandi mit dem Grab des Gründers.
Nurata (180 km): Festung Alexanders des Großen, bekannter Wallfahrtsort (s. S. 197) und weiter (etwa 50 km) durch die Kisil-kum-Wüste (Kamel-Safari und Übernachtung im Jurtencamp Yangikazgan) zum **Aidarkul-See.**
Paikend (175 km): Ruinenfeld der einstigen Hauptstadt der Hephtaliten (s. S. 37).
Rabat-e Malek (117 km): Imposante Ruinen einer Karawanserei (s. S. 198).
Repetek (Turkmenistan, 190 km): Naturschutzgebiet in der Wüstenregion (s. S. 313).
Schahr-e Sabs (Shaxrisabz, 275 km): s. S. 235.
Tschar Bakr (Char Bakr, 5 km): Nekropole aus der Mitte des 16. Jh., zu finden im Dorf Sumitan (s. S. 256).
Turkmenabat (Turkmenistan, 120 km): s. S. 314.
Wabkent (30 km): Minarett des 12. Jh. (s. S. 258).
Warachscha (32 km): Ausgrabungen aus dem 5. und 6. Jh. (s. S. 258).

... von Ferghana nach:
Kokand (90 km): Moderne Großstadt mit sehenswerten Baudenkmälern aus dem 18./19. Jh. (s. S. 193).
Kuwa (30 km nordwestlich von Ferghana): Eine der ältesten Siedlungen des Ferghana-Beckens. Heute ein beliebter Ausflugsort. (s. S. 190).
Margilan (11 km): ›die‹ Seidenstadt Zentralasiens (s. S. 195).
Osch (Kirgistan, 95 km): Eine der ältesten Städte Zentralasiens (s. S. 267).
Schachimardan (50 km): Viel besuchte Pilgerstätte (Mausoleum Hasrati Ali) und Gebirgskurort (1500 m ü. M.) unweit des malerisch gelegenen Grünen und des Blauen Sees, in einer usbekischen Exklave im kirgisischen Alai-Gebirge.
Usgen (Kirgistan,150 km): Die Fahrt über Osch hierher führt zu einem bedeutenden Grabensemble mit drei Mausoleen (s. S. 268).

... von Samarkand nach:
Hodscha Ismail (30 km): 1998 fertiggestellte Gedenkstätte für Ismail al Buchari (s. S. 235).
Pendschikent (Tadschikistan, 70 km): Ausgrabungen der Stadt der Sogder (s. S. 282).
Schahr-e Sabs (85 km) Fahrt auf der M39 über den Hochgebirgspass Tachta-Karatscha (1675 m ü. M.) des Serafschan-Gebirges und weiter über **Kitab** (Observatorium und IGS-Station – International GPS Service – zur genauen Bestimmung von Sattelitenbahnen) zum Geburtsort und Stammsitz Timurs (s. S. 235).
Termes (340 km): Grenzstadt zu Afghanistan mit bedeutenden Stätten des Islam und des Buddhismus (s. S. 248).
Urgut Eine Kleinstadt unweit der Grenze zu Tadschikistan, wo besonders an Sonntagen

der berühmt-berüchtigte orientalische Basar zum Hören und Sehen, aber auch zum Riechen und Schmecken einlädt – ofenfrisches Fladenbrot (*obi non*) und grüner Tee (*kok tschai*).

... von Schahr-e Sabs nach:
Baisun: Auf der M39 führt der Weg über Gusar (70 km) zur **Eisernen Pforte** (155 km) und weiter auf einer Nebenstrecke in östlicher Richtung durch enge Bergschluchten – über Derbent (2900 m ü. M.) – in die etwa 30 km weiter nordöstlich liegenden Siedlung Baisun (s. S. 259). (Nach Fertigstellung der Eisenbahnlinie Taschgusar-Baisun-Kumkurgan ist die Surchan-Oase heute ebenfalls mit dem Zug zu erreichen.) Aber auch die Dörfer Rabat (von Baisun etwa 15 km in südlicher Richtung) oder Kafirun und Padung sind lohnende Abstecher.
Hissar-Naturschutzgebiet: Von Schahr-e Sabs aus führen mehrtätige Exkursionen (Hubschrauber, Auto, Pferd, zu Fuß) in das Hissar-Naturschutzgebiet, nach **Hasrati Sultan**, dem islamischen Wallfahrtsort im Hochgebirge (4000 m ü. M.), zur **Höhle Timurs** (eine nahezu 900 m lange Grotte mit Stalaktiten und Stalagmiten und dem größten unterirdischen See in Usbekistan) oder zu den **Spuren der Dinosaurier** (an drei verschiedenen Stellen) und nicht zuletzt zum **Aigyr-Kul-See**, einem in einer Höhe von 2400 m ü. M. malerisch gelegenen Bergsee.
Langar: Biegt man von Schahr-e Sabs kommend auf der M39 in Kisil-Tepe (35 km) in südöstlicher Richtung scharf links ab, erreicht man nach etwa 25 km eine scheinbar gottverlassene Gegend: Langar (= Katta Langar), die wahre ›Heimstatt Gottes auf Erden‹. Das beschauliche Dorf im Hissargebirge genießt bei den gläubigen Muslimen den gleichen heiligen Ruf wie die Stadt Buchara. Schon von Weitem sieht man auf einem Bergvorsprung den steil aufragenden Tambour des Mausoleums Langar Ata für den 1545 verstorbenen Scheich Mohammed Sadik. Besondere Beachtung verdient aber auch die im Jahre 1520 errichtete Dschuma-Moschee mit ihren in Blau, Schwarz und Gold erstrahlenden Ziegelmosaiken in einer Höhe von 2400 m.

... von Taschkent nach:
Charvak-Stausee (70 km) mit National-Park (900 m ü. M.); Kurort Oltin Olma (Hotelunterkunft).
Schimkent (Kasachstan, 125 km): Die Stadt mit Kara-Kul-Schafzucht-Museum ist in der Regel Zwischenstation für einen Ausflug nach Turkestan (s. S. 325).
Taras (Kasachstan, 273 km): In Taras, einst Hauptstadt der Karakhaniden, sind verschiedene Baudenkmäler des Mittelalters einen Besuch wert; Anfahrt über Schimkent (s. S. 325).
Taschkenter Meer (45 km): Einer der größten Stauseen Usbekistans (5 Mrd. m³).
Tschimgan (Chimgan, 91 km): Beliebtes Urlaubsgebiet am Fuße des Großen Tschimgan (3309 m) im Tal der Tschimganka – ein mit Sträuchern und Walnusshainen bedecktes Plateau in einer Höhe bis zu 1430 m.
Tschirtschik (Chirchik, 33 km): Erholungsgebiet und Kurort.
Turkestan (Kasachstan, 290 km, Visum!): Zu erreichen über Schimkent; lohnend der bedeutenden Grabmoschee wegen (s. S. 326).

... von Termes nach:
Airtam (13 km) eine archäologisch besonders interessante Siedlung aus gräko-baktrischer Zeit, wo neben buddhistischen Heiligtümern der berühmte Musikantenfries ausgegraben wurde (s. S. 252).
Balalik Tepe (16 km) eine sogdische Festung aus dem 5.–7. Jh. (s. S. 41).
Dschar Kurgan (40 km) in nördlicher Richtung auf der M41 in die ältestete Stadt Usbekistans (s. S. 22 u. 188) und weiter (etwa 100 km) nach Denau – noch im 17. Jh. eine im ganzen Orient bekannte ›Großstadt‹. Erhalten sind die Festung sowie die zweigeschossigen Said-Atalyk Medrese (16. Jh.) und ein Chanaka. Unweit von Denau wurde auch eines der bedeutendsten Zentren des Kuschan-Reiches ausgegraben **Dalversin Tepe** – im 3. und 2. Jh. v. Chr. eine etwa 3 ha große und mit einer Mauer umgebene reiche

Oasenstadt. Eine weitere Stadt aus der Kuschan-Zeit: Chaltschajan liegt etwa 10 km nördlich von Denau (s. S. 34).
Scherabad (33 km) auf der M39 in nördlicher Richtung. Eine Stadt in den Ausläufern des Hissargebirges mit zwei für den Islam bedeutenden Pilgerstätten. Sehenswert das Mausoleum des Chodscha Abu Isa Mohammed Imam Termesi. Eindrucksvoll ein Besuch des städtischen Museums mit seinen zahlreichen Funden aus der Bronzezeit. Von Scherabad sind es noch etwa 50 km bis nach Sairab einem malerisch gelegenen, von hohen Bergkämmen geschützten Städtchen.

Die Emire von Buchara wussten, warum sie gerade hier ihre Sommerresidenz hatten, wo dichte Wälder und von unzähligen Bächen durchzogene Haine von Walnussbäumen einen wahren Kontrast zur wasserlosen Sandwüste Kisilkum bilden.

... von Urgentsch nach:
Badai-Tugai Naturschutzgebiet (60 km nördl.) am Ostufer des Amudarja (s. S. 16).
Biruni (20 km): auf der rechten Seite des Amu Darja (s. S. 64, 300), und weiter über Bustan (+ 20 km) zu den Ruinen choresmischer vormongolischer Festungen und Siedlungen, z. B.:
– **Toprak-Kale** (+ 10 km, s. S. 253);
– **Kisil-Kale** (unweit von Toprak-Kale) – ein ehemaliges Militärlager;
– **Kavat-Kale** (20 km östl. von Toprak-Kale): Eine im 4. Jh. v. Chr. erbaute Festung in einer dicht besiedelten, künstlich bewässerten Oase.
– **Ajas-Kale** (knapp 20 km nordöstl. von Toprak-Kale, s. S. 256) mit Jurten-Camp;
– **Koi-Krylgan-Kale** (30 km südöstl. von Toprak-Kale): Siedlung (4. Jh. v. Chr./1. Jh. n. Chr.), deren Wohn- und Wirtschaftsgebäude kreisförmig um ein Kultzentrum (?) angeordnet waren (s. S. 31).
– **Guldursun** (20 km südl. von Bustan, auf dem Weg nach Turtkul): Eine hoch aufragende Festung mit Mauern aus Stampflehm aus dem 4. Jh. v. Chr./6. Jh. n. Chr.
Chiwa (30 km): s. S. 172
Nukus (140 km – s. S. 19) und weiter an den weitgehend ausgetrockneten **Aralsee** (s. S. 133). Ein lohnender Abstecher von Nukus (20 km westlich) führt nach Misdakhan. Bereits im 4. Jh. v. Chr. eine der größten Städte in Choresm – heute ein weites, archäologisch interessantes Ruinenfeld. Besondere Aufmerksamkeit verdient die bis in das 20. Jh. genutzte Nekropole sowie das im 14. Jh. errichtete Mausoleum Muslum-Khan Sulu.
Ugam-Tschatkal-Nationalpark (Ugam Chatkal, 80 km): Dieses etwa 50 km² große und bis zu einer Höhe von 4500 m aufsteigende Naturschutzgebiet ist mit seinen Bergseen, steilen Felswänden und Wanderwegen ein wahres Paradies für Wanderer wie für erfahrene Bergsteiger.

Verkehrsmittel

Mit Flugverbindungen kann man die Reisedauer etwas verkürzen: für den Besuch von Chiwa z. B. mit der Verbindung Taschkent – Urgentsch oder Taschkent – Ferghana, um nach Kokand, Margilan oder Schachimardan zu gelangen. Selbst für die Bewältigung größerer Entfernungen kann man aber auch auf Bahn und Bus umsteigen, was in den meisten Fällen wegen der Nähe zu Land und Leuten wesentlich eindrucksvoller ist.

Erfreulicherweise wurden in den letzten Jahren die Bahnverbindungen in Zentralasien derart ausgebaut, dass man beispielsweise von Taschkent aus mit dem Zug direkt – ohne den Umweg über Turkmenistan nehmen zu müssen – auch den Westen Usbekistans (Urgentsch, Nukus) erreichen kann. Gleiches gilt für Fahrten in den Süden (nach Termes).

Immer sollte man jedoch bedenken, dass sich alle Republiken – auch was den Tourismus betrifft – im Aufbau befinden und man daher keine Infrastruktur erwarten kann, wie sie in Westeuropa üblich ist. Was die Auswahl der Reiseziele betrifft, gilt in Zentralasien vielleicht mehr als anderswo, dass ›weniger‹ in vielen Fällen ›mehr‹ bedeutet.

Für die **Exkursionen in den Städten** und deren Umgebung stehen Busse und Taxis zur Verfügung. Ein Taxi können Sie entweder über das Hotel bestellen, direkt unterwegs anhalten oder aber Sie mieten es unmittelbar am Taxistand. Um Auseinandersetzungen vorzubeugen, ist es nützlich, sich den Preis für die gewünschte Fahrt bereits im Voraus nennen zu lassen.

Um in einer Stadt einen Basar oder ein Theater zu besuchen, sollten Sie auch einmal öffentliche Verkehrsmittel benutzen: Bus, Trolleybus, Straßenbahn und in Taschkent die Metro. Sie werden überrascht sein, wie hilfreich man Sie durch die Stadt lotsen wird. Ansonsten werden aber auch Leihwagen in zunehmendem Umfang angeboten.

Hinweis: Das Rauchen in öffentlichen Verkehrsmitteln ist verboten.

Essen und Trinken

»Willst du gesund bleiben, esse weniger, willst du Autorität haben, noch weniger.« Wer in Zentralasien unterwegs ist, muss sich natürlich nicht ständig diese alte choresmische Spruchweisheit vor Augen halten, denn was zentralasiatische (Hotel-) Küchen ihren Gästen zu bieten haben, ist durchaus originell und abwechslungsreich. Mögen manche Gerichte auch ungewohnt sein, so sind sie doch lecker und vor allem gut verträglich. Selbstverständlich stehen auf den Speisekarten der Restaurants auch internationale Gerichte, die man von zu Hause kennt.

Hauptnahrungsmittel ist wie eh und je das Brot – im Allgemeinen das runde Fladenbrot, das vielerorts auch heute noch in einem großen Tonofen *(tandyr)* gebacken wird. Dieses köstlich duftende Brot mit seiner glänzenden Oberfläche schmeckt hervorragend. Mit frischem Brot und grünem Tee dürfte es auch bei einer längeren Reise durch die Karakum oder bei einer beschwerlichen Wanderung durch den Tienschan keine Versorgungsprobleme geben.

In den meisten Hotels wird zum **Frühstück** ein reichhaltiges Buffet mit warmen und kalten Speisen angeboten. Wegen der großen Hitze sollte das **Mittagessen** eher leicht ausfallen, etwas Obst genügt. Beim **Abendessen** wird die Tafel eröffnet mit einem großen Teller Salat (Weißkohl, Gurken, Möhren, Tomaten, Rettich, Zwiebeln, mit frischen Kräutern) und/oder mit einer Suppe. Als Hauptgericht wählt man ein Gericht der Nationalküche oder auch ein Gericht der internationalen Küche.

Zum **Nachtisch** gibt es Kuchen, Eis oder Obst – der Jahreszeit entsprechend Äpfel, Birnen, Pflaumen … und immer wieder die saftigen Zucker- oder Honigmelonen und Weintrauben aus eigener Ernte.

Als Getränke bestellt man Mineralwasser, Limonade, Cola, Apfelsaft, Kaffee, grünen Tee *(kok tschai)* oder Schwarztee und einheimischen Wein – auf Wunsch auch Wodka und Kognak. Inzwischen ist auch das Angebot aus dem Ausland importierter Getränke (sowohl Bier und alkoholfreie Getränke als auch Spirituosen) recht groß.

Nach dem Essen ist ein echter, im Stielkännchen aufgekochter Türkischer Mokka ebenfalls nicht zu verachten.

Alkohol

Während vor allem in Kasachstan und Kirgistan Alkohol (Wodka) sehr beliebt ist und auch für unangenehme oder gefährliche Situationen sorgen kann, ist in Usbekistan der Konsum von Alkohol in der Öffentlichkeit verboten. Turkmenistan ist noch relativ liberal, aber auch in Tadschikistan ist Alkohol in islamischen Kreisen zunehmend verpönt.

Nationalgerichte

Aus der Fülle der Nationalgerichte, die vielleicht im Rahmen eines *dastarchan* (wörtl. ›Tischtuch‹), einer festlichen Begegnung mit Gästen, aufgetragen werden, sollen hier nur einige herausgegriffen werden. Dabei ist zu berücksichtigen ist, dass die Namen für dasselbe Gericht von Region zu Region verschieden sein können:

Airan mit Wasser angerührte Dickmilch

Beschbarmak wörtl. ›Fünf Finger‹ – nach der Art, es zu

essen. In Streifen geschnittenes Pferde- oder Hammelfleisch, mit Innereien und Kazy gekocht, man isst es in Fladen aus Nudelteig. Dazu werden die Brühe und gedünstete Kartoffeln serviert.
Boorsok in Öl gebackene Teigkugeln
Halva eine Süßspeise, hergestellt aus Weizengrieß und Zucker, oft mit Nüssen oder Sesam. Allein in Usbekistan gibt es mehr als 50 verschiedene Halva-Sorten
Kasy Pferdewurst
Kumis vergorene Stutenmilch; echter Kumis riecht immer ein wenig nach Rauch! In Kirgistan sagt man: »Wer Kumis trinkt, wird hundert Jahre ...!«
Lagman eine dicke Nudelsuppe mit gebratenen Fleischstückchen und Gemüse
Lepjoschki dicke runde Brotfladen (nur in Tadschikistan bäckt man dünne), die ofenfrisch besonders gut schmecken
Manty mit Fleisch gefüllte Teigtaschen, die über Dampf zubereitet werden (ähnlich den russischen Pelmeni)
Mastava Reissuppe mit kleingeschnittenen Zwiebeln, Mohrrüben, Tomaten, Erbsen
Naryn ein Gericht aus dicken Nudeln und gekochtem Fleisch, mit Zwiebelringen garniert
Obi-non/Uy-non Fladenbrot, gebacken aus Weizenmehl mit Sauerteig, der mit Sesam- oder Mohnsamen bestreut wird
Patyr Fladenbrot, zubereitet aus Blätterteig oder gesalzenem Kuchenteig, dem der Haltbarkeit wegen viel Hammelfett beigefügt wird
Plow das Lieblingsgericht in allen zentralasiatischen Republiken, das meistens in großen Kesseln zubereitet wird: Hammelfleisch (nach Möglichkeit auch Wachteln) mit Möhren, Knoblauch, Quitten, Zwiebeln, Rosinen, vielen Kräutern und Gewürzen, bedeckt mit Reis
Schaschlik (auch Shashlyk) am Spieß geröstete Hammelfleischstückchen mit Zwiebeln, Tomaten, Gurken, Paprika
Schurpa (auch Shurbo) eine kräftige Fleischbrühe mit Fadennudeln und Gemüse
Tschal ein aus Kamelstutenmilch zubereitetes Erfrischungsgetränk
Tschutschwara mit Fleisch gefüllte Teigtaschen, ähnlich wie Manty, aber größer und schärfer gewürzt – mit viel Pfeffer und Zwiebeln

Restaurants

In allen Republiken nimmt das Angebot an gehobenen wie an einfachen Restaurants und Teestuben ständig zu, allerdings entsprechen sie selten westeuropäischen Vorstellungen. Ein Wiener Caféhaus wird man in Zentralasien vergebens suchen. Pizzerien hingegen finden auch in Zentralasien immer mehr Anhänger; in den Hauptstädten gibt es auch internationale und asiatische Restaurants.

Um aber zum Mittagessen nicht ständig ins Hotel zurückkehren zu müssen, kann man ohne Bedenken auch ein Restaurant im ›alten‹ (oft russischen) Stil aufsuchen oder eine typisch orientalische Teestube in einem Altstadtviertel bzw. in einer der neuen Fußgängerzonen. Besonders beliebt ist hier natürlich grüner Tee, zu dem vielfach Dörrobst (Rosinen, Korinthen, Aprikosen ...), Nüsse, frisches Fladenbrot und Süßigkeiten (Halva) gereicht werden. Wundern Sie sich aber nicht, wenn Ihre Teeschale nur zur Hälfte gefüllt wird, denn das bedeutet, Sie sind als Gast willkommen und sollen lange bleiben.

Wo auch immer Sie während Ihrer Reise einkehren, vergessen Sie nicht das kirgisische Sprichwort: »Zu Haus oder als Gast, ganz gleich, iss und trink, was man dir reicht.«

Wichtiger Hinweis

Der Genuss von Leitungswassers ist vielerorts nicht empfehlenswert. Vorsichtshalber sollte man nur Mineralwasser oder entkeimtes Wasser zu sich nehmen (z. B. mit Micropur). Optimaler Durstlöscher ist aber Tee, denn zumeist bekommt man Diarrhö durch zu viel kalte Getränke.

Informationen für unterwegs – von Land zu Land

Kasachstan (Kazakhstan)

Landesvorwahl: 00 7

Diplomatische Vertretungen

Botschaft von Deutschland
Ulitsa Kosmonawtow 62,
Mikrodistrikt Tschubary
010000 Astana
Tel. 07172-79 12 00
Notfallnr 0701-768 06 62
Fax 07172-79 12 13

Deutsches Generalkonsulat Almaty
Ulitza Iwanilowa 2
050059 Almaty
Tel. 0727-262 83-41, -46, -49
Fax 0727-262 83 57

Botschaft von Österreich
c/o Botschaft der Tschechischen Republik
Kosmonavtov Str 62
Mikrodistrikt Chubary
010000 Astana
Tel. 07172-97 78 69
Fax 07172-97 78 50
astana-ob@bmeia.gv.at

Botschaft der Schweiz
Ul. Sary-Arka No. 6
010000 Astana
Tel. 07172-66 03 41
Fax 07172-66 03 42

Generalkonsulat der Schweiz
Altyn-Alma Complex, 5th fl.
146 Zheltoksan Str.
050000 Almaty
Tel. 0727-250 35 59
Fax 0727-250 13 88
alm.vertretung@eda.admin.ch

Hotels in Almaty

Inter-Continental Almaty
181 Zheltoksan
Tel. 327-250 50 00
Fax 327-258 21 00
www.ichotelsgroup.com
info@interconti-almaty.kz
Ein elegantes, 2005 völlig renoviertes Hotel mit 277 Zimmern in 12 Stockwerken. 5 Restaurants, Cocktailbar, Swimmingpool.
5*, EZ 350 $, DZ ab 400 $

Otrar
73 Gogol
Tel. 327-250 68 06
www.group.kz/eng
161 Komfort-Zimmer, mit Restaurant, Sauna, Pool. Nur wenige Schritte vom orientalischen Bad Arassan entfernt.
3*, EZ 85 $, DZ ab 95 $

Best Eastern Dostyk
36 Kurmangazy
Tel. 327-258 22 70
Fax 327-272 47 65
www.dostyk.kz
Ein großzügig angelegtes Hotel, zentral und trotzdem ruhig, viel gelobtes Restaurant.
3*, EZ 170 $, DZ 210 $

Hyatt Regency Almaty
29/6 Akademik Satpaev
Tel. 327-250 12 34
Fax 327-250 88 88

Hotelbuchung

Aufgrund ständiger Veränderungen im wachsenden Angebot ist es nicht ganz einfach, die jeweils gültigen Daten über den aktuellen Stand der Unterkünfte – auch hinsichtlich der Rufnummern – zu erhalten. Selbst im Internet sind aktuelle Daten nicht immer zu finden. Diese Hotelempfehlungen erheben keinen Anspruch auf Vollständigkeit, sondern vermitteln einen ersten Überblick über das Angebot möglicher Unterkünfte entlang der großen Seidenstraße. Im Wesentlichen handelt sich sich um Hotels, die westlichen Standards genügen und auch über das Internet gebucht werden können. Dabei muss allerdings darauf hingewiesen werden, dass die Reiseveranstalter fast immer bessere Preise anbieten können, als man bei einer Direktbuchung bekommt.

Wir wären Ihnen sehr dankbar, wenn Sie uns nach Ihrer Rückkehr informieren würden, welche Erfahrungen Sie während Ihrer Reise durch Zentralasien – gerade was die Unterkunft betrifft – gemacht haben.

www.almaty.regency.
hyatt.com
Ein Luxushotel im Stadtzentrum mit 285 Zi., Restaurant, Wellness-Angeboten und Fitness-Center.
5*, DZ ab 450 $

Kazakhstan
52 Dostyk
Tel. 327-291 91 01
www.hotel-kazakhstan.kz
4*, EZ 95 $, DZ 165 $

Restaurants/Cafés in Almaty

Zheruiyk, 500 Seyfullina
Kasachisch, mit Folklore-Vorführungen
Dastarkhan, 75 Shevchenko
Kasachisch, türkisch, gute Kebabs
Azteka, 66 Kazybek Bi
Mexikanisch, italienisch
Schwäbisches Häuschen
121 Ablay Khana
Deutsche Spezialitäten
Rumynskij Dwor,
135 Ablaj Khana
Balkan-Küche
Tau Dastarkhan,
Almatinka-Tal
Restaurant-Dorf, openair

Einkaufen in Almaty

Barakholka-Markt u. a. mit *Flohmarkt,* Kuderina, westliche Vorstadt
Kök oder Zeljonyi Basar
(›Grüner Markt‹), Makatajev/Pushkin – ein echter orientalischer Markt
At Akul Carpets
Kabanbaj Batyra
Teppiche, man kann beim Knüpfen zusehen
City Center
Töle Bi, Ecke Bajzakowa
modernes Einkaufszentrum, westliche und russische Waren
Zanghar – ZUM
62 Ablaj Khana
ehem. Zentralkaufhaus aus Sowjetzeit, großes, umfassendes Sortiment

Hotels in Astana

Grand Park Esil
8 Beibitshilik
Tel. 317-259 19 01
Fax 317-232 88 18
www.grandparkesil.kz
Modern renoviertes Hotel in einem hübschen historischen Gebäude des frühen 20. Jh. mit Luxus-Restaurant.
4*, EZ 108 $, DZ 158 $

Mukammal
53/1 Pobeda
Tel. 317-238 29 39
Fax 317-230 29 12
www.mukammal.kz
Modernes Haus, 40 Zimmer mit Mini-Bar, Sat-TV und Highspeed-Internetzugang.
4*, EZ 66 $, DZ 145 $

Okan Inter-Continental
113 Abaya
Tel. 317-239 10 00
Fax 317-239 10 10
www.ichotelsgroup.com
Neues Hochhaushotel, sehr luxuriös, Restaurant mit mediterraner Küche, Sauna, Gym, beheizter Indoor-Pool.
5*, EZ 300 $, DZ 556 $

Rixos President
Administrative Center
Tel. 317-224 50 50
Fax 317-224 27 60
www.rixos.com/astana
Luxuriöses Hotel unter Leitung einer Gesellschaft, die auch viele Hotels an der türkischen Küste führt.
168 Zi., mit Gourmet-Restaurant & Wellness-Zentrum.
5*, 400–500 $

Hotel in Schimkent (Shymkent)

Sapar, 17 Kunajewa
Tel/Fax 325-253 50 01
saparhtl@mail.ru
Mittelklassehaus
3*, EZ 90 $, DZ 150 $

Kirgistan

Landesvorwahl: 00 996

Diplomatische Vertretungen

Botschaft von Deutschland
Uliza Rasakowa 28
720040 Bischkek
Tel. 312-90 50 00
Fax 312-66 66 30
www.bischkek.diplo.de

Schweizerische Konsularagentur
144 Panfilova
720040 Bischkek
Tel. 312-66 64 80, -84
Fax 312-66 64 89
bishkek@sdc.net

Hotels in Bischkek (Bishkek)

Dostuk
429b Frunze

Tel. 312-28 42 51
Fax 312-28 44 66
Modernes Hochhaushotel in der Stadtmitte im internationalen Stil, 174 Zimmer, Sauna, Casino, Disco, Internet-Zugang.
3*, EZ 80 $, DZ 135 $

Hyatt Regency Bishkek
191 Abdurakhmanov (Sovietskaya)
Tel. 312-66 12 34
Fax 312-66 57 44
bishkek.regency.hyatt.com
Internationales Luxushaus mit Casino und Wellness-Angeboten. Zimmer mit allem Komfort.
5*, DZ ab 375 $

Silk Road Lodge
229 Abdumomunova
Tel. 312-66 11 29
Fax 312-66 16 55
www.silkroad.com.kg
Angenehm überschaubares Haus, ein Neubau im Stadtzentrum mit 10 Apartments, 7 DZ und 8 EZ, mit Sauna und Indoor-Pool.
4*, EZ 105 €, DZ 115 €

Restaurants/Cafés in Bischkek

Adriatico Paradise
219 Cuj (Tschuj/Chui)
Gute italienische Küche
Astana Café, Kiev
Landestypisches Teehaus mit günstigen Snacks/Salaten
Brauhaus Steinbräu
5 Gertze/Bökönbajev
Bayerische Tradition
Indus Valley
105 Sultan Ibraimov
Indisch & pakistanisch
Orient International, Kiev
Türkisch am Ala-Tau-Platz (Ayant Ala-Too)
Planet Holsten
Dobovy Park
Terrassencafé, auch Pizza
Santa Maria
217 Cuj (Tschuj/Chui)
Koreanisch & international

Einkaufen in Bischkek

Ak Emir Basar
Moskva/Shopokov
Lebensmittelmarkt
Imam Souvenirs, 128 Cuj (Tschuj/Chui)
Osch (Oš) Basar, westl. des Zentrums (3 km), traditionell
Kyrgyz Style (Korku), 133 Bökönbajev, Teppiche (www.kyrgyzstyle.kg)
Europa Supermarket
70 Sultan Ibraimov
Toltschok (Tolcok), nördl. Vorstadt (6 km), Flohmarkt am Samstag
ZUM (TsUM), 155 Cuj (Tschuj/Chui), Kaufhaus

Tadschikistan

Landesvorwahl: 00 992

Diplomatische Vertretungen

Botschaft von Deutschland
Somoni 59/1
734064 Duschanbe
Tel. 37-73000, Fax 37-73080

Schweizerische Konsularagentur
20, Pavlova St.
Duschanbe
Tel. 37-224 73 16, Fax 290 15 04
dushanbe@sdc.net

Hotels in Duschanbe

Duschanbe
7 Rudaki
Tel. 37-221 23 57
Älteres 3-Sterne-Haus noch aus sowjetischer Zeit.
3*, DZ ab 50 $

Marian's Guest-House
67 Shotemur
Tel. 37-223 01 91,
marians@tajnet.com
Komfortables, gut ausgestattetes Haus mit Sauna, Reservierung unbedingt ratsam.
Ab 50 $ pro Person

Mercury
9 Lev Tolstoy
Tel. 37-224 44 91
Fax 224 41 37
www.hotel-mercury.tj
Neues, gut ausgestattetes Luxushaus in ansprechender, ruhiger Lage zwischen Rudaki-Prospekt und Warzob-Fluss. Große Zimmer, Internet-Service, Fitness-Center, Wellness-Angebote.
4 *, EZ 60 $, DZ 80–120 $

Best Eastern Tajikistan
22 Shotemur
Tel. 37-221 82 28
www.besteastern.com
Modernes achtstöckiges Haus mit 70er-Jahre-Flair (in 2000 renoviert), aber gut und zentral im Stadtzentrum gelegen.
4*, EZ 60 $

Restaurants/Cafés in Duschanbe

Delhi Darbar, 88 Rudaki
Indisch, Buffet Fr u. Sa abends
Café Merve, 92 Rudaki
Türkische Snacks, Kebab, auch Frühstück
Salsa Restaurant
Omar Chaijjam/Karamov
Südamerikanisch, italienisch
Chayhana Rohat, 84 Rudaki
Großes Teehaus im Sowjet-Stil, gut für eine Pause

Einkaufen in Duschanbe

Barakat Basar
Ismail Somonij (im Zentrum)
Kleidung, Souvenirs
ZUM (TsUM), 83 Rudaki
Großkaufhaus

Turkmenistan

Landesvorwahl: 00 993

Diplomatische Vertretungen

Botschaft von Deutschland
Hotel Ak Altyn
744000 Aschgabat
Tel. 12-36 35 15, 12-36 35 17
Fax 12-36 35 22
info@aschgabat.diplo.de

Hotels in Aschgabat (Ashgabat)

Ak Altin
141/1 Magtymguli
Tel. 12-51 21 81, Fax 51 21 75
Modernes Luxus-Hotel aus dem Jahr 1994 am Ak-Altin Plaza neben der Deutschen Botschaft, zentrumsnah mit Pool.
5*, DZ 165 $

Dayhan
60 Azadi
Tel. 12-35 73 44
Einfaches, doch im Ganzen verlässliches Budget-Hotel. Meist 3-Bett-Zimmer mit TV.
3*, DZ 35 $

Grand Turkmen
7 Görogly
Tel. 12-51 20 50, Fax 51 20 49
2005 renoviertes Lusxushotel im Zentrum, außen modern, innen in klassischer Eleganz.
5 *, DZ 170 $

Nissa
18b Atabaev
Tel. 12-42 93 10, Fax 41 95 51
Modernes, ansprechendes Haus ganz in Weiß, 1998 erbaut. 141 Zimmer, Pool, Restaurant mit guter italienischer Küche.
4*, DZ 120 $

Turkmenistan
19 Bitrap Türkmenistan
Tel. 12-35 05 41
Einfaches Haus (doch unlängst renovierte Badezimmer), alles in Allem eines der besten im günstigen Segment.
3 *, EZ, DZ 50 $

Restaurants/Cafés in Aschgabat

Altyn Jam, 101 Magtymguli
Terrassenrestaurant mit europäischer Küche
Asuda Nusay
54a Alicera Nowaij
Beliebt bei Expats, moderner Stil, internationale Küche
Altyn Asyr (Golden Age)
Independence Park (oberste Etage des Einkaufszentrums)
Essen mit Aussicht
Istanbul, 5 Görogly
Türkische Küche
Italian Restaurant
18 Atabaev (Nissa Hotel)
Guter Italiener

Einkaufen in Aschgabat

Merkesi Basar
Asady/Liebknecht
Lebensmittel, Souvenirs
Tikinski Basar, 94 Asadiy
Kleidung, CDs
Tekke Basar
Azady/Gousudova
Lebensmittel
Tolkutscha Basar
nördl. der Stadt
einer der größten Märkte Zentralasiens: Kamele, Teppiche, traditionelle Kleidung
Yimpas, 54 Turkmenbashi (ehem. Tschechov/Chechov)
Modernes Shopping Center
ZUM, 78 Magtymguli
Großkaufhaus

Usbekistan

Landesvorwahl: 00 998

Diplomatische Vertretungen

Botschaft von Deutschland
Sharaf-Rashidov Ko'chasi 15
700017 Taschkent
Tel. 71-120-84 40

Fax 120-84 85
info@taschkent.diplo.de

Botschaft der Schweiz
Usmon Nosyr St., Tupik 1/4
700070 Taschkent
Tel. 71-120 67 38
Fax 120 62 59
vertretung@tas.rep.admin.ch

Hotels

... in Buchara (Bukhara, Buxara)
Ortsvorwahl vom Ausland: +998-65, im Inland: 365

Bukhara Palace
8 Alisher Nawoi
Tel. 223 00 24
Fax 223 51 19
www.hotelbukharapalace.com
Gut geführtes Hotel, 440 Zi. mit Balkon, Restaurants mit internationaler Küche und Panorama Bar. Großzügig angelegte Lobby, Nachtclub, Sauna, Schwimmbad.
4*, EZ 70 $, DZ 95 $

Lyabi House
7 Khusainov
Tel. 224 24 84
www.lyabi-house.com
Ein historischer Bau im Zentrum der Altstadt unweit eines Handwerkermarktes und verschiedener Souvenir-Geschäfte. 20 Zi., aufmerksamer Service. Usbekische und internationale Küche. Speisesaal im Stil des 19. Jh.
3*, EZ 50 $, DZ 65 $

Mekhtar Ambar
91b Nakshbandi
Tel. 224 41 68, Fax 224 21 77
mekhtarambar@inbox.ru
Mitten in der Altstadt gelegen. Ein richtig gemütliches, in einer ehemaligen Karawanserei (19. Jh.) eingerichtetes Hotel mit einem schattigen Innenhof.
B&B 2*, EZ 35 $, DZ 55 $

Malika Bukhara
10 Sarrafon
Tel. 224 62 56
www.malika-bukhara.com
Nahe dem Komplex Lab-e Haus (Lyabi-Hauz). 34 im orientalischen Stil eingerichtete Zi., Sat-TV.
2*, EZ 45 $, DZ 65 $

Sascha&Son B&B
3 Eshoni Pir
Tel. 224 49 66
www.sacholga.narod.ru
Nahe der Synagoge. 17 in traditionellem Buchara-Stil eingerichtete Zi. in einem alten jüdischen Haus aus dem 16. Jh., mit Restaurant, Innenhof und Garten.
B&B 2*, EZ 50 $, DZ 65 $

... in Chiwa (Khiva, Xiva)
Ortsvorwahl vom Ausland: +998-62, im Inland: 362

Malika Khorezm
Center 5
malikahotels.com
booking-malika@mail.ru
Privat geführtes, gemütliches Hotel vor der Stadtmauer. Sehr gute Küche.
2*, EZ 45 $, DZ 60 $

Shaherezada Khiva
Islam Khodja 35
Tel. 375 95 65, Fax 375 95 39
www.khivashaherezada.com
Im traditionellen Stil gebautes Hotel innerhalb der Stadtmauer. 1-, 2- und Mehrbettzi., Air-Condition, Bar, Souvenir-Shop.
Boutique Hotel, EZ 35 $, DZ 55 $

Malika Khiva
A. P. Kori 19
www.malikahotels.com
Direkt neben dem Stadttor Ata Darwase, familiär geführtes Hotel (eine ehemalige Medrese).
2*, EZ 45, DZ 60 $

Malika Heivak
Islam Khodja 10
Tel/Fax 375 77 87
lolita_hotel@yahoo.com
Mitten in der Innenstadt. 22 modern eingerichtete Zi., abwechslungsreiche Küche.
B&B, EZ 45 $, DZ 70 $

... in Ferghana (Fargona)
Ortsvorwahl vom Ausland: +998-73, im Inland: 373

Asia Ferghana
Ali Schir Nawai 26
Tel. 24 52 21
c/o Marco Polo Tour Operator, Tel. (+998) 71-15 27 64
www.marcopolo.uz/en/
Kettenhotel mit gutem Standard, gelobte Küche (europ. u. asiat.). 23 Zi., Pool.
3*, EZ 37 $, DZ 60 $

Hotel Club 777
Pushkin 7a
Tel. 24 37 77, Fax 26 26 55
hotelclub777@inbox.ru
www.hotel777.uz/engl/
Elegantes Privathotel, 30 Zi. Mit viel Grün geschmückter Innenhof mit Pool. Zimmer

in klassischem Ambiente, auch Bungalows.
3*, EZ 50 $, DZ 75 $

... in Nukus
Ortsvorwahl vom Ausland: +998-61; im Inland: 361

Nukus
Patrice Lumumba 4
Tel. 222 36 33
Im Stadtzentrum unweit der Museen. 36 Zi., Restaurant mit Karalpaken-Küche, Bar.
B&B, EZ 35 $, DZ 70 $

... in Samarkand
Ortsvorwahl vom Ausland: +998-66, im Inland: 366

Afrosiab Palace
2 Registan
Tel. 231 13 41, Fax 231 10 44
www.besteastern.com
afrosiab@online.ru
Ein komfortables Hotel unweit des Registan. Internat. u. einheimische Küche, Piano-Bar, Sauna, Pool.
4*, EZ 40 $, DZ 65 $

Domina President
Shokruh 53
Tel. 233 40 86
Elegant eingerichtetes Hotel. 166 Zi., europäischer Service. Klima-Anlage, Hallenbad, Business-Center.
4*, EZ 60 $, DZ 100 $

Konstantin
Mirzo Ulugbek 152
Tel. 234 04 56, Fax 234 30 57
Sehr gut ausgestattete Zimmer. Traditionell eingerichtetes Restaurant, Bar, Sauna, Hallenbad.
3*, EZ 90 $, DZ 110 $

Malika Samarkand
Khamraev 37
www.malikahotels.com
Typisch usbekisch eingerichtetes Haus mit 26 Zi. In einem Vorort. Ausgesprochen gute Küche.
3*, EZ 50, DZ 70 $

Zarina
4 Umarova
Tel. 235 07 61, Fax 231 06 41
www.hotel-zarina.com
Privat geführtes, zentral gelegenes Hotel im historischen Stil, Restaurant-Terrasse, Einladender Innenhof mit geschnitzter Holzveranda und kleinem Pool.
2*, EZ 45 $, DZ 60 $.

... in Schar-e Sabs (Shahrisabz, Shaxrisabz)
Ortsvorwahl vom Ausland: +998-75, im Inland: 375

Orient Star
26 Ipak Yuli
Tel. 522 06 38, Fax 522 06 41
Reservierung über www.tour-orient.com
Ein völlig renoviertes Intourist-Hotel, zentral gelegen. Restaurant mit usbekischer u. internationaler Küche, Bar
3*, EZ 30 $, DZ 50 $

... in Taschkent (Tashkent, Toshkent)
Ortsvorwahl vom Ausland: +998-71, im Inland: 371

Dedeman Silk Road
7/8 Amir Timur
Tel. 120 37 00, Fax 134 42 42
Info@dedemansilkroad tashkent.com
Gut ausgestattetes, elegantes Hotel im Zentrum unter türkischer Leitung. 206 luxuriöse Zi., Opern-Café, Rich-Club. Sauna, Fitness-Center, 2 Schwimmbäder.
4*, EZ 85 $, DZ 105 $

Grand Orzu
27 Mahmud Tarobi
Tel. 134 70 70, Fax 120 88 76
www.orzu-hotels.com
Gut geführtes Hotel im Zentrum mit 50 Zi., 2003 eröffnet. Beliebt das Restaurant Caravan mit usbekischer Küche.
3*, EZ 35 $, DZ 40 $; es gibt auch noch ein einfacheres Schwesterhotel, DZ 33 $

Poytaht
Movaraunnahr 4
Tel. 120 86 60, Fax 120 86 68
www.poytaht.uz
Unweit des zentralen Amir Timur-Platzes. Neues modernes Hotel im europäisch/ usbekischen Stil mit richtiger Wohlfühlatmosphäre, 112 Zi.
3*, EZ 45 $, DZ 60 $

Shodlik Palace
5 Pakhtakor
Tel. 120 72 92, Fax 120 69 33
www.shodlik-palace.com
9-stöckiges Hotel mit internationalem Standard. 107 Zi., sehr guter Service. Elegante Restaurants, Sauna, Fitness-Center.
4*, EZ 80 $, DZ 85 $

Tashkent Palace
56 Buyuk Turon
www.tashkent-palace.com
Gegenüber Opern- & Ballett-Theater, das älteste Nobelhotel am Platz, 232 komfortable

Zi. Elegante Atmosphäre, Panorama-Restaurant, Piano-Bar, Sauna und Spa.
4*, EZ 60 $, DZ 75–120 $

Uzbekistan
45 Musakhanov
Tel. 113 11 11
www.besteastern.com
1974 mit Anklängen an die typische usbekische Architektur errichtetes großes Kastenhotel. Standardquartier von Reisegruppen. Nähe U-Bahn Station, 278 Zi., Restaurant mit großer Auswahl, versch. Cafés.
4*, EZ 32 $, DZ 50 $

... in Termes (Termiz)
Ortsvorwahl vom Ausland: +998-76,
im Inland: 376

Meridien Termez
23 G. Husanov
Tel. 227 48 51, Fax 227 26 76
www.meridiantermez.com
Ein elegantes, im Jahre 2005 eröffnetes Hotel. 50 Zi., mehrere Restaurants u. Bars. Sauna, Fitness-Center, Dolmetscher für Deutsch.
4*, EZ 75 $, DZ 95 –110 $

... in Urgentsch (Urgench)
Ortsvorwahl vom Ausland: +998-62,
im Inland: 362

Khorezm Palace (Horazm Hotel)
2 Al Beruni
Tel. 224 94 02, Fax 224 94 01
horazm-hotel@uzpak.uz
Ein modernes Stadthotel mit 103 gut eingerichteten Zimmern, Lobby-Bar, Restaurant, Schwimmbad, Sauna, Tennisplatz, Fitness-Center.
4*, EZ 80 $, DZ 110 $

Baht Sayohat
3 Samarkand
Tel. 224 05 15, Fax 224 03 39
Familiäres Budget-Hotel mit etwas altbackener Einrichtung, auch 3-Bett-Zimmer mit 2 Räumen. Mit Bar und Billardtisch in der Lobby.
3*, EZ 26, DZ 40 $

Restaurants/Cafés

... in Taschkent
Omar Chaijjam
33 Movrunaxr (Mavran annahr)
Arabisch beeinflusste Küche, mit Live-Musik
Caravan Art
22 A. Kakhar
www.caravan.uz
Eine Art Touristenfalle, aber sehr beliebt bei Reisegruppen, daher abends reservieren. Geboten wird eine für den europäischen Geschmack aufbereitete Usbeken-Küche und Usbeken-Folklore. Im angeschlossenen Lädchen wird Kunsthandwerk verkauft.
New World Pizzeria
28 Bukhara
Pizza, Snacks, modernes Ambiente
Rachel, 5 Olimjon
Jiddisch (jüdische Küche in osteuropäischer Tradition)
Ragu, 2 Niyazbek, Ecke Amir Timur
Indisch in nettem Ambiente

Einkaufen

... in Taschkent
Alay-Markt (Oloy Bazaar)
Metro: Abdulla Kodiriy
Bauernmarkt nah beim Hotel Uzbekistan. Passen Sie auf Ihre Taschen auf und tauschen Sie nicht schwarz: hohe Betrugsgefahr!
Altstadtbazar
Metro: Chorsu, s. S. 243
Ardus Supermarket
3 Amir Timur
Meros Center for Traditional Arts, Halqlar Dostligi, Metro: Yoshlik
Handwerkermarkt in der Medrese Abdulkasim
Izoproduction
43 Shota Rustaveli
Antiquitäten, Bücher
Mir Supermarket, 1 Atatürk
Auch westliche Waren

Reiseinformationen von A bis Z

Ärztliche Hilfe

Bei kleineren gesundheitlichen Problemen steht im Allgemeinen – insbesondere in den größeren Hotels – ein Ärzteteam zur Verfügung, das – im Falle eines Falles – auch die Einweisung in ein Krankenhaus einleiten kann. Grundsätzlich muss eine ärztliche Behandlung immer bar bezahlt werden. Eine Krankenversicherung für das Ausland ist daher dringend anzuraten.

Apotheken
Die Versorgung mit Medikamenten ist in vielen Fällen nicht ausreichend, obwohl in den größeren Städten die Zahl und Ausstattung der Apotheken zunimmt. In manchen Hotels gibt es bisweilen kleinere Apotheken, die meist aber nur gängige Medikamente anbieten.

Einkaufen

Mit den Dingen des täglichen Bedarfs – Mineralwasser, Brot, Obst (vor dem Verzehr unbedingt waschen!), Süßigkeiten oder auch alkoholische Getränke – kann man sich problemlos in Lebensmittelgeschäften, auf dem Basar oder direkt an einem Verkaufsstand auf der Straße versorgen. Grundsätzlich sollten Sie aber immer – vor allem bei größeren Einkäufen und wenn es keine fest ausgezeichneten Preise gibt – Qualität und Preis mit anderen Angeboten vergleichen und evtl. auch zu feilschen versuchen.

Souvenirs
Unter dem von Ort zu Ort oft recht unterschiedlichen Warenangebot etwas Originelles zu finden, dürfte nicht schwerfallen: Großen Raum nimmt die Volkskunst ein: z. B. bunt bemalte Löffel, zusammenklappbare Koranständer, Schatullen, Lackdosen, Miniaturen und handgefertigter Silberschmuck (meist Imitationen alter Stücke), Keramikgeschirr, oder Schals, *susani* (Seidenstickereien, Seidenstoffe, beispielsweise Khan-Atlas), die traditionellen *abr*-Stoffe, bunte oder schwarze bestickte Mützen *(tjubeteikas)*. Oder man schaut nach handgeknüpften Teppichen oder Satteltaschen.

Auch neuere Produkte können sich lohnen, etwa Musikinstrumente, CDs, Spielzeug, Bücher (etwa Bildbände, regionale Reiseführer – vielfach auch mit englischen Übersetzungen). Fündig wird auch der, der Aquarelle oder Zeichnungen sucht ... »und tausend liebliche Gedichte auf Seidenblatt von Samarkand ...«.

Kaufhäuser
Alltagsprodukte kauft man am besten in den zentralen Kaufhäusern – früher hießen diese ZUM – die meist ein breites Warenangebot anbieten. Man erfragt an der Verkaufstheke den Preis – in der Regel wird man Ihnen einen handgeschriebenen Zettel in die Hand drücken, mit dem bei der zentralen Kasse bezahlt wird (stets in der jeweiligen Landeswährung). Gegen Vorlage der Quittung bekommt man dann die Ware ausgehändigt.

Hotelshops
Auch in den größeren Hotels kann man Souvenirs sowie Artikel des täglichen Bedarfs (auch Ansichtskarten und Briefmarken) kaufen. Bezahlt wird meist in der jeweiligen Landeswährung, oft kann man aber auch in US-Dollar oder gelegentlich auch mit Kreditkarte zahlen.

Museen
Verkauf von zum Teil recht anspruchsvollen Souvenirs (u. a. Antiquitäten), die ihren Preis wert sein dürften (zahlbar in ›harter‹ Währung). Beachten Sie jedoch die jeweils gültigen Zollvorschriften!

In ehemaligen Medresen, die vielerorts einheimischen Handwerkern und Künstlern als Ateliers dienen, kann man bei der Anfertigung zuschauen und kann die meist künstlerisch wertvollen Produkte aus Metall, Holz, Ton oder Stoff sowie Zeichnungen, Ölbilder und Aquarelle auch erwerben. Um den Preis wird in der Regel gehandelt.

Basare

Auf den Basaren Zentralasiens, den wahren Brennpunkten orientalischen Lebens, können Sie fast alles kaufen, was Sie schon immer einmal kaufen wollten. Üblicherweise wird hier um den Preis gefeilscht – mindestens ein Drittel Nachlass auf den erstgenannten Preis sollte man heraushandeln. Vielfach fallen die Preise jedoch erst, wenn man sich zum nächsten Verkaufsstand wendet. Neben Esswaren (Obst, Süßigkeiten, Gebäck etc.) und Getränken (auch Alkoholika und Wein als preiswerte Landesprodukte) gibt es Heilkräuter und Gewürze (Safran!), Schnupf- und Kautabak, Bekleidung (oft Billigimporte aus China), Teppiche (Maschinenware, aber auch die echten aus Turkmenistan) sowie Tiere (Schafe, Ziegen, Hühner, Esel, Kamele). Für wenigstens einen orientalischen Basar sollten Sie sich Zeit nehmen – z. B. in Aschgabat, Samarkand, Osch, Wabkent, Mary, Almaty oder Buchara.

Wichtiger Hinweis: Achten Sie auf dem Basar auf Ihre Wertgegenstände, die Handtasche, auf Dokumente und die Fotoausrüstung.

Elektrizität

Die Netzspannung in Zentralasien beträgt 220 Volt. Die Mitnahme von Adaptern ist nur dann erforderlich, wenn die Geräte keinen Flachstecker haben.

Fotografieren und Filmen

Fotografieren und Filmen ist grundsätzlich möglich – doch muss man bei bestimmten **Sehenswürdigkeiten** eine besondere Gebühr bezahlen. In Museen ist Fotografieren und Filmen hingegen nur zum Teil und unter bestimmten Bedingungen (ohne Blitz) zulässig. In Zweifelsfällen fragen Sie die Museumsaufsicht.

Nicht erlaubt hingegen ist es, militärische Objekte und Verkehrsanlagen jeder Art abzulichten.

Bei **Personenaufnahmen** sollten Sie höflicherweise vorher fragen, ob die betreffende Person/Gruppe damit einverstanden ist. Nicht selten stellen sich Einheimische in ihren originellen Landestrachten als Fotomotiv gern zur Verfügung – sie erwarten dann aber ein entsprechendes ›Trinkgeld‹.

Obwohl die Versorgung mit Fotomaterial (auch für Digitalfotografie) in den größeren Städten inzwischen besser wird, sollten Sie alles Benötigte, auch Ersatzbatterien, mitnehmen.

Geldwechsel

In allen zentralasiatischen Republiken dürfen einheimische Währungen weder ein- noch ausgeführt werden. Westliche Währungen hingegen (US-Dollar, Euro) können in beliebiger Höhe ein- und bis zur Höhe der bei der Einreise deklarierten Menge auch wieder ausgeführt werden.

Die bekannten **Kreditkarten** – American Express, Diners Club, Eurocard – werden von vielen Stellen, vornehmlich aber in den Hotels und auf den Flughäfen, akzeptiert. Die Mitnahme von Traveller-Schecks ist nicht empfehlenswert.

Um Zahlungsvorgänge unkompliziert abwickeln zu können, nehmen Sie Ihr Geld – am einfachsten nur US-Dollar! – in bar mit, möglichst in kleinen Scheinen bis maximal 20 Dollar, bevorzugt ›automatenfrische‹, glatte Scheine.

Geld umtauschen kann man in den Wechselstuben der Hotels oder in bestimmten Banken, was im Allgemeinen jedoch zeitaufwendiger ist. Ratsam ist es, immer nur kleinere Beträge zu wechseln, da ein Rücktausch in der Regel mit großem Aufwand verbunden ist.

Tauschen auf dem Schwarzmarkt ist illegal (in ›Touristengegenden‹ ist immer Polizei in Zivil unterwegs), und zudem anfällig für Betrügereien. Man sollte daher die Finger davon lassen.

Feiertage und Feste

Datum	Land	Anlass
1. Januar	ZA	Neujahr
2. Januar	KA	Neujahr
7. Januar	KI	Russisch-orthodoxes Weihnachtsfest
12. Januar	TU	Schlacht bei Gök Tepe (Dez. 1880)
19. Februar	TU	Tag der Nationalflagge
8. März	ZA	Internationaler Frauentag
20./21. März	ZA	Navrus (2 oder auch 3 Feiertage)
24. März	KI	Tag der Revolution
1. Mai	ZA	Tag der Arbeit / Solidaritätstag
5. Mai	KI	Tag der Verfassung
8./9. Mai	ZA	Tag des Friedens / Tag des Sieges
18. Mai	TU	Tag der Verfassung
6. Juli	KA	Tag der Hauptstadt
30. August	KA	Tag der Verfassung
31. August	KI	Unabhängigkeitstag
1. September	US	Unabhängigkeitstag
9. September	TA	Unabhängigkeitstag
1. Oktober	US	Tag des Lehrers
6. Oktober	TU	Gedächtnistag der Erdbebenopfer von 1948
14. Oktober	TA	Tag der Republik
25. Oktober	KA	Tag der Republik
28. Oktober	TU	Unabhängigkeitstag
7. November	KI	Tag der Revolution
8. Dezember	US	Tag der Verfassung
12. Dezember	TU	Tag der Neutralität
16. Dezember	KA	Unabhänigkeitstag

ZA Zentralasien, KA Kasachstan, KI Kirgistan TA Tadschikistan, TU Turkmenistan, US Usbekistan

Feiertage, die auf einen Samstag oder Sonntag fallen, werden am darauf folgenden Montag nachgeholt.
Hinweis: Ausschließlich in Turkmenistan gibt es – vornehmlich in den Sommermonaten – einige zusätzliche (arbeitsfreie?) Gedenktage.

Islamischer Kalender

Die Muslime richten ihre Zeitrechnung nach dem Mondjahr, d. h. jeder Monat beginnt mit dem Neumond. Die Daten der islamischen Feiertage verschieben sich daher gegenüber dem westlichen Kalender jedes Jahr um 10 oder 11 Tage. Die Tageszeiten hingegen entsprechen dem Lauf der Sonne. Ein Tag beginnt nach Sonnenuntergang und endet mit dem nächst folgenden Sonnenuntergang. Zu den wichtigsten beweglichen Feier- bzw. Gedenktagen gehören das islamische Neujahr (Tag des Almosengebens), Ramadan (Fastenmonat) Beginn und

Ende (*al fitr*) sowie das Opferfest (großer Bairam).

Neujahr
18.12.2009; 07.12.2010; 26.11.2011; 15.11.2012; 04.11.2013

Ramadan-Beginn
22.08.2009: 12.08.2010; 01.08.2011; 20.07.2012; 09.07.2013

Ramadan-Ende
20.09.2009; 09.09.2010; 30.08.2011; 19.08.2012; 08.08.2013

Opferfest
27.11.2009; 16.11.2010; 06.11.2011; 29.10.2012; 15.10.2013

Karten

In allen Republiken Zentralasiens gibt es – oft im Zeitungskiosk des Hotels – recht übersichtlich gestaltete Landkarten, deren Ortsbezeichnungen in der Regel in der Landessprache (oder auf Englisch) abgefasst sind. Dabei entspricht dem deutschen ch englisch kh, dsch = j, sch = sh, tsch = ch, s = z, w = v.

Was die Stadtpläne betrifft, so ist das Angebot hinsichtlich Verfügbarkeit und Qualität recht unterschiedlich.

Öffnungszeiten

Sowohl bei Sehenswürdigkeiten und Museen als auch bei Kaufhäusern und Geschäften können die Öffnungszeiten jahreszeitlich stark wechseln. Besser sollte man sich daher vor jeder Besichtigung bei der Hotelinformation oder der Reiseleitung über die jeweils gültigen Öffnungszeiten informieren.

Post

Postschalter befinden sich in der Regel in allen großen Hotels. Hier erhalten Sie auch Ansichtskarten, Briefumschläge und Briefmarken.

Vergessen Sie nicht, auf Ihren Postsendungen auch das jeweilige Bestimmungsland (in Englisch oder Französisch) einzutragen. Über die Höhe der aktuellen Postgebühren wollen Sie sich bitte jeweils vor Ort informieren. Die Laufzeit von Briefen und Karten nach Westeuropa beträgt etwa eine Woche. Achtung: Vielfach werden kopfstehend aufgeklebte Briefmarken nicht akzeptiert.

Rundfunk

Über Kurzwelle können deutschsprachige Sendungen – vornehmlich die Deutsche Welle – auch in Zentralasien empfangen werden.

Da sich die Kurzwellenfrequenzen jedoch mehrfach im Laufe eines Jahres ändern können und Sendungen nur zu bestimmten Tageszeiten ausgestrahlt werden, sollte der jeweils aktuelle Stand unmittelbar vor Antritt der Reise abgefragt werden:
Deutsche Welle
Bonn, Tel. 0228-429-0
www.dwelle.de

Sprache

Niemand in Zentralasien erwartet, dass Sie sich in einer der Turksprachen oder auf Tadschikisch unterhalten können. Russische Sprachkenntnisse sind in jedem Fall nützlicher als englische, man begegnet andererseits immer wieder Einheimischen, die Englisch oder vielleicht etwas Deutsch verstehen und den Weg zum Hotel oder zu einem Museum erklären können.

Alle Straßennamen sowie U-Bahn-Stationen, Wegweiser oder Hinweistafeln sind in der Landessprache – in Großstädten vielfach auch in Englisch – abgefasst. Weitgehend sind die kyrillischen Buchstaben bereits durch lateinische ausgetauscht worden, so dass man sich unter Zuhilfenahme eines Lexikons durchaus ganz gut zurechtfinden kann (s. auch Transkription, S. 340, und Karten, S. 363).

Telekommunikation

Die modernen Technologien haben die Kommunikation in und mit Zentralasien – zumindest von allen größeren Städten aus – deutlich verbessert.

Internet: Nicht nur in vielen Hotels, sondern auch in zahlreichen Internet-Cafés kann man gegen Gebühr einen Zugang zum Internet bekommen, um zu surfen und seinen E-Mail-Account zu erreichen.

Mobilfunk: Auch in den Republiken Zentralasiens gewinnt das Handy immer mehr an Bedeutung; in zunehmendem Maß können Gespräche auch nach Europa geführt werden. Es ist jedoch ratsam, vor der Reise die aktuellen Daten (Erreichbarkeit, Landes- und Netzcodes, Kosten) bei den jeweiligen Netzbetreibern zu erfragen. Insgesamt sind die Kosten sehr hoch, mit deutschen/europäischen Handys telefoniert man derzeit noch teurer als vom Hotel aus (1,95 bis zu 5,70 /Min.) Preisgünstiger als das Telefonieren ist das Verschicken einer SMS.

Telefon, Fax: Ortsgespräche, die von einem Hotelzimmer aus geführt werden, sind mitunter noch kostenlos. Ferngespräche – nicht nur innerhalb Zentralasiens – können weitestgehend im Selbstwähldienst geführt werden. Falls Sie von kleineren Städten Zentralasiens aus einen Teilnehmer im Ausland anrufen wollen, müssen Sie das Gespräch jedoch evtl. noch im Hotel oder bei der Post anmelden. Der Aufbau einer Verbindung via Satellit dauert nur wenige Sekunden, ist aber beachtenswert teurer.

Hinweis: Bei Anrufen die Zeitverschiebung gegenüber Westeuropa beachten!

Viele Hotels sind auch per Fax erreichbar.

Vorwahlen von Europa aus nach:

Kasachstan	007
Kirgistan	00996
Tadschikistan	00992
Turkmenistan	00993
Usbekistan	00998

Vorwahl von Zentralasien nach:

Deutschland	8-1049
Österreich	8-1043
Schweiz	8-1041

Hinweis: Das Telefonnetz Zentralasiens befindet sich weiterhin im Ausbau, so dass immer wieder mit Änderungen der Ortsvorwahlen und evtl. auch der Teilnehmernummern gerechnet werden muss. In Zweifelsfällen informiere man sich bei der Reiseleitung oder bei der Hotelrezeption.

Trinkgeld

Bei Gruppenreisen sind Trinkgelder meist im Reisepreis inbegriffen. Trotzdem ist das Hotelpersonal für ein angemessenes Trinkgeld oder ein kleines Geschenk (Zigaretten oder Feuerzeuge aus Europa) dankbar, insbesondere, wenn die Bediensteten Sonderleistungen (etwa Zubereiten von Tee, Beschaffung von Mineralwasser) erfüllen.

Über eine persönliche Anerkennung freuen sich natürlich auch Taxifahrer, die Servicekräfte im Restaurant und alle anderen dienstbaren Geister (z. B. 1 US-$ bzw. den Gegenwert in der einheimischen Währung).

Unterhaltung

In den Hauptstädten lohnt ein Blick auf das kulturelle Abendprogramm. Mozarts ›Zauberflöte‹ im Theater von Taschkent, gesungen von Usbeken, Tadschiken und Russen, ist sicher ein besonderes Erlebnis.

Aber auch ein Ballett, vielleicht mit historischem Hintergrund wie ›Der Tod des Wucherers‹ von T. Schachidei oder ›Nasireddin Chodschas lustige Streiche‹ von Sulaiman Judakov in einem der großen Opern- und Balletthäuser, oder einen Folkloreabend in einer der alten Medresen von Buchara oder Samarkand und schließlich den Besuch in einem Zirkus sollten Sie sich nicht entgehen lassen.

Nachtlokale, Bars, Diskotheken und Lokale westlichen Zuschnitts – unkompliziert bis extravagant – sind heute nicht mehr nur den größeren Städten vorbehalten. Mit einem Anwachsen der Touristenzahlen dürfte sich dieser Markt noch vergrößern. In jedem Hotel wird man Sie gern über das aktuelle Angebot an Abendveranstaltungen, Nightshows oder empfehlenswerten Events beraten.

Unterkunft

Die Menge an Unterkünften, die heute Besuchern aus dem westlichen Ausland zur Verfügung stehen, ist im Vergleich zu sowjetischen Zeiten enorm gewachsen. Zwischenzeitlich sind vornehmlich in den größeren Städten alte Hotels renoviert worden. Auch haben ausländische Investoren (v. a. türkische oder russische Hotelketten) neue Häuser gebaut – im Allgemeinen solche der obersten Kategorie. Darüber hinaus gibt es in machen Staaten auch beachtenswerte Neugründungen privater Kleinhotels (B & B, Pensionen).

Insgesamt weisen die Hotels aber von Staat zu Staat und von Stadt zu Stadt immer noch beachtliche Unterschiede auf. Westlichen Standard kann man ab 3 Sternen, gutes westliches Mittelklasseniveau aber erst ab 5 Sternen erwarten. Zur Zeit ist man aber nicht nur bemüht, die Kapazität an Hotelbetten zu vergrößern, sondern auch die Leistungen zu verbessern.

Was die Aufenthaltskosten betrifft, so sind diese in Großstädten und Touristenzentren durchaus den in Westeuropa üblichen Preisen vergleichbar. Wesentlich günstiger übernachtet man in den kleineren, vielfach privaten Hotels und Pensionen (B&B) abseits der Haupttouristenzentren.

Bei Buchung einer Individualreise sollte in jedem Fall vorher über eines der spezialisierten Reisebüros (s. S. 339) nachgefragt werden, welche Hotels in welcher Kategorie zu welchem Preis angeboten werden. Es ist empfehlenswert, die Hotels noch vor Antritt der Reise – am besten ebenfalls über das Reisebüro – zu buchen, zumindest für die erste Nacht, um dann vor Ort mit Umsicht und Ruhe nach einer anderen, vielleicht auch preiswerteren Unterkunft Ausschau zu halten.

Da viele Hotels über eine E-Mail- oder Internet-Adresse verfügen, kann man sich vorab über das aktuelle Angebot informieren und ggf. bereits das Zimmer buchen. Das kann jedoch teurer als bei einer Reiseagentur werden.

Urlaubsaktivitäten

Neben den seit Jahrzehnten bekannten Studien- und Gruppenreisen werden jetzt vermehrt auch Reisen für Aktivurlauber angeboten. Sie führen zu landschaftlich besonders reizvollen Zielen und dorthin, wo sich die Ausübung verschiedener Sportarten anbietet. Reiseagenturen und Veranstalter s. S. 339.

Fischen: zum Balchasch-See mit Schlauchbooten über den Ili.

Radtouren: Taschkent, Gebiet um den Aidakur-See, entlang der ›Großen Seidenstraße‹ in Usbekistan und Kirgistan oder durch die Schluchten des Tienschan.

Segeln: auf dem 180 km langen Issyk-Kul-See; Yacht-Club in Balykschy (= Rybatschie).

Ski-Alpin: Tschimgan, Tschon-Kurtschak im Tienschan.

Trekking: zu Pferde durch die Schluchten und über die Pässe (3700 m) des Alatau-Gebirges, durch das Hochgebirge des Tienschan (3800 m), entlang der ›Großen Seidenstraße‹ über das kirgisische Hochland; zu Pferd und mit dem Auto nach Torugart an der chinesischen Grenze, Weiterfahrt nach Kaschgar und zurück nach Bischkek.

Wandern und Bergsteigen: Pamir, Pamir-Alai, Tienschan, Turkestan- und Hissar-Gebirge (Höhe 4000–6000 m).

Wildwasserfahrten: Angren, Syr Darja, Tschatkal.

Wüstentour: Kisilkum, Ust-Urt-Ebene.

Wechselkurse

Land	Währung	Kurse* 1 US-$	Kurse* 1 €
Kasachstan	Tenge *1 Tenge = 100 Tiin*	126	158
Banknoten:	100, 50, 20, 10, 5, 3, 1 Tenge 20, 10, 5, 3, 1 Tiin (keine Münzen)		
Kirgistan	Som *1 Som = 100 Tyin*	40	50
Banknoten:	20, 5, 1 Som 50, 10, 1 Tyin (keine Münzen)		
Tadschikistan	Somoni *1 Somoni = 100 Diram*	3,3	4,2
Banknoten:	100, 50, 20, 10, 5, 1 Somoni 50, 20, 10 Diram (keine Münzen)		
Turkmenistan	Manat *1 Manat = 100 Tenge*	5200	6500
Banknoten:	1000, 500, 100, 50, 10, 5, 1 Manat 50, 20, 10, 5, 1 Tenge (keine Münzen)		
Usbekistan	Sum *1 Sum = 100 Tijin*	1200	1500
Banknoten:	100, 50, 25, 10, 5, 3, 1 Sum		
Münzen:	zur Zeit nicht in Umlauf		

Quelle: OMNIA Verlag: Länderporträts 2009
(*Werte gerundet)

Zeitungen

Während eines Aufenthaltes in Zentralasien wird man in der Regel auf seine gewohnte Zeitungslektüre (noch) verzichten müssen.

Zeitunterschied

Die Zeitverschiebung in Zentralasien beträgt gegenüber der MEZ in Kasachstan plus 3 Stunden, in Kirgistan, Usbekistan, Turkmenistan und Tadschikistan) plus 4 Stunden. Während der europäischen Sommerzeit sind es plus 2 bzw. 3 Stunden.

Zentralasien in Zahlen

	Kasachstan	Kirgistan	Tadschikistan	Turkmenistan	Usbekistan	Deutschland
Fläche (in 1000 km$^{2)}$	2725	199	143	488	447	357
Weltrang	9	84	93	51	56	61
Einwohner (Mio.)	15,2	5,2	7,3	5,1	27,8	82,7
Weltrang	62	111	99	112	44	14
Vergleich Ew./Mio. 1982	15	4	4	3	16	nn
Vergleich Ew./Mio. 1959	9	2	2	2	8	nn
Ew. pro km^2	5,6	26	45	10	59	232
Bevölkerung/Ethnien (in %)						
Kasachen	**57**	<1		<1	3	
Kirgisen		**66**	<1		<1	
Tadschiken		<1	**80**		5	
Turkmenen				**85**	<1	
Usbeken	2,7	14	15	5	**80**	
Deutsche	1,6	<1	<1		<1	**91,1**
Karakalpaken				<1	2,5	
Koreaner	<1	<1			<1	
Russen	27	11	1,1	4	5	
Tataren	1,6	<1	<1	<1	1,5	
Türken	<1	<1				2,5
Uiguren	1,5	<1				
Ukrainer	3,1	1	<1	<1		
Muslime	47	75	90	89	88	3,1
Christen	46	20	<1	9	9	66
Lebenserwartung (M/F)	62/73	65/73	62/68	58/65	61/68	76/82
Geburtenrate/Jahr	16	23	33	28	26	8,3
Bevölkerungswachstum (%)	0,3	1,2	2,1	1,6	1,5	0,0
Urbanisierung	56	36	25	45	37	88
HDI-Rang*	79	110	122	105	113	21
Erwerbstätigkeit (%)						
Landwirtschaft	6	33	25	20	26	1
Industrie	42	20	27	41	27	30
Dienstleistung	52	47	48	39	47	69F
BIP (US $/Ew.)	5300	543	423	2140	647	35 200
BNE (US $/Ew.)	3900	500	390	nn	3870	36 170

Quelle: Munzinger-Archiv; Harenberg Aktuell 2008; OMNIA Verlag: Länderporträts (gerundete Werte; < 1 bedeutet: weniger als 1; nn zahlenmäßig nicht erfasst)
* HDI = Human Development Index der UNO (insgesamt: 178 Staaten)

Abbildungsnachweis

Farbabbildungen

Archiv für Kunst und Geschichte, Berlin: S. 45, 82, 115
Necke, Dietmar, Böblingen: S. 11, 206 li., 224, 263, 318
Nickel, Lukas, Heidelberg: Vordere Umschlagklappe, Rücktitel unten, S. 129, 144/145, 161, 204
The British Library, London: S. 52

Alle anderen Farbaufnahmen: Klaus Pander

Zeichnungen, Pläne und Farbabbildungen aus anderen Werken

Albaum, L. I., und B. Brentjes: Herren der Steppe. Berlin 1986: S. 194, 294, 308
Arschawskaja u. a.: Mittelalterliche Denkmäler in Surchandarja (russ). Taschkent 1981: S. 251 o.
Batschinskij, N. M.: Architekturdenkmäler Turkmenistans (russ.). Moskau, Aschchabad 1939: S. 295 o., 303 o.
Belenizki, A. M.: Mittelasien. Kunst der Sogden. Leipzig 1980: S. 38, 259, 289
Belenizki, A. M.: Zentralasien. München 1968: S. 43
Brandenburg, D.: Samarkand. Studien zur islamischen Baukunst. Berlin 1972: S. 88 li., 329
Brentjes, B.: Kunst in Zentralasien, in: Das Altertum 22. Wien 1976: S. 41 u.
Brentjes, B.: Mittelasien. Eine Kulturgeschichte. Wien 1977: S. 24, 34, 42, 139, 141, 223
Brentjes, B.: Mittelasien. Kunst des Islam. Leipzig 1979: S. 148 (nach Voronina), 150 (nach Jaralow), 165, 182, 186, 221, 256 (nach Pugatschenkowa-Rempel), 301, 303 u. (nach Atagarriew und Berdiew), 326 (nach Jaralow, mit Ergänzungen des Autors)
Brentjes, B.: Vorislamisch-mittelalterliche Traditionen der Architektur des Islam, in: Das Altertum 23. Wien 1977: S. 25, 31 (dort S. 99, 97)
Cohn-Wiener, E.: Turan. Islamische Baukunst in Mittelasien. Berlin 1930: S. 334
Gerasimow, I. P.: Ancient Rivers in the Deserts of Soviet Central Asia, in: William C. Brice, ed.: The Environmental History of the Near and Middle East since the Last Ice Age. London, New York, San Francisco 1978: S. 12 (Nachzeichnung)
Graff, K.: Die ersten Ausgrabungen der Ulugh-Bek-Sternwarte in Samarkand, in: Sirius 53. Leipzig 1920: S. 220 o., S. 220 u. li.
Hoag, J.: Islamische Architektur. Stuttgart 1976: S. 91, 253
Jakubow, J. J.: Gardani Chisor – der Palast des Herrschers von Pendzikent im Bergland von Buttom, in: Das Altertum 24 (1978): S. 280, 281
Jakubowski, A. J.: Malerei des antiken Pendschikent (russ). Moskau 1954: S. 287
Kalter, J., und M. Pavaloi, Hrsg.: Erben der Seidenstraße. Katalog zur Ausstellung des Linden-Museums, Stuttgart. Stuttgart, London 1995: S. 48, 56, 79, 112 (Fotos: Ingo Hermann)
Knobloch, E.: Turkestan, Taschkent, Buchara und Samarkand. München 1973: S. 313
Kühnel, E.: Islamische Schriftkunst. Berlin, Leipzig 1942: S. 333 u.
Kunst des alten Iran, Die, in: Allgemeine Geschichte der Kunst, Band 1. Leipzig 1965: S. 107, 249
Le Strange, G.: The Lands of the Eastern Caliphate. Cambridge 1905: S. 220 u. re.
Nerazik, E. E.: Die Festung Toprak Kala, in: Das Altertum 24 (1978): S. 254
Pugatschenkowa, G. A.: Samarkand – Buchara. Berlin 1979 (VEB Deutscher Verlag der Wissenschaften): S. 167

Pugatschenkowa, Rempel: Istorija iskusstv Usbekistana. Moskau 1965: S. 41 o., 95, 127, 166, 331
Rasina, T., u. a.: Die Volkskunst der Sowjetunion. Köln 1990: S. 111
Rowland, B.: Zentralasien. Baden-Baden 1979: S. 37, 333 o.
Schwarz, F. v.: Turkestan – die Wiege der indogermanischen Völker. Freiburg 1900: S. 60, 61
Stawiskij, B. J.: Kunst der Kuschan in Mittelasien. Leipzig 1979: S. 181
Stawiskij, B. J.: Die Völker Mittelasiens im Lichte ihrer Kunstdenkmäler. Bonn 1982: S. 251
Tolstov, S. P.: Auf den Spuren der altchoresmischen Kultur. Berlin 1953: S. 28, 332
Vámbéry, H.: Reise in Mittelasien. Leipzig 1865: S. 19
Voronina, U., u. a.: Architectural Monuments of Middle Asia. Leningrad 1969: S. 88 re., 201
Weimarn u. a.: Die Kunst Mittelasiens, in: Allgemeine Geschichte der Kunst, Band 3. Leipzig 1965: S. 288

Wir danken den Verlagen für die Reproduktionsgenehmigung.
Für einige wenige Abbildungen konnten die Rechteinhaber nicht ermittelt und um Genehmigung ersucht werden. Wir bitten die betreffenden Autoren bzw. Verlage, sich zu melden.

Kartographie
artic, Duisburg
© DuMont Reiseverlag, Ostfildern

Grundriss S. 192: Lisa Hardenbicker, Köln

Zitatnachweis

Barthold, W.: Zur Geschichte des Christentums in Mittelasien bis zur mongolischen Eroberung. Tübingen 1901: S. 80, 145
Barthold, W.: Ulughbek und seine Zeit. Brockhaus Verlag, Leipzig 1935: S. 221
Battuta, I.: Reisen ans Ende der Welt: S. 300
Belenitzky, A.: Zentralasien. Archaeologia Mundi, Verlag Nagel, München 1968: S. 313
Brentjes, B.: Kunst in Zentralasien – Sogdische und tocharische Wandmalereien, in: Das Altertum 22. Wien 1976: S. 141
Clavijo, R. G.: Historia del gran Tamerlan. Madrid 1782: S. 201, 208, 236
Cohn-Wiener, E.: Turan – Islamische Baukunst in Mittelasien. Ernst Wasmuth Verlag, Berlin 1930, © Tübingen 1995: S. 86, 237
Diez, E.: Die Kunst der islamischen Völker. Akadem. Verlagsgesellschaft Athenaion mbH, 1915: S. 106
Grabar, O.: Die Entstehung der islamischen Kunst. DuMont Buchverlag, Köln 1977: S. 106
Graff, K.: Die ersten Ausgrabungen der Ulugh-Bek-Sternwarte in Samarkand, in: Sirius 53, Leipzig 1920: S. 221
Grunebaum, G. E.: Der Islam in seiner klassischen Epoche (622-1258), © Artemis, Zürich 1966: S. 150
Haussig, H. W.: Die Geschichte Zentralasiens und der Seidenstraße in vorislamischer Zeit. © Wissenschaftliche Buchgesellschaft, Darmstadt, 2. durchges. Auflage 1992: S. 81
Herodot: Neun Bücher der Geschichte: S. 18, 288
Hrbas, M. und Knobloch, E.: Die Kunst Mittelasiens. Artia Verlag, Prag 1965: S. 102f.
Ibn Battuta: Reisen ans Ende der Welt. München 1974: S. 18
Kisch, E. E.: Asien gründlich verändert. Berlin 1932: S. 20, 70
Kosstenko, L.: Die Stadt

Chiwa im Jahre 1873, in: Petermanns Mitteilungen 20, 1874: S. 185

Le Strange, G.: The Lands of the Eastern Caliphate. Cambridge 1905: S. 199

Maahs/Bronowski: Mittelasien. VEB Brockhaus, Leipzig 1979, © F. A. Brockhaus GmbH, Mannheim 1995: S. 117

Masson, V. M.: Das Land der tausend Städte. München 1982: S. 292

Otto-Dorn, K.: Kunst des Islam. Holle Verlag, Baden-Baden, 1964: S. 89, 210

Papadopoulo, A.: Islamische Kunst (Ars Antiqua, Serie II, Band 2). © Verlag Herder, Freiburg, 2. Auflage 1982: S. 95, 96f.

Pugatschenkowa, G. A.: Samarkand – Buchara. Berlin 1979 (VEB Deutscher Verlag der Wissenschaften): S. 149, 152, 158, 207, 210, 230

Renz, A.: Geschichte und Stätten des Islam von Spanien bis Indien. © Prestel-Verlag, München 1977: S. 102, 159, 230

Richter, H. W.: Karl Marx in Samarkand. Luchterhand, Neuwied/Berlin 1966, © München 1995: S. 20

Rowland, B.: Zentralasien. Holle Verlag, Baden-Baden 1979: S. 142

Sarre, F.: Denkmäler persischer Baukunst. Berlin 1910: S. 100

Schwarz, F. von: Turkestan – Die Wiege der indogermanischen Völker. Freiburg 1900: S. 240

Smolik, J.: Die timuridischen Baudenkmäler in Samarkand aus der Zeit Tamerlans. Wien 1929: S. 233

Soldern, Sch. von: Bochara – Architektonische Reiseskizzen; in: Allgemeine Bauzeitung 64, 1899: S. 149, 153, 171

Soldern, Sch. von: Die Baudenkmäler von Samarkand; in: Allgemeine Bauzeitung 63, 1898: S. 218

Wir danken den Verlagen für die Abdruckrechte.

Anmerkung des Verlags: Für einige Zitate konnten die Rechteinhaber leider nicht ermittelt werden; wir bitten diese, sich zu melden.

Register

Personenregister

Orte

Bitte schreiben Sie uns, wenn sich etwas geändert hat!
Alle in diesem Buch enthaltenen Angaben wurden vom Autor nach bestem Wissen erstellt und von ihm und dem Verlag mit größtmöglicher Sorgfalt überprüft. Gleichwohl sind – wie wir im Sinne des Produkthaftungsrechts betonen müssen – inhaltliche Fehler nicht vollständig auszuschließen. Daher erfolgen die Angaben ohne jegliche Verpflichtung oder Garantie des Verlags oder des Autors. Beide übernehmen keinerlei Verantwortung und Haftung für etwaige inhaltliche Unstimmigkeiten. Wir bitten dafür um Verständnis und werden Korrekturhinweise gerne aufgreifen:

DuMont Reiseverlag, Postfach 3151, 73751 Ostfildern
E-Mail: info@dumontreise.de

Umschlagabbildungen:
Umschlagvorderseite: Samarkand, Medrese Tella-kari
Vordere Umschlagklappe: Buchara, Dschuma-Moschee
Hintere Umschlagklappe: Chiwa, Medrese Alla-Kuli Khan
Umschlagrückseite: Lagekarte Zentralasien;
Tschimgan-Gebirge;
Schnitt und Grundriss des Torhauses Tschar Menar in Buchara;
Kuppeldetail der Moschee Bibi Hanim in Samarkand

Über den Autor: Dr. Klaus Pander, emeritierter Professor der Fachhochschule Trier, besuchte 1961 erstmalig die zentralasiatischen Republiken. Sein Interesse an Kunst und Kultur, Geschichte und Gegenwart der Völker Zentralasiens, aber auch jahrzehntelange Erfahrungen als wissenschaftlicher Reiseleiter für dieses Gebiet prägen den vorliegenden Band.

Danksagung
An dieser Stelle möchte ich dem DuMont Reiseverlag und seinen Mitarbeiterinnen und Mitarbeitern meinen besonderen Dank für die konstruktive Zusammenarbeit zum Ausdruck bringen. Bereits 1982 hatte DuMont den Kunst-Reiseführer ›Sowjetischer Orient‹ ins Programm genommen, obwohl damals noch weitgehend unklar war, welche Städte und Stätten in dieser Region im äußersten Süden der Sowjetunion westlichen Besuchern überhaupt zugänglich wären. Nach dem Zerfall der Sowjetunion 1991 erwies es sich jedoch als notwendig, diesen Reiseführer grundsätzlich zu überarbeiten, neu zu gliedern und die vielfältigen, aufgrund der neuen politischen Gegebenheiten entstandenen Veränderungen zu berücksichtigen. Und wieder war der Verlag bereit, mich als Autor zu unterstützen, damit auch dieses Mal ein zuverlässiger, sachkundiger Begleiter entstand: der Kunst-Reiseführer ›Zentralasien‹. Dass dieses Ziel erreicht wurde, beweist die Tatsache, dass dieses reich illustrierte Standardwerk nun schon in der 8. aktualisierten Auflage vorliegt. Dafür darf ich dem DuMont Reiseverlag, Ostfildern, herzlich danken.

8., aktualisierte Auflage 2010

Grafisches Konzept: Groschwitz, Hamburg
Satz und Druck: Rasch, Bramsche
Buchbinderische Verarbeitung: Bramscher Buchbinder Betriebe